台科大 since 1997

新一代樂高

SPIKE Prime 機器人

使用 LEGO Education SPIKE App

李春雄
李碩安
編著

本書所引述的圖片及網頁內容，純屬教學及介紹之用，著作權屬於法定原著作權享有人所有，絕無侵權之意，在此特別聲明，並表達深深的感謝。

範例檔案下載與實作題解答說明：
為方便讀者學習本書程式檔案，請至本公司 MOSME 行動學習一點通網站（http://www.mosme.net/），於首頁的關鍵字欄輸入本書相關字（例如：書號、書名、作者）進行書籍搜尋，尋得該書後即可於〔學習資源〕頁籤下載範例檔案與實作題解答。

作者序

運算思維（Computational Thinking）本身就是運用電腦來解決問題的思維。其中「Computational」就是指「可運算的」，為什麼強調可運算？因為電腦的本質就是一台功能強大的計算機，所以，我們必須先「定義問題」再將問題轉換成電腦可運算的形式，亦即程式處理程序（俗稱程式設計），透過它的強大運算能力來幫我們解決問題。

由於傳統的教學方式，大部分著重在「知識傳遞」，較少讓學生能「動手做」的機會，使得學生往往無法親自體驗學習的樂趣，更無法瞭解知識如何與生活上的連接性及應用性，導致許多學生誤認為「學習無用」的想法。

近年來全球吹起 Maker（創客）風潮，其主要的目的就是讓學生親自「動手做、實踐創意」之翻轉教育，它強調「一起做（Do It Together）」的跨領域整合學習方式。因此，美國總統歐巴馬也曾公開呼籲學生，希望學生多參與 Maker 活動，激發學生的各種創意思考，並希望透過 STEM（Science、Technology、Engineering、Mathematics）教育來跨領域地整合學習，讓學生可以從「創意」走向「創新」及「創業」。

並且傳統的程式設計教學方式，學生只會跟著老師學習本課中的小程式，它是屬於單向式教法、記憶式教法或紙上談兵法，無法讓學生感受到程式設計對它未來的幫助。

有鑑於此，本書主要發想就是利用「SPIKE 機器人創客套件」為教具，來讓學生親自動手「組裝」日常生活上最想要設計的作品外部機構，並加裝各種電控元件，以完成「智能裝置」，再讓學生親自撰寫「程式」，訓練學生們的「邏輯思考」及「問題解決」能力。

因此，本書使用 SPIKE 機器人官方提供的開發軟體，其主要的功能如下：

1. 提供「完全免費」的「整合開發環境」來開發專案。
2. 提供「群組化」的「元件庫」來快速設計使用者介面。
3. 用「視覺化」的「拼圖程式」來撰寫程式邏輯。
4. 支援「娛樂化」的「樂高機器人」製作的控制元件。
5. 提供「多媒體化」的「聲光互動效果」。

綜合上述，筆者利用「SPIKE 機器人」來開發一套可以充分發揮學生「想像力」及「創造力」的快速開發教材，其主要的特色如下：

1. 親自動手「組裝」，訓練學生「觀察力」與「空間轉換」能力。
2. 親自撰寫「程式」，訓練學生「專注力」與「邏輯思考」能力。
3. 親自實際「測試」，訓練學生「驗證力」與「問題解決」能力。

最後，在此特別感謝台科大圖書公司與各位讀者對本著作的支持與愛護，筆者才疏學淺，有疏漏之處，敬請各位資訊先進不吝指教。

李春雄 教授（Leech@gcloud.csu.edu.tw）
2021.9.18
於 正修科技大學 資管系

目錄 Contents

Chapter 1　樂高機器人
1-1　樂高的基本介紹　　2
1-2　什麼是機器人　　7
1-3　SPIKE 樂高機器人　　9
1-4　SPIKE 樂高機器人套件　　10
1-5　如何用 Lego Education SPIKE 程式學習運算思維　　12
1-6　SPIKE 機器人在創客教育上的應用　　13

Chapter 2　樂高機器人的程式開發環境
2-1　樂高機器人的程式開發環境　　18
2-2　下載及安裝樂高機器人的 SPIKE 軟體　　19
2-3　SPIKE 的整合開發環境　　19
2-4　撰寫第一支 SPIKE 程式　　34

Chapter 3　入門基本車
3-1　SPIKE 基本車　　40
3-2　SPIKE 基本車組裝　　41
3-3　馬達簡介　　46
3-4　控制馬達速度及方向　　47
3-5　讓機器人跳舞　　50
3-6　機器人繞正方形　　52
3-7　馬達接收其他來源　　56
3-8　機器人走迷宮（超音波感測器）　　59
3-9　機器人循跡車（顏色感測器）　　66
3-10　專題製作：機器人循跡車　　70

Chapter 4　SPIKE 進階款教育訓練車

4-1　SPIKE 進階基本車　　　　　　　　　　　　　78
4-2　SPIKE 進階車組裝　　　　　　　　　　　　　79
4-3　機器人碰碰車（觸碰感測器）　　　　　　　　87
4-4　專題製作：機器人走迷宮　　　　　　　　　　94

Chapter 5　相撲機器人

5-1　相撲機器人　　　　　　　　　　　　　　　　100
5-2　SPIKE 相撲機器人組裝　　　　　　　　　　　102
5-3　目前常見的機器人相撲競賽　　　　　　　　　106
5-4　撰寫「樂高相撲機器人」之指引程式　　　　　109
5-5　專題製作：樂高相撲機器人　　　　　　　　　112

Chapter 6　搬運機器人

6-1　搬運機器人　　　　　　　　　　　　　　　　116
6-2　SPIKE 搬運機器人組裝　　　　　　　　　　　118
6-3　撰寫「SPIKE 搬運機器人」之指引程式　　　　124
6-4　專題製作：樂高搬運機器人　　　　　　　　　130

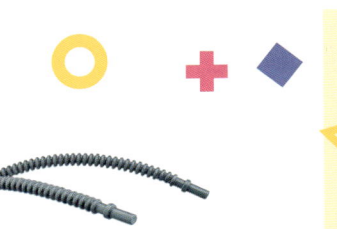

Chapter 7　機器手臂搬運車

7-1　機器手臂搬運車　　　　　　　　　　　　　　138
7-2　SPIKE 機器手臂搬運車組裝　　　　　　　　　140
7-3　撰寫「SPIKE 機器手臂搬運車」之指引程式　　147
7-4　專題製作：樂高機器手臂搬運車　　　　　　　154

Chapter 8　工業堆高機

8-1　工業堆高機　　　　　　　　　　　　　　　　160
8-2　SPIKE 工業堆高機組裝　　　　　　　　　　　162
8-3　撰寫「SPIKE 工業堆高機」之指引程式　　　　170
8-4　專題製作：樂高工業堆高機　　　　　　　　　177

Chapter 9　AI 機器人顏色分類器

9-1	AI 機器人顏色分類器	184
9-2	SPIKE AI 機器人顏色分類器組裝	185
9-3	撰寫「AI 機器人顏色分類器」之指引程式	196
9-4	專題製作：AI 機器人顏色分類器	204

Chapter 10　超跑機器人

10-1	超跑機器人	210
10-2	SPIKE 超跑機器人組裝	211
10-3	撰寫「SPIKE 超跑機器人」之指引程式	229
10-4	專題製作：樂高超跑機器人	236

Chapter 11　無人重機車

11-1	無人重機車	242
11-2	SPIKE 無人重機車組裝	243
11-3	撰寫「SPIKE 無人重機車環島」之指引程式	251
11-4	專題製作：樂高無人重機車進行環島	256

Chapter 12　仿生機器人

12-1	仿生機器人	262
12-2	SPIKE 仿生機器人組裝	264
12-3	撰寫「SPIKE 仿生機器人」之指引程式	280
12-4	專題製作：樂高仿生機器人	294

附錄　　　　　　　　　　　　　　　　　　　　　301

Chapter 1

樂高機器人

本章學習目標

1. 瞭解機器人的定義及其在各領域上的運用。
2. 瞭解利用 Lego Education SPIKE 程式學習運算思維。

本章內容

1-1　樂高的基本介紹
1-2　什麼是機器人
1-3　SPIKE 樂高機器人
1-4　SPIKE 樂高機器人套件
1-5　如何用 Lego Education SPIKE 程式學習運算思維
1-6　SPIKE 機器人在創客教育上的應用

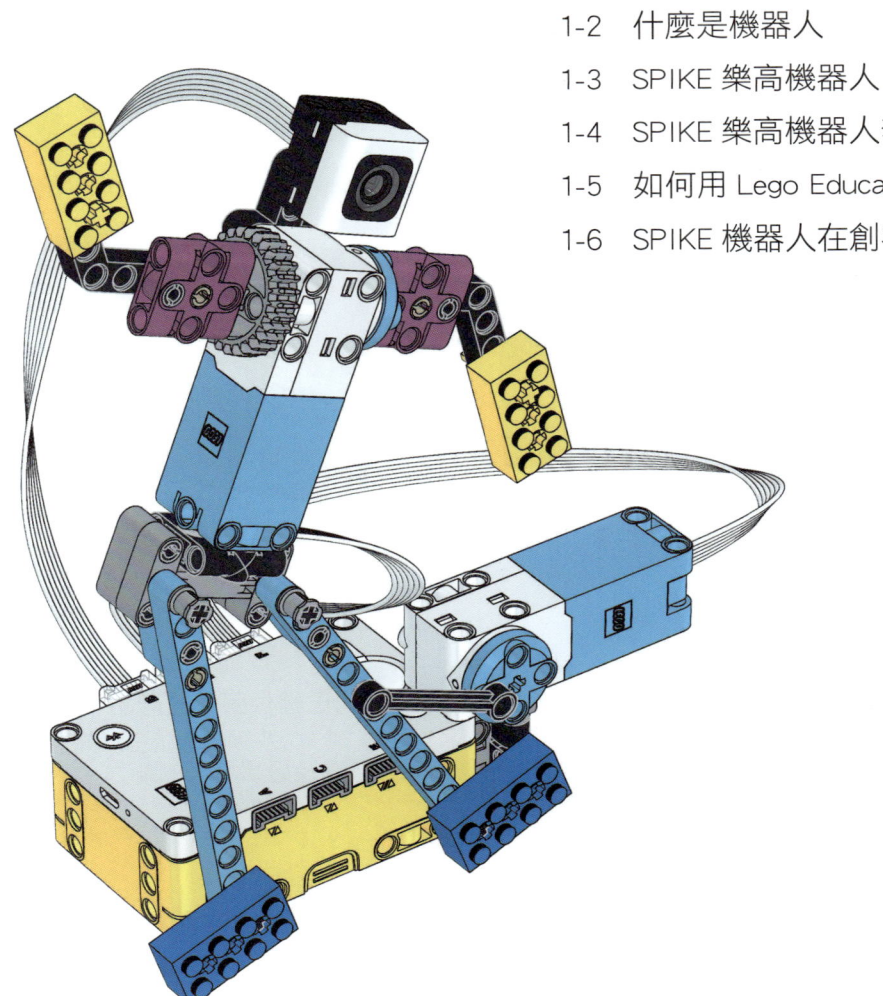

1-1　樂高的基本介紹

　　樂高（Lego） 是一間總部位於丹麥比隆的玩具公司，創始於西元 1932 年，初期主要生產積木玩具，並將其命名為樂高。現今的樂高，已經不只是小朋友的玩具，也獲得許多成人的熱愛，其主要原因就是因為樂高公司不停的求新求變，並且與時代的潮流與趨勢結合；它先後推出了一系列的主題產品，以下歸納出目前較常見的十種系列主題：

❶ City（城市）系列

❷ NinjaGo（忍者）系列

❸ Star Wars（星際大戰）系列

❹ Pirates（海盜）系列

❺ Speed（賽車）系列

❻ Super Heroes（超級英雄）系列

❼ CHIMA（神獸傳奇）系列

❽ Creator（創意）系列

❾ Technic（科技）系列

❿ Mindstorms（機器人）系列

> **註** 上述的 1～7 系列，樂高公司已提供固定的產品，適合小朋友或收藏家；而 8～10 系列的產品比較能夠訓練學生的創意、組裝機構及邏輯思考的能力。

1-1.1 樂高創意積木

功能 讓小朋友隨著「故事」的情境，發揮自己的想像力，使用 LEGO 積木動手組裝出自己設計的模型。

適齡 幼稚園階段到小二。

目的
1. 培養孩子的創造力。
2. 實作中訓練手指的靈活度。
3. 讓小朋友與大家分享自己的作品，培養孩子的表達能力。

樂高教具

classic ideas 創意積木 　　創意積木

官方作品

小房子 　　賽車

創作作品

無敵鐵金鋼 　　小汽車

坦克 　　瓦力機器人

1-1.2　樂高動力機械

功能　使用 LEGO 動力機械組，讓讀者藉由動手實作以驗證「槓桿」、「齒輪」、「滑輪」、「連桿」、「輪軸」等物理機械原理。

適齡　國小階段及動力機械玩家。

目的　1. 從中觀察與測量不同現象，深入瞭解物理科學知識。
2. 讓學生「做中學、學中做」，培養實作能力。
3. 觀察生活與機械與培養解決能力。

樂高教具

幼兒簡易動力機械組

動力機械組

太陽能組（或稱可再生能源）

氣壓組

PF 馬達（M）

紅外線接收器

可調整速度

無法調整速度

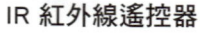

IR 紅外線遙控器

PF 馬達（L） 　PF 馬達（XL） 　轉向馬達

動力機械組（延伸套件組）

註 PF 代表 Power Functions。

官方作品

動力機器 F1 賽車 　　　　　　　　　動力機器超級跑車

創作作品

改造成動力機器 F1 賽車 　　　　　　原創的 F1 賽車

改造成動力機器超級跑車 　　　　　　原創的超級跑車

1-1.3　樂高機器人

定義　樂高機器人（LEGO MINDSTORMS）是樂高集團所製造的可程式化的機器玩具。

目的　1. 親自動手「組裝」，訓練學生「觀察力」與「空間轉換」能力。
　　　　2. 親自撰寫「程式」，訓練學生「專注力」與「邏輯思考」能力。
　　　　3. 親自實際「測試」，訓練學生「驗證力」與「問題解決」能力。

樂高教具　目前可分為 RCX（第一代）、NXT（第二代）與 EV3（第三代）。

RCX（第一代）／1998 年 　　　NXT（第二代）／2006 年 　　　EV3（第三代）／2013 年

> **註**　1. 第一代的 RCX 目前已經極少玩家在使用了（已成為古董級收藏）。
> 　　　2. 第二代的 NXT 目前已經停產。
> 　　　3. 第三代的 EV3 目前雖然已經停產，但是大部分的教育中心尚在使用。

1. NXT（第二代）相關的套件如下：

NXT 玩具版（零售版）／LEGO 8547

NXT 教育版／LEGO 9797

2. EV3（第三代）相關的套件如下：

EV3 家用版（零售版） LEGO 31313

EV3 教育版 LEGO 45544

官方作品

NXT 基本車

NXT 人型機器人

EV3 機器狗

EV3 人型機器人

創作作品

「改造」成 EV3 主機的 F1 賽車 　　　　「原創」的樂高藍寶堅尼跑車

「改造」成 NXT 主機的超級跑車 　　　　「原創」的超級跑車

1-2　什麼是機器人

機器人的迷思　「機器人」只是一台「人形玩具或遙控跑車」，其實這樣的定義太過狹隘且不正確。

人形玩具　　　　　　　　　　　　　遙控跑車

說明　1. 人形玩具：屬於靜態的玩偶，無法接收任何訊號，更無法自行運作。
　　　　2. 遙控跑車：可以接收遙控器發射的訊號，但是，缺少「感測器」來偵測外界環境的變化。例如：如果沒有遙控器控制的話，遇到障礙物前，也不會自動停止或轉彎。

深入探討

我們都知道，人類可以用「眼睛」來觀看周圍的事物，利用「耳朵」聽見周圍的聲音，但是，機器人卻沒有眼睛也沒有耳朵，那到底要如何模擬人類思想與行為，進而協助人類處理複雜的問題呢？

其實「機器人」就是一部電腦（模擬人類的大腦），它是一部具有電腦控制器（包含中央處理單元、記憶體單元），並且有輸入端，用來連接感測器（模擬人類的五官）與輸出端，用來連接馬達（模擬人類的四肢）。

定義 機器人（Robot）它不一定是以「人形」為限，凡是可以用來模擬「人類思想」與「行為」的機械玩具才能稱之。

三種主要組成要素 1.感測器（輸入）、2.處理器（處理）、3.伺服馬達（輸出）。

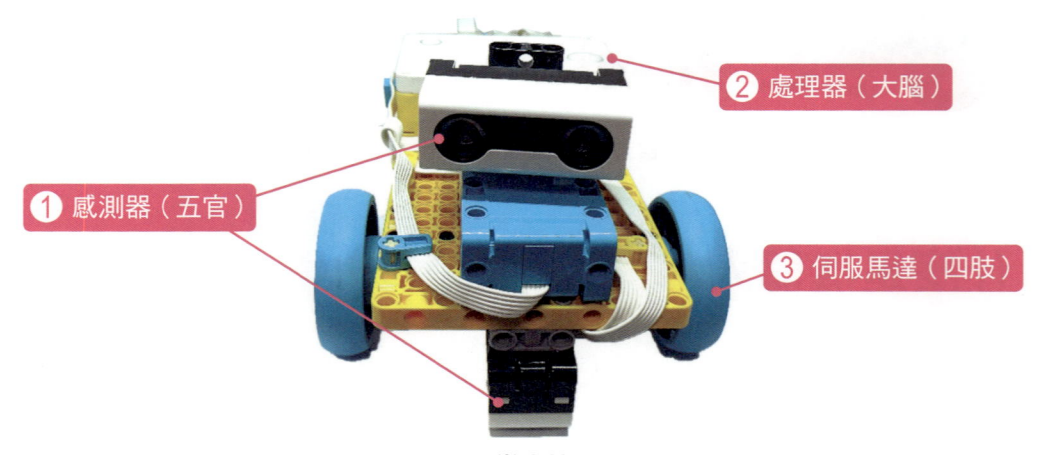

① 感測器（五官）
② 處理器（大腦）
③ 伺服馬達（四肢）

SPIKE 樂高機器人

機器人的運作模式
1. 輸入端：類似人類的「五官」，利用各種不同的「感測器」，來偵測外界環境的變化，並接收訊息資料。
2. 處理端：類似人類的「大腦」，將偵測到的訊息資料，提供「程式」開發者來做出不同的回應動作程序。
3. 輸出端：類似人類的「四肢」，透過「伺服馬達」來真正做出動作。

舉例 會走迷宮的機器人

假設已經裝組完成一台樂高機器人的車子（又稱為輪型機器人），當「輸入端」的「超音波感測器」偵測到前方有障礙物時，其「處理端」的「程式」可能的回應有「直接後退」或「後退再換前進方向」或「停止」動作等，如果是選擇「後退再換前進方向」時，則「輸出端」的「伺服馬達」就是真正先退後，再向左或向右轉，最後再直走等動作程序。

機器人的運用 由於人類不喜歡做具有「危險性」及「重複性」的工作，因此，才會有動機來發明各種用途的機器人，其目的就是用來取代或協助人類各種複雜性的工作。

常見的運用
1. 工業上：焊接用的機械手臂（如：汽車製造廠）或生產線的包裝。
2. 軍事上：拆除爆裂物（如：炸彈）。
3. 太空上：無人駕駛（如：偵查飛機、探險車）。
4. 醫學上：居家看護（如：通報老人的情況）。
5. 生活上：自動打掃房子（如：自動吸塵器、掃地機器人）。
6. 運動上：自動發球機（如：桌球發球機）。
7. 運輸上：無人駕駛車（如：Google 研發的無人駕駛車）。
8. 安全測試上：汽車衝撞測試。
9. 娛樂上：取代傳統單一功能的玩具。
10. 教學上：訓練學生邏輯思考及整合應用能力，其主要目的讓學生學會機器人的機構原理、感測器、主機及伺服馬達的整合應用。進而開發各種機器人程式以實務上的應用。

機器人結合 AI 人工智慧

近年來 AI 技術突飛猛進，各界積極推動 AI 技術應用至各行業，對人類威脅在於部分工作被人工智慧機器所取代，特別「工業機器人」部署規模日益擴大，將對全球就業市場帶來顛覆性變革，因此，對於「簡單性」、「重複性」和「規律性」的工作終將會被機器（人工智慧）所取代。

原文網址：https://kknews.cc/tech/voe65b4.html

1-3 SPIKE 樂高機器人

定義 SPIKE 樂高機器人是樂高集團所製造的可程式化的機器玩具。

目的
1. 親自動手「組裝」，訓練學生「觀察力」與「空間轉換」能力。
2. 親自撰寫「程式」，訓練學生「專注力」與「邏輯思考」能力。
3. 親自實際「測試」，訓練學生「驗證力」與「問題解決」能力。

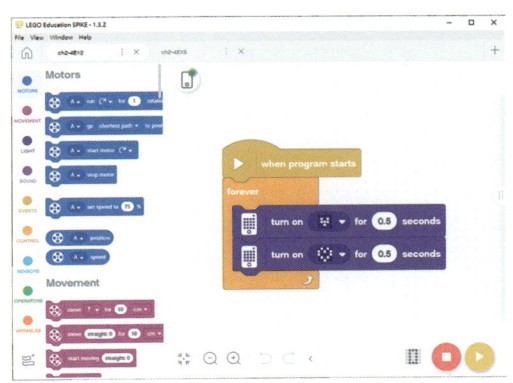

LEGO SPIKE 軟體

SPIKE 樂高機器人

說明 在 LEGO SPIKE 軟體中，可以透過「拼圖程式」來命令 SPIKE 樂高機器人進行各種控制，以便讓學生較輕易的撰寫機器人程式，而不需瞭解樂高機器人內部的軟、硬體結構。

適齡 LEGO SPIKE 適用於國中、小學生或樂高機器人的初學者。

1-4　SPIKE 樂高機器人套件

引言 基本上，樂高機器人是由許多積木、橫桿、軸、套環、輪子、齒輪及最重要的可程式積木（主機）及相關的感測器等元件所組成。因此，在學習樂高機器人之前，必須要先瞭解它的組成機構之元件。

樂高機器人套件版本

SPIKE 教育版（產品編號：45678） 　　SPIKE 零售版（產品編號：51515）

樂高教育擴充組（產品編號：45681）

SPIKE 教育版的主機功能

1. 5×5 Light matrix。
2. 儲存 20 個程式。
3. 32MB 記憶體。
4. 六個動態調整的輸入／輸出連接埠（可彈性使用馬達或感測器）。
5. 內建六軸陀螺儀。
6. 使用可充電式鋰電池。
7. 具有藍牙連接功能。

8. 具有 Micro USB 連接埠。
9. 具有揚聲器之聲音出輸出功能。
10. 處理器為 100MHz，320Kbyte RAM，1M flash。
11. 嵌入式的 OS 為 MicroPython。

樂高機器人的輸入／處理／輸出的主要元件　※ 本書以「SPIKE 教育版」為主。

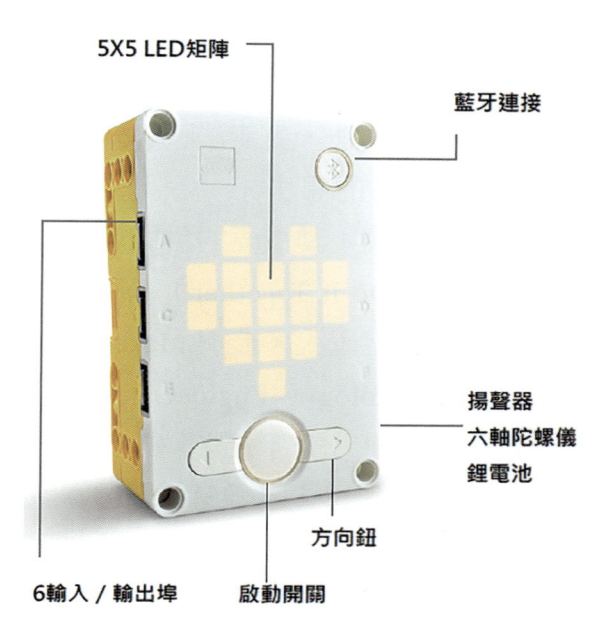

SPIKE 機器人主要元件

- 5X5 LED 矩陣
- 藍牙連接
- 揚聲器
- 六軸陀螺儀
- 鋰電池
- 方向鈕
- 啟動開關
- 6 輸入／輸出埠

說明
1. 輸入元件：感測器，連接埠編號分別為「A,B,C,D,E,F」。
2. 處理元件：SPIKE 主機，機器人的大腦。
3. 輸出元件：伺服馬達，連接埠編號分別為「A,B,C,D,E,F」。

主機與鋰電池組裝步驟

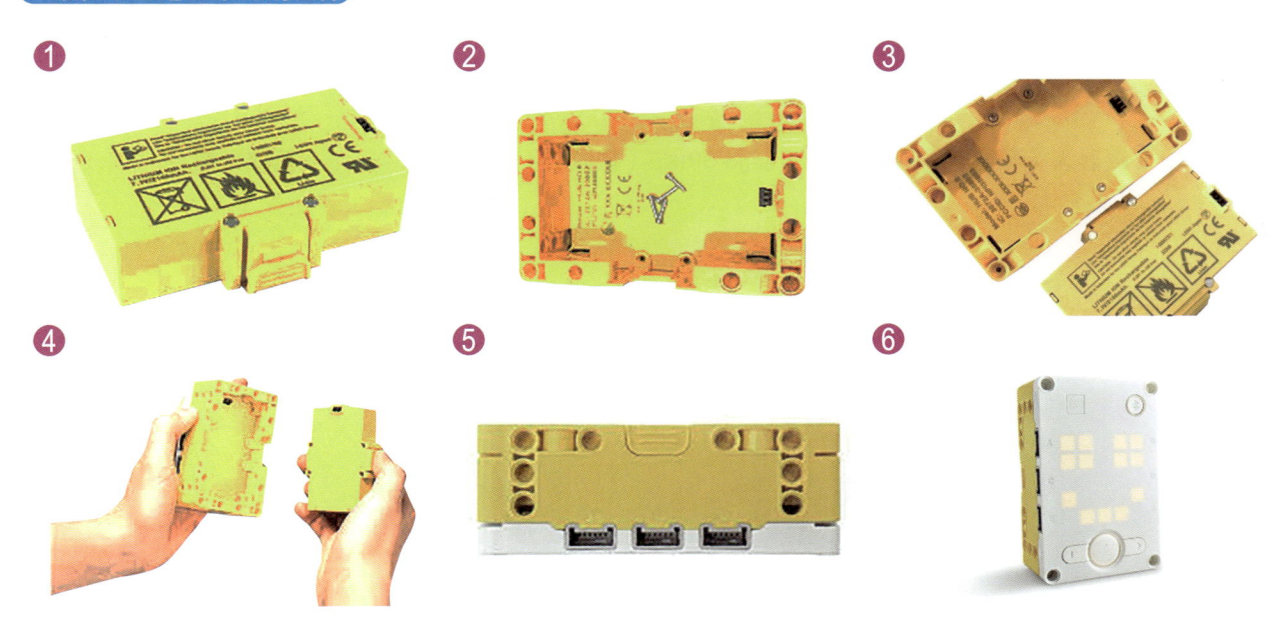

❶　❷　❸

❹　❺　❻

1-5 如何用 Lego Education SPIKE 程式學習運算思維

運算思維（Computational Thinking）本身就是運用電腦來解決問題的思維，其中「Computaional」就是指「可運算的」；為什麼強調可運算？因為電腦的本質就是一台功能強大的計算機。所以，我們必須先「定義問題」再將問題轉換成電腦可運算的形式，亦即程式處理程序（俗稱程式設計），透過它的強大運算能力來幫我們解決問題。

由於傳統的教學方式，大部分著重在「知識傳遞」，較少讓學生能「動手做」的機會，使得學生往往無法親自體驗學習的樂趣，更無法瞭解知識如何與生活上的連接性及應用性，導致許多學生誤認為「學習無用」的想法。

近年來全球吹起 Maker（創客）風潮，其主要的目的就是讓學生親自「動手做、實踐創意」之翻轉教育，它強調「一起做（Do It Together）」的跨領域整合學習方式。因此，美國總統歐巴馬也曾公開呼籲學生，希望學生多參與 Maker 活動，激發學生的各種創意思考，並希望透過 STEM（Science、Technology、Engineering、Mathematics）教育來跨領域地整合學習，讓學生可以從「創意」走向「創新」及「創業」。

由於傳統的程式設計教學方式，學生只會跟著老師學習本課中的小程式，它是屬於單向式教法、記憶式教法或紙上談兵法，無法讓學生感受到程式設計對它未來的幫助。

有鑑於此，本書主要發想就是利用「SPIKE 機器人創客套件」為教具，來讓學生親自動手「組裝」日常生活上最想要設計的作品外部機構，並加裝各種電控元件，以完成「智能裝置」，再讓學生親自撰寫「程式」，訓練學生們的「邏輯思考」及「問題解決」能力。

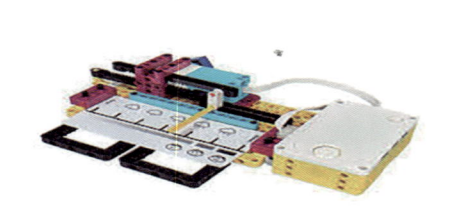

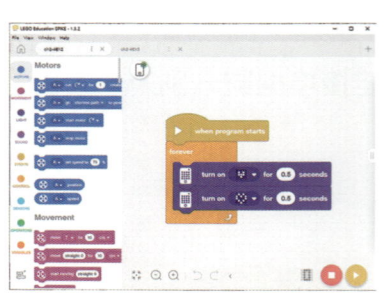

SPIKE 機器人（硬體）　　　Lego SPIKE（軟體）　　　解決問題

1-6　SPIKE 機器人在創客教育上的應用

在瞭解樂高機器人教育組的基本運用之後,各位同學是否有發現,樂高機器人如果沒有結合擴展套件,好像不夠精彩及有趣。因此,筆者的研究室開發了各種不同專題製作的作品。

智慧型撿桌球機器人

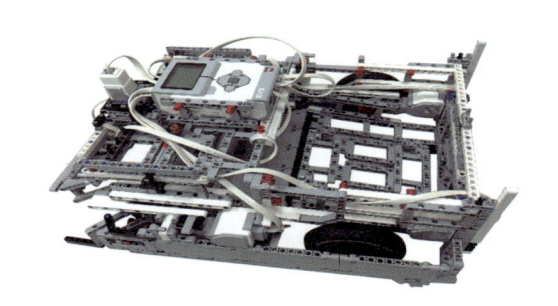

智慧型資源回收分類系統

智能垃圾壓縮筒

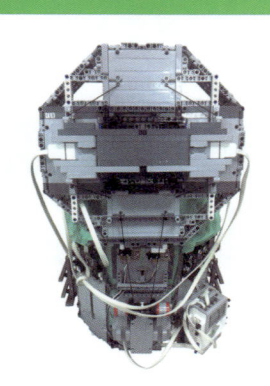

樂高版智慧藥盒（藥袋版 1.0）

樂高版智慧藥盒（藥盒版 2.0）

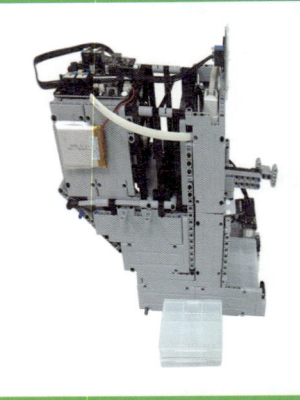

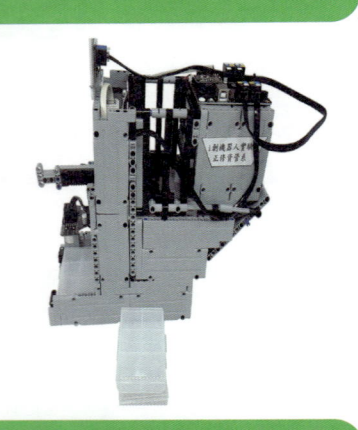

樂高版智慧藥盒（藥盒版 3.0）

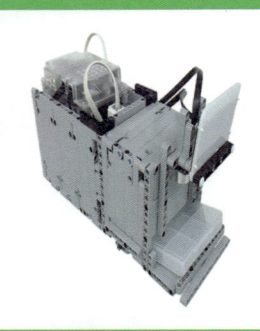

摩天輪智慧藥盒（藥盒版 4.0）

長照型服務機器人

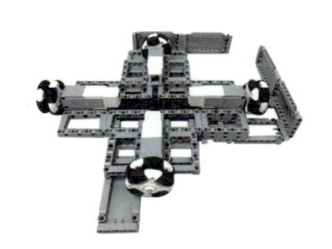

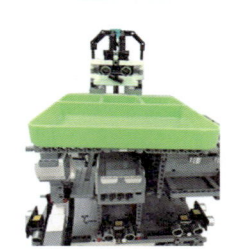

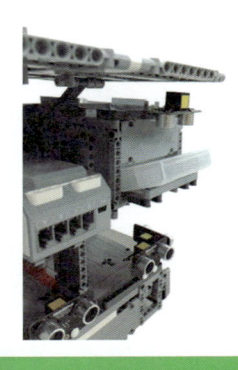

樂高智慧屋

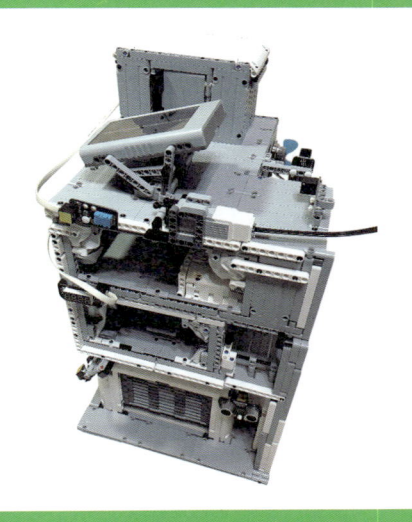

智能導盲杖

當看到以上這些專題製作，心裡一定會想問：擁有一台屬於個人的 SPIKE 機器人智能車之後，可以做什麼？這是一個非常重要的問題。

接下來，幫各位讀者歸納出一些運用。

一、娛樂方面：

由於智能小車上有「紅外線接收器」，因此，我們可以透過「紅外線遙控器」來操作機器人，也可以切換到自走車。例如：遙控車、避障車及循跡車等。

二、訓練邏輯思考及解決問題的能力：

1. 親自動手「組裝」，訓練學生「觀察力」與「空間轉換」能力。
2. 親自撰寫「程式」，訓練學生「專注力」與「邏輯思考」能力。
3. 親自實際「測試」，訓練學生「驗證力」與「問題解決」能力。

綜合上述，學生在組裝一台智能小車之後，再利用「圖控程式」方式來降低學習程式的門檻，進而達到解決問題的能力。

三、機構改造與創新：

1. 依照不同的用途來建構特殊化創意機構。
2. 整合機構、電控及程式設計的跨領域的能力。

習題

1. 請說明創意積木、動力機械及樂高機器人三者的主要差異。

2. 請說明樂高機器人（第一代到第三代）的發展歷程。

3. 請列舉出機器人的組成三要素。

4. 請列舉出機器人的運用（至少列出 10 項）。

5. 請問目前常見有哪些軟體程式可以來控制「樂高機器人」？

Chapter 2

樂高機器人的程式開發環境

本章學習目標

1. 瞭解如何下載及安裝樂高機器人的 SPIKE 軟體。
2. 瞭解如何利用 SPIKE 程式來撰寫樂高機器人程式。

本章內容

2-1 樂高機器人的程式開發環境

2-2 下載及安裝樂高機器人的 SPIKE 軟體

2-3 SPIKE 的整合開發環境

2-4 撰寫第一支 SPIKE 程式

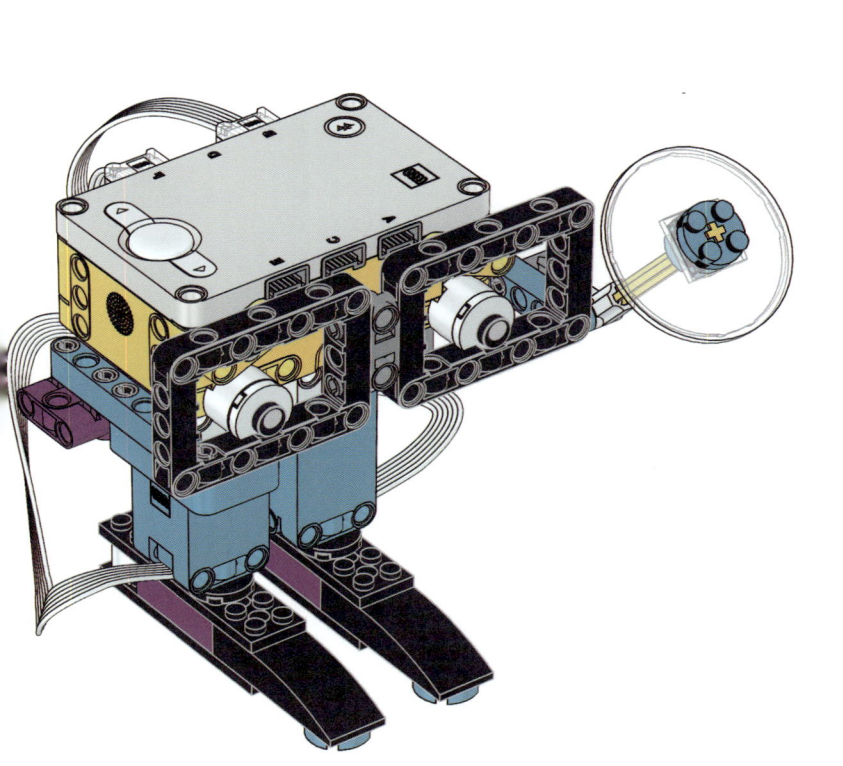

2-1　樂高機器人的程式開發環境

當瞭解機器人的輸入端、處理端及輸出端的硬體結構之後，各位一定會迫不及待想寫一支程式來玩玩看。既然想要寫程式，那就不得不先瞭解樂高機器人的程式開發環境。

基本上，控制樂高機器人的程式，目前大部分使用的有以下兩種：

第一種為 SPIKE 開發環境，是圖塊拼圖式的開發介面，軟體由樂高官方下載及安裝。

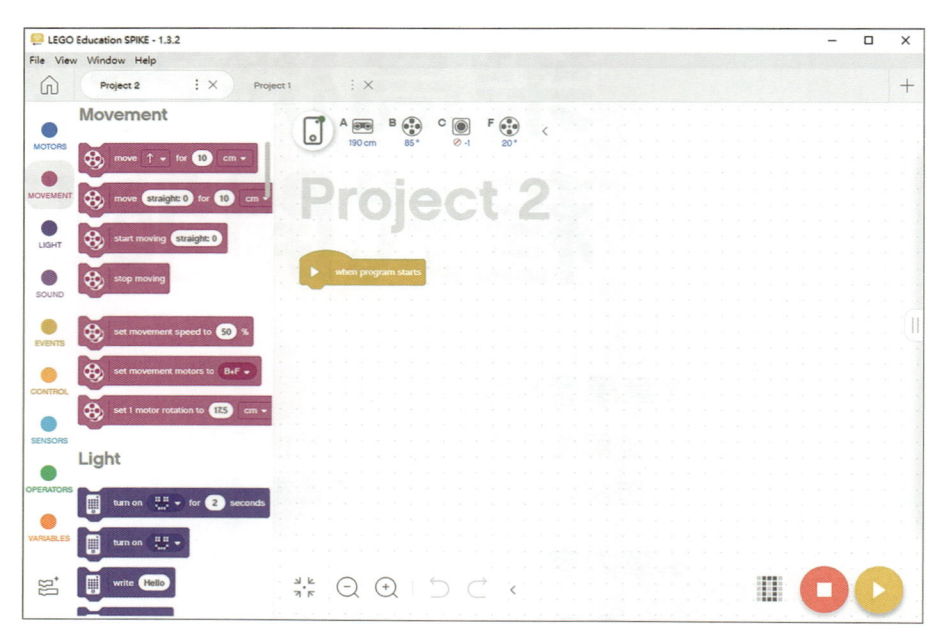

第二種為 Python 開發環境，是以 Python 為基礎的程式設計環境。

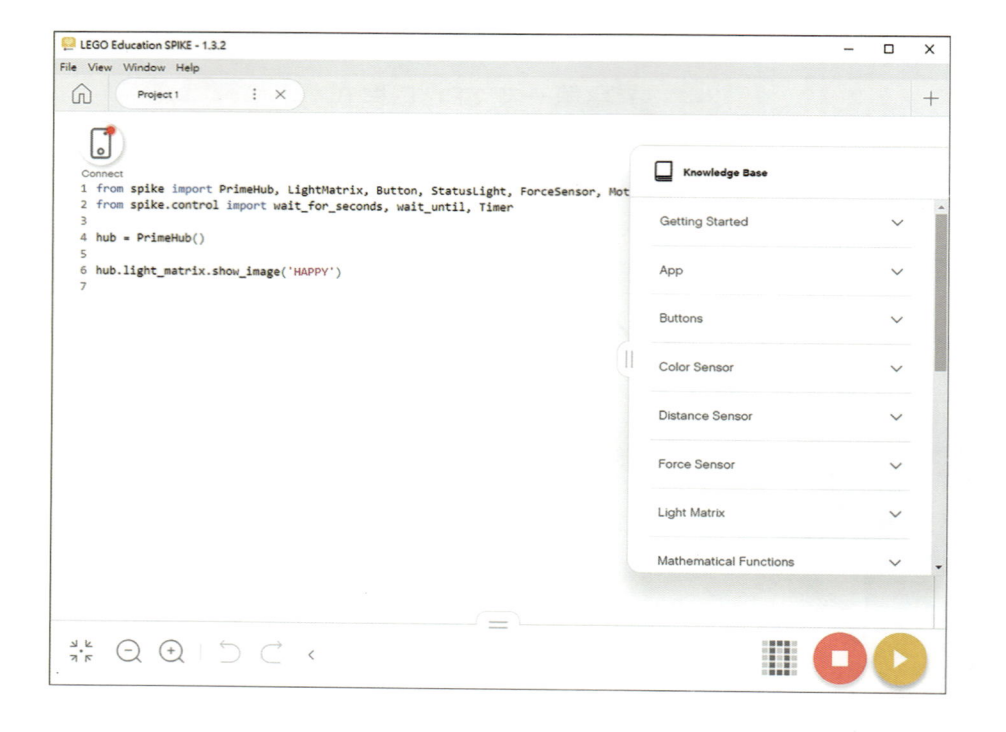

Chapter 2　樂高機器人的程式開發環境

2-2　下載及安裝樂高機器人的 SPIKE 軟體

當組裝完成一台樂高機器人及瞭解基本硬體元件之後，接下來就可以到樂高機器人的官方網站下載控制它的軟體，就是所謂的「SPIKE」拼圖程式軟體。

https://education.lego.com/en-us/downloads/spike-prime/software

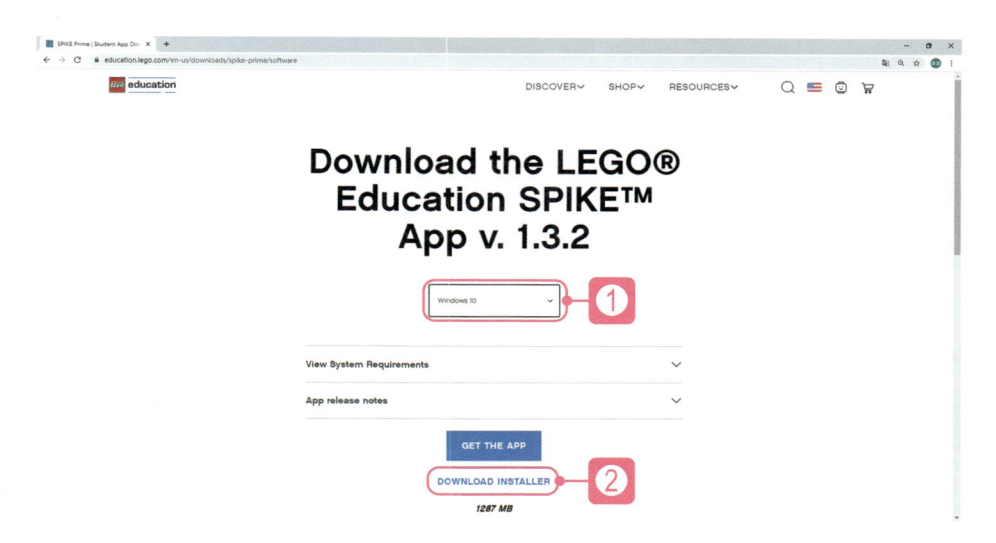

說明　在下載完成之後，再進行安裝程序，即可完成。

2-3　SPIKE 的整合開發環境

如果想利用「SPIKE 圖控程式」來開發樂高機器人程式時，必須要先熟悉 SPIKE 的整合開發環境的介面。

一　SPIKE 啟動畫面（主畫面）

（一）使用介紹

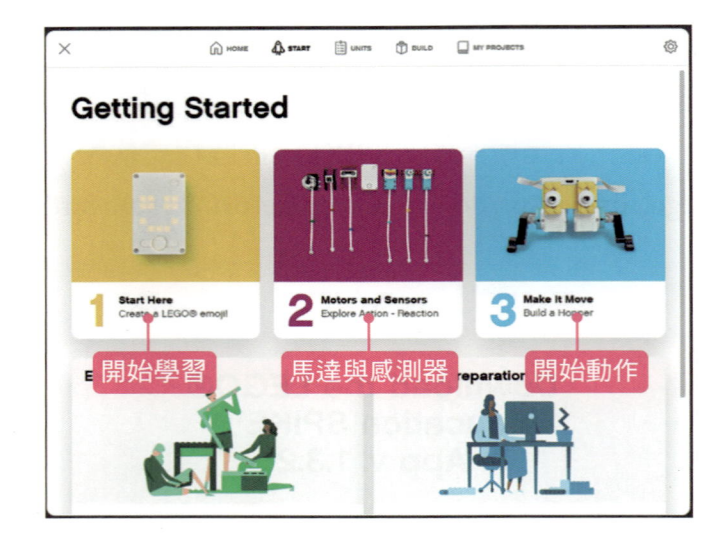

1. Start Here（開始學習）

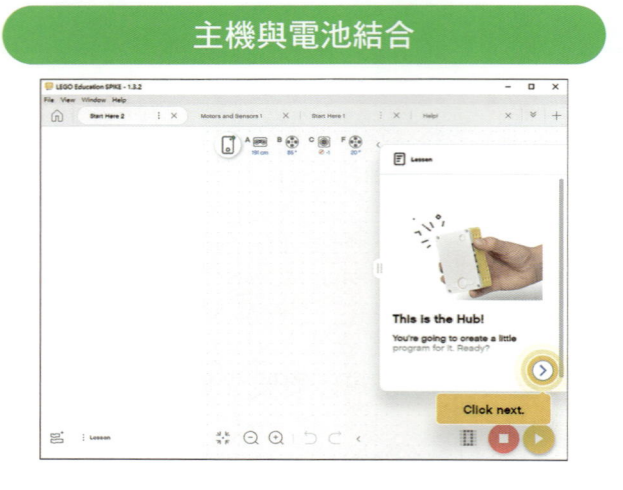

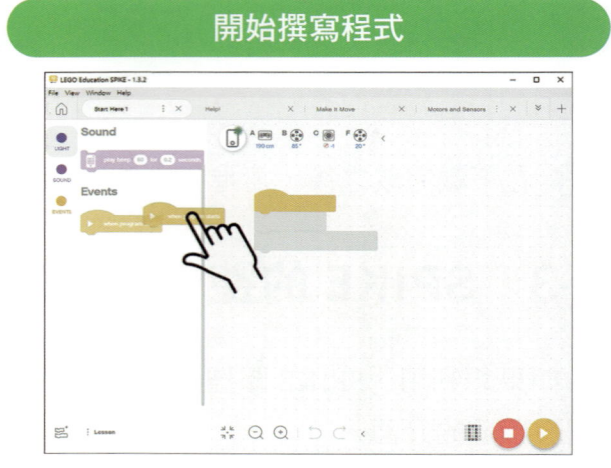

主機與電池結合

開始撰寫程式

2. Motors and Sensors（馬達與感測器）

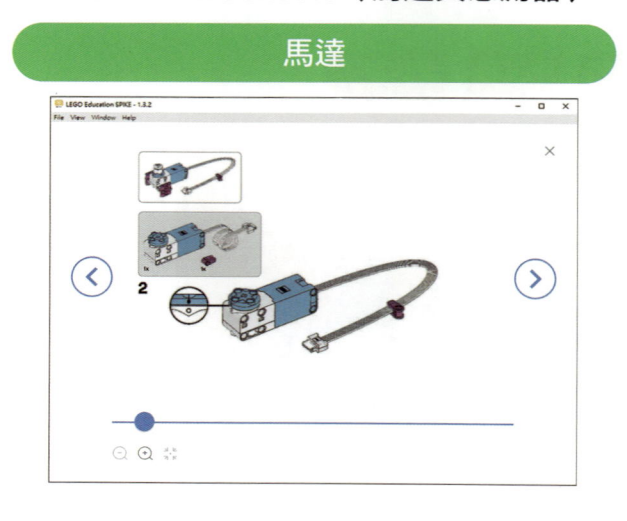

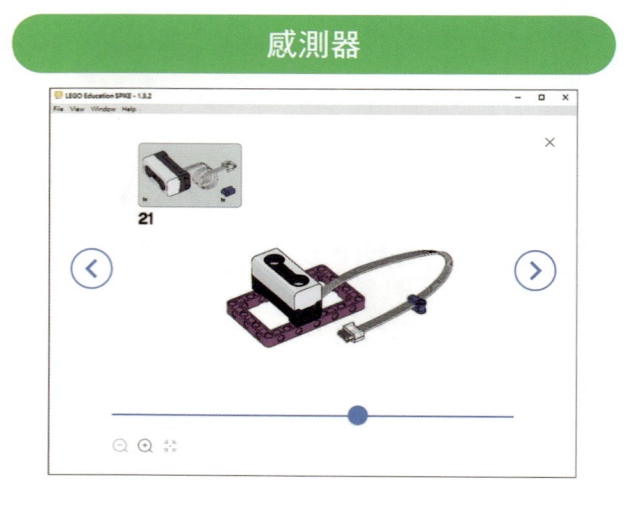

馬達

感測器

3. Make It Move（開始動作）

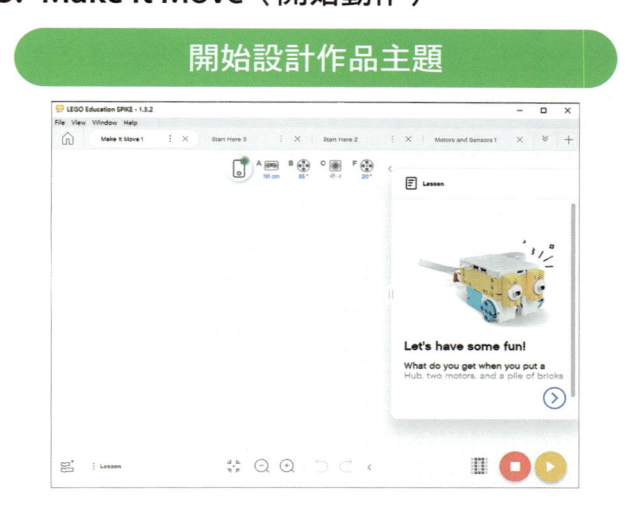

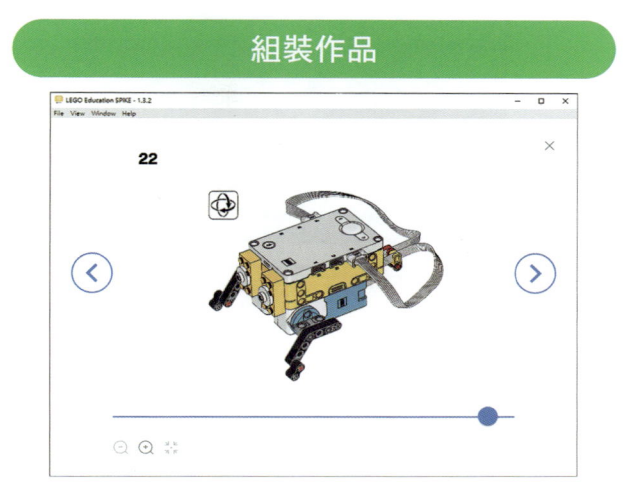

| 開始設計作品主題 | 組裝作品 |

（二）單元主題（Unit Plans）

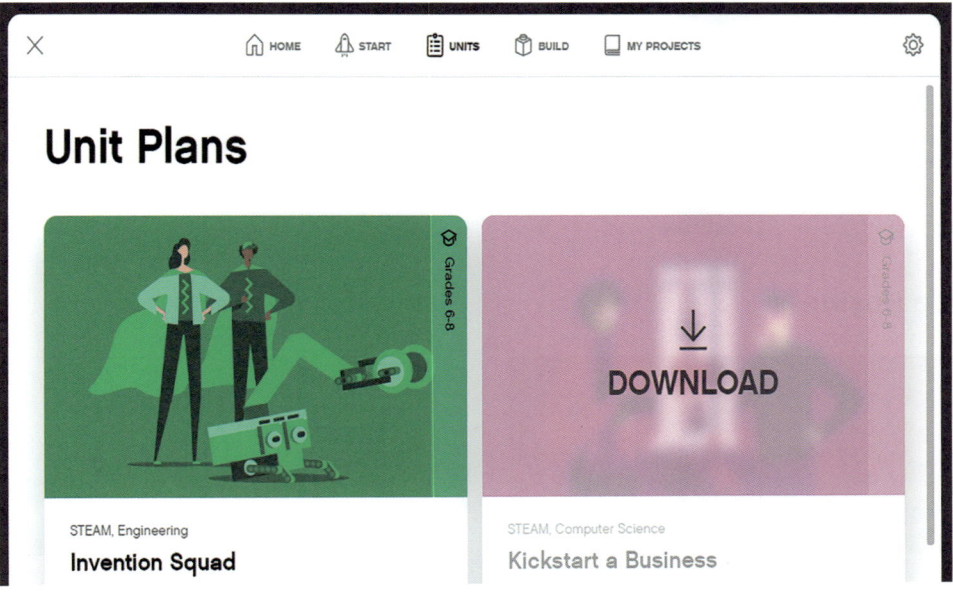

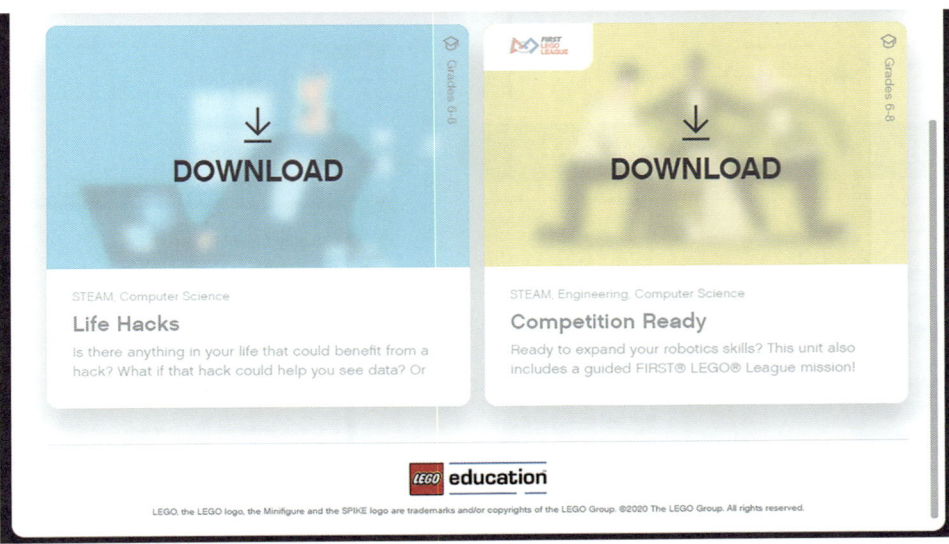

1. Invention Squad（發明隊）

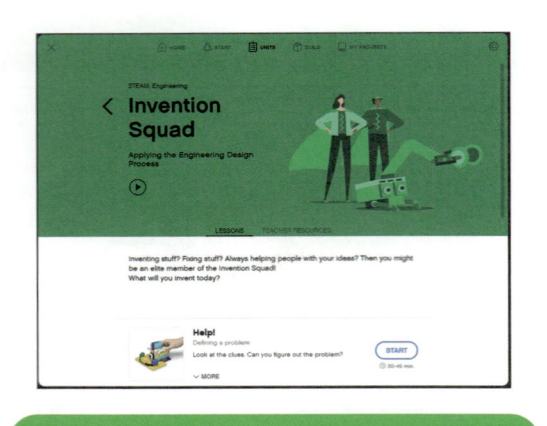

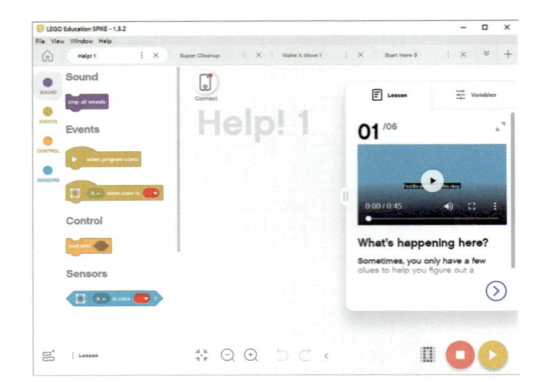

Meet KiKi

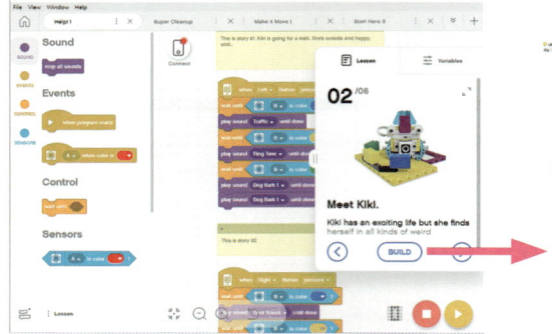

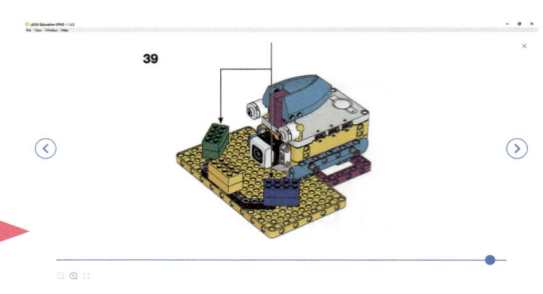

2. Kickstart a Business（啟動業務）

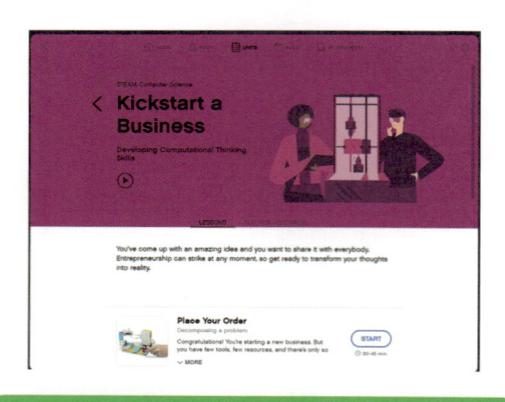

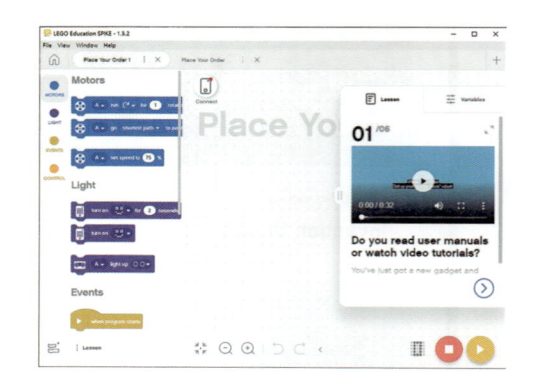

Build this "quality check" robot

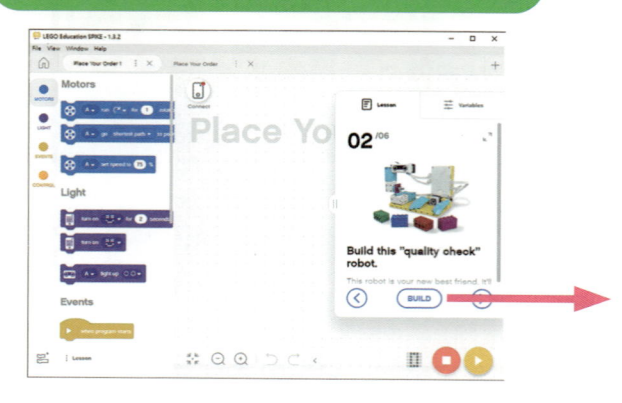

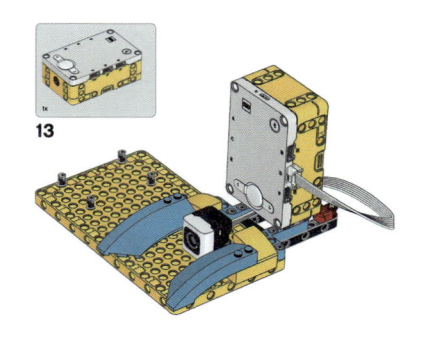

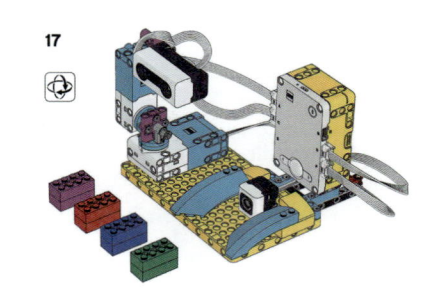

Chapter 2　樂高機器人的程式開發環境　23

3. Life Hacks（生活技巧）

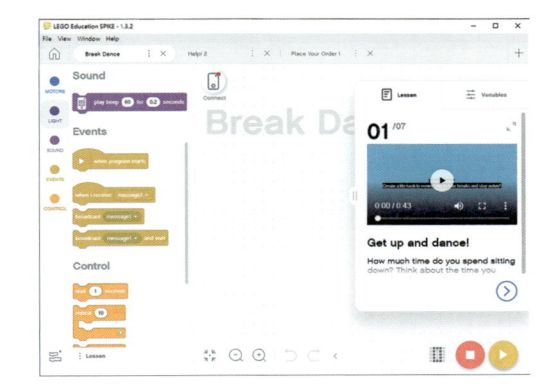

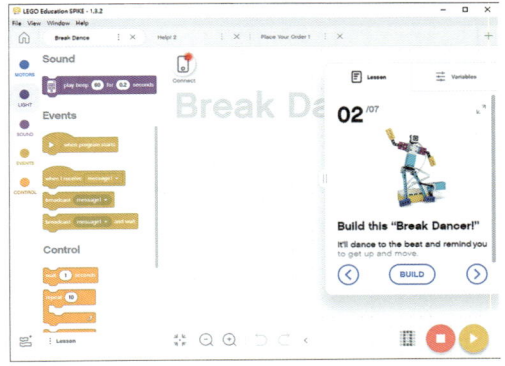

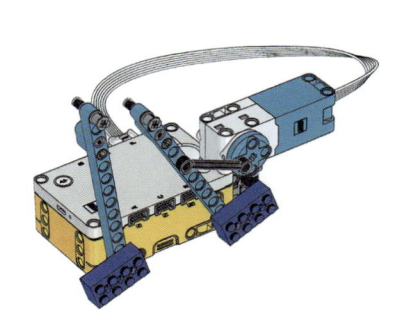

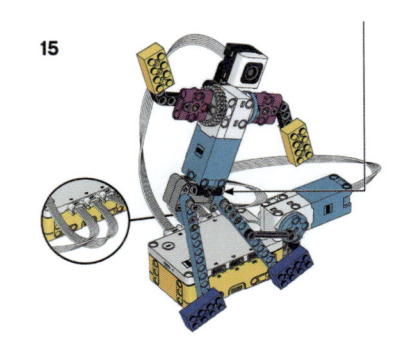

4. Competition Ready（比賽準備）

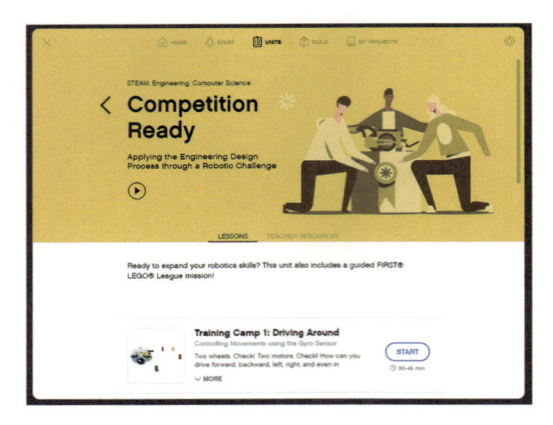

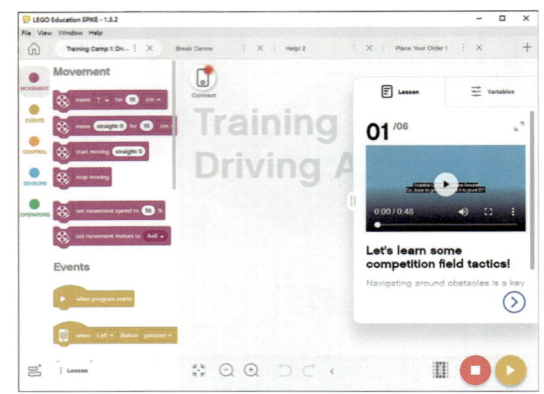

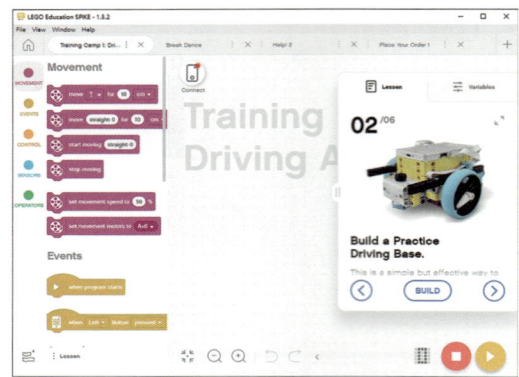

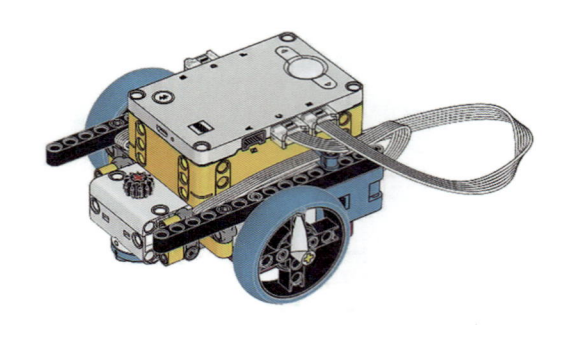

（三）組裝圖（Lego 官方的作品）

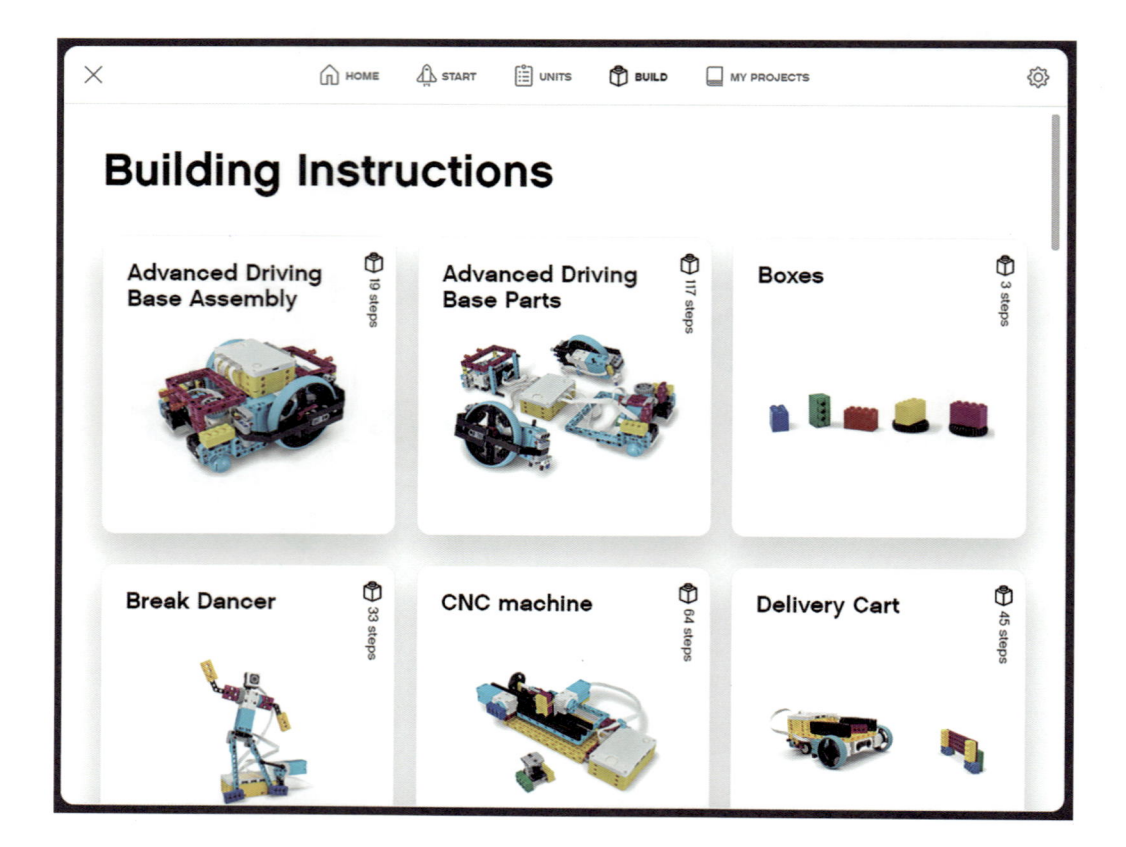

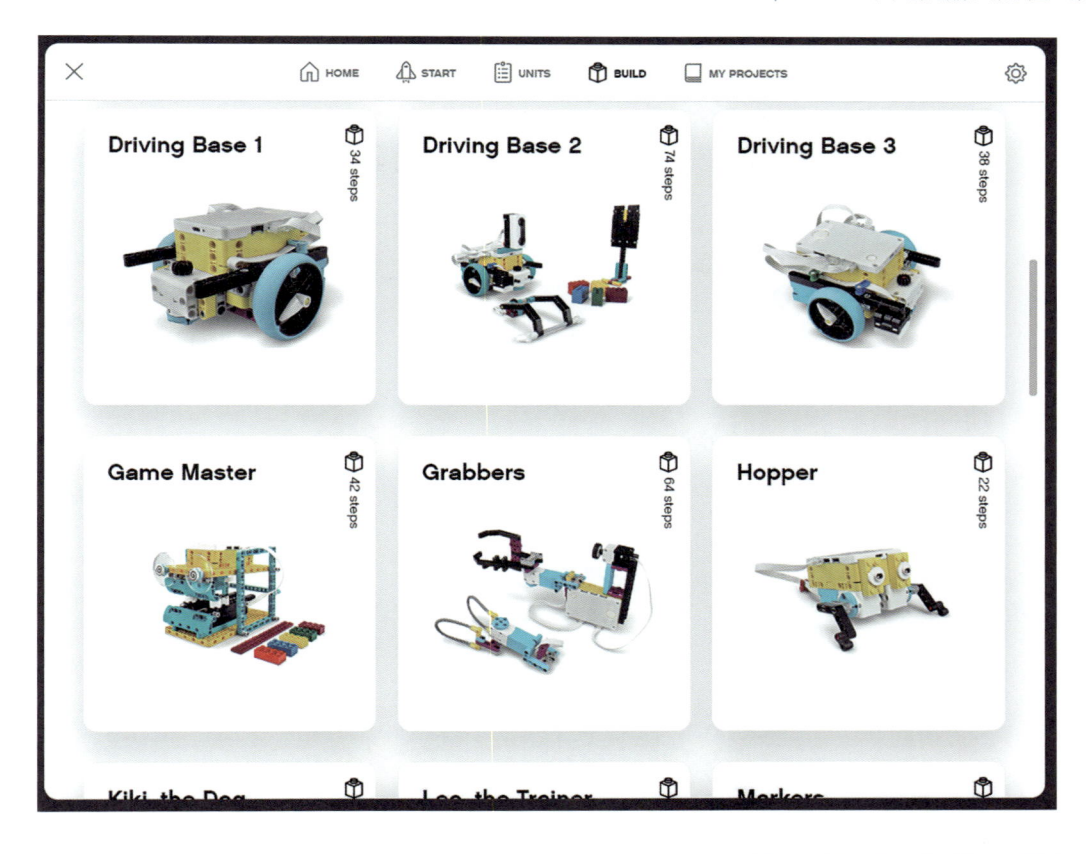

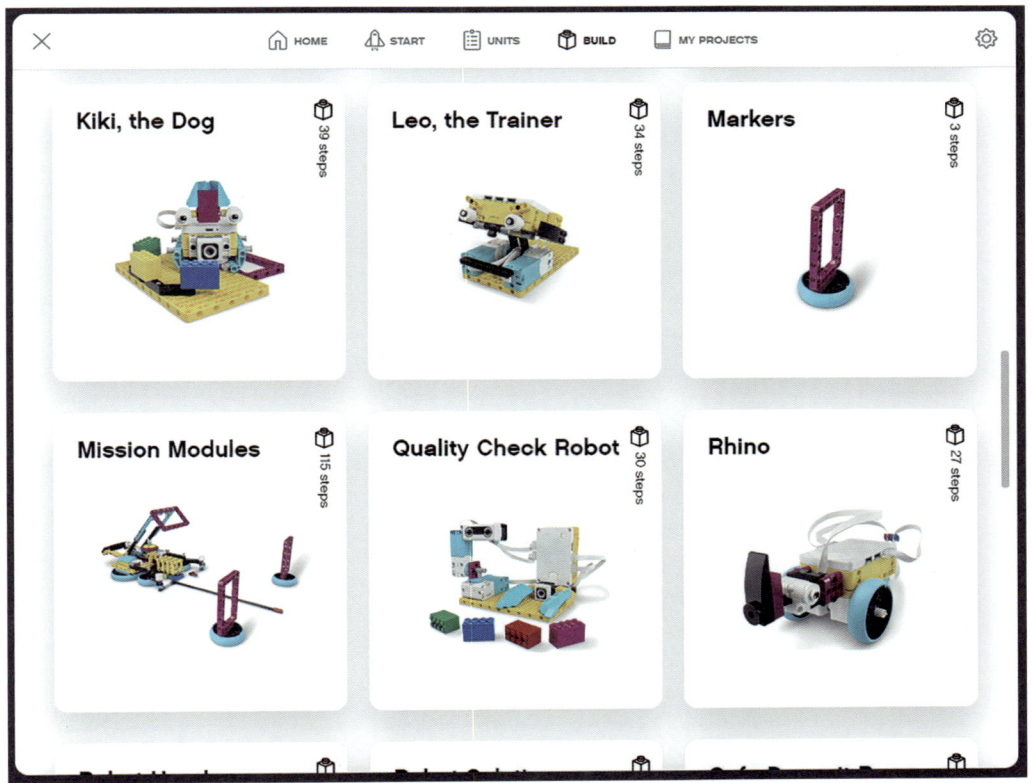

Chapter 2　樂高機器人的程式開發環境　25

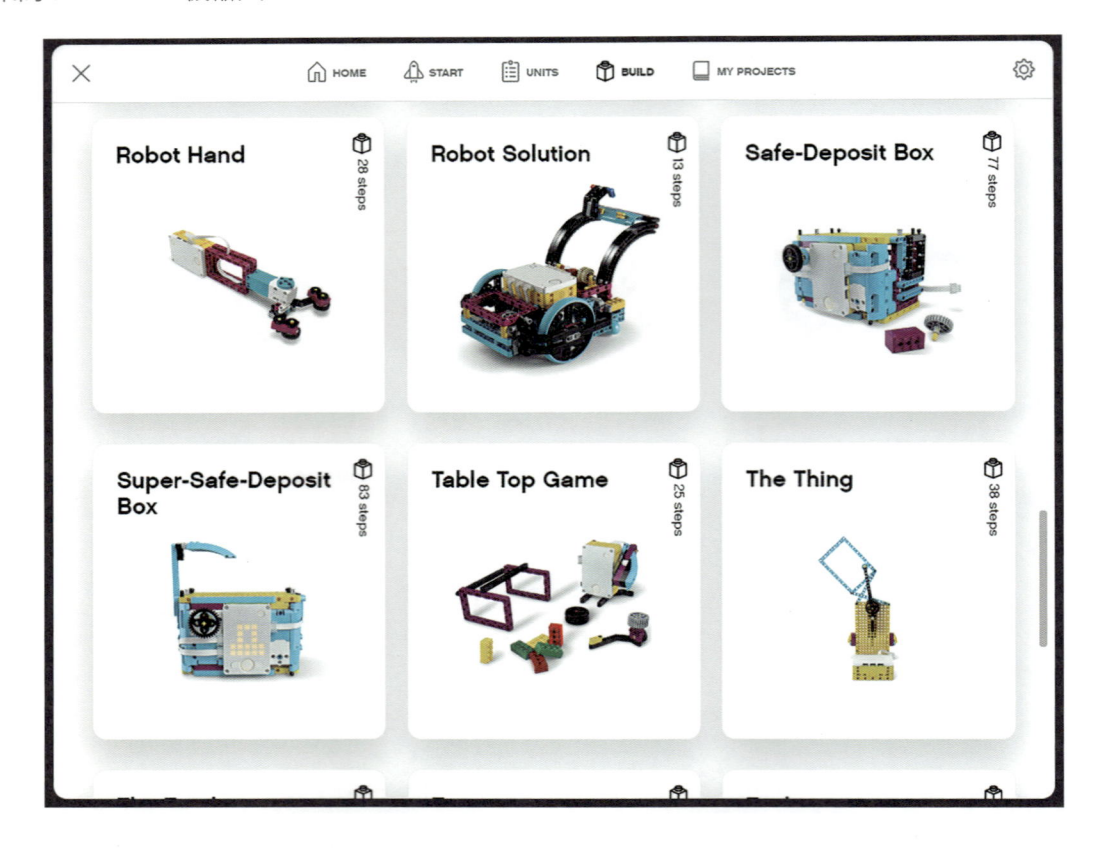

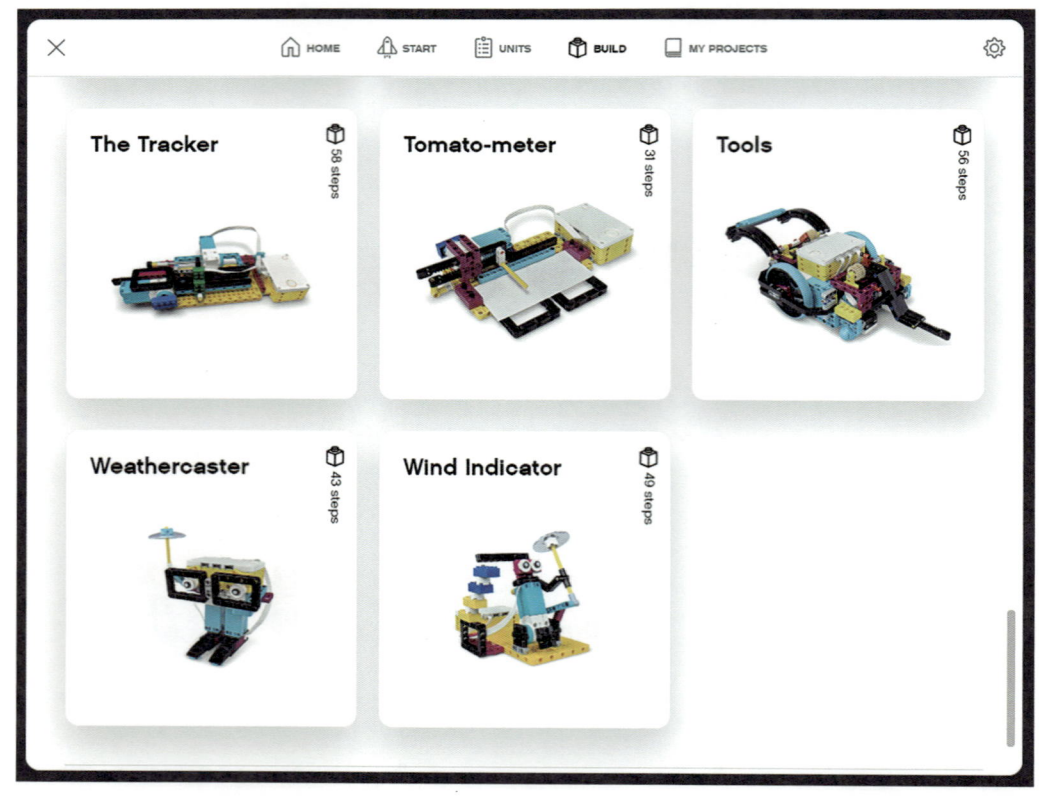

Robot Hand	Robot Solution	Safe-Deposit Box
28 steps	13 steps	77 steps

Super-Safe-Deposit Box	Table Top Game	The Thing
83 steps	25 steps	38 steps

The Tracker	Tomato-meter	Tools
58 steps	31 steps	56 steps

Weathercaster	Wind Indicator	
43 steps	49 steps	

（四）我的專案（專案管理）

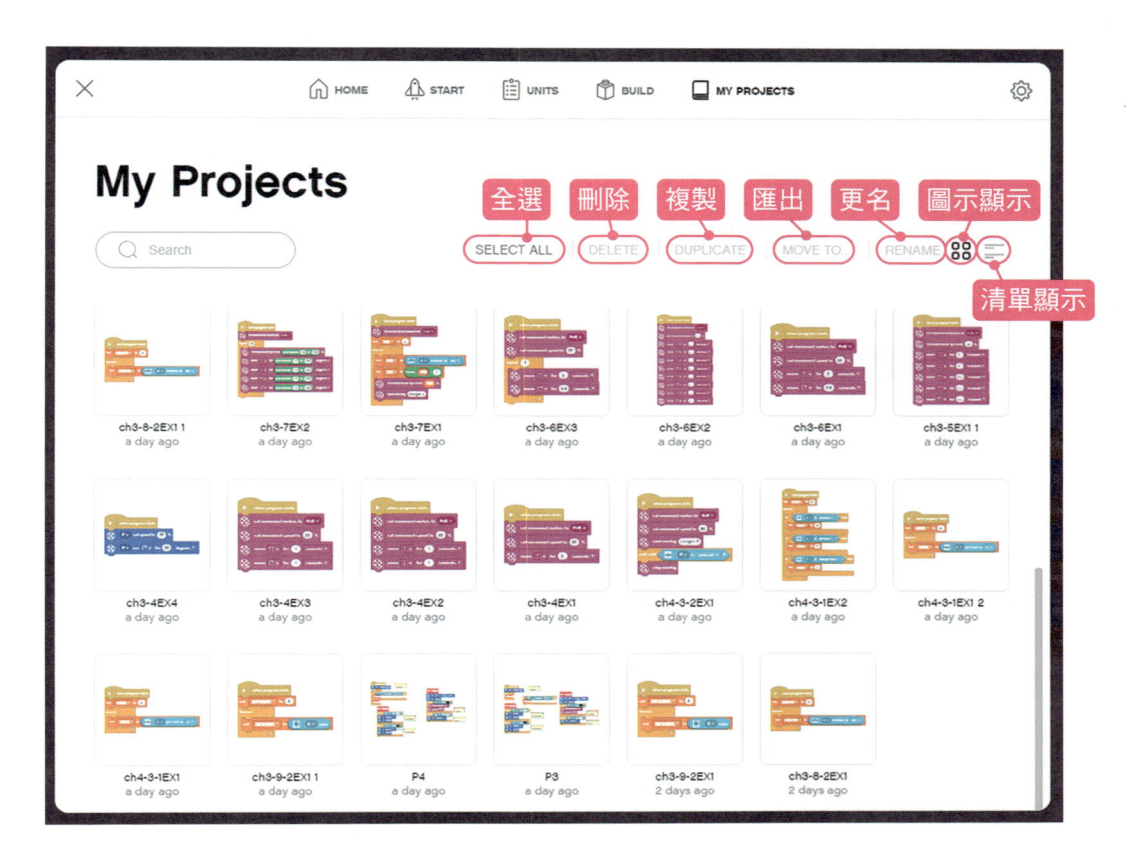

（五）新增專案

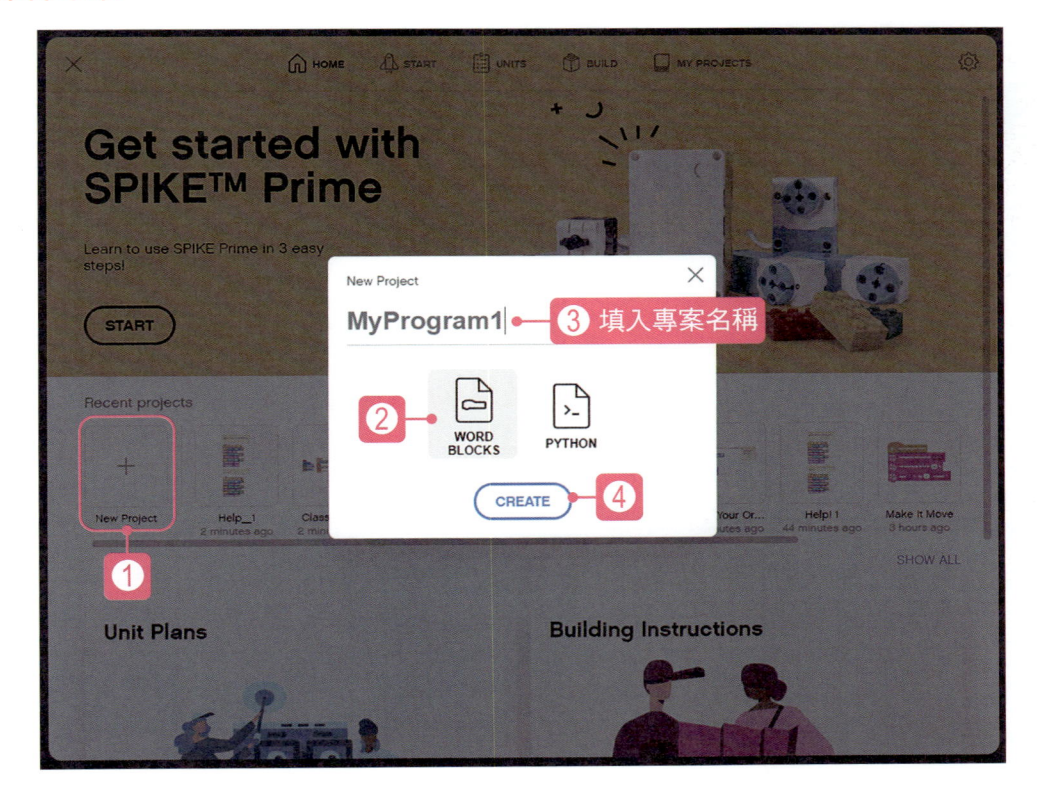

（六）SPIKE 開發介面

如果想利用「SPIKE 圖控程式」來開發樂高機器人程式時，必須要先熟悉 SPIKE 的整合開發環境的介面。

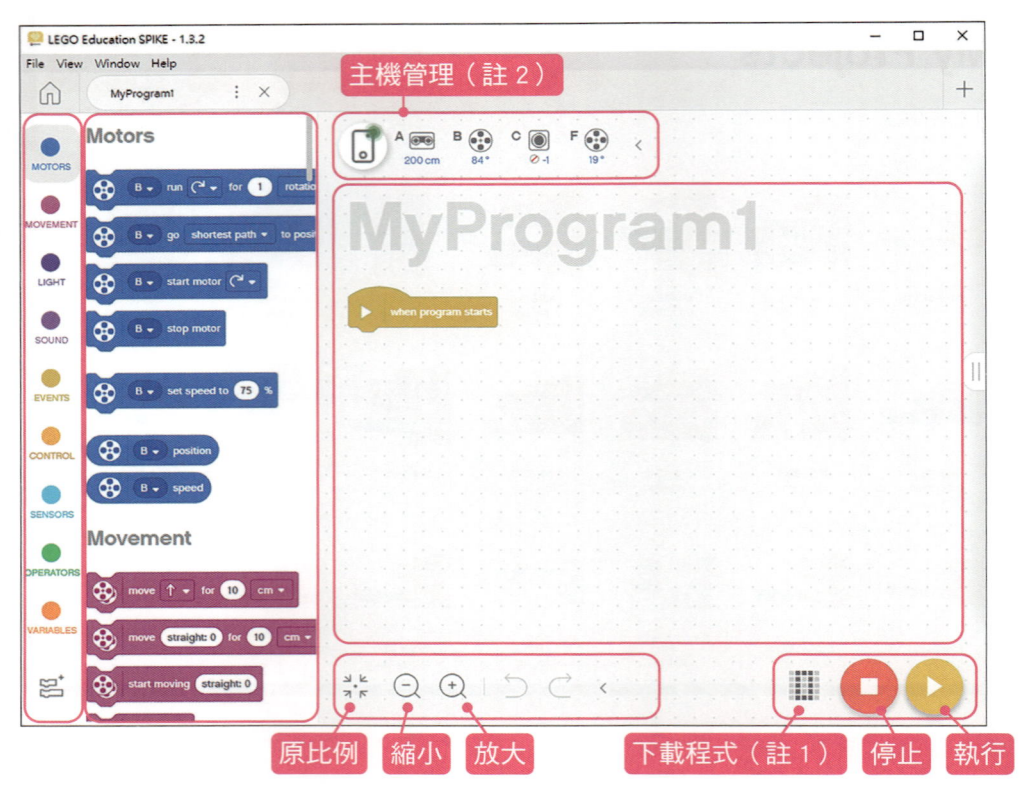

註 1：下載程式介紹

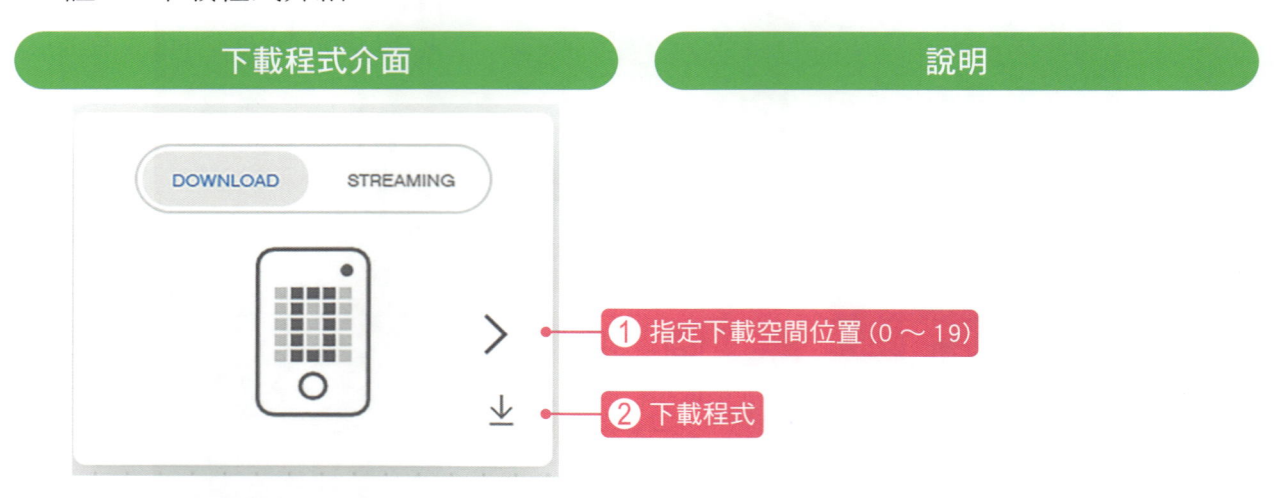

指定下載空間位置 (0 ～ 19) 因此，每一個 SPIKE 主機可以儲存 20 個程式。

註 2：主機管理

螢幕截圖標註：

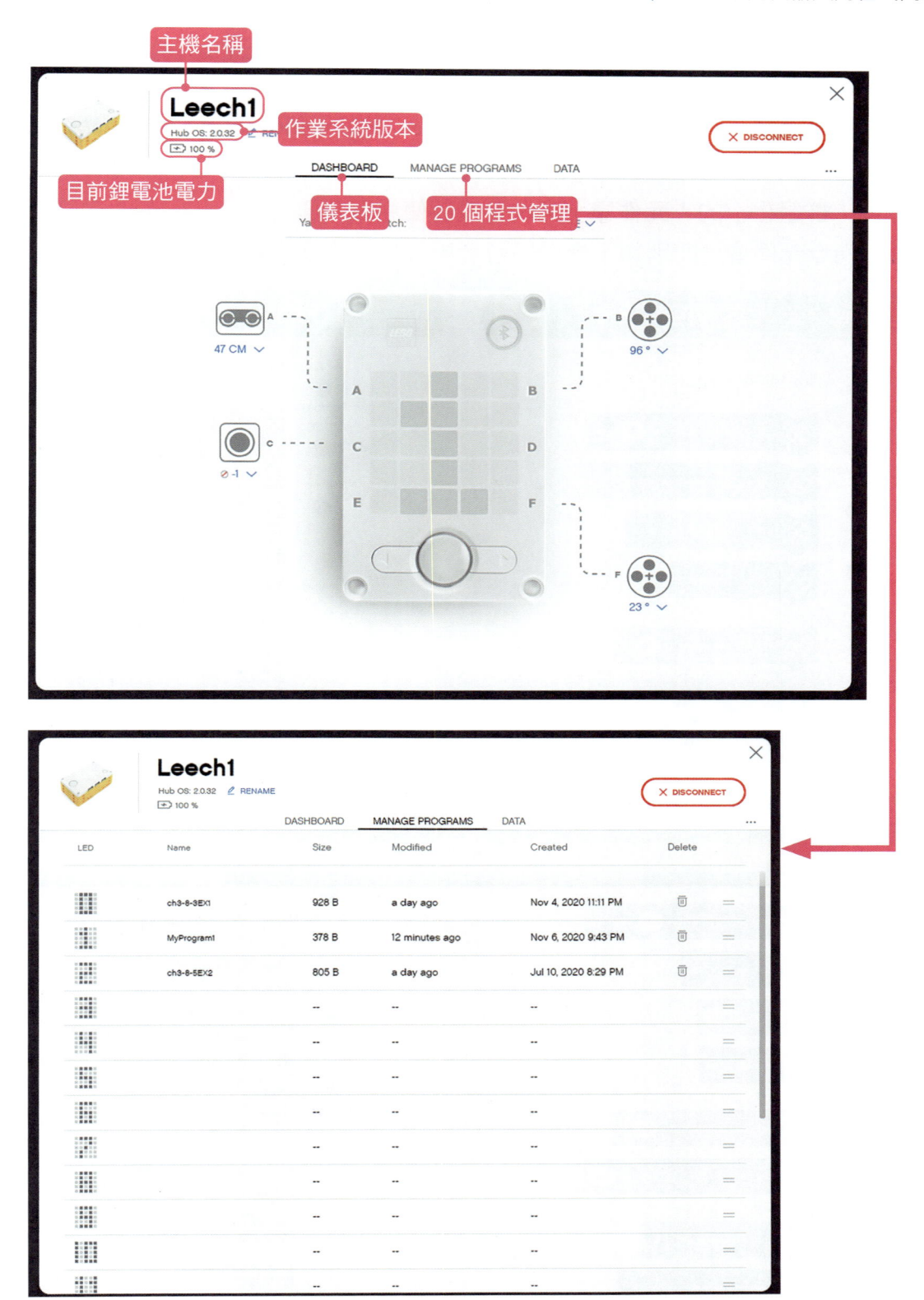

- 主機名稱：Leech1
- 作業系統版本：Hub OS: 2.0.32
- 目前鋰電池電力：100 %
- 儀表板：DASHBOARD
- 20 個程式管理：MANAGE PROGRAMS

儀表板畫面顯示：
- A：47 CM
- B：96°
- C：⌀ -1
- F：23°

MANAGE PROGRAMS 畫面：

LED	Name	Size	Modified	Created	Delete
	ch3-8-3EX1	928 B	a day ago	Nov 4, 2020 11:11 PM	
	MyProgram1	378 B	12 minutes ago	Nov 6, 2020 9:43 PM	
	ch3-8-5EX2	805 B	a day ago	Jul 10, 2020 8:29 PM	
		--	--	--	
		--	--	--	
		--	--	--	
		--	--	--	
		--	--	--	
		--	--	--	
		--	--	--	
		--	--	--	

SPIKE 提供的功能如下：

1. 提供「完全免費」的「整合開發環境」來開發專案

   透過官方網站（https://education.lego.com/en-us/downloads/spike-prime/software）下載及安裝就可以開發 SPIKE 機器人程式。

2. 提供「群組化」的「元件庫」來快速設計使用者介面

   全部指令元件皆分門別類，提供學習者更容易及輕鬆撰寫程式。

（1）Motors（馬達控制指令）

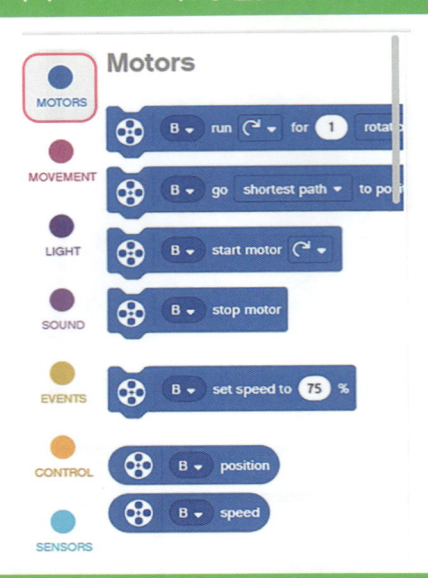

（2）Movement（運動）

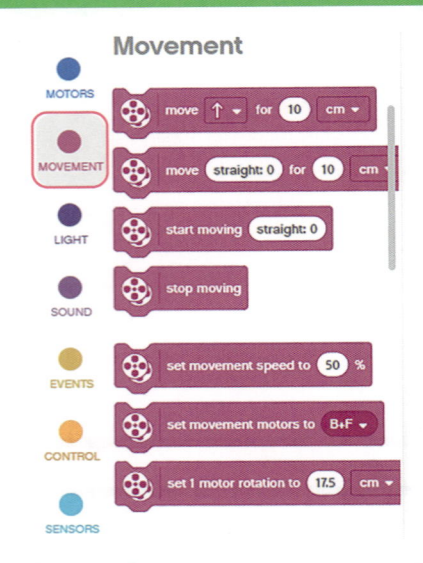

（3）Light（燈光）

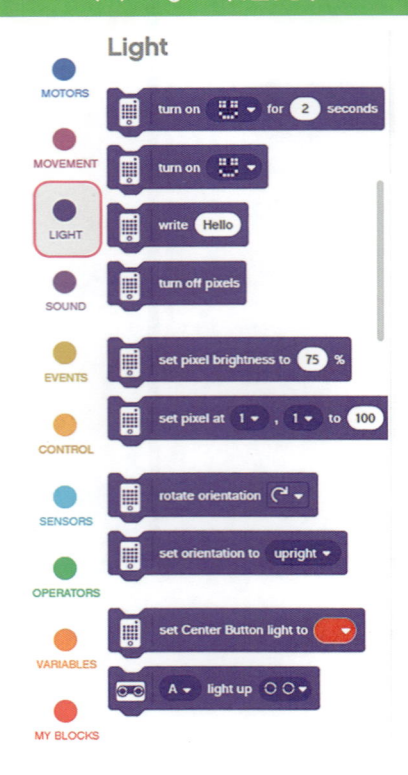

（4）Sound（聲音）

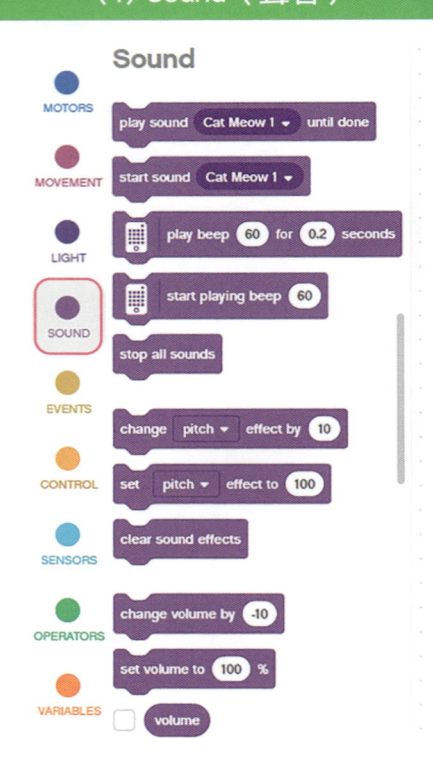

Chapter 2　樂高機器人的程式開發環境

（5）Events（事件）

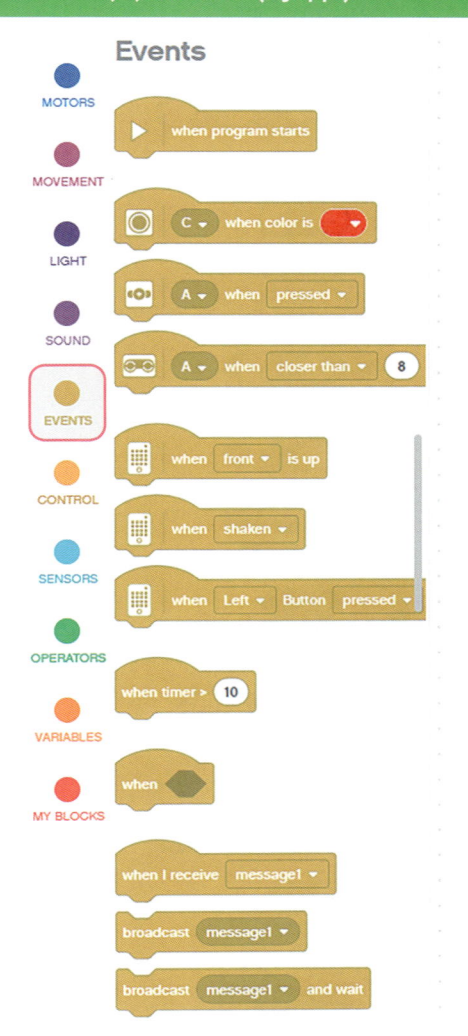

Events

- when program starts
- C ▾ when color is ●
- A ▾ when pressed ▾
- A ▾ when closer than ▾ 8
- when front ▾ is up
- when shaken ▾
- when Left ▾ Button pressed ▾
- when timer > 10
- when ◆
- when I receive message1 ▾
- broadcast message1 ▾
- broadcast message1 ▾ and wait

（6）Control（控制流程）

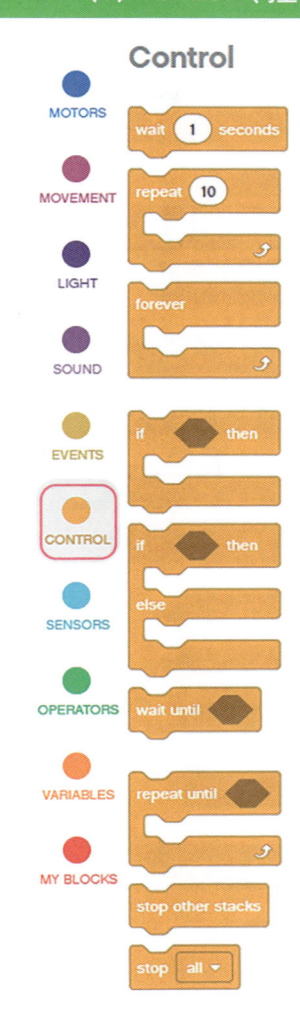

Control

- wait 1 seconds
- repeat 10
- forever
- if ◆ then
- if ◆ then else
- wait until ◆
- repeat until ◆
- stop other stacks
- stop all ▾

(7) Sensors（各種感測器）

Sensors

- [C] is color [red] ?
- [C] color
- [C] reflection < 50 % ?
- [C] reflected light
- [A] is pressed ?
- [A] pressure in %
- [A] is closer than 15
- [A] distance in %
- is front up?
- is shaken ?
- pitch angle
- set yaw angle to 0
- is Left button pressed
- timer
- reset timer

(8) Operators（各種運算子）

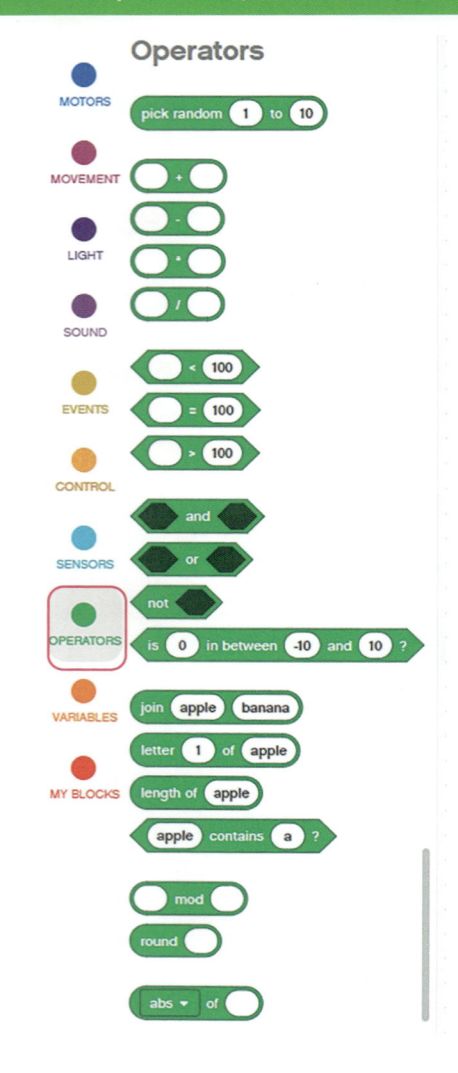

Operators

- pick random 1 to 10
- ( ) + ( )
- ( ) - ( )
- ( ) * ( )
- ( ) / ( )
- ( ) < 100
- ( ) = 100
- ( ) > 100
- and
- or
- not
- is 0 in between -10 and 10 ?
- join apple banana
- letter 1 of apple
- length of apple
- apple contains a ?
- ( ) mod ( )
- round ( )
- abs of ( )

(9) Variables（變數）

(10) My Blocks（副程式）

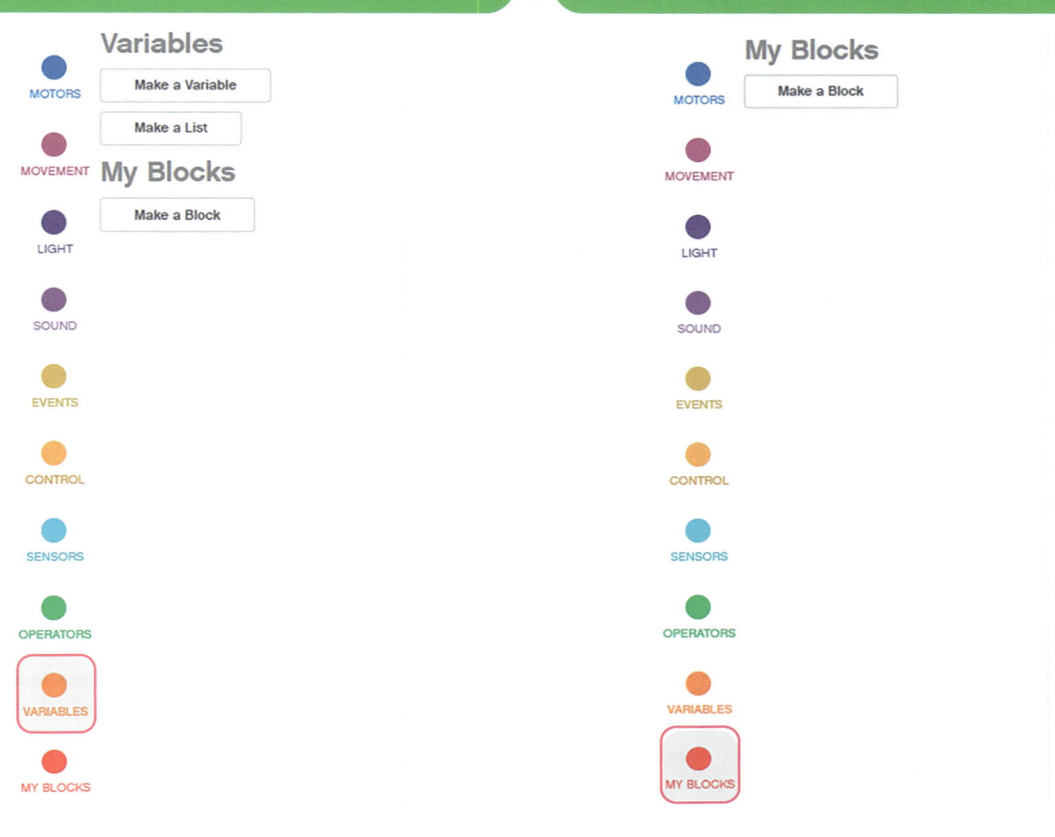

3. 用「視覺化」的「拼圖程式」來撰寫程式邏輯

    開發環境中各群組中的元件都是利用拼圖方式來撰寫程式，學習者可以輕易地將問題的邏輯程序，透過視覺化的拼圖程式來實踐。

4. 支援「娛樂化」的「樂高機器人」製作的控制元件

    SPIKE 程式除了可以訓練學習者的邏輯能力之外，並透過控制樂高機器人來引發學習者對於程式的動機與興趣。

5. 提供「多媒體化」的「聲光互動效果」

    將顯示圖像，設置狀態指示燈和播放聲音。

2-4 撰寫第一支 SPIKE 程式

在瞭解 SPIKE 開發環境之後，接下來，我們就可以開始撰寫第一支 SPIKE 程式，其完整的步驟如下所示：

step 1 利用 USB 線來連接 SPIKE 與電腦

USB 線來連接 SPIKE 主機與電腦

step 2 撰寫「拼圖積木程式：Hello!」。

1. 新增專案

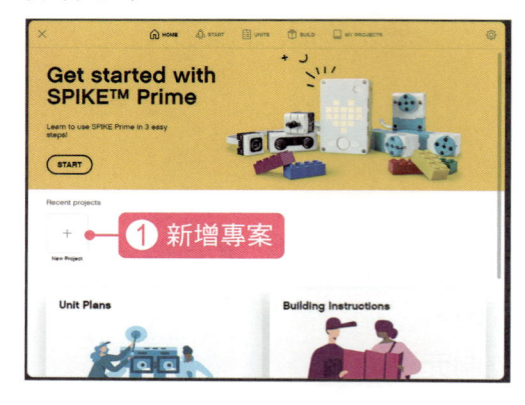

2. 撰寫拼圖程式

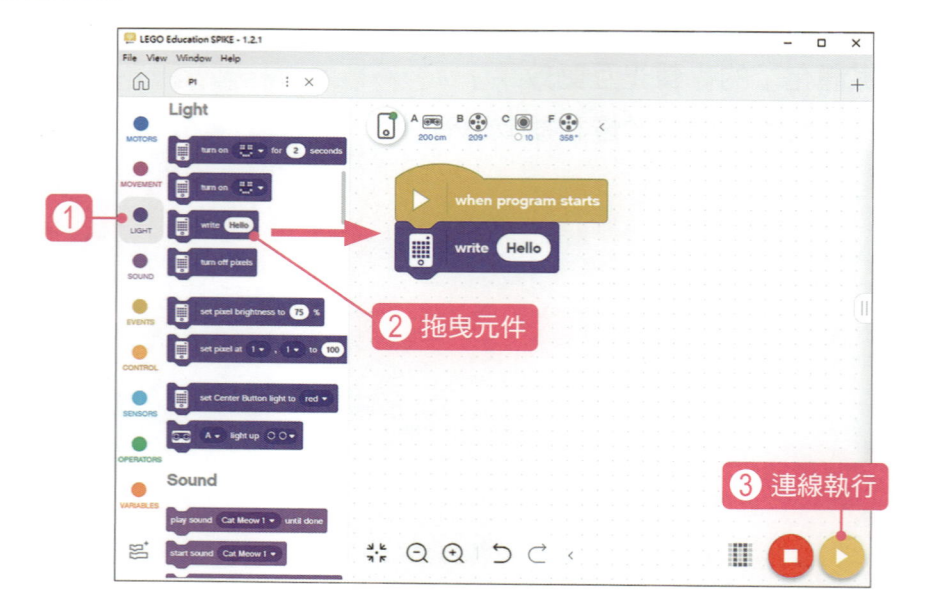

說明 在元件區中找到「LIGHT」群組，顯示文字拼圖指令來顯示「Hello」。

3. 連線執行程式

　在撰寫完成以下的程式之後，再按下執行鈕，就會在主機的螢幕上顯示「Hello」英文字跑馬燈。

　在順利完成第一支 SPIKE 程式之後，各位同學是否發現 SPIKE 的開發環境中，還有非常多的元件群組，讓學習者設計各種有趣又好玩的程式。

4. 離線執行程式

　首先，必須要「主機程式管理圖示」，再選擇儲放程式的空間位置（0～19），最後，再按下「下載」鈕，此時，就會自動將程式嵌入到主機上，您就可以透過主機上的「左右方向鍵」來選擇程式儲放位置編號，再按下「啟動鈕」即可執行。

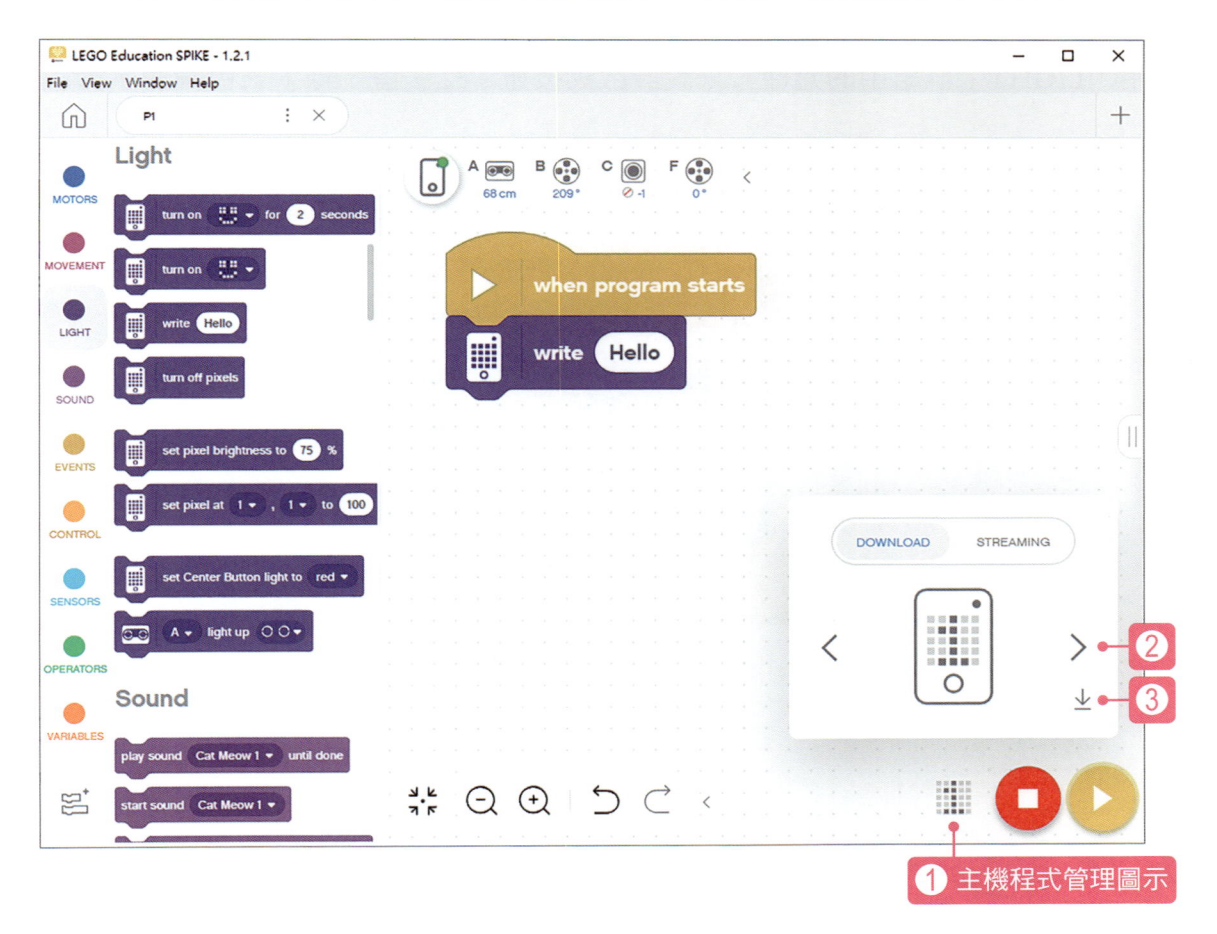

① 主機程式管理圖示

習題

1. 請利用「LIGHT」群組中的元件,來設計您的英文姓名跑馬燈。

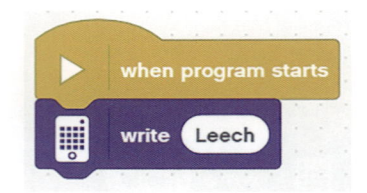

2. 請利用「LIGHT」群組中的小圖示來設計心臟跳動的情況。

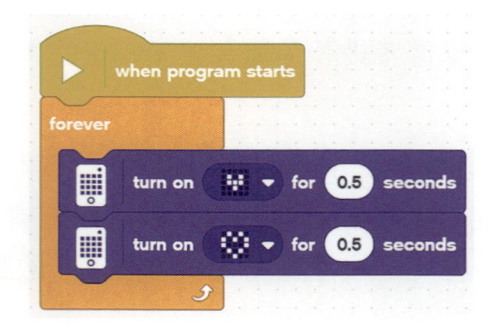

3. 請利用「LIGHT」群組中的元件,來設計啟動按鈕「紅、藍、綠」三色輪播。

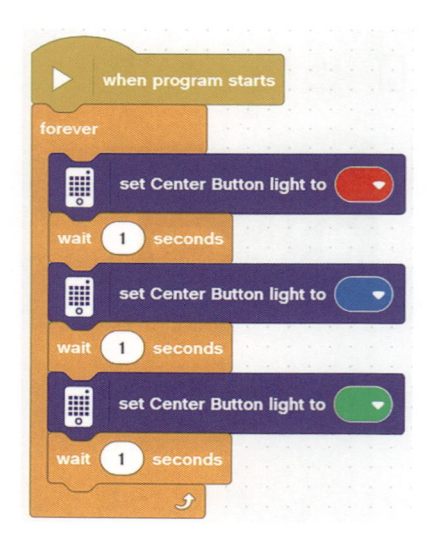

4. 請利用「LIGHT」群組中的元件，來設計超音波感測器「LED 的眼球的變化」。

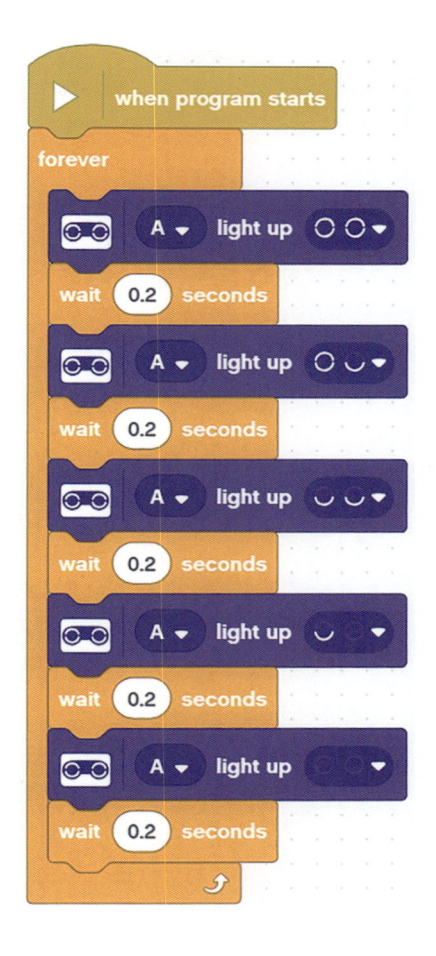

NOTE

Chapter 3

入門基本車

本章學習目標

1. 瞭解如何透過 SPIKE 樂高教育組套件來組裝入門基本車。
2. 瞭解如何利用 SPIKE 程式來控制基本車的各種活動。

本章內容

3-1　SPIKE 基本車
3-2　SPIKE 基本車組裝
3-3　馬達簡介
3-4　控制馬達速度及方向
3-5　讓機器人跳舞
3-6　機器人繞正方形
3-7　馬達接收其他來源
3-8　機器人走迷宮（超音波感測器）
3-9　機器人循跡車（顏色感測器）
3-10 專題製作：機器人循跡車

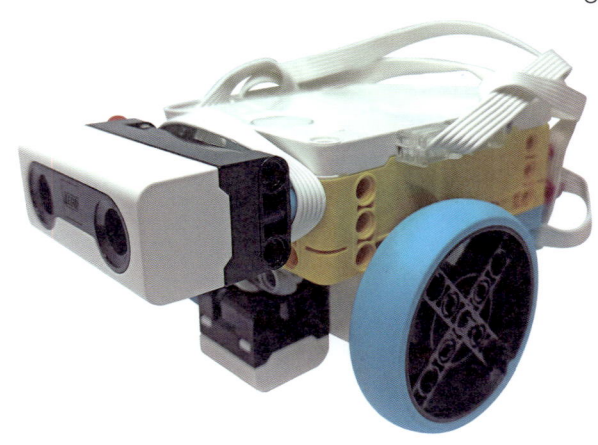

3-1　SPIKE 基本車

在本章節中，要介紹各位利用 SPIKE 套件設計一台教學用的基本車，因此，它要有控制器（主機）、馬達、感測器及相關的樂高零件，來設計一個「SPIKE 基本車」，其完整的機器人設計，必須要有三大步驟：分別為創意組裝、寫程式及測試。

機器人設計三大步驟

step 1 創意組裝

step 2 寫程式

step 3 測試

說明
1. 創意組裝：依照指定「功能或造型」，再透過樂高機器人的「主機、感應器、馬達及相關配件」才能完成外型機構。
2. 寫程式：依照指定任務來撰寫處理程序的動作與順序（程式）。
3. 測試：將程式上傳到「主機」內，並依照指定功能進行測試，直到完成任務為止。

流程圖

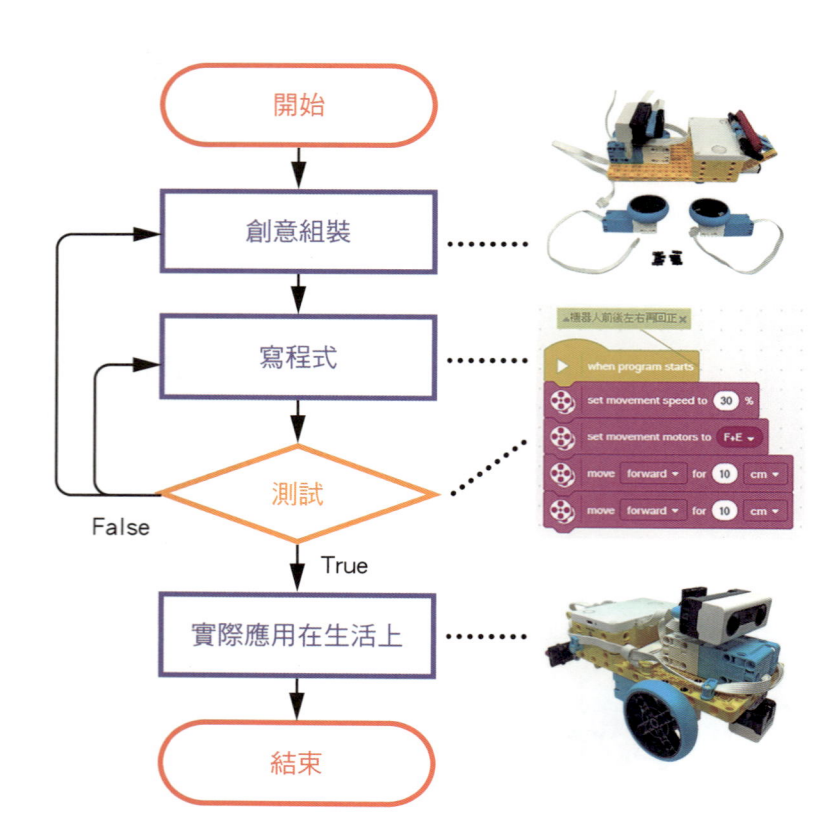

> **說明**

從上面的流程圖中,我們可以清楚瞭解「機器人程式設計」必須要經過的三大步驟,並且在進行第三步驟時,如果無法測試成功,除了要修改程式之外,也要檢查組裝是否正確,並且要反覆地進行測試,直到完全成功為止。

最後,就可以將創作的智能裝置,應用在我們日常生活中。

3-2　SPIKE 基本車組裝

想要製作一台「SPIKE 基本車」時,必須要先準備相關的「主機」、「馬達」、「感測器」及「相關的零件材料」。

3-2.1　零件清單

基本上,要製作一台「SPIKE 基本車」時,零件清單如下圖所示:

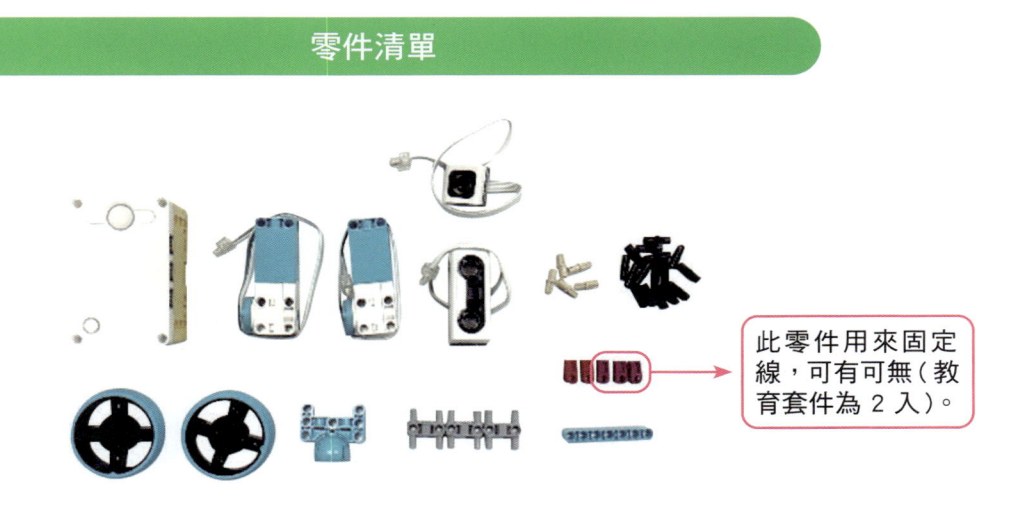

零件清單

此零件用來固定線,可有可無(教育套件為 2 入)。

3-2.2　組裝指引

在準備好所需要的「主機」、「馬達」、「感測器」及「相關的零件材料」之後,依照以下的步驟就可以完成:

step 1

此零件用來固定線,可有可無(教育套件為 2 入)。

step 2

42　新一代樂高 SPIKE Prime 機器人

step 3

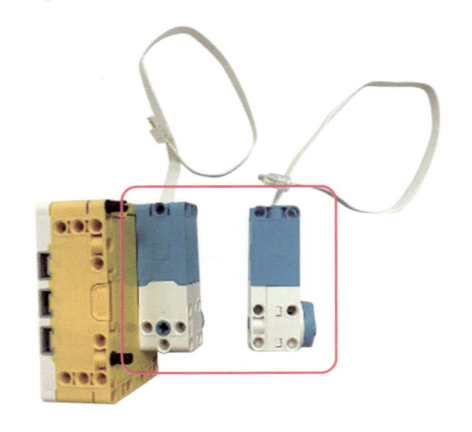

step 4

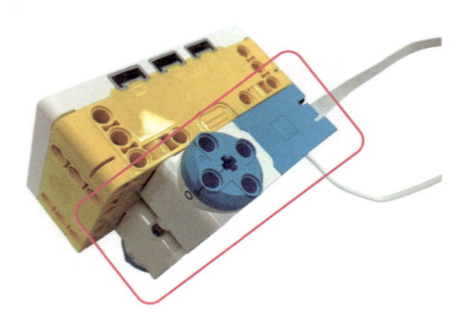

step 5

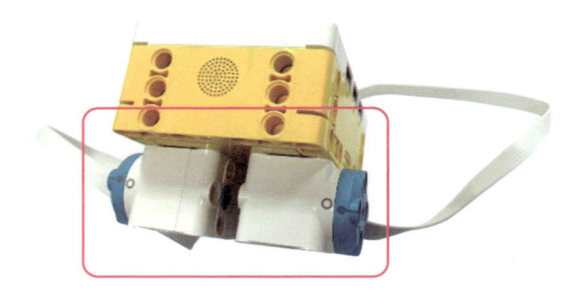

step 6

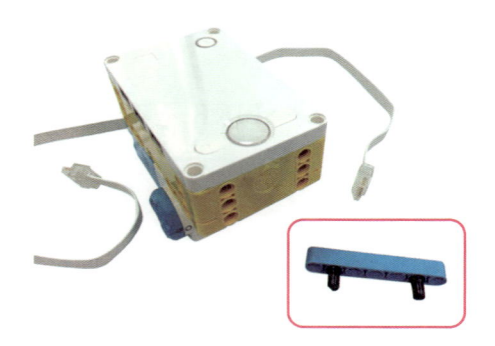

step 7

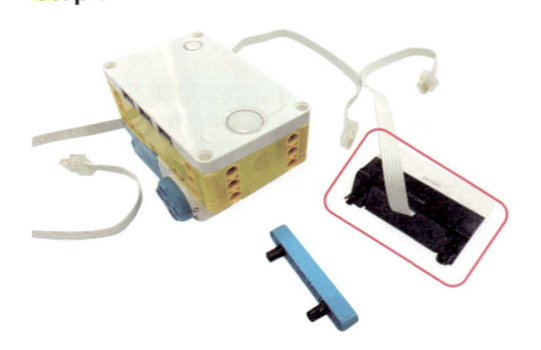

step 8

step 9

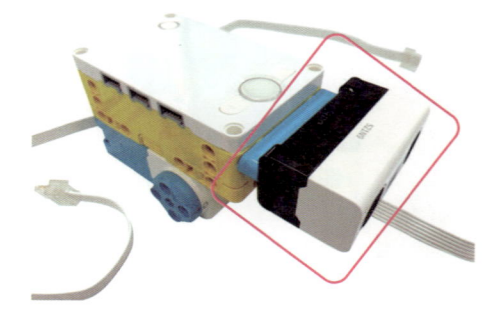

step 10

step 11

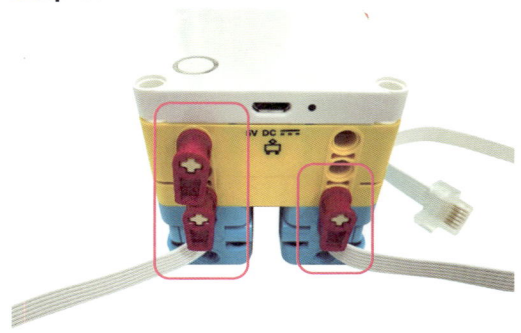

step 12

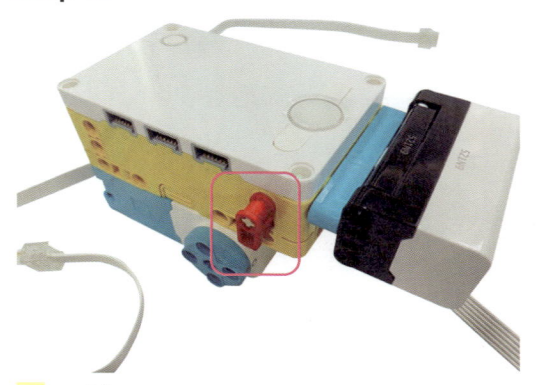

step 13

step 14

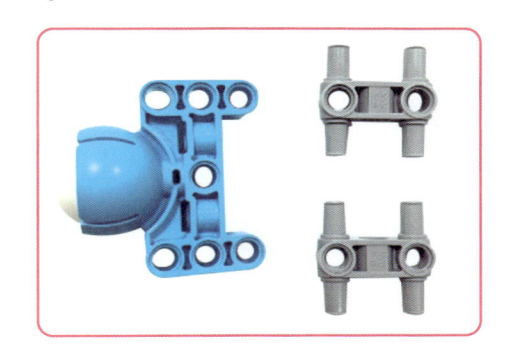

step 15

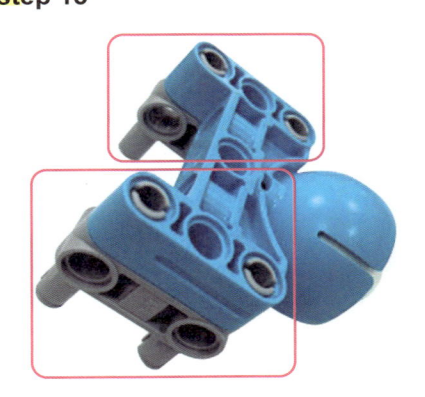

step 16

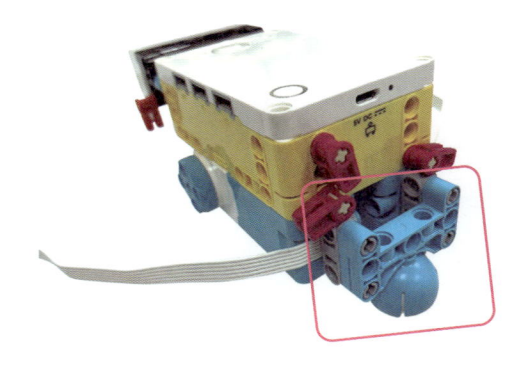

step 17

step 18

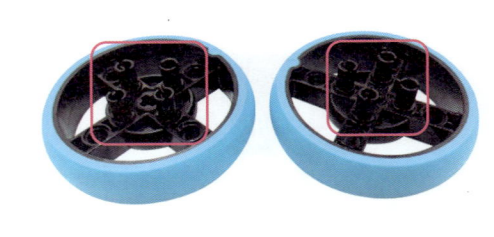

Chapter 3　入門基本車　43

step 19

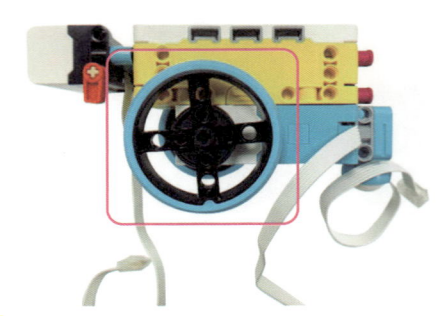

step 20

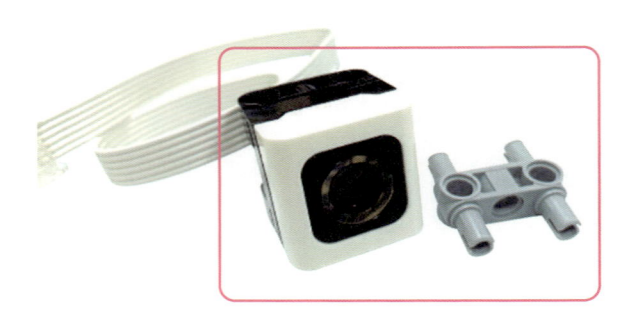

step 21

step 22

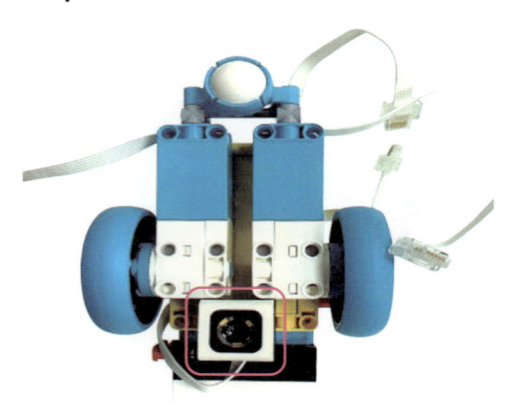

step 23

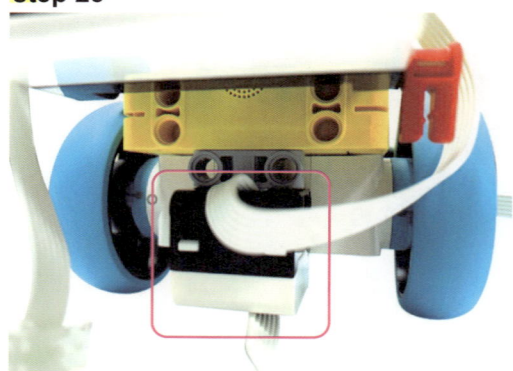

step 24

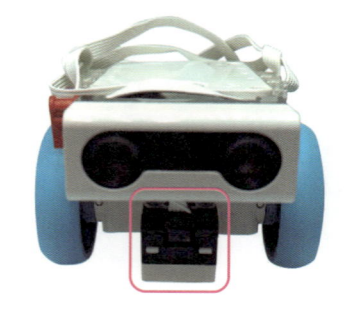

step 25

step 26

Chapter 3　入門基本車

step 27

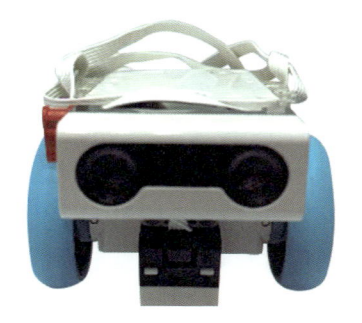

step 28

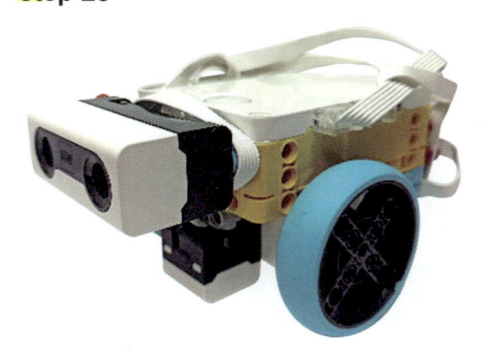

step 29

step 30

step 31

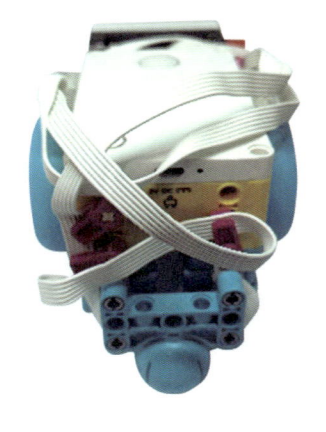

step 32

3-3 馬達簡介

要讓 SPIKE 機器人走動，就必須要先瞭解馬達基本原理與功能，其實它是用來讓機器人可以自由移動（前、後、左、右及原地迴轉），或執行某個動作的馬達。

SPIKE 馬達種類

「大型」伺服馬達

用途：機器手臂

「中型」伺服馬達

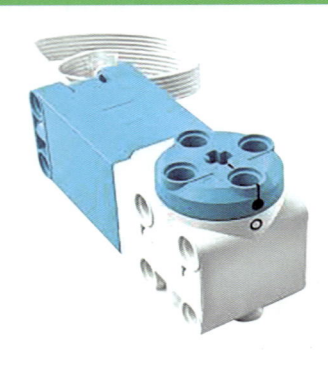

用途：帶動兩個輪子

說明 伺服馬達內建「角度感測器」，可以精確地控制馬達運轉。

例如 讓馬達順時針旋轉 30 度，或是逆時針旋轉 5 圈。

SPIKE 基本車的「中型伺服馬達」的組裝位置

基本車（背面兩個馬達 BF）

基本車（正面兩個馬達 FB）

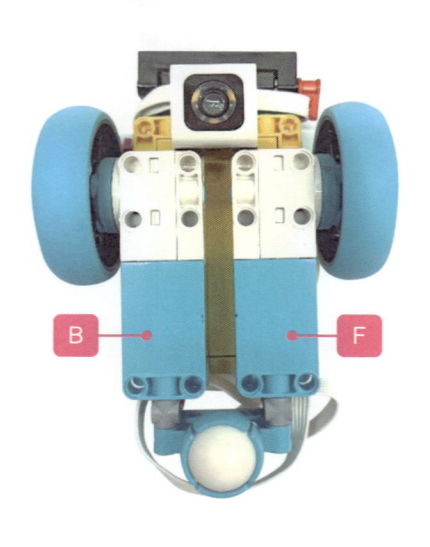

功能 前、後、左、右及原地迴轉，（本書以中型馬達來連接 F 與 B 埠）亦即基本車的左輪接 F 埠，右輪接 B 埠。

Chapter 3　入門基本車　47

SPIKE 機器手臂搬運車的「大型伺服馬達」組裝位置

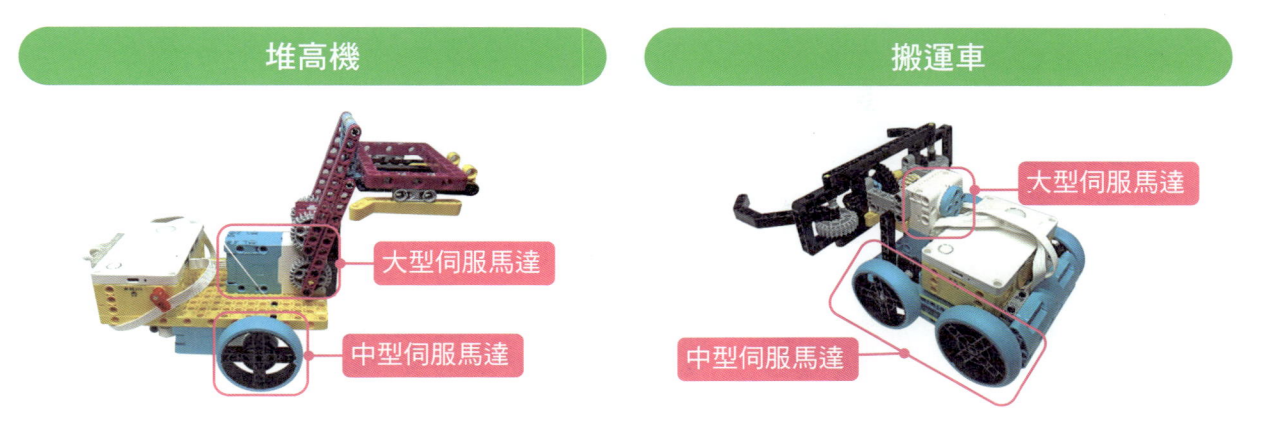

堆高機

大型伺服馬達
中型伺服馬達

搬運車

大型伺服馬達
中型伺服馬達

功能 機器手臂。

3-4　控制馬達速度及方向

　　想要準確控制 SPIKE 機器人的「前、後、左、右」行走時，就必須先瞭解如何設定 SPIKE 拼圖程式中「轉速」及「方向」。

　　第一種控制方法：雙馬達控制之拼圖積木程式。

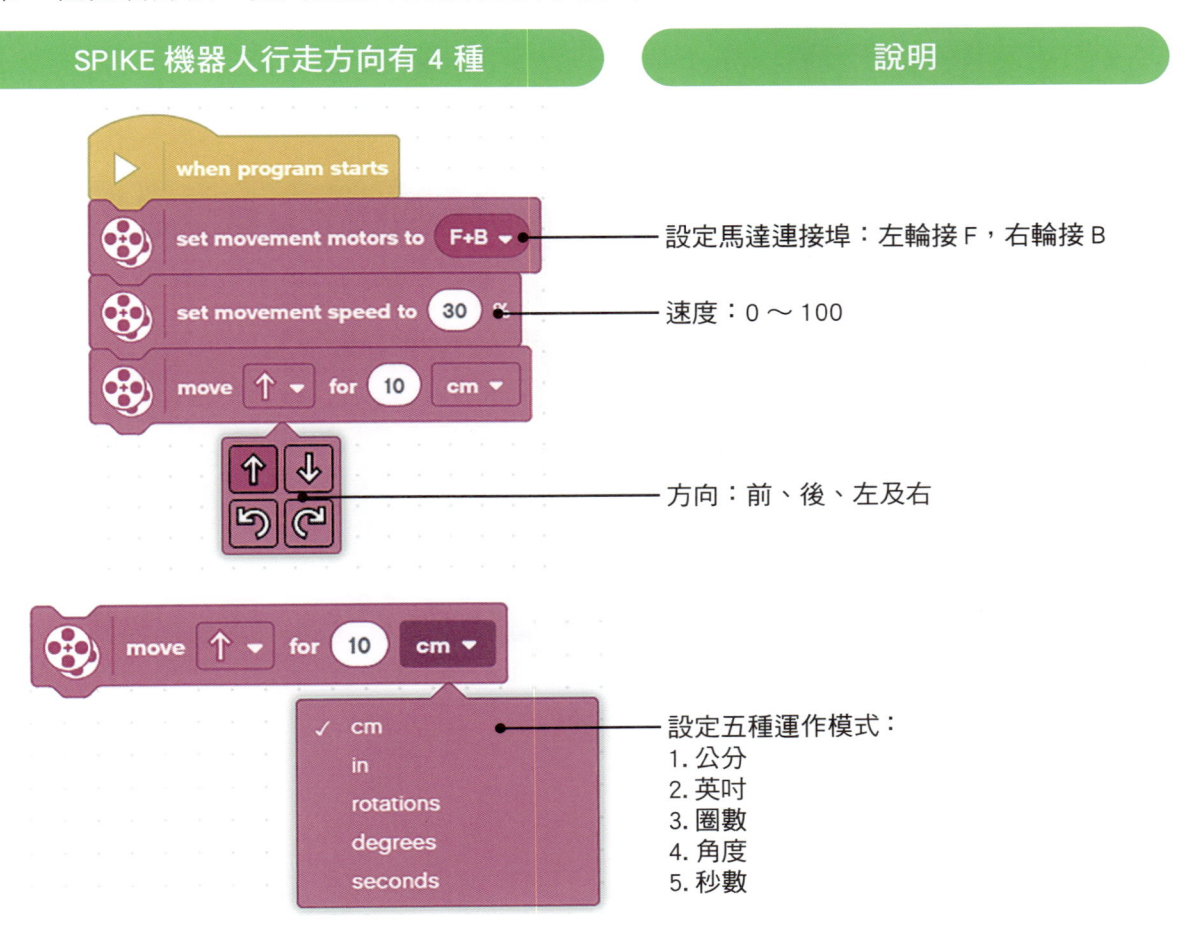

SPIKE 機器人行走方向有 4 種　　　　　　　　　　說明

- set movement motors to F+B ── 設定馬達連接埠：左輪接 F，右輪接 B
- set movement speed to 30 ── 速度：0～100
- move ↑ for 10 cm

方向：前、後、左及右

move ↑ for 10 cm

設定五種運作模式：
1. 公分
2. 英吋
3. 圈數
4. 角度
5. 秒數

範例 ❶ 請撰寫 SPIKE 拼圖程式，可以讓機器人馬達前進 3 秒後，自動停止。

圖解說明

由右至左前進 3 秒

解答

流程圖

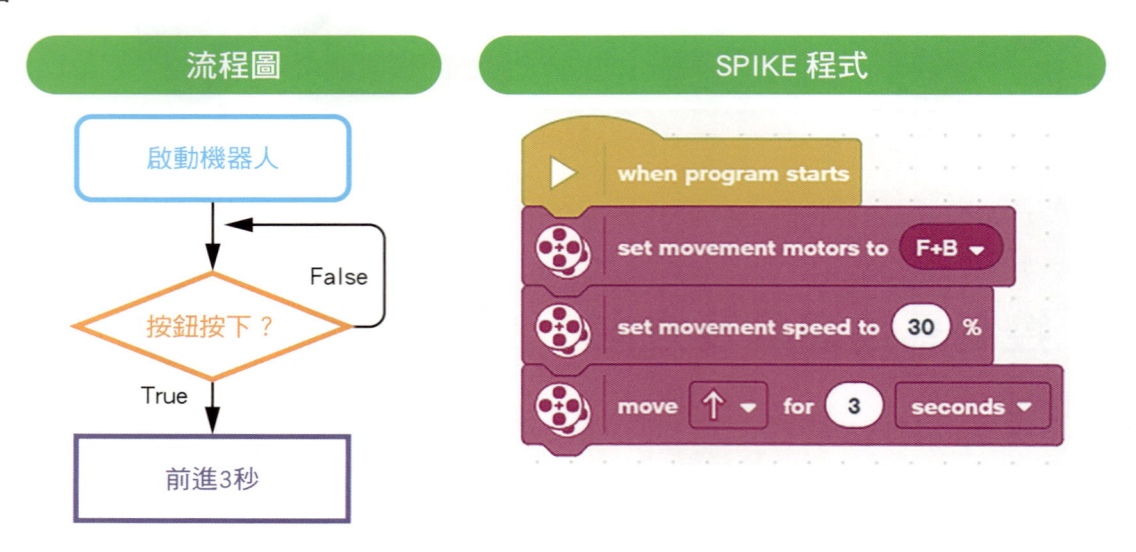

啟動機器人 → 按鈕按下？ (False 迴圈) → True → 前進3秒

SPIKE 程式

- when program starts
- set movement motors to F+B
- set movement speed to 30 %
- move ↑ for 3 seconds

範例 ❷ 當按下「按鈕」時，SPIKE 機器人前進 1 秒後退 1 秒。

解答

流程圖

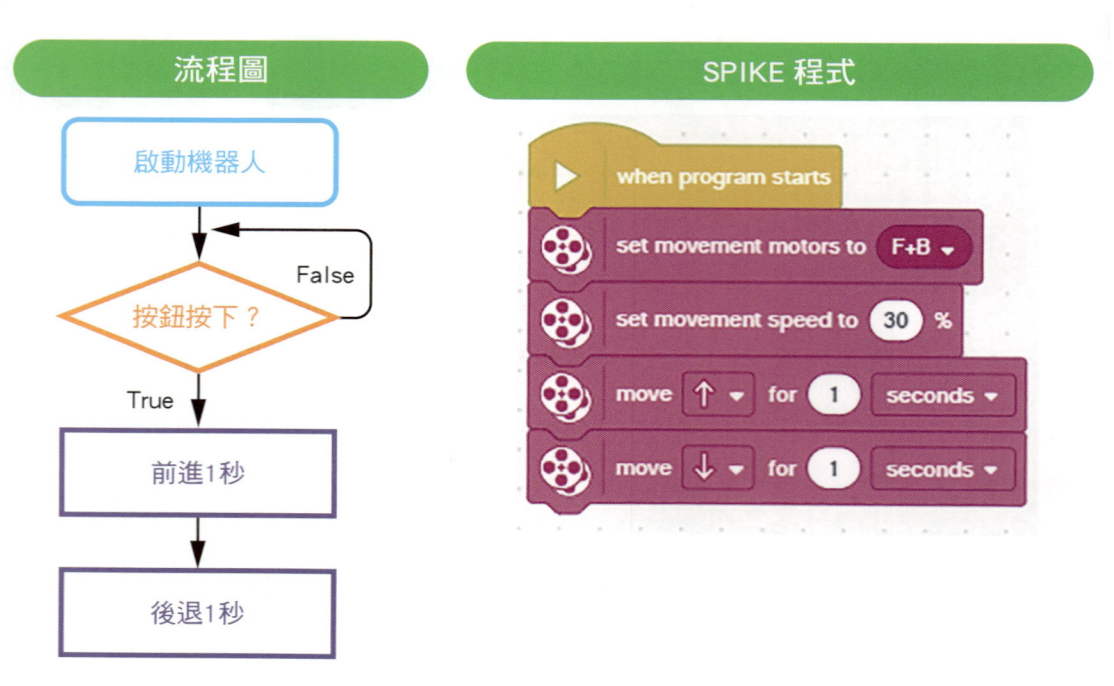

啟動機器人 → 按鈕按下？ (False 迴圈) → True → 前進1秒 → 後退1秒

SPIKE 程式

- when program starts
- set movement motors to F+B
- set movement speed to 30 %
- move ↑ for 1 seconds
- move ↓ for 1 seconds

範例 ❸ 雙輪轉動

當按下「按鈕」時，SPIKE 機器人右自旋轉 1 秒左自旋轉 1 秒。

解答

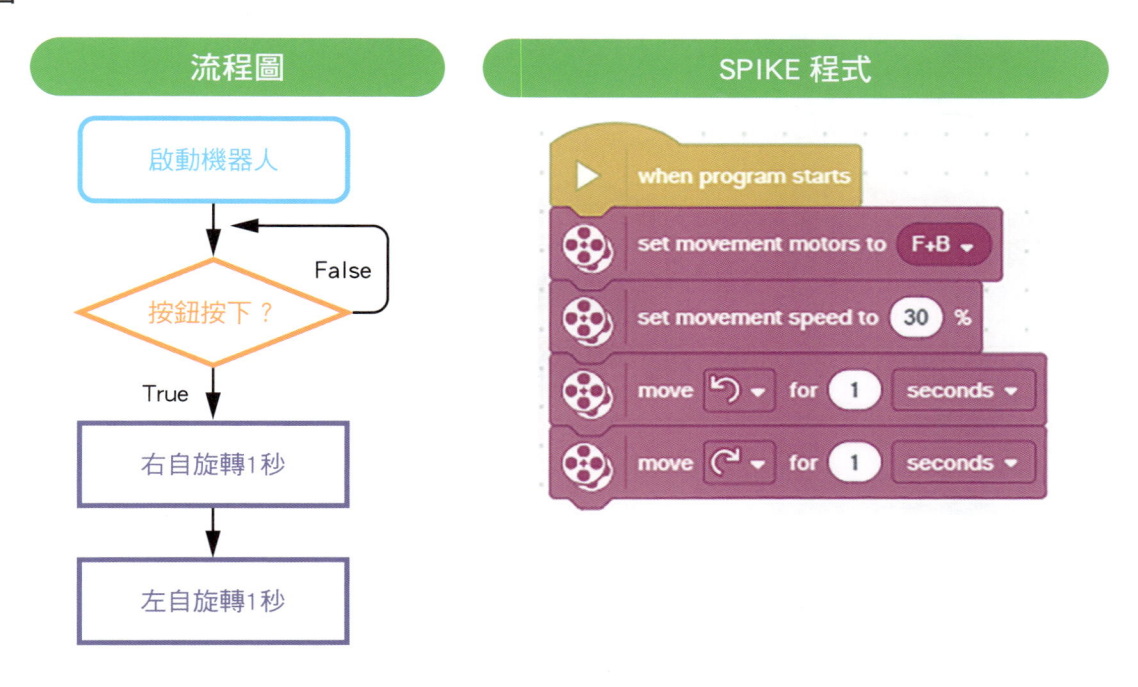

流程圖	SPIKE 程式
啟動機器人 → 按鈕按下？（False 迴圈，True 繼續）→ 右自旋轉1秒 → 左自旋轉1秒	when program starts / set movement motors to F+B / set movement speed to 30% / move ↺ for 1 seconds / move ↻ for 1 seconds

第二種控制方法：單馬達控制之拼圖積木程式。

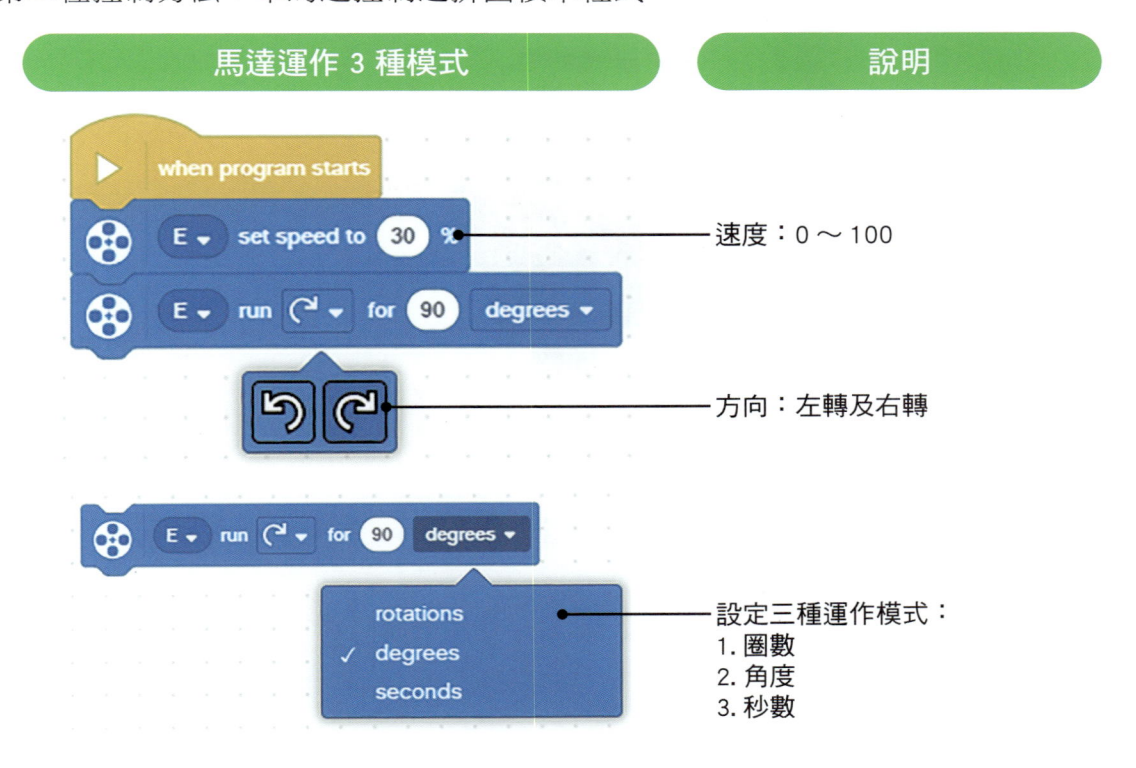

馬達運作 3 種模式	說明
when program starts	
E set speed to 30 %	速度：0～100
E run ↻ for 90 degrees	
↺ ↻	方向：左轉及右轉
E run ↻ for 90 degrees（rotations / ✓degrees / seconds）	設定三種運作模式： 1. 圈數 2. 角度 3. 秒數

3-5 讓機器人跳舞

在瞭解馬達基本原理及相關的參數設定之後，接下來就可以開始撰寫 SPIKE 拼圖程式來讓機器人動起來，亦即讓機器人能夠前後行進、左右轉彎、快慢移動。

示意圖 雙馬達驅動的機器人，進行「前、後、左、右」。

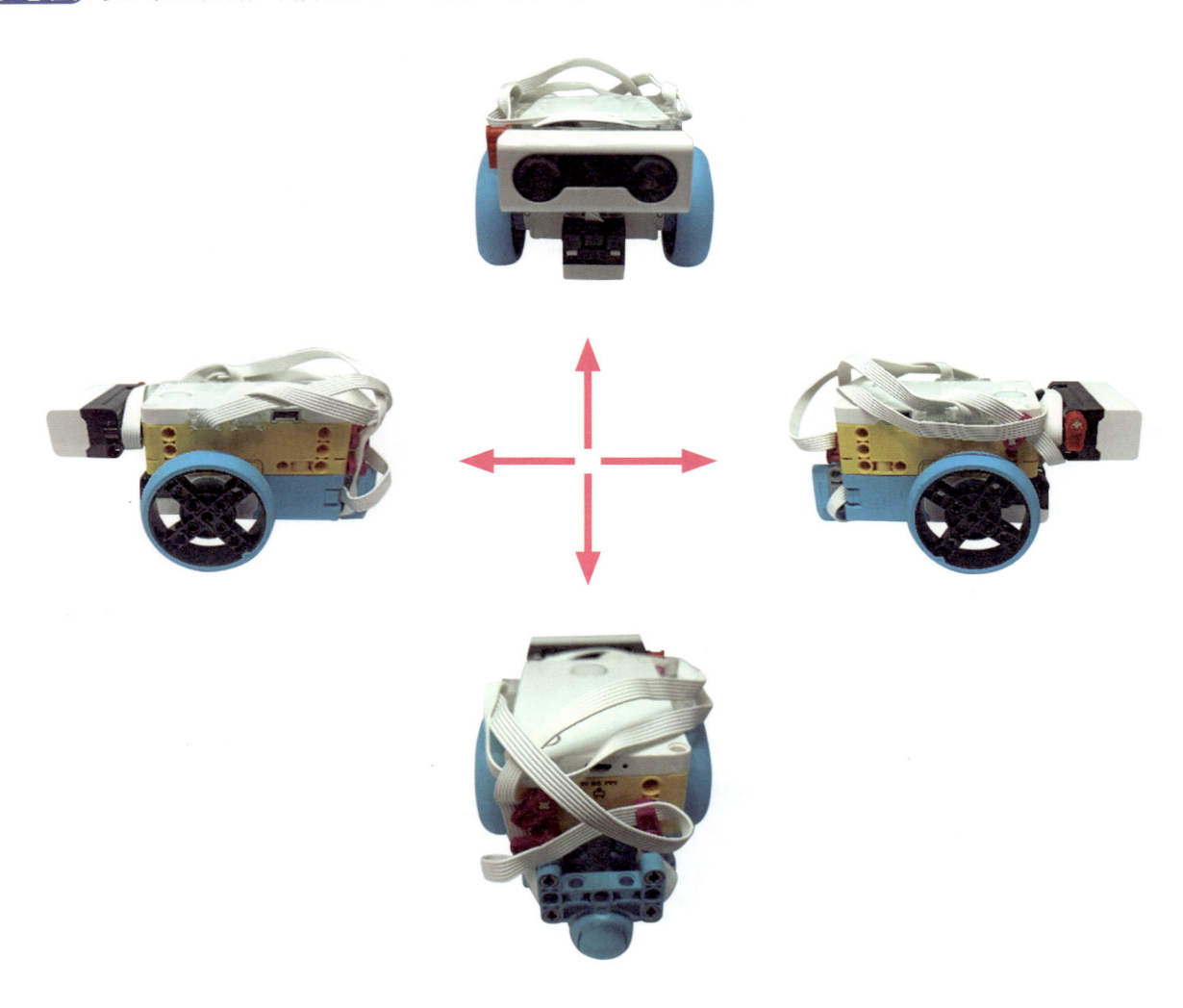

練習 ❶ 機器人前、後各 2 秒，左、右轉皆 90 度，最後回到原點。

圖解說明

雙馬達驅動的機器人，進行「前、後、左、右」。

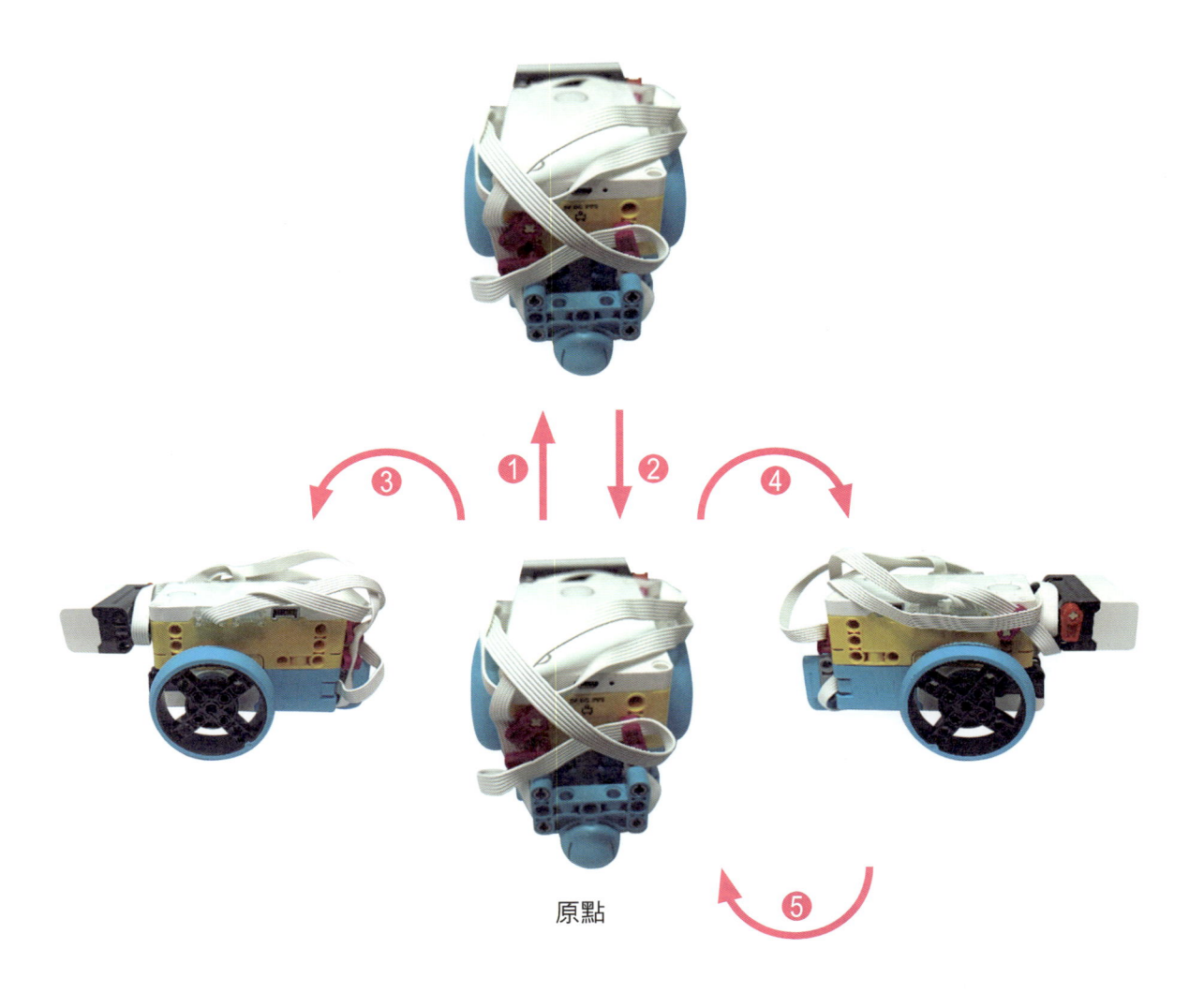

原點

▍解答

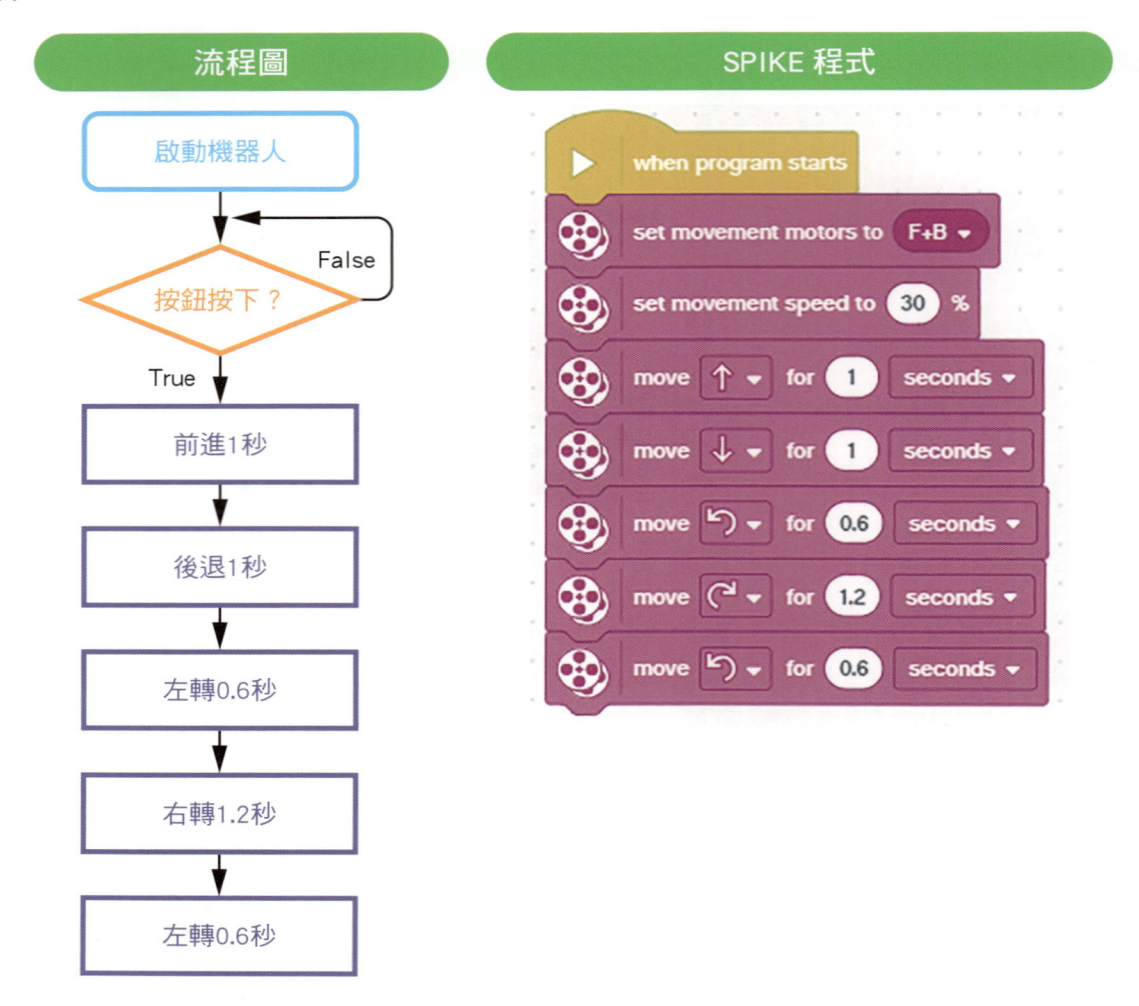

流程圖	SPIKE 程式
啟動機器人 → 按鈕按下？(False 迴圈 / True) → 前進1秒 → 後退1秒 → 左轉0.6秒 → 右轉1.2秒 → 左轉0.6秒	when program starts set movement motors to F+B set movement speed to 30 % move ↑ for 1 seconds move ↓ for 1 seconds move ↺ for 0.6 seconds move ↻ for 1.2 seconds move ↺ for 0.6 seconds

3-6　機器人繞正方形

在前面單元中，我們已經學會如何讓 SPIKE 機器人進行「前、後、左、右」這四大基本動作，接下來，再來設計一個程式，讓機器人可以繞正方形。

實作 ❶ 請撰寫 SPIKE 拼圖程式，當使用者按下「按鈕」時，可以讓機器人馬達前進 3 秒後，向右轉 90 度。

▍圖解說明

馬達前進 3 秒後，向右轉

解答

流程圖

- 啟動機器人
- 按鈕按下？ False → 迴圈回到判斷
- True
- 前進3秒
- 右轉90度

SPIKE 程式

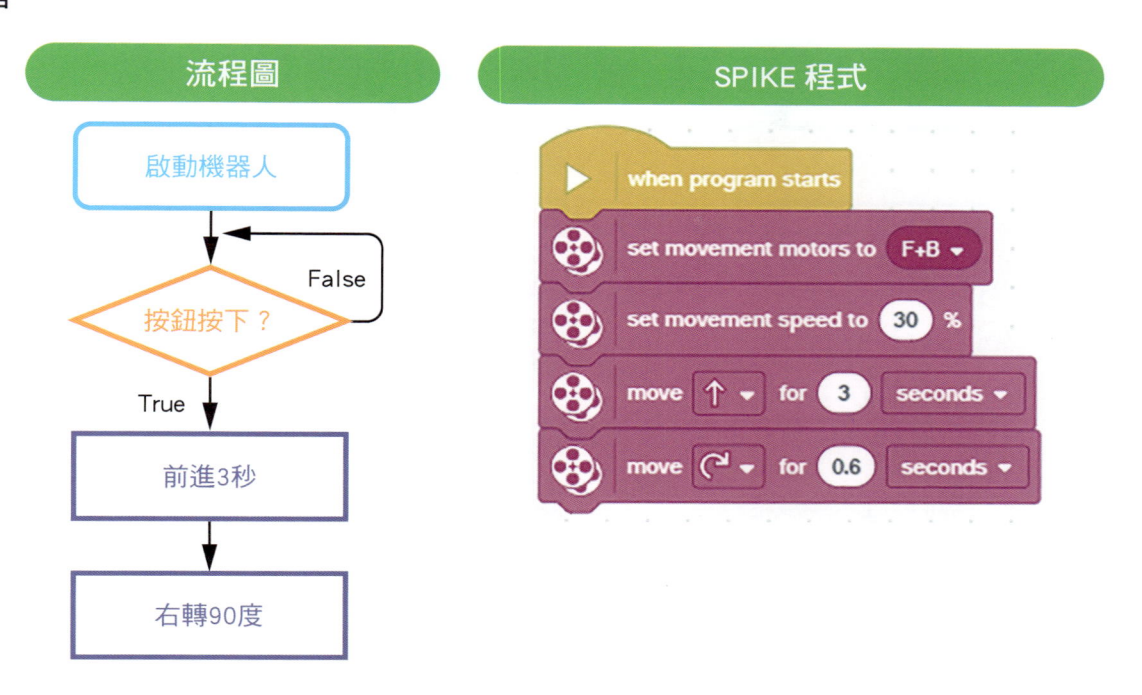

- when program starts
- set movement motors to F+B
- set movement speed to 30 %
- move ↑ for 3 seconds
- move ↻ for 0.6 seconds

實作 ❷ 請利用循序結構（沒有使用迴圈），撰寫 SPIKE 拼圖程式，當使用者按下「按鈕」時，便可以讓機器人繞一個正方形。

圖解說明

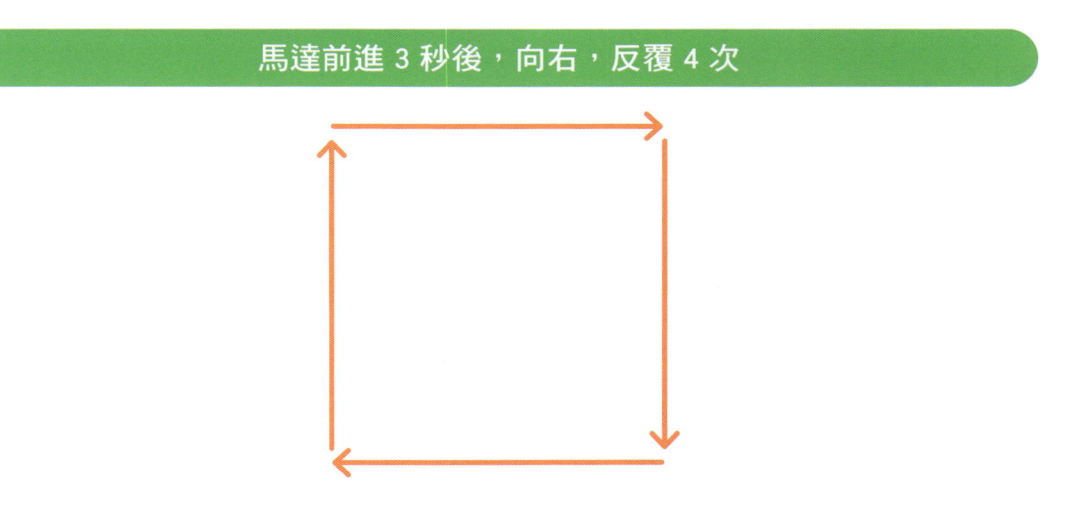

馬達前進 3 秒後，向右，反覆 4 次

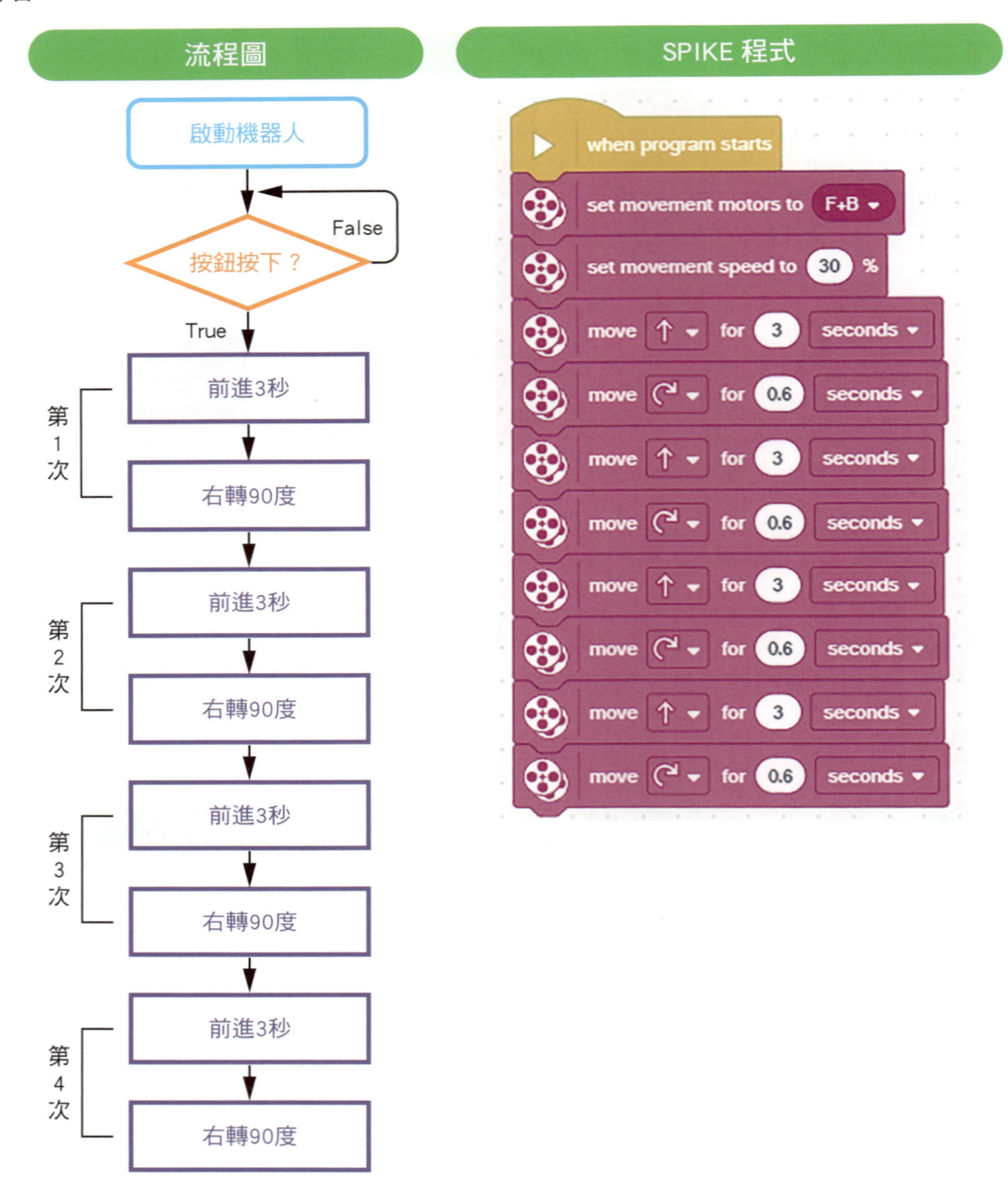

解答

流程圖	SPIKE 程式

流程圖：

啟動機器人
↓
按鈕按下？ → False (迴圈)
↓ True

第1次：
- 前進3秒
- 右轉90度

第2次：
- 前進3秒
- 右轉90度

第3次：
- 前進3秒
- 右轉90度

第4次：
- 前進3秒
- 右轉90度

SPIKE 程式：

- when program starts
- set movement motors to F+B
- set movement speed to 30 %
- move ↑ for 3 seconds
- move ↻ for 0.6 seconds
- move ↑ for 3 seconds
- move ↻ for 0.6 seconds
- move ↑ for 3 seconds
- move ↻ for 0.6 seconds
- move ↑ for 3 seconds
- move ↻ for 0.6 seconds

實作 ❸ 請利用「Loop 迴圈」結構，撰寫 SPIKE 拼圖程式，當使用者按下「按鈕」時，可以讓機器人繞一個正方形。

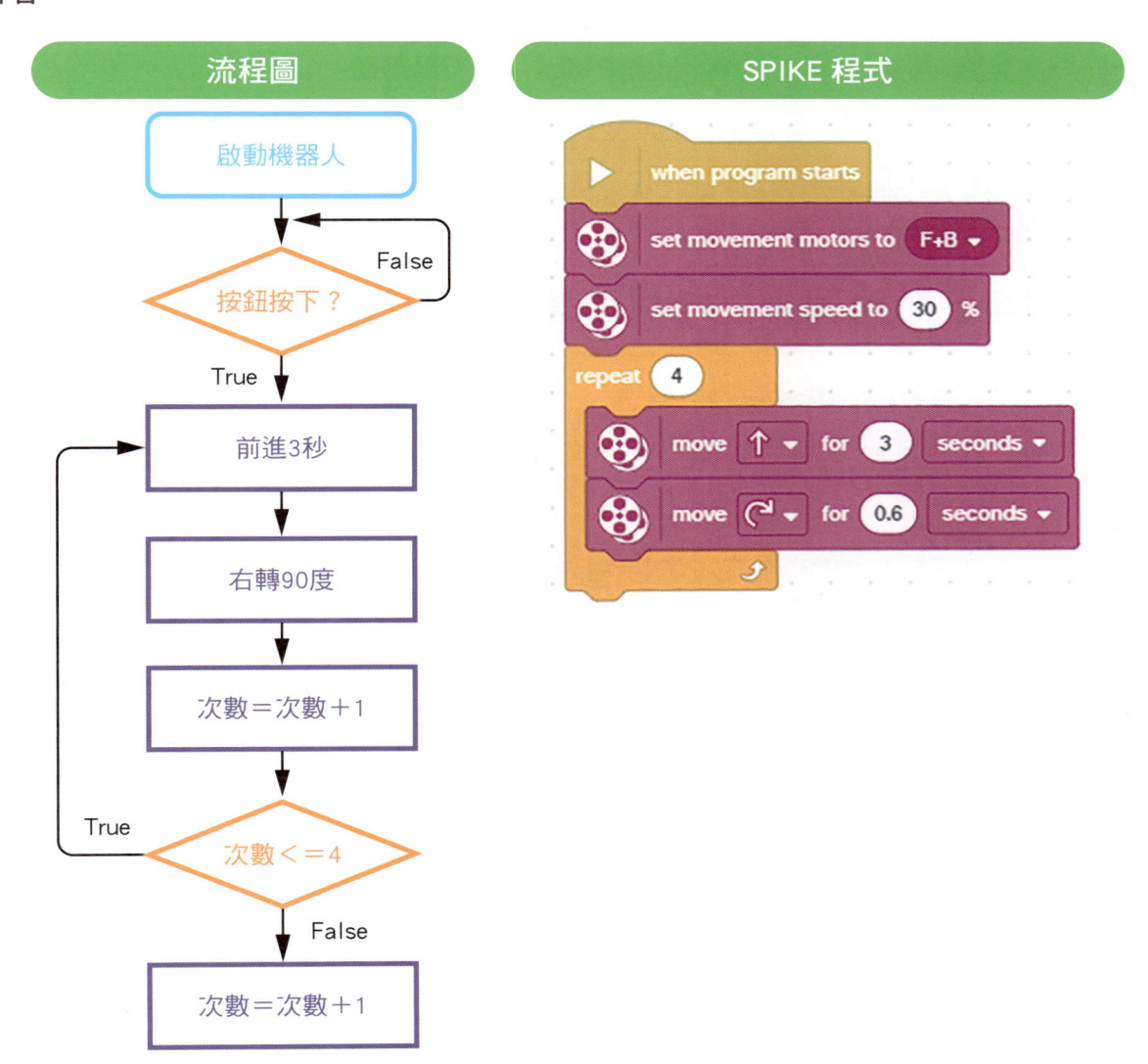

■ 解答

流程圖

- 啟動機器人
- 按鈕按下？ False → 回到判斷；True ↓
- 前進3秒
- 右轉90度
- 次數＝次數＋1
- 次數＜＝4 True → 回到「前進3秒」；False ↓
- 次數＝次數＋1

SPIKE 程式

- when program starts
- set movement motors to F+B
- set movement speed to 30 %
- repeat 4
  - move ↑ for 3 seconds
  - move ↻ for 0.6 seconds

Chapter 3 入門基本車 55

3-7 馬達接收其他來源

假設我們已經組裝完成一台輪型機器人，想讓機器人在前進時，如果離前方的障礙物越近時，則行走的速度就變愈慢；此時，就必須要再透過「資料線（Data Wire）」來進行傳遞資料。

1. 超音波感應器來控制馬達速度快與慢。
2. Random 亂數來控制馬達自行轉彎。
3. 光源感應器來控制馬達快或慢。

3-7.1 超音波感應器來控制馬達速度快與慢

定義　「超音波」偵測的距離來控制馬達的「速度快與慢」。

範例　將「超音波感應器」偵測的距離輸出後，透過傳遞給「馬達」中的轉速。

解答

流程圖

啟動機器人
↓
按鈕按下？ —False→（迴圈回到判斷）
↓ True
距離＝超音波偵測距離
↓
速度＝距離/2
↓
馬達前進（速度）
（迴圈回到「距離＝超音波偵測距離」）

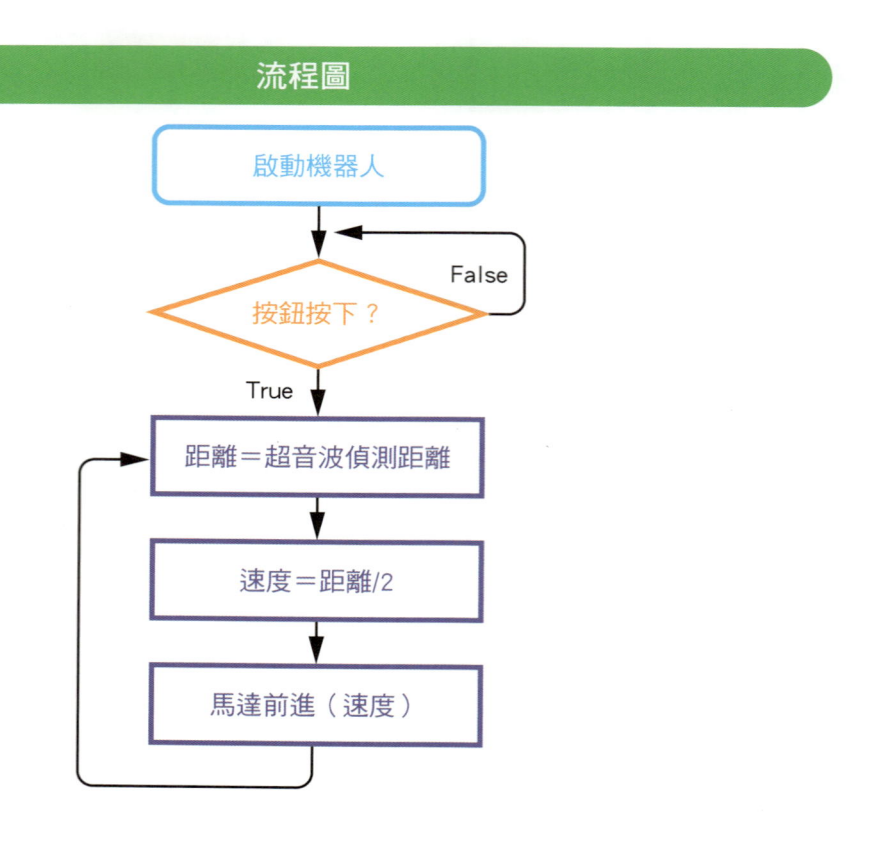

SPIKE 拼圖程式

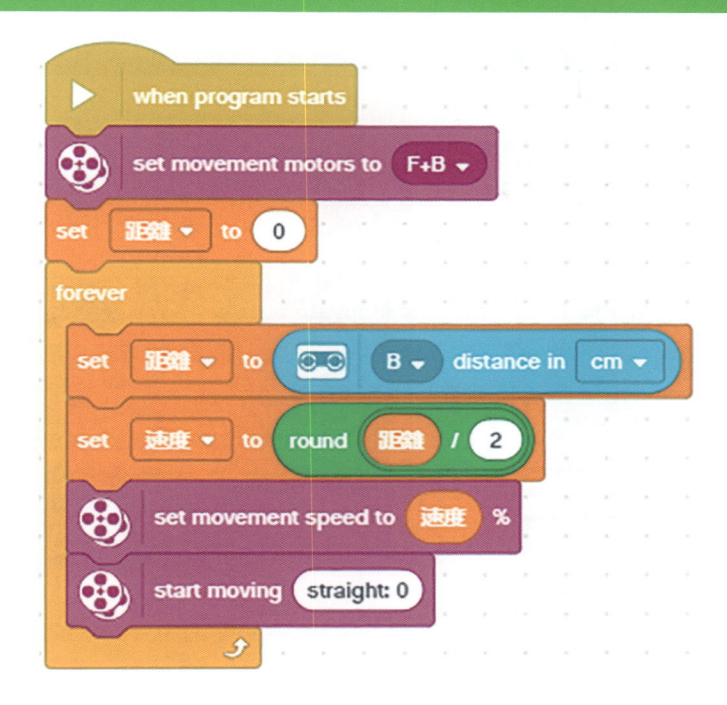

```
when program starts
set movement motors to F+B
set 距離 to 0
forever
    set 距離 to [B distance in cm]
    set 速度 to round(距離 / 2)
    set movement speed to 速度 %
    start moving straight: 0
```

說明
1. 馬達的轉速為 100。
2. 超音波感應器的偵測距離長度約為 200cm，因此，200/100=2。
3. 所以，每當超音波偵測長度除以 2 就能夠將馬達的轉速正規化。

連線測試兩個變數的變化

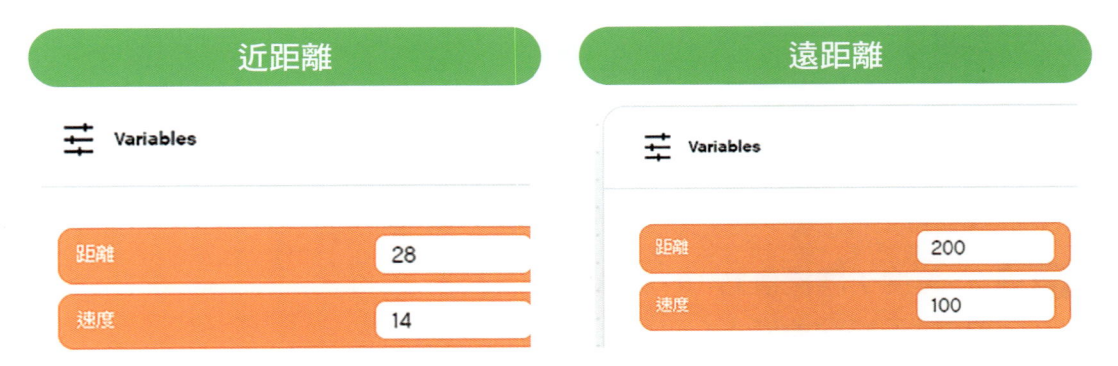

近距離	
距離	28
速度	14

遠距離	
距離	200
速度	100

3-7.2 Random 亂數來控制馬達自行轉彎（會跳舞）

定義 利用 Random 亂數值來控制馬達的「左轉或右轉」。

範例 將「Random 拼圖」的傳回值，傳遞給「馬達」中的轉速，亦即讓機器人自己決定機器人的前進方向。

解答

流程圖

啟動機器人
↓
按鈕按下？ — False →(迴圈回到判斷)
↓ True
速度＝隨機產生(10,100)
↓
馬達轉動＝隨機角度(1,360)
↓
馬達前進(速度,馬達轉動)
↓
馬達後退(速度,馬達轉動)
↓
馬達左轉(速度,馬達轉動)
↓
馬達右轉(速度,馬達轉動)
↑(回到速度＝隨機產生)

SPIKE 拼圖程式

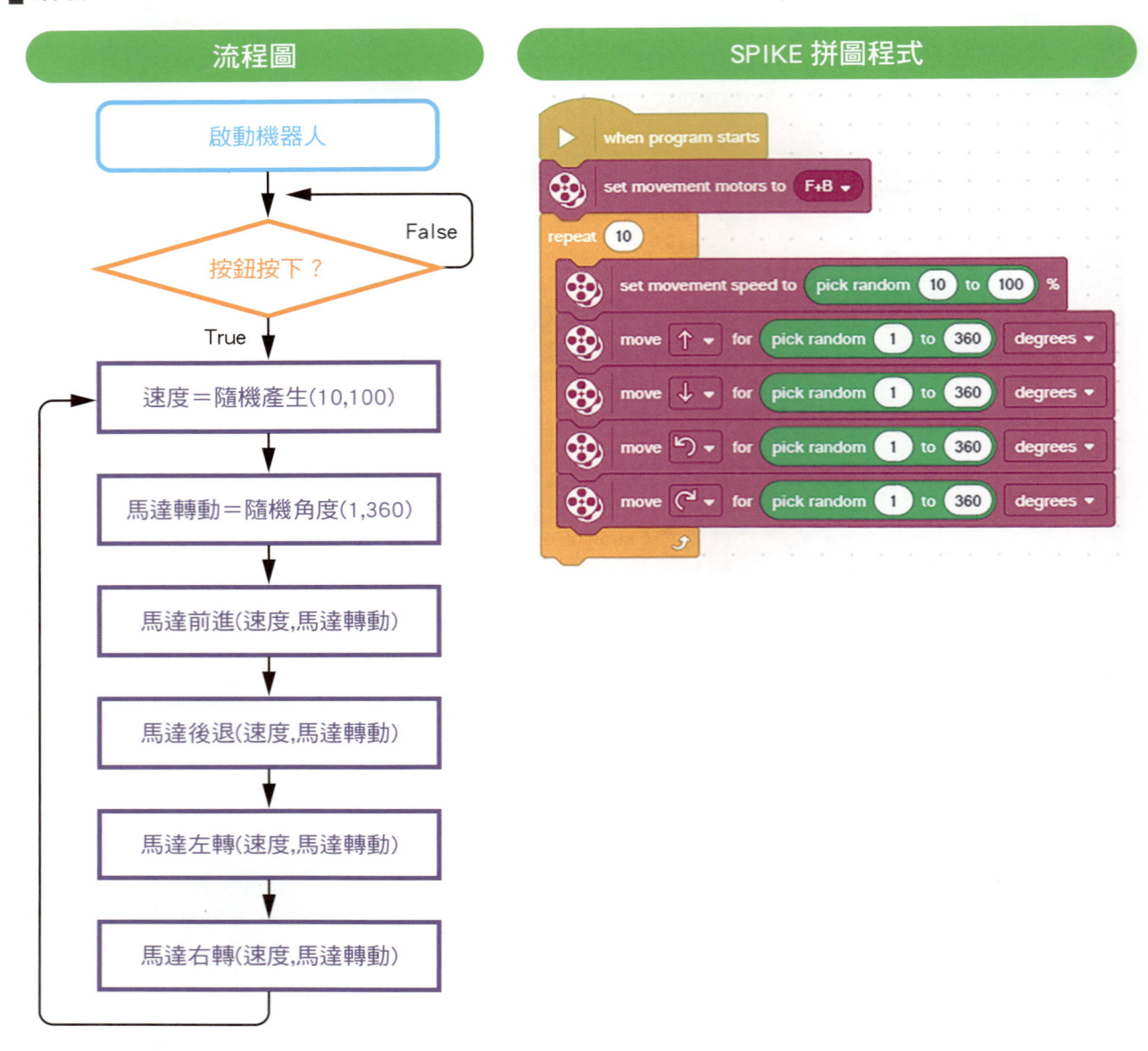

```
when program starts
set movement motors to F+B
repeat 10
    set movement speed to pick random 10 to 100 %
    move ↑ for pick random 1 to 360 degrees
    move ↓ for pick random 1 to 360 degrees
    move ↺ for pick random 1 to 360 degrees
    move ↻ for pick random 1 to 360 degrees
```

設定關鍵參數
1. 速度：隨機值為 10 ～ 100。
2. 輪子轉動角度：1 ～ 360。

3-8 機器人走迷宮（超音波感測器）

3-8.1 認識超音波感測器

定義 類似人類的眼睛，可以偵測距離的遠近。

目的 偵測前方是否有「障礙物」或「目標物」，讓機器人進行不同的動作。

外觀圖示

> 4 號輸入端（Port4）超音波感測器

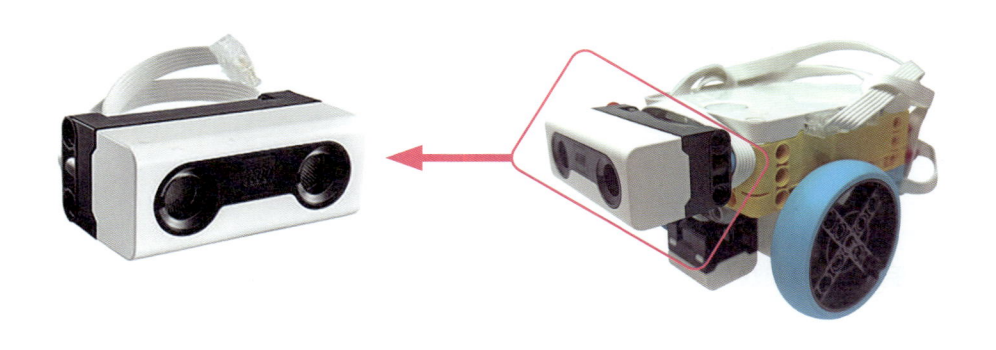

說明 超音波感測器的前端紅色部分為「發射」與「接收」兩端，感測器主要是作為偵測前方物體的距離。

回傳資訊 cm（公分）的距離單位。

原理 利用「聲納」技術，「超音波」發射後，撞到物體表面並接收「反射波」，從「發射」到「接收」的時間差，即可求出「感應器與物體」之間的「距離」。

原理之圖解說明

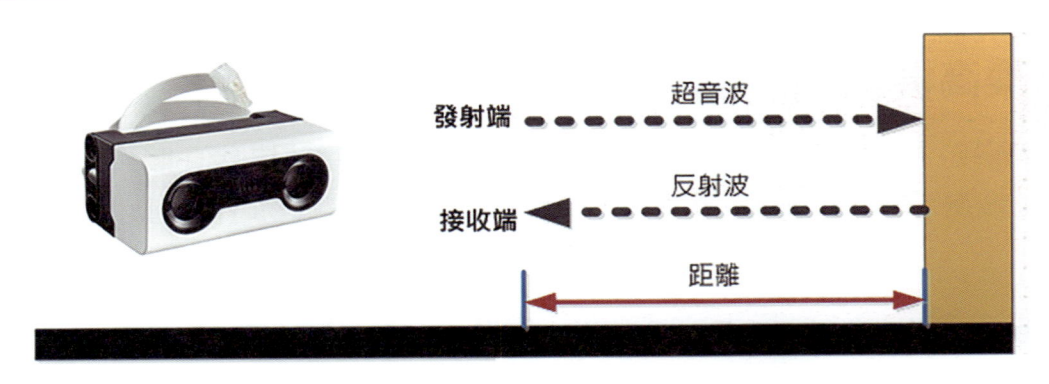

3-8.2 偵測超音波感測器的值

如果想要利用超音波感測器來完成某一指定的任務之前,務必要先偵測超音波感測器回傳的數值,其測試方式如下:

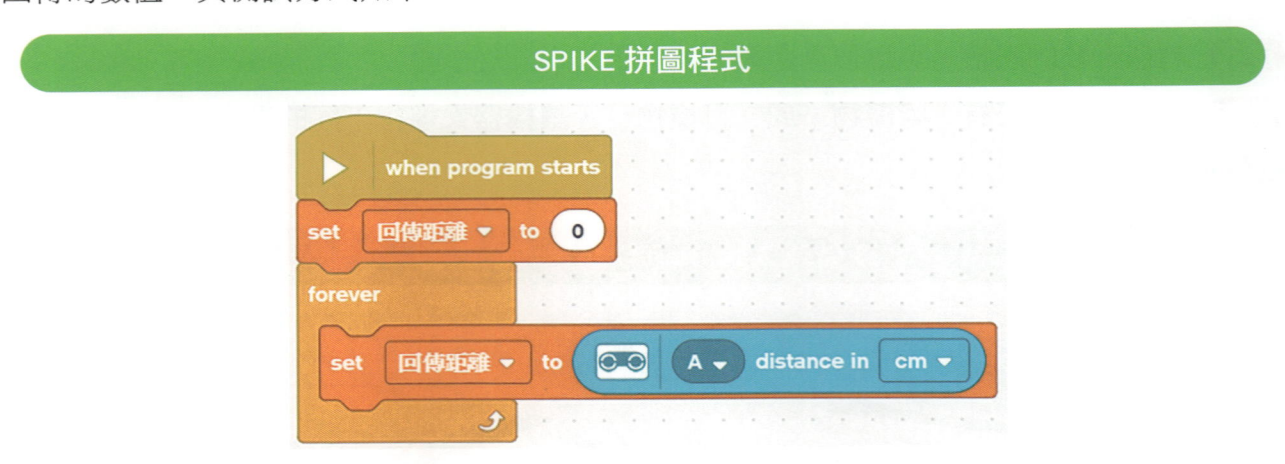

SPIKE 拼圖程式

```
when program starts
set 回傳距離 to 0
forever
    set 回傳距離 to [A distance in cm]
```

測試距離

用手放在超音波感測器前方　　　　　　　　手慢慢地水平移動

測試結果 利用模擬器測試

偵測的距離(比較近)

Variables
回傳距離　16

偵測的距離(比較遠)

Variables
回傳距離　69

3-8.3 樂高機器人偵測到障礙物自動停止

在前面單元中,我們已經瞭解「超音波感測器」的適用時機及偵測距離,接下來,就可以開始來撰寫「讓樂高機器人在行走的過程中,偵測到障礙物時便自動停止」。

實作 樂高機器人往前走,直到「超音波感測器」偵測前方 25 公分處有「障礙物」時,就會「停止」。

Chapter 3　入門基本車　61

示意圖

牆壁

25 公分

流程圖

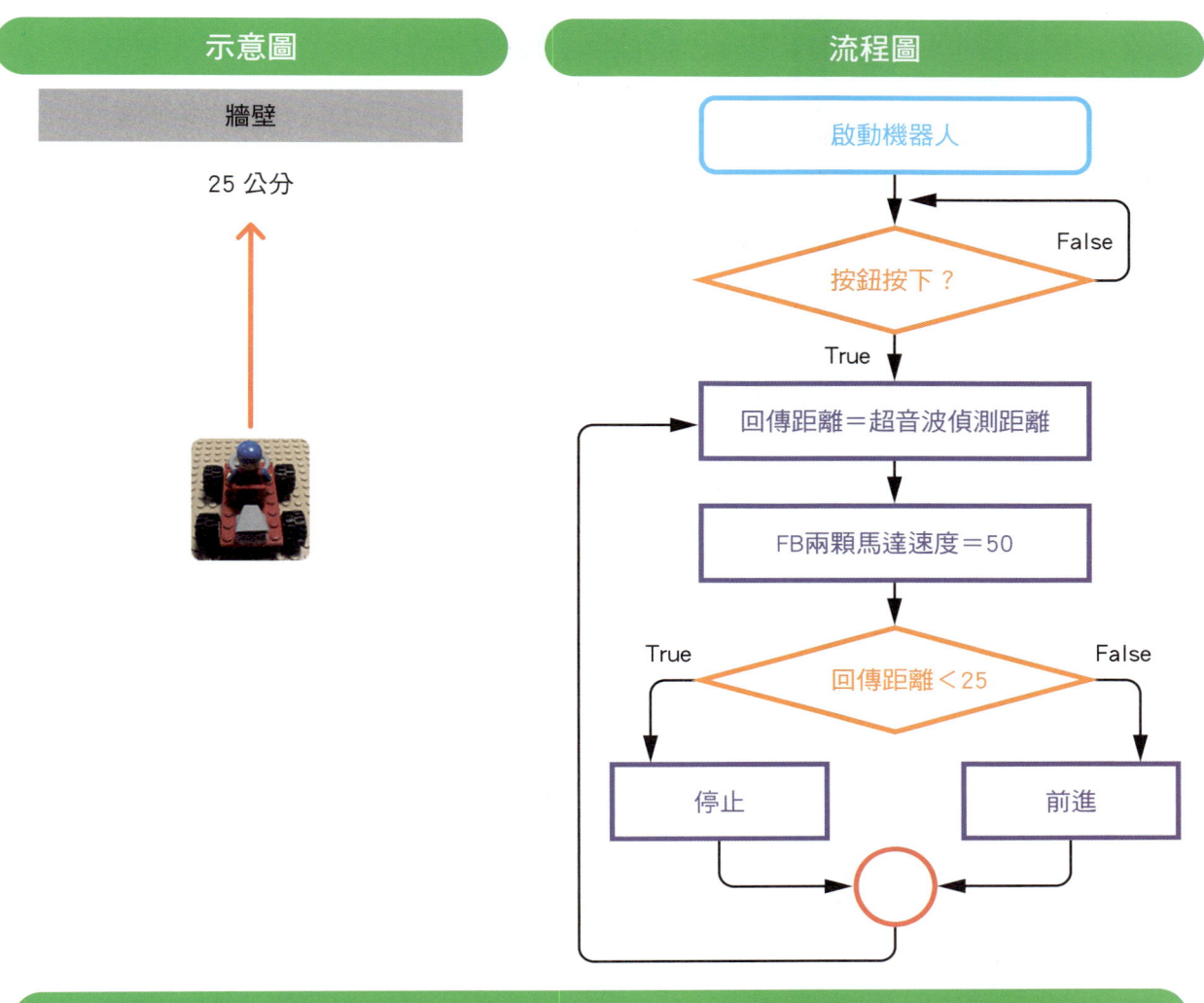

啟動機器人
↓
按鈕按下？ — False (迴圈)
↓ True
回傳距離＝超音波偵測距離
↓
FB兩顆馬達速度＝50
↓
回傳距離＜25
- True → 停止
- False → 前進

SPIKE 拼圖程式

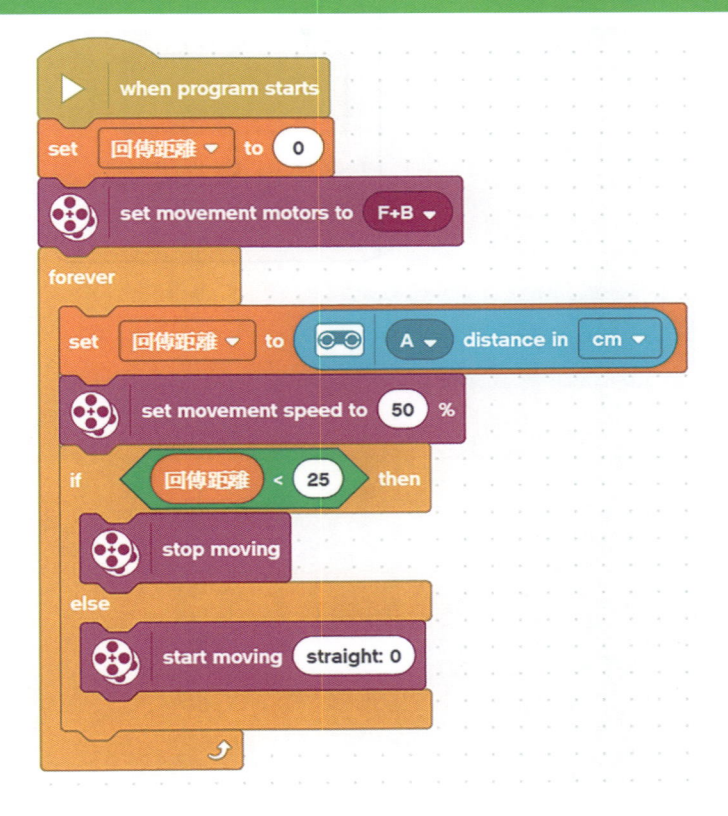

```
when program starts
set 回傳距離 to 0
set movement motors to F+B
forever
    set 回傳距離 to A distance in cm
    set movement speed to 50 %
    if 回傳距離 < 25 then
        stop moving
    else
        start moving straight: 0
```

3-8.4 偵測到障礙物停止並發出警鈴聲

在學會如何「讓樂高機器人在行走的過程中，如果有偵測到障礙物自動停止」之後，再新增一個功能，就是讓它會自動發出警鈴聲。

實作 樂高機器人往前走，直到「超音波感測器」偵測前方 25 公分處有「障礙物」時，就會「停止」並發出警鈴聲。

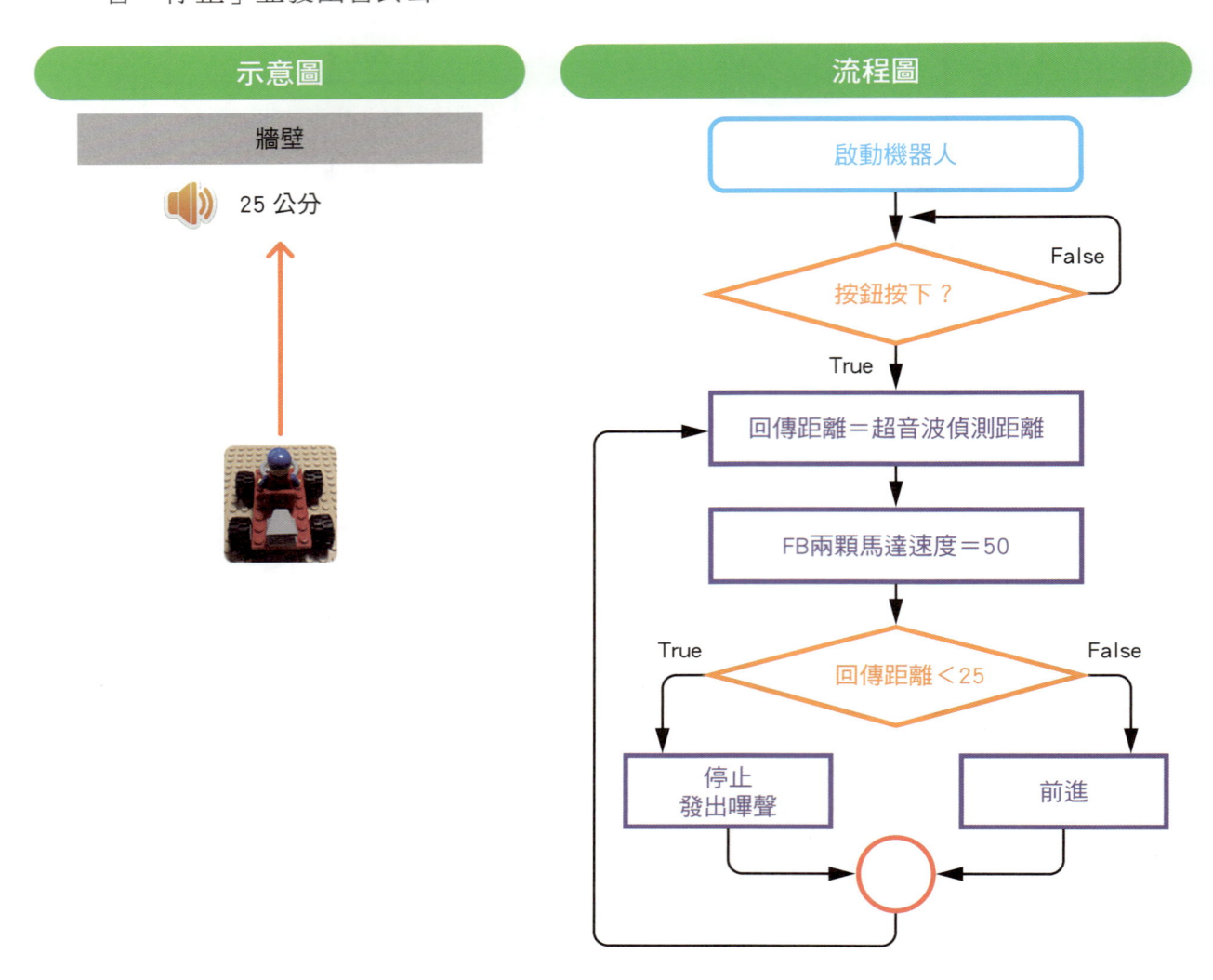

示意圖

牆壁

🔊 25 公分

流程圖

啟動機器人
↓
按鈕按下？ — False（回到上方）
↓ True
回傳距離＝超音波偵測距離
↓
FB兩顆馬達速度＝50
↓
回傳距離＜25
- True → 停止 發出嗶聲
- False → 前進

SPIKE 拼圖程式

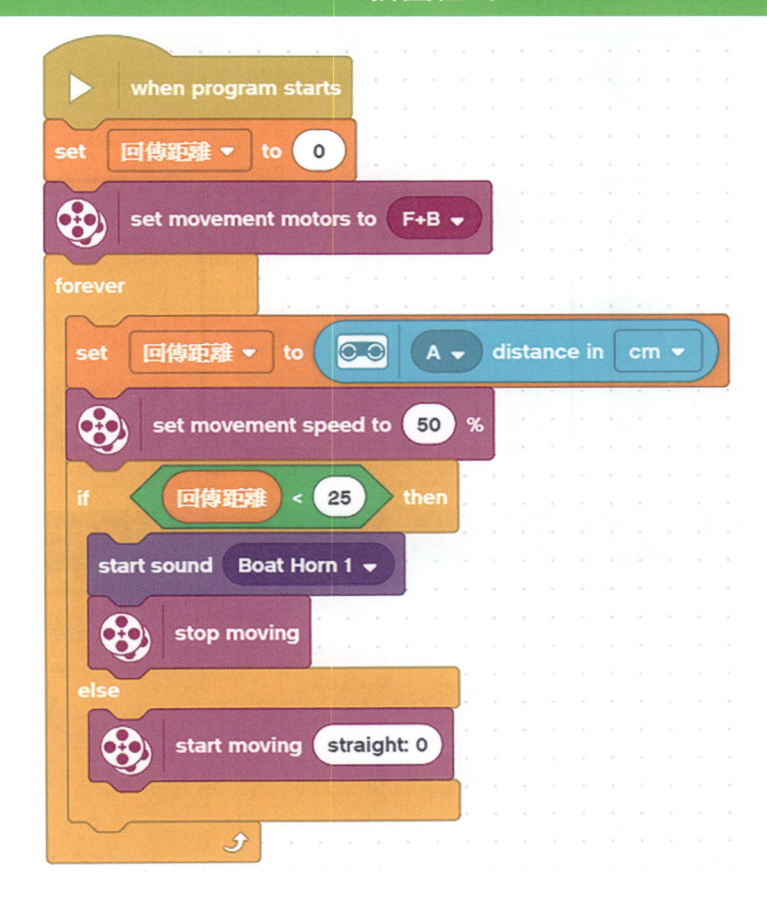

```
when program starts
set 回傳距離 to 0
set movement motors to F+B
forever
    set 回傳距離 to [A distance in cm]
    set movement speed to 50 %
    if 回傳距離 < 25 then
        start sound Boat Horn 1
        stop moving
    else
        start moving straight: 0
```

3-8.5 樂高機器人走迷宮（基本題）

在國際奧林匹克機器人競賽（WRO）經常出現的「機器人走迷宮」，就是利用超音波感測器來完成。

| 入口出發 | 尋找迷宮路徑 | 順利找到出口 |

解析 1. 當機器人的「超音波感測器」偵測到前方有「障礙物」時，「向右轉」或「向左轉」，否則向前走。
2. 如果單獨使用「等待模組」，只能執行一次，無法反覆執行。

解決方法 搭配無限制的「迴圈結構（Loop）」，可以反覆操作此機器人的動作。

常見的兩種情況

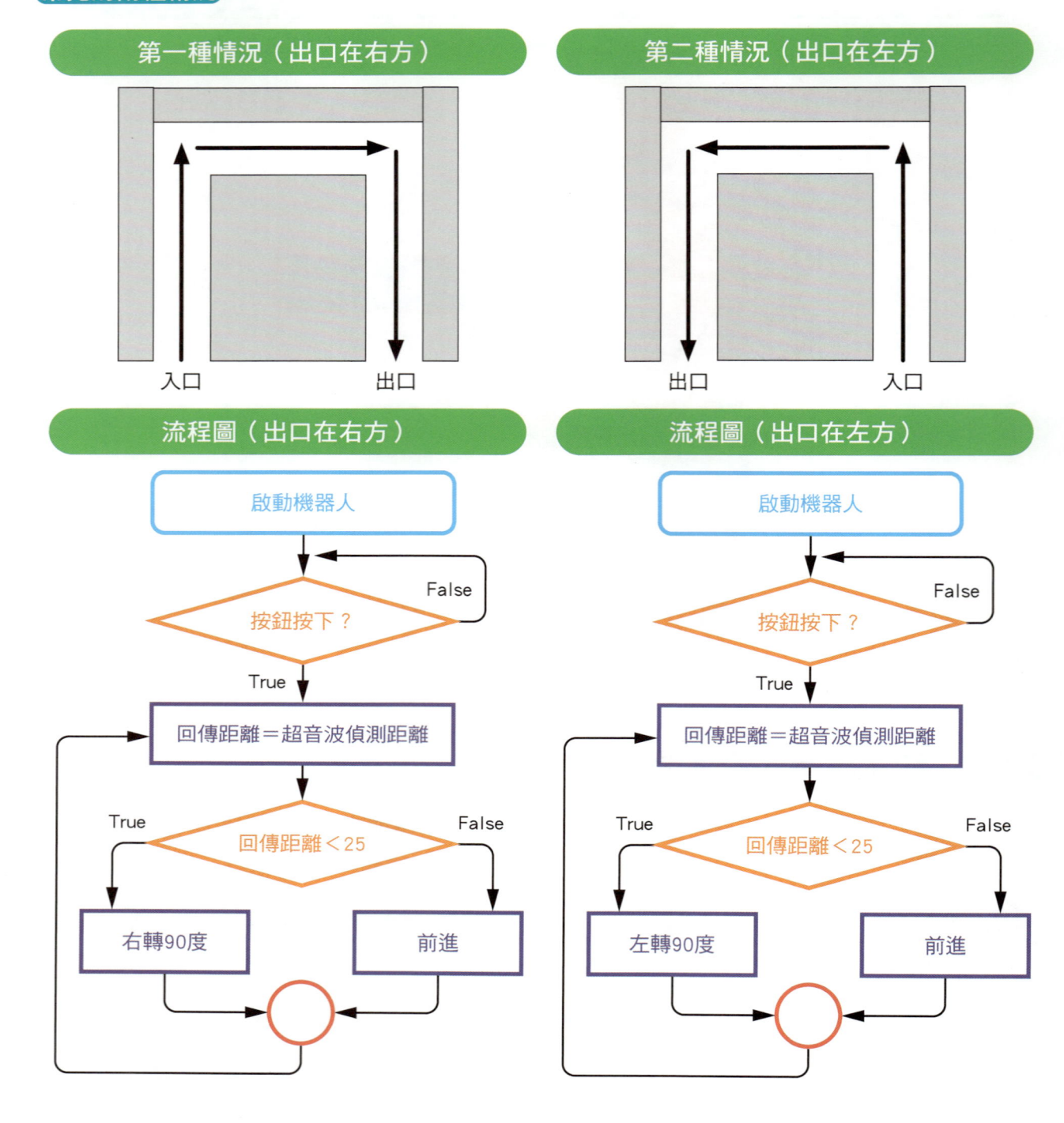

第一種情況（出口在右方）

入口　　出口

第二種情況（出口在左方）

出口　　入口

流程圖（出口在右方）

啟動機器人
↓
按鈕按下？ —False→（迴圈回到判斷）
↓True
回傳距離＝超音波偵測距離
↓
回傳距離＜25
- True → 右轉90度
- False → 前進

流程圖（出口在左方）

啟動機器人
↓
按鈕按下？ —False→（迴圈回到判斷）
↓True
回傳距離＝超音波偵測距離
↓
回傳距離＜25
- True → 左轉90度
- False → 前進

SPIKE 拼圖程式

SPIKE 拼圖程式（出口在右方）

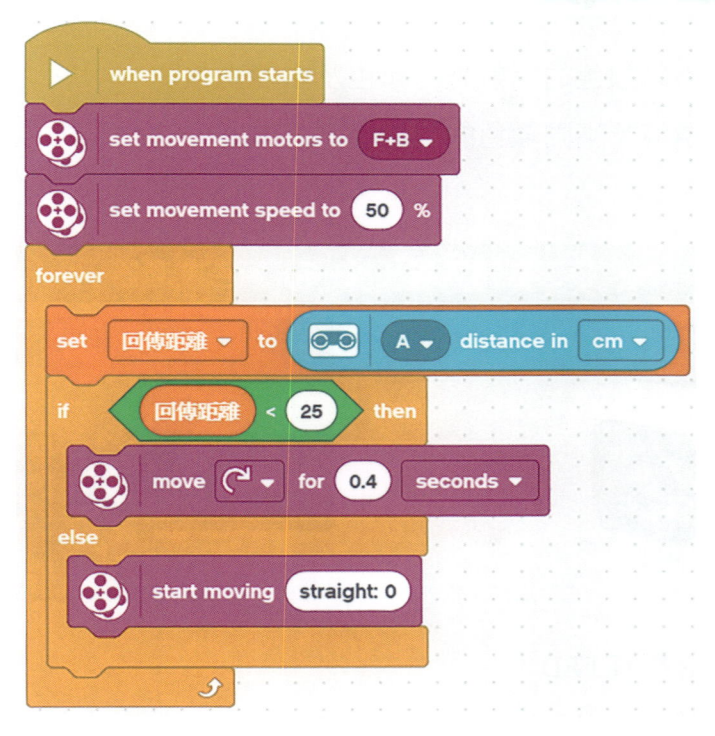

第一種作法

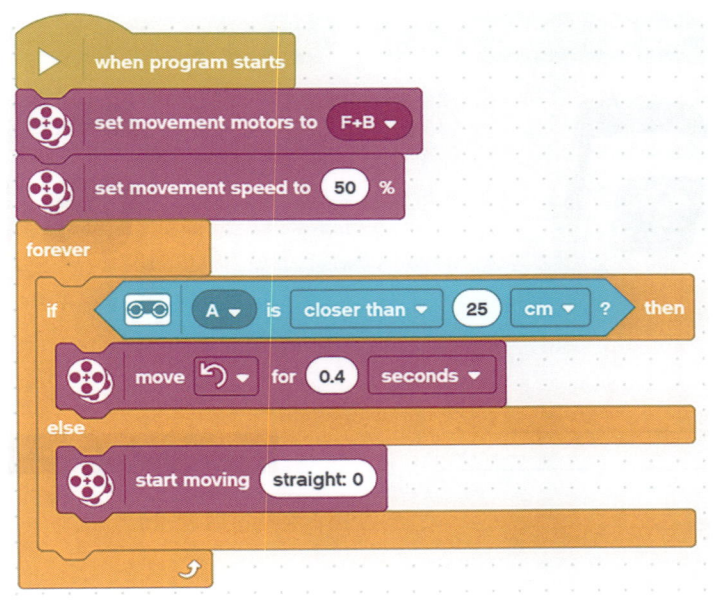

第二種作法

3-9　機器人循跡車（顏色感測器）

3-9.1　認識顏色感測器

定義 是指用來偵測不同顏色的反射光、顏色及環境光強度。

目的 可以偵測周圍環境及不同顏色的反射光，讓機器人進行不同的動作。

圖示

接三號輸入端（Port3）顏色感測器

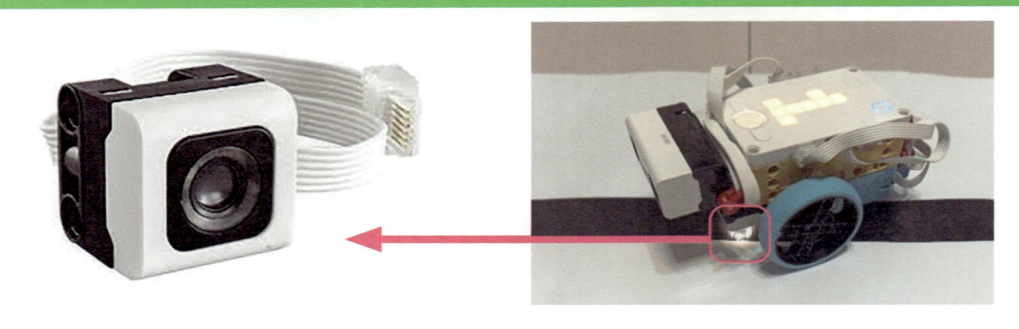

外觀 顏色感測器的前端有 LED。

原理 利用「顏色感測器」中 LED 所發射的光線，經地面反射光偵測物體光線的強弱。

偵測「白色」物體　　　　偵測「黑色」物體

SPIKE 拼圖程式

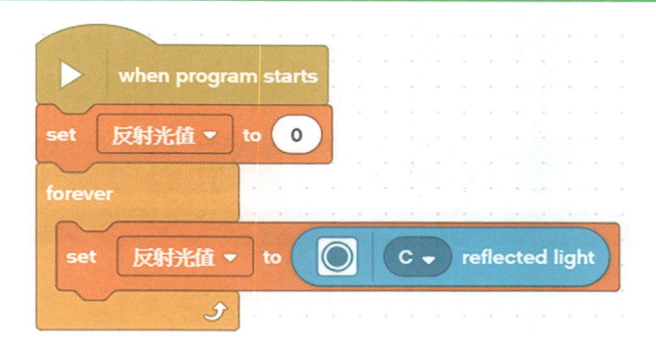

（程式：when program starts / set 反射光值 to 0 / forever: set 反射光值 to [C reflected light]）

測試反射光 請準備兩張紙（黑色與白色），分別放在「顏色感測器」下方。

白色的反射光較多	黑色的反射光較少
大於 95	小於 20

3-9.2 偵測顏色感測器的值

如果想要利用顏色感測器來完成某一指定的任務之前，務必要先偵測顏色感測器回傳的數值，其測試方式如下：

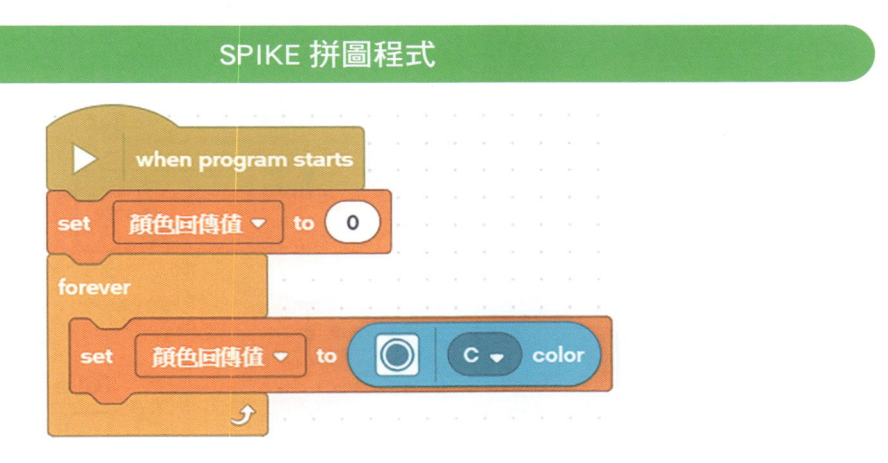

SPIKE 拼圖程式

（程式：when program starts / set 顏色回傳值 to 0 / forever: set 顏色回傳值 to [C color]）

測試結果 回傳值對應的顏色如下：

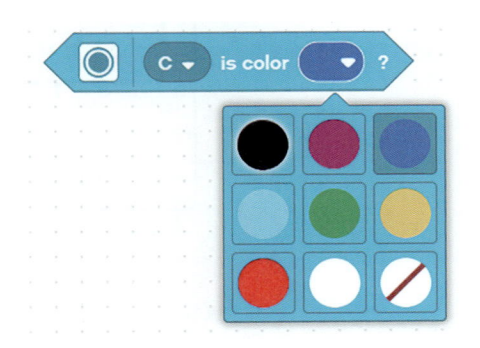

-1	0	1	3	4	5	7	9	10
無法偵測	黑	紫	藍	淺藍	綠	黃	紅	白

3-9.3 樂高機器人偵測到黑色線自動停止

在前面單元中，我們已經瞭解「顏色感測器」的適用時機及偵測距離，接下來就可以開始撰寫「當樂高機器人在行走的過程中，如偵測到黑色線便自動停止」。

示意圖

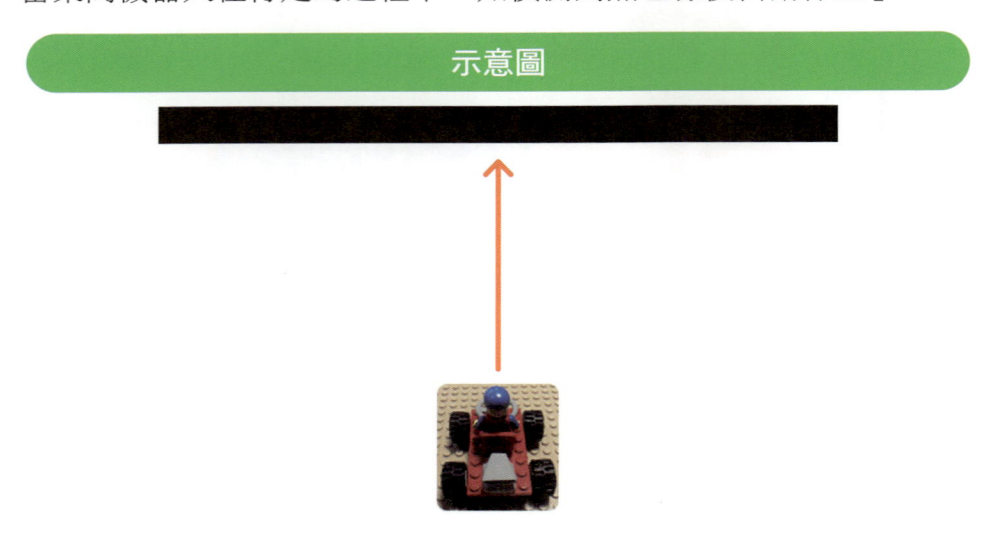

解答

示意圖

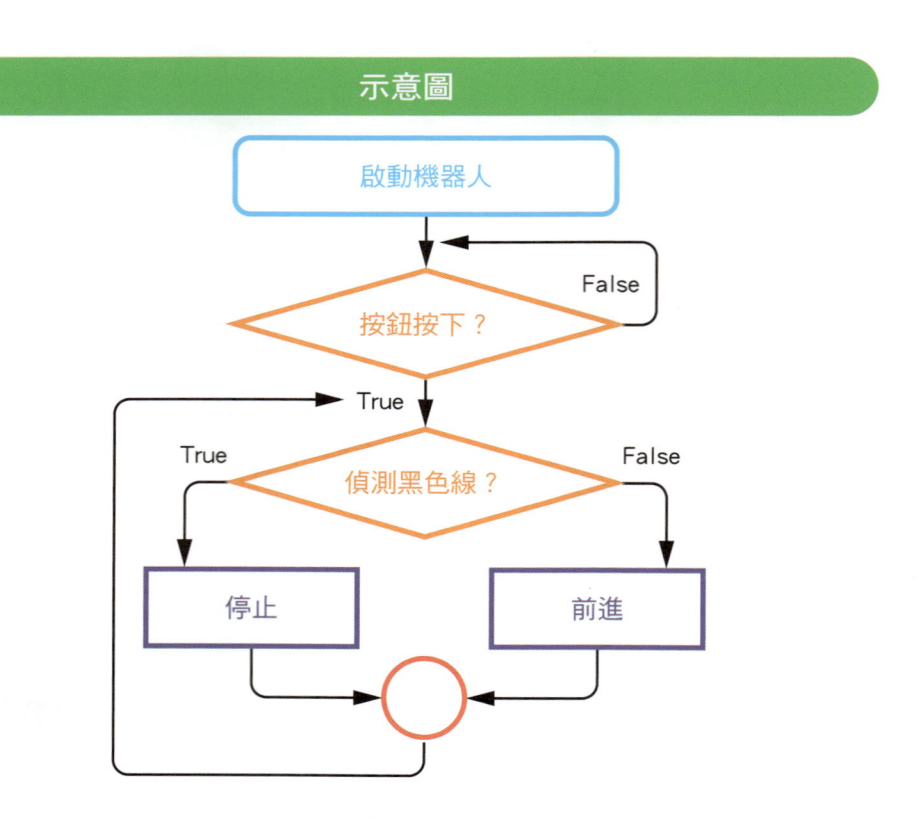

```
啟動機器人
   ↓
按鈕按下？ ──False──┐
   │ True          │
   └──────────────┘
   ↓
偵測黑色線？
 True ↙      ↘ False
  停止        前進
```

SPIKE 拼圖程式

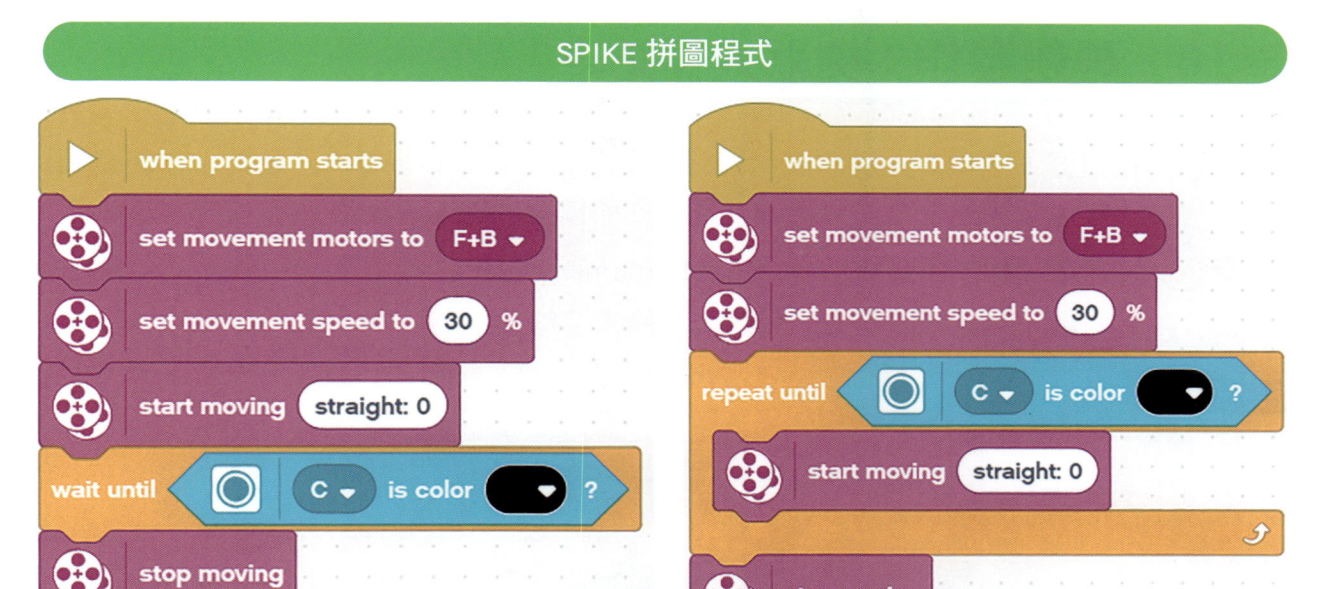

第一種作法

第二種作法

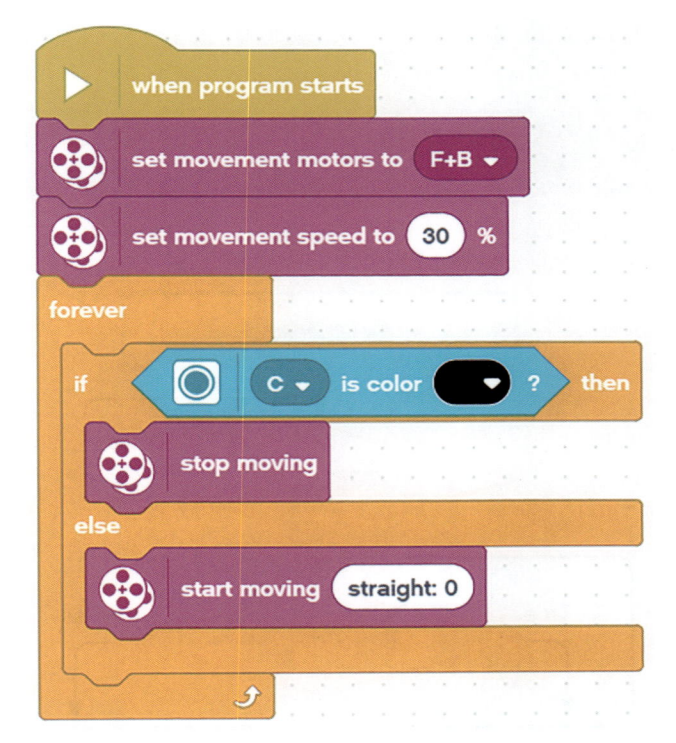

第三種作法：可能重複判斷執行。

3-10　專題製作：機器人循跡車

主題發想　在機器人領域中，目前國內外有非常多的比賽都必須要有「軌跡」，便是利用「顏色感測器」沿著黑色線前進，亦即模擬「無人駕駛車」。

主題目的　1. 利用「顏色感測器」偵測不同顏色功能來巡線。
　　　　　　2. 利用「顏色感測器」的反射光功能來巡線。

完成圖

流程圖

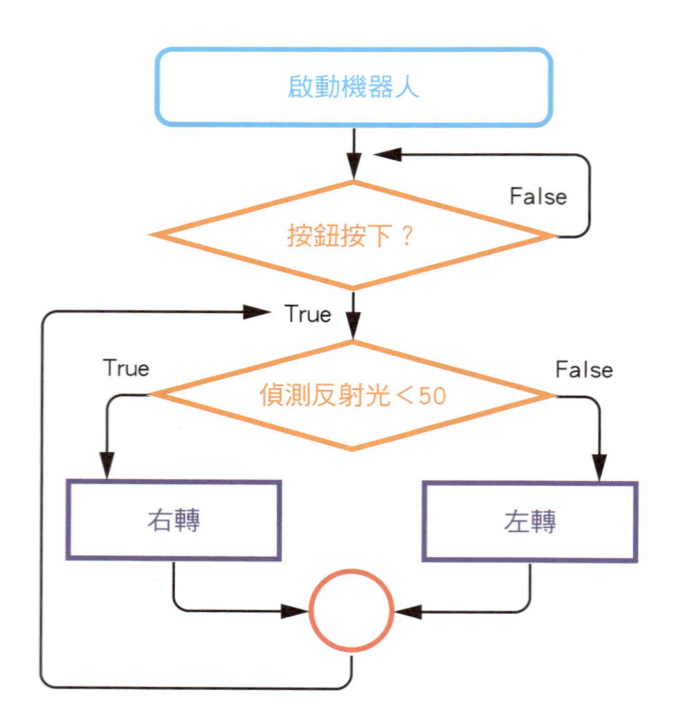

啟動機器人

按鈕按下？　False
True
偵測反射光＜50
True　右轉
False　左轉

實作 由於顏色感測器的基本功能無法達到巡線目的，因此，必須要再加入「延伸指令」，其步驟如下：

1. 在指令集的最下方，再加入「延伸指令」。
2. 點選「More Movement」圖示。
3. 顯示更多的移動控制指令。

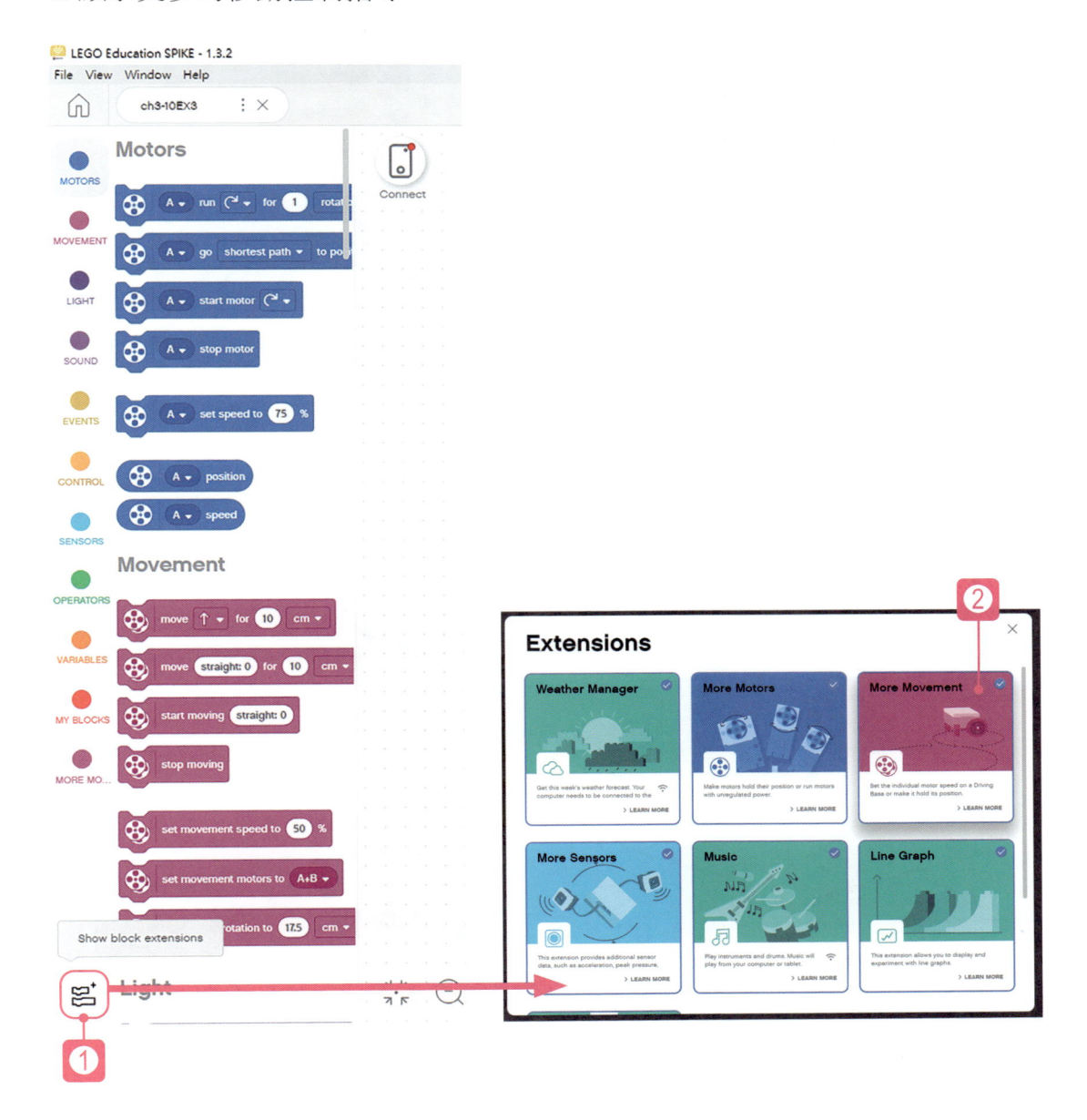

延伸指令

More Movement ③

- move for 10 cm at 50 50
- start moving at 50 50 % speed
- move straight: 0 for 10 cm
- start moving straight: 0 at 50 %
- start moving at 50 50 % power
- start moving straight: 0 at 50 %
- set movement motors to brake
- Was movement interrupted?

基本指令

Movement

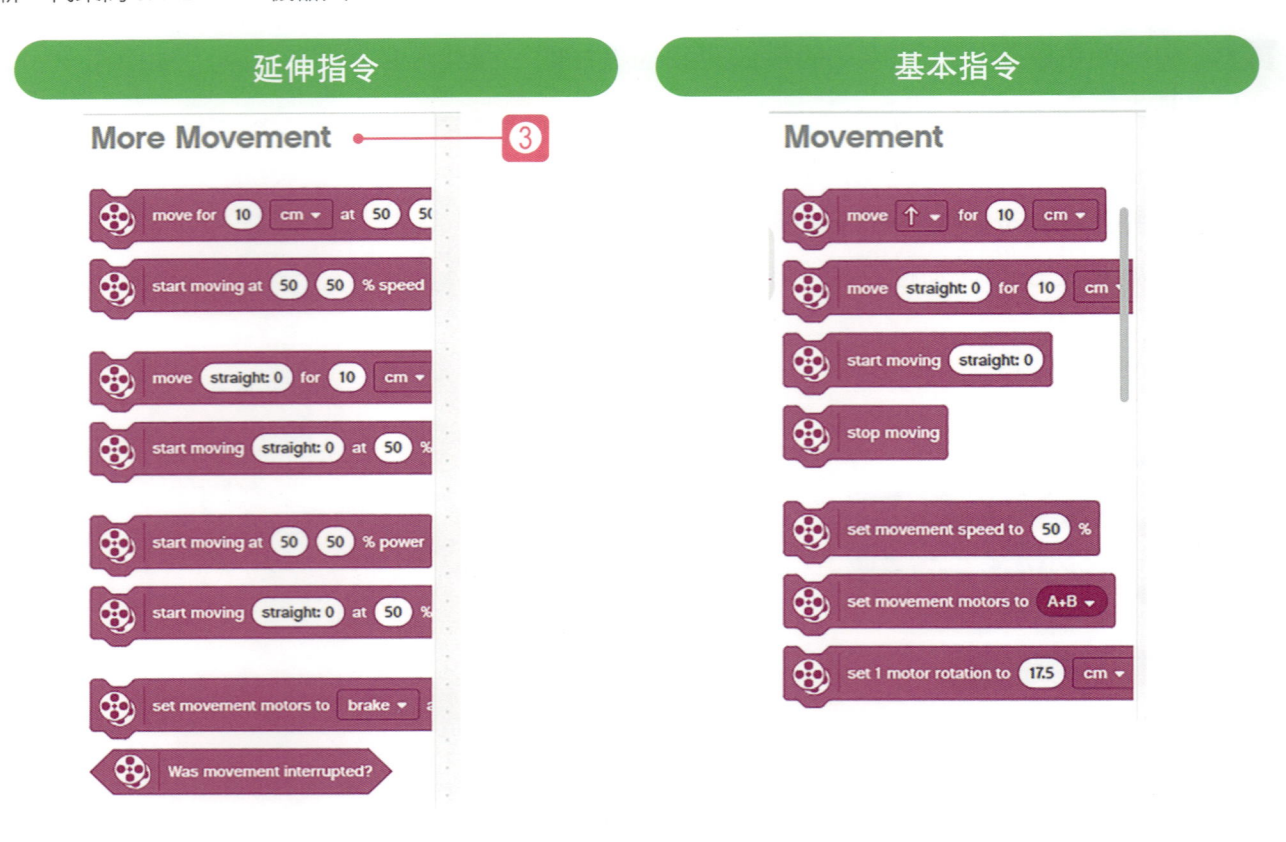

- move ↑ for 10 cm
- move straight: 0 for 10 cm
- start moving straight: 0
- stop moving
- set movement speed to 50 %
- set movement motors to A+B
- set 1 motor rotation to 17.5 cm

實作 ❶ 針對「顏色感測器」的回傳值（反射光），來調整樂高機器人沿著黑色線行走。

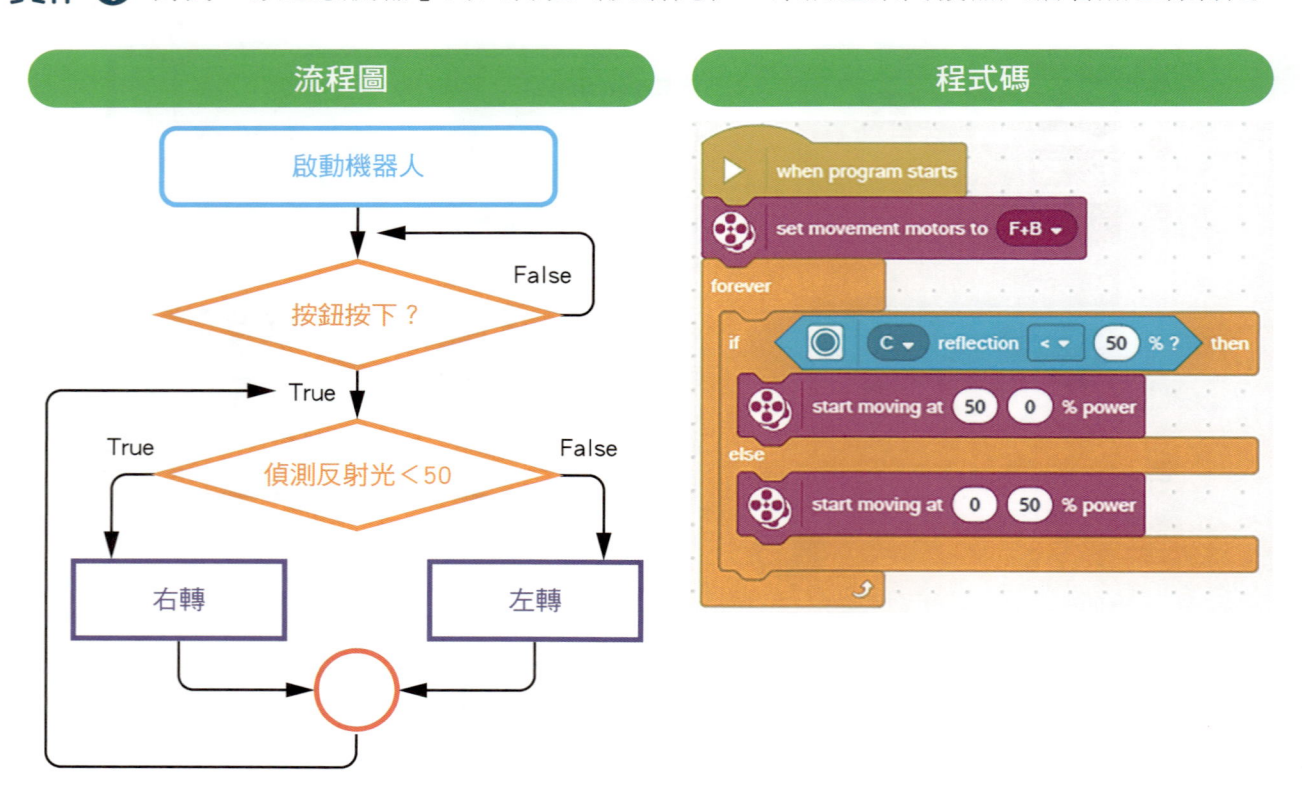

流程圖

啟動機器人 → 按鈕按下？
- False → 迴圈返回
- True → 偵測反射光＜50
  - True → 右轉
  - False → 左轉

程式碼

```
when program starts
set movement motors to F+B
forever
  if  C reflection < 50 % ? then
    start moving at 50 0 % power
  else
    start moving at 0 50 % power
```

實作 ❷ 承上一題，巡線 5 秒後停止。

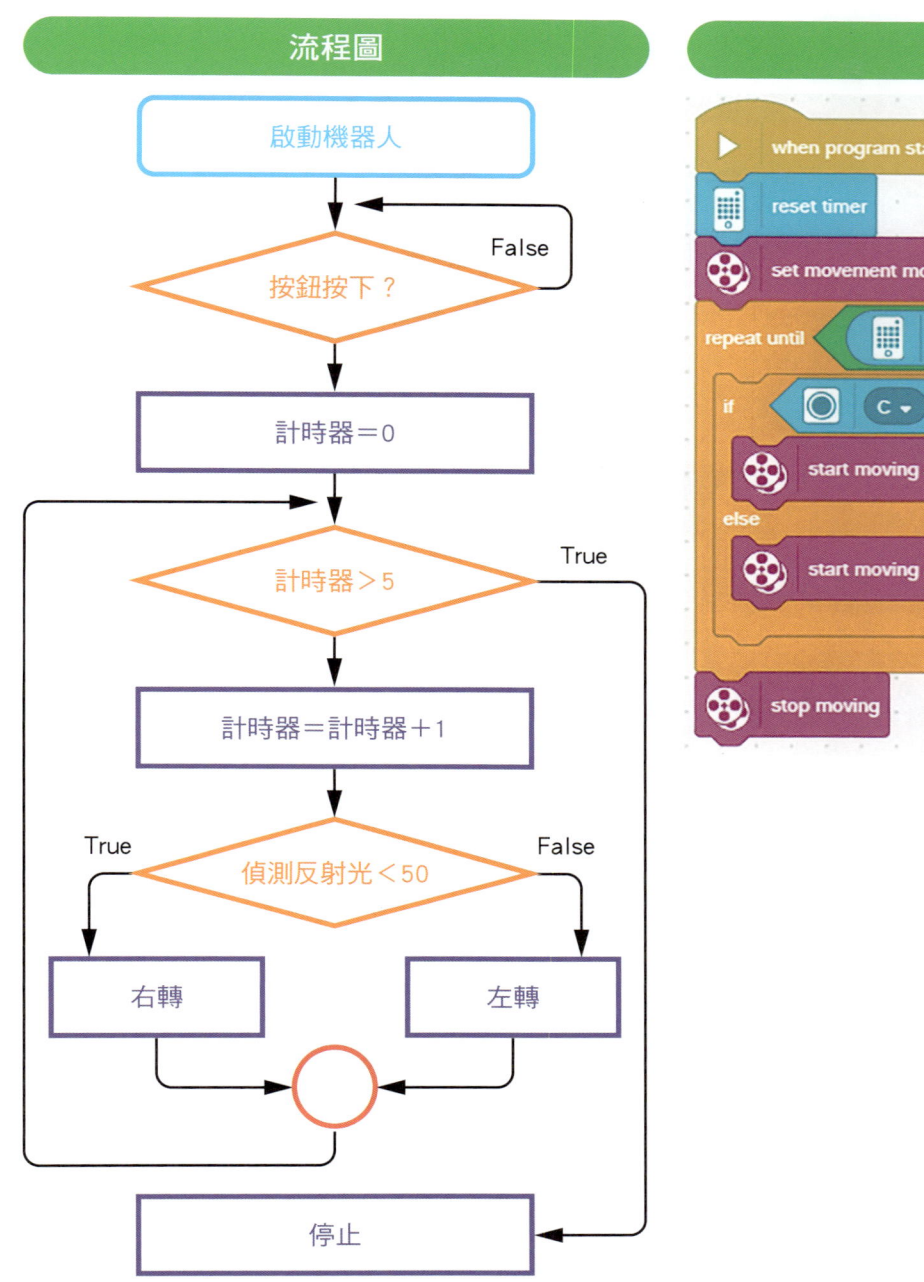

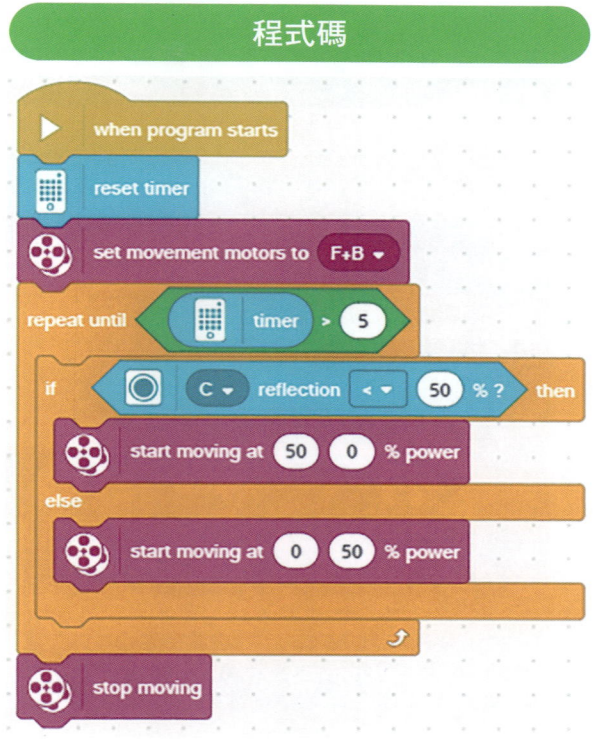

流程圖

```
啟動機器人
   ↓
按鈕按下？ ──False──┐
   ↓True           │
計時器＝0           │
   ↓               │
計時器＞5 ──True──→ 停止
   ↓False
計時器＝計時器＋1
   ↓
偵測反射光＜50
  ↙True    ↘False
 右轉       左轉
   ↓        ↓
    ○
```

程式碼

- when program starts
- reset timer
- set movement motors to F+B
- repeat until timer > 5
  - if C reflection < 50 % ? then
    - start moving at 50 0 % power
  - else
    - start moving at 0 50 % power
- stop moving

實作 ❸ 承上一題，巡線時螢幕顯示 0 秒，巡線 5 秒後停止，並於螢幕顯示 5 秒，亦即達到「多工同步處理的效果」。

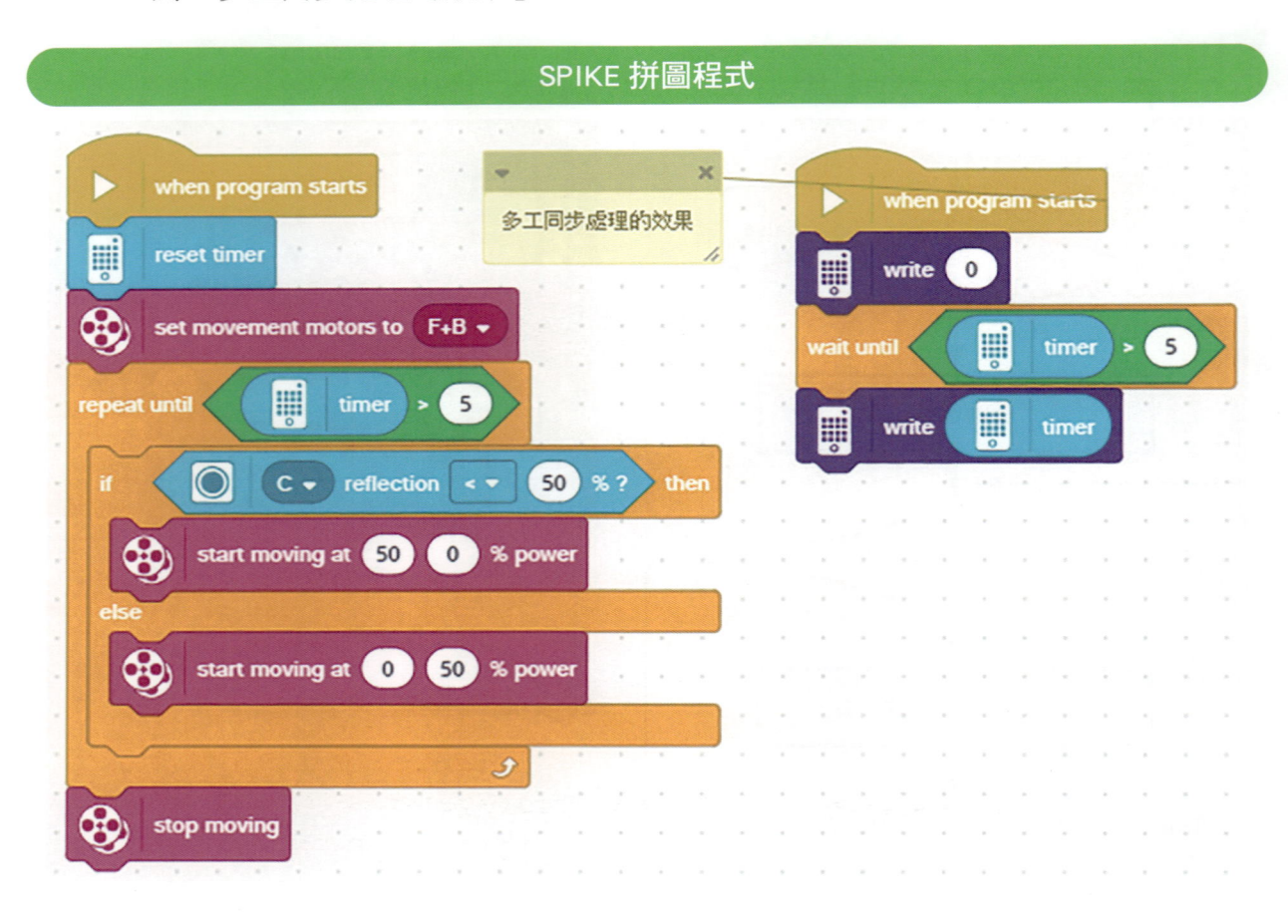

SPIKE 拼圖程式

```
when program starts
  reset timer
  set movement motors to F+B
  repeat until timer > 5
    if C reflection < 50 % ? then
      start moving at 50 0 % power
    else
      start moving at 0 50 % power
  stop moving

多工同步處理的效果

when program starts
  write 0
  wait until timer > 5
  write timer
```

實作 ❹ 利用定義副程式方式來撰寫巡線程式。

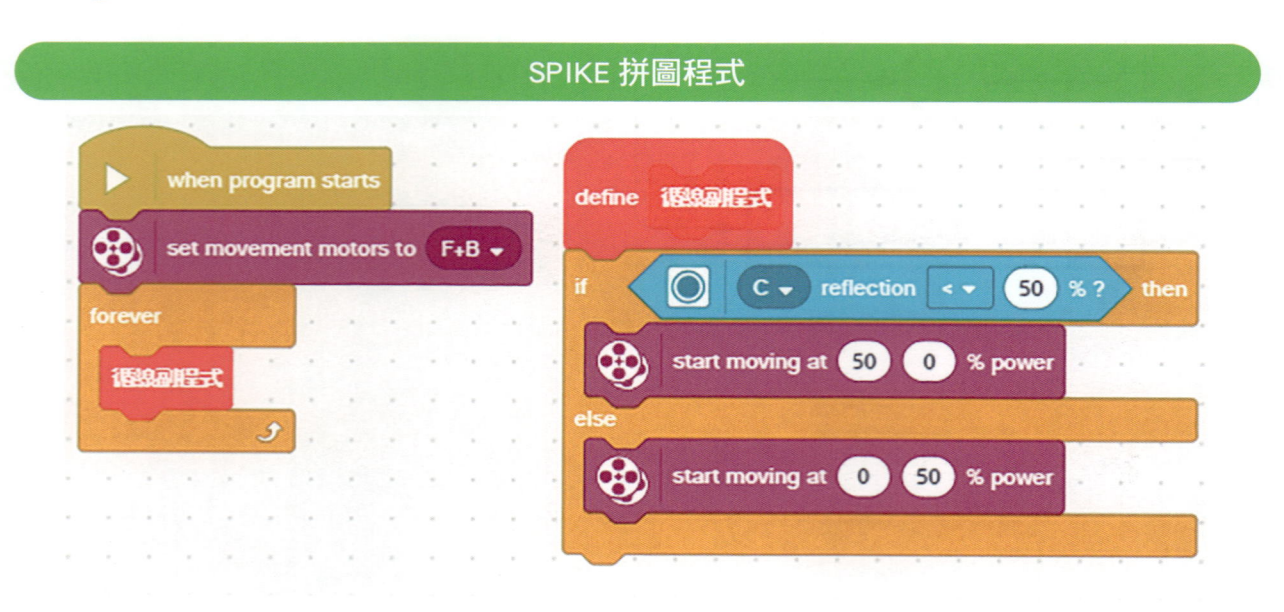

SPIKE 拼圖程式

```
when program starts
  set movement motors to F+B
  forever
    巡線副程式

define 巡線副程式
  if C reflection < 50 % ? then
    start moving at 50 0 % power
  else
    start moving at 0 50 % power
```

習題

題目名稱 巡線避障機器人

題目說明

(1) 超音波感測器：主要功能為用來偵測前方是否有障礙物。

(2) 顏色感測器：主要功能為用來偵測無人車是否有往某一路徑上行駛。

> **提示** PID 控制器在工業控制應用中是常見的反饋迴路部件，將收集到的數據和一個參考值進行比較，再把這個差別用於計算新的輸入值，目的是可以讓系統的數據達到或者保持在參考值，讓 PID 控制器可以根據歷史數據和差別的出現率來調整輸入值，使系統更加準確而穩定。
>
> 資料來源：維基百科

創客題目編號：A038011

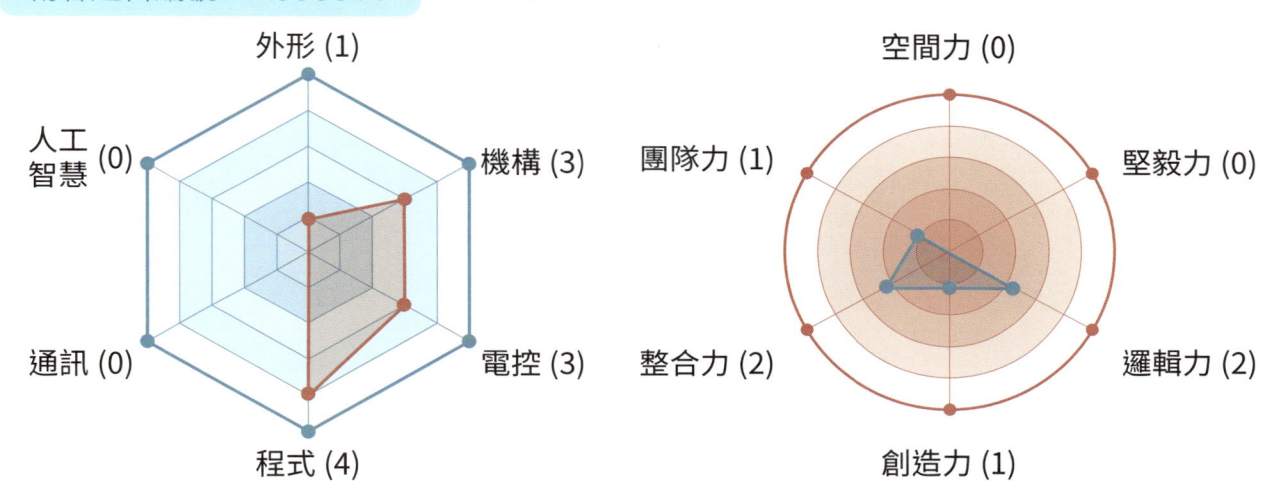

創客學習力

外形	1
機構	3
電控	3
程式	4
通訊	0
人工智慧	0
創客總數	11

實作時間 **60 分**

創客素養力

空間力	0
堅毅力	0
邏輯力	2
創造力	1
整合力	2
團隊力	1
素養總數	6

NOTE

Chapter 4

SPIKE 進階款教育訓練車

本章學習目標

1. 瞭解組裝樂高進階車組裝及改造成碰碰車與進階版迷宮車。
2. 瞭解如何利用 SPIKE 程式來撰寫碰碰車及進階版迷宮車程式。

本章內容

4-1　SPIKE 進階基本車
4-2　SPIKE 進階車組裝
4-3　機器人碰碰車（觸碰感測器）
4-4　專題製作：機器人走迷宮

4-1　SPIKE 進階基本車

在前一章節中，我們已經學會如何利用「基本車」來學習基本的機器人程式設計，例如：機器人走迷宮、機器人巡線、機器人障避，甚至還學會如何撰寫無人車程式。但是，這些功能只用到兩種感測器（超音波及顏色）及兩個中型伺服馬達；其實 SPIKE 機器人教育組套件，還有一個觸碰感測器及大型伺服馬達。因此，在本章節中，筆者將再進階介紹基本車的應用。

設計的三部曲

step 1 創意組裝

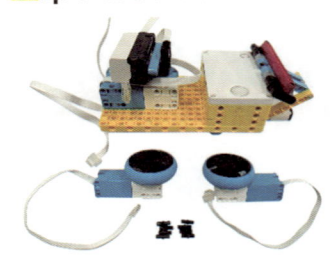

step 2 寫程式

step 3 測試

說明　1. 創意組裝：依照指定「功能及造型」來「感應器及相關配件」結合「主機」。
　　　2. 寫程式：依照指定任務來撰寫處理程序的動作與順序（程式）。
　　　3. 測試：利用拼圖程式：將程式上傳到「主機」內，並依照指定功能先進行測試。

流程圖

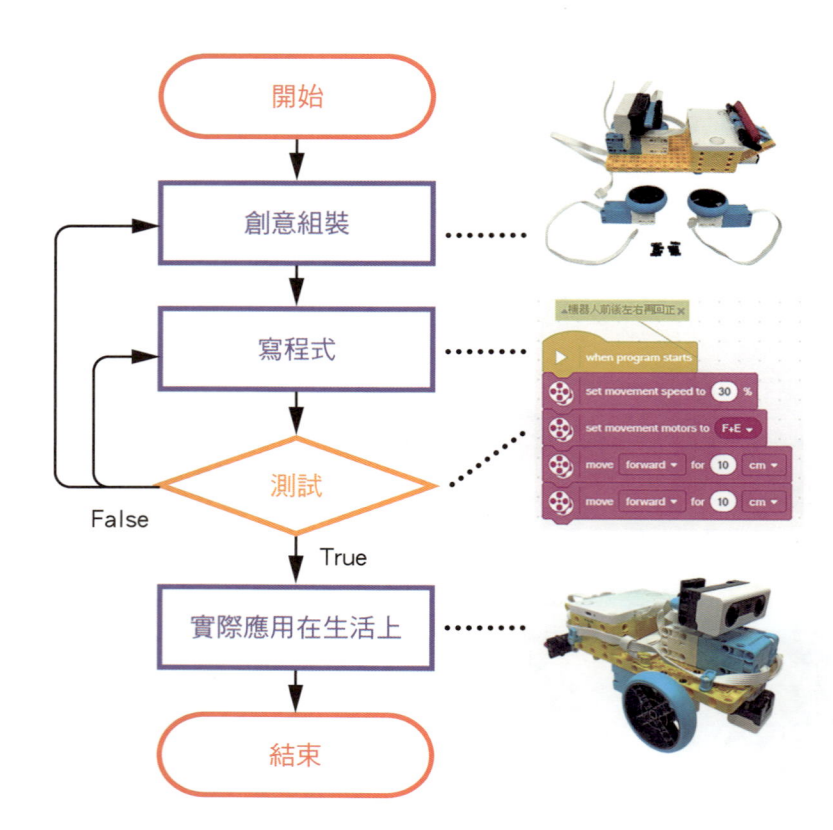

開始 → 創意組裝 → 寫程式 → 測試（False 回到寫程式或創意組裝；True）→ 實際應用在生活上 → 結束

> **說明**
>
> 　　從上面的流程圖中，我們可以清楚瞭解「設計機器人程式」必須要經過的三大步驟，而在進行第三步驟時，如果無法測試成功，除了要修改程式之外，也要檢查組裝是否正確，並且要反覆地進行測試，直到完全成功為止；最後，就可以將創作的智能裝置，應用在日常生活中。

4-2　SPIKE 進階車組裝

　　想要製作一台「SPIKE 進階基本車」時，必須要先準備相關的「主機」、「馬達」、「感測器」及「相關的零件材料」。

4-2.1　零件清單

要製作一台「進階車」時，零件清單如下圖所示：

零件清單

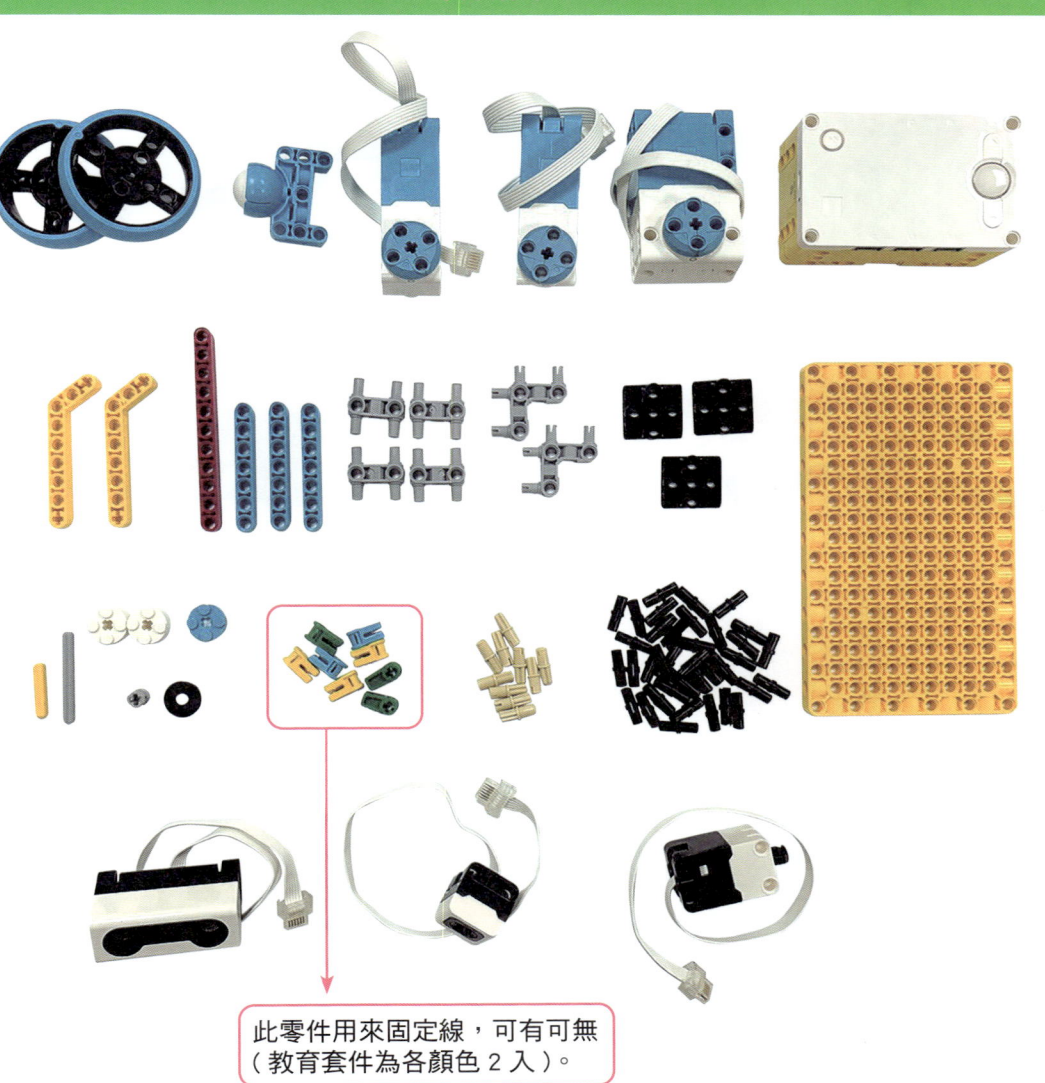

此零件用來固定線，可有可無（教育套件為各顏色 2 入）。

4-2.2 組裝指引

在準備好所需要的「主機」、「感測器」、「鋁合金構件」及「相關的材料」之後，接下來，請各位讀者依照以下的步驟，就可以完成這項組裝。

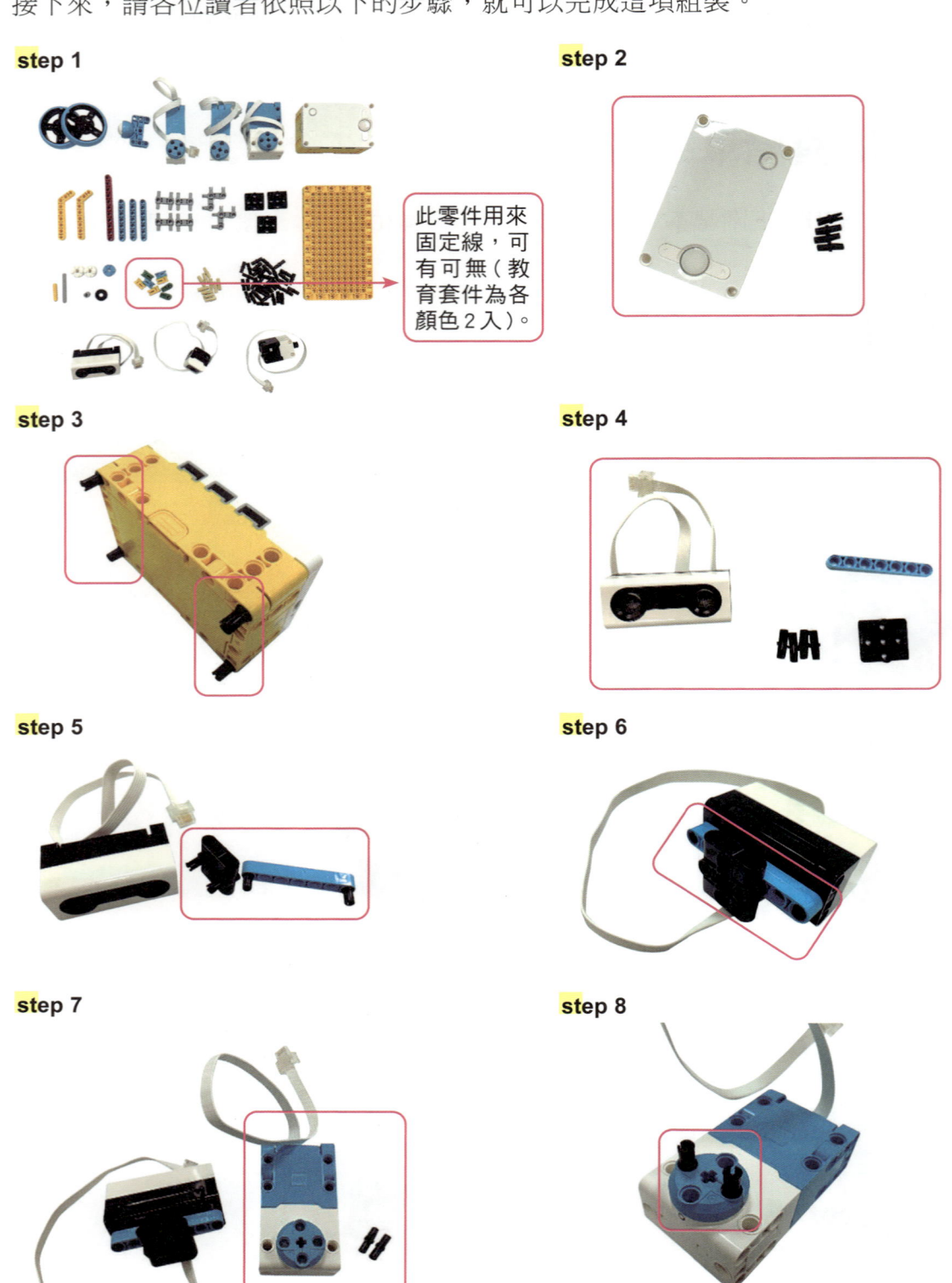

step 1

此零件用來固定線，可有可無（教育套件為各顏色2入）。

step 2

step 3

step 4

step 5

step 6

step 7

step 8

Chapter 4　SPIKE 進階款教育訓練車　81

step 9

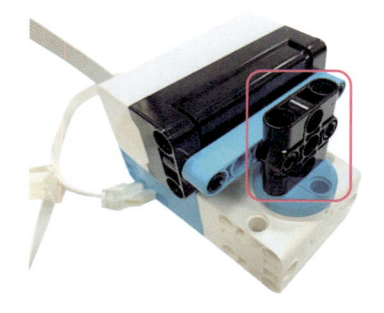

step 10

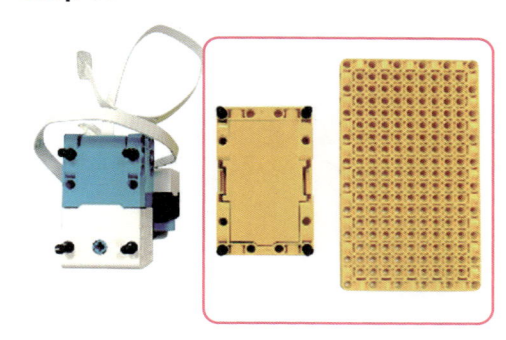

step 11

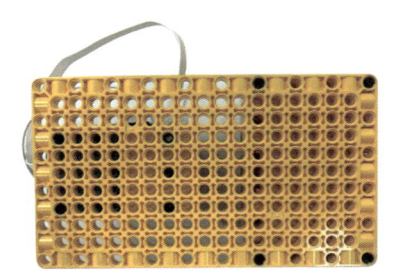

step 12

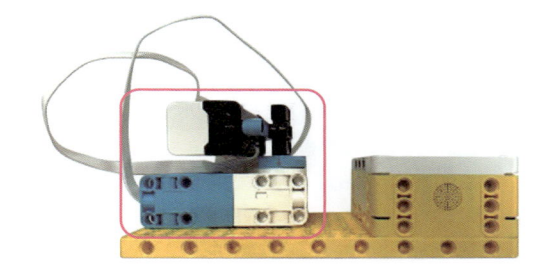

step 13

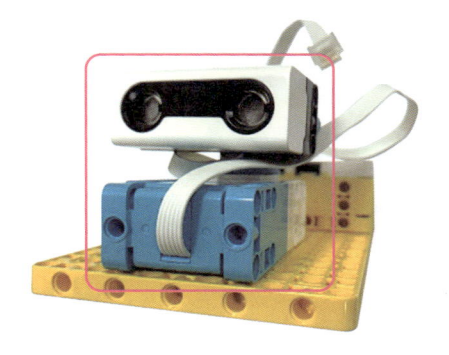

step 14

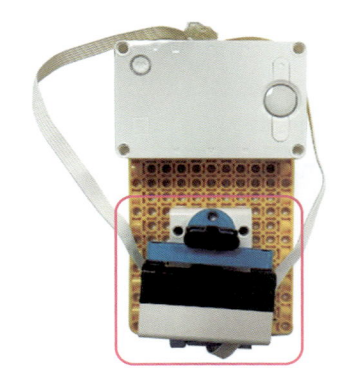

step 15

step 16

新一代樂高 SPIKE Prime 機器人

step 17

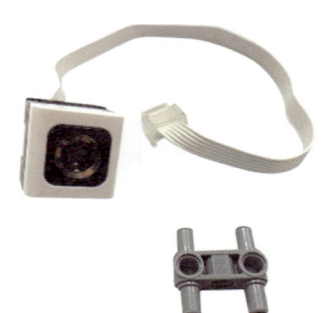

step 18

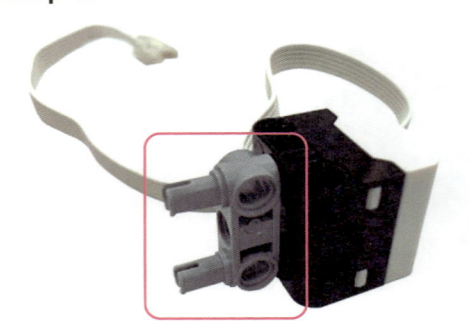

step 19

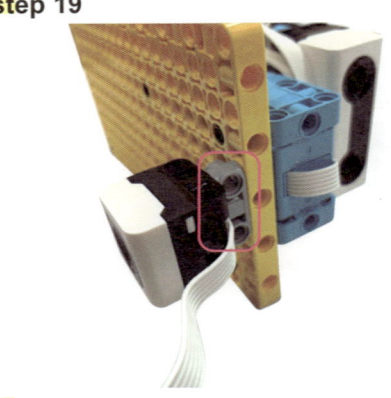

step 20

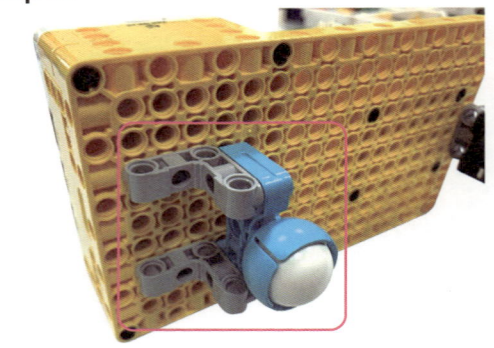

step 21

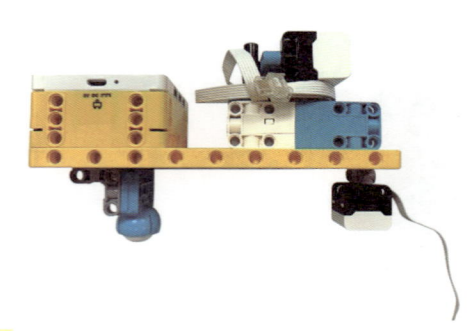

step 22

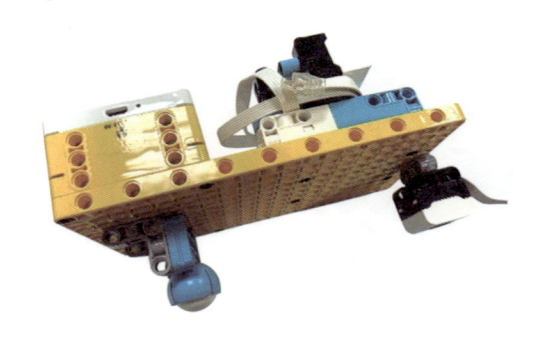

step 23

step 24

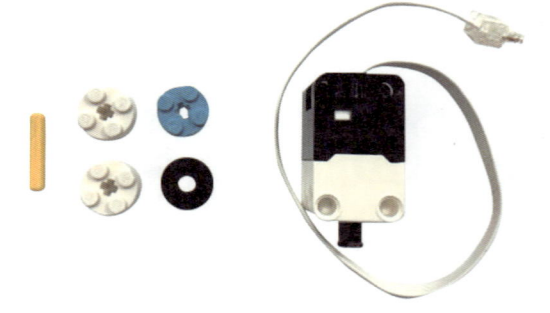

Chapter 4　SPIKE 進階款教育訓練車　83

step 25

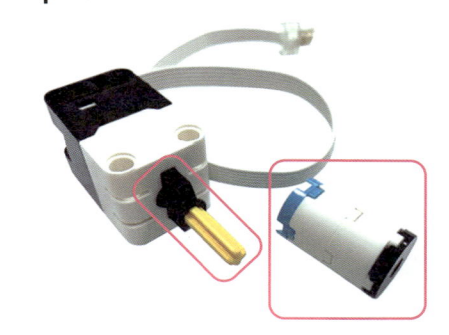

step 26

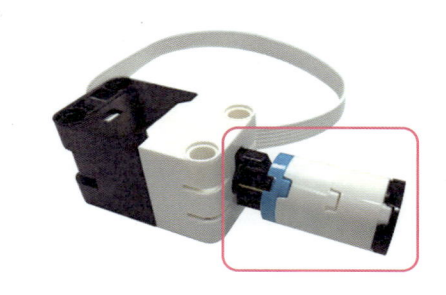

step 27

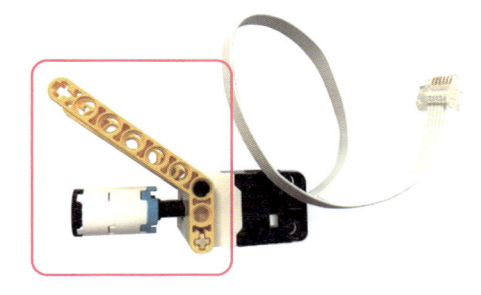

step 28

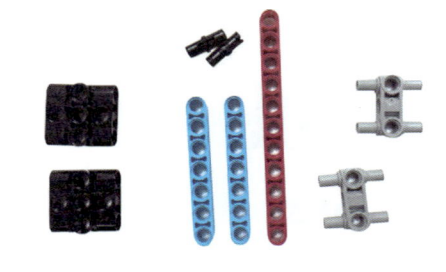

step 29

step 30

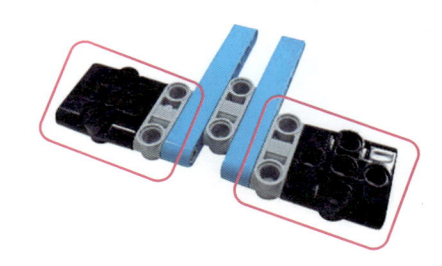

step 31

step 32

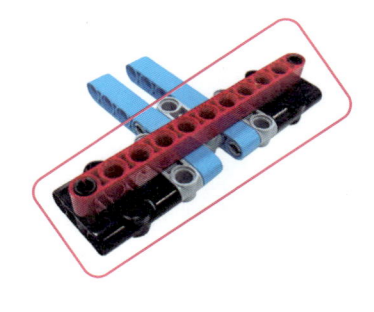

84　新一代樂高 SPIKE Prime 機器人

step 33

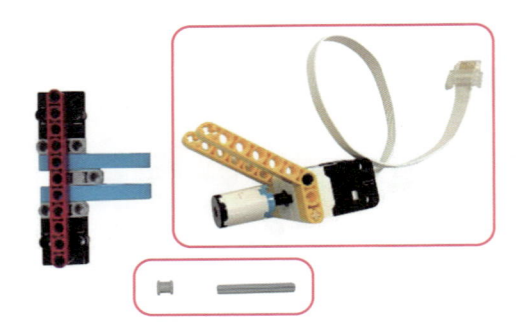

step 34

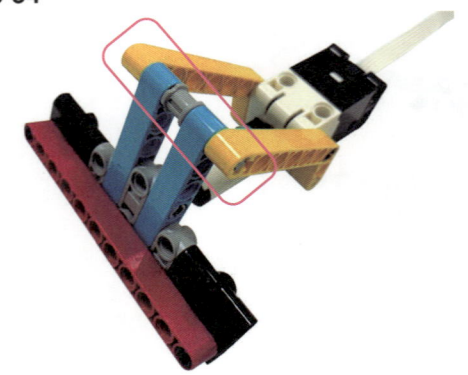

step 35

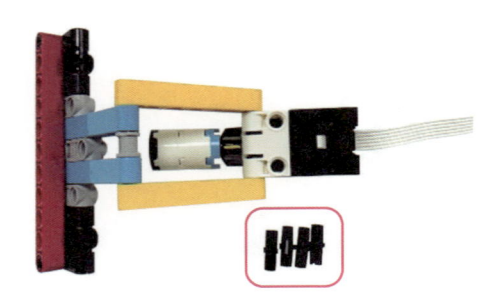

step 36

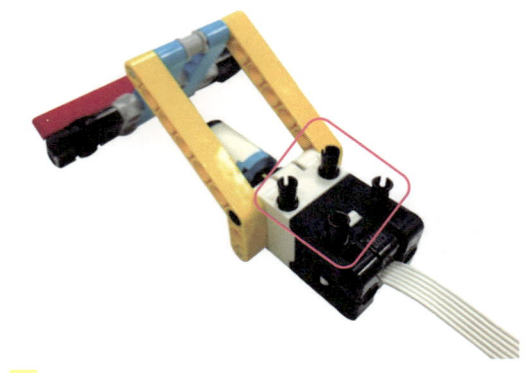

step 37

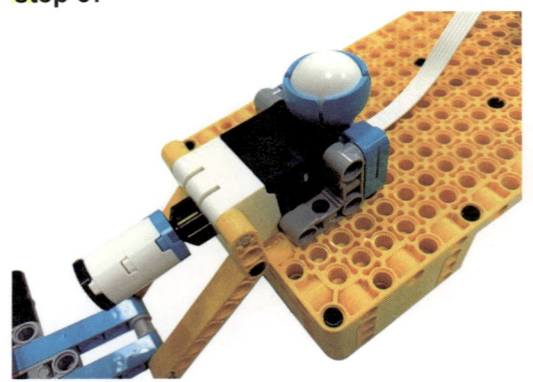

step 38

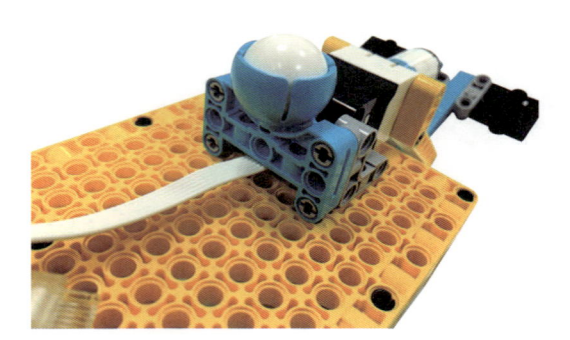

step 39

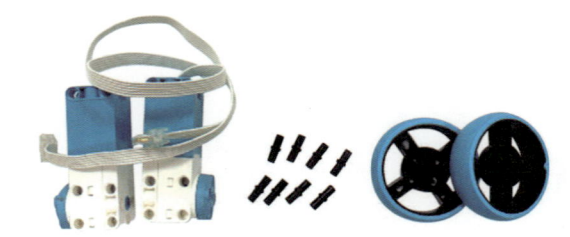

step 40

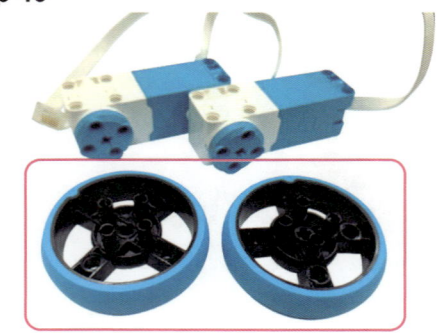

step 41

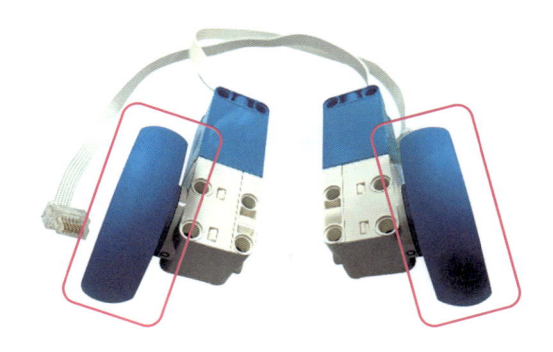

step 42

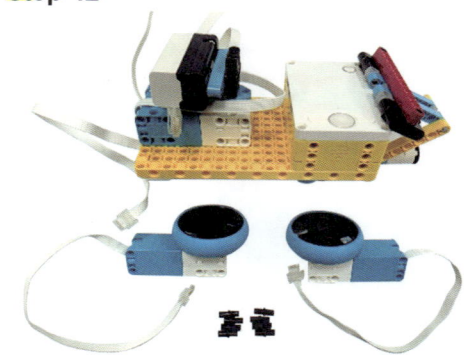

step 43

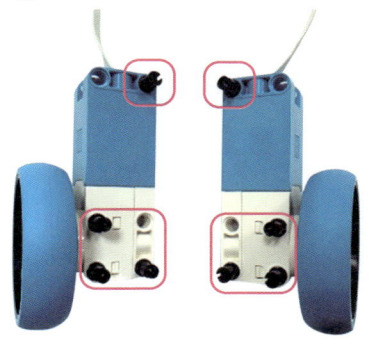

step 44

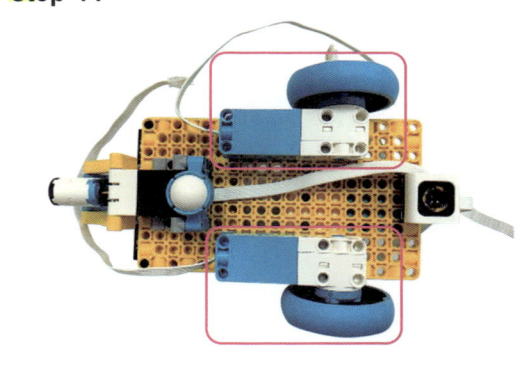

step 45

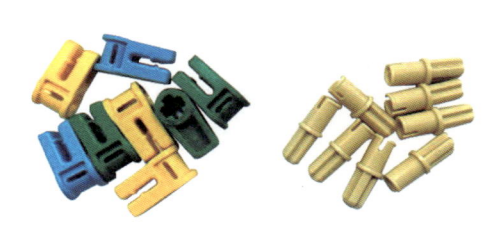

step 46

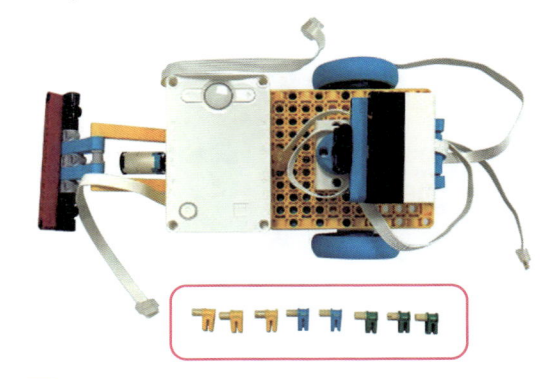

step 47

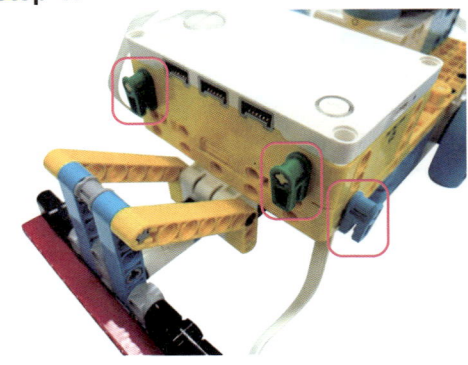

step 48

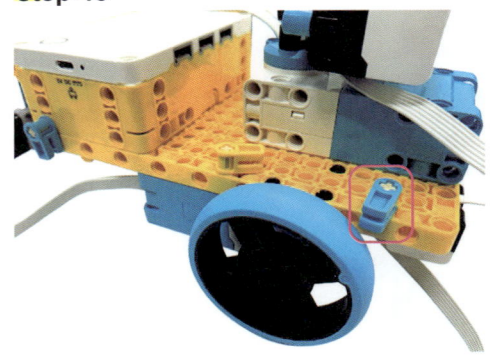

Chapter 4　SPIKE 進階款教育訓練車　85

step 49

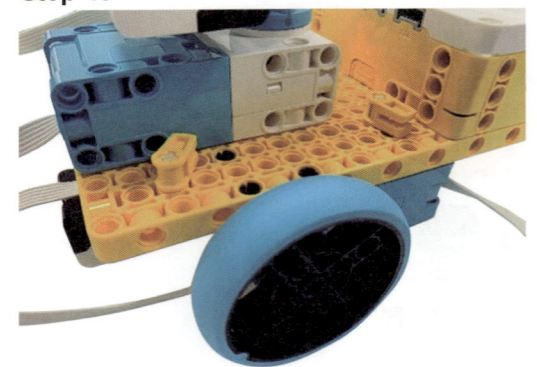

step 50

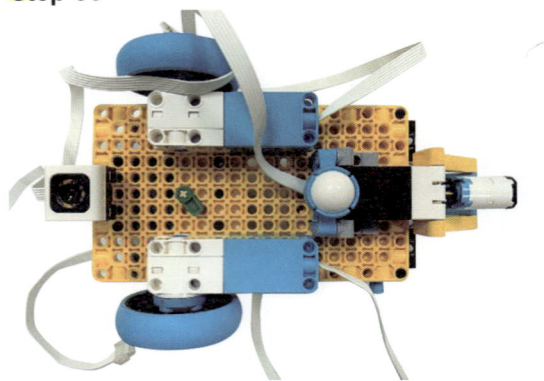

step 51

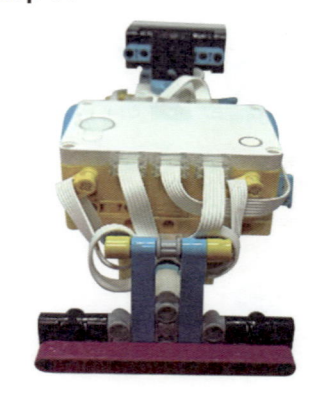

step 52

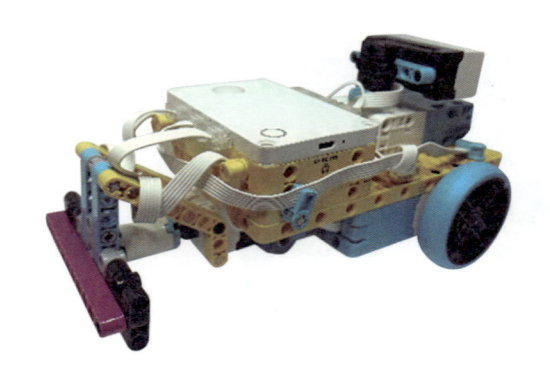

step 53

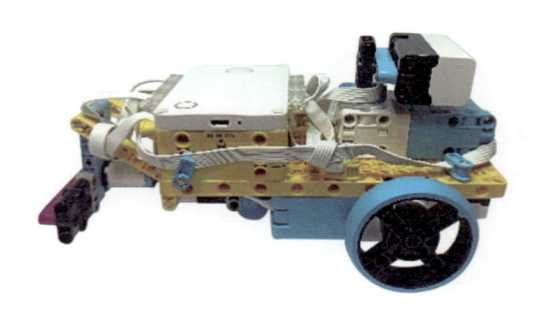

step 54

step 55

step 56

step 57

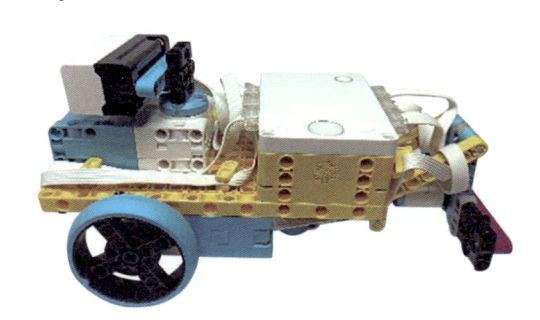

step 58

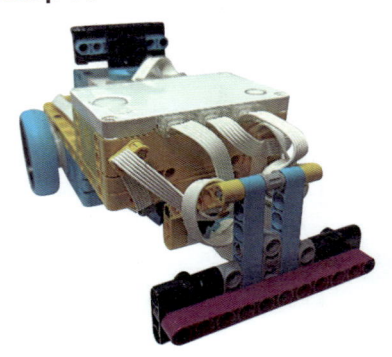

4-3　機器人碰碰車（觸碰感測器）

定義　是指用來感測機器人是否有觸碰到「目標物」或「障礙物」。

目的　類似按鈕式的「開關」功能。
　　　1. 用來感測機器人前、後方的障礙物。
　　　2. 用來感測機器人手臂前端是否碰觸到目標物或障礙物。

外觀圖示

接一號輸入端（Port1）觸碰感測器

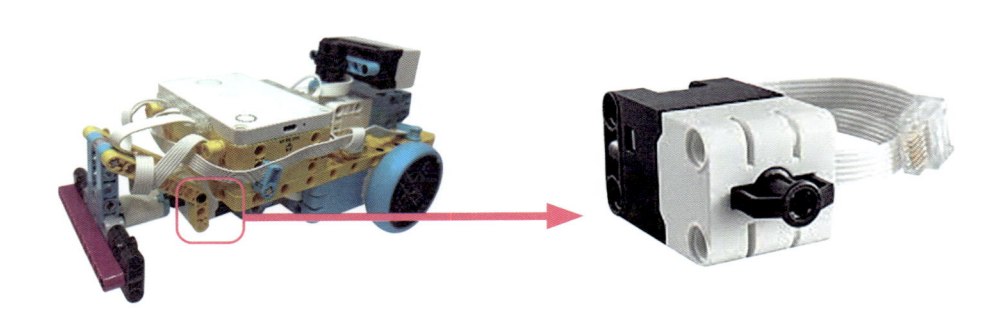

外觀　觸碰感測器的前端紅色部分為十字孔，方便製作緩衝器。

擴大觸碰範圍　由於「觸碰感應器」中，只有「黑色部位」零件在被觸碰時，主機才會接收到訊息「1」，否則，接收到訊息「0」。因此，為了讓樂高機器人在行動中時，擴大觸碰範圍，必須要重新「改造」一下。

功能介紹　用來判斷是否有受到外部力量的觸碰或施壓。

4-3.1 偵測觸碰感測器的值

　　如果想要利用觸碰感測器來完成某一指定的任務之前，務必要先偵測觸碰感測器回傳的數值。

實作 ❶ 請撰寫 SPIKE 程式來反覆偵測觸碰感測器是否被壓下，並顯示回傳值到螢幕上。

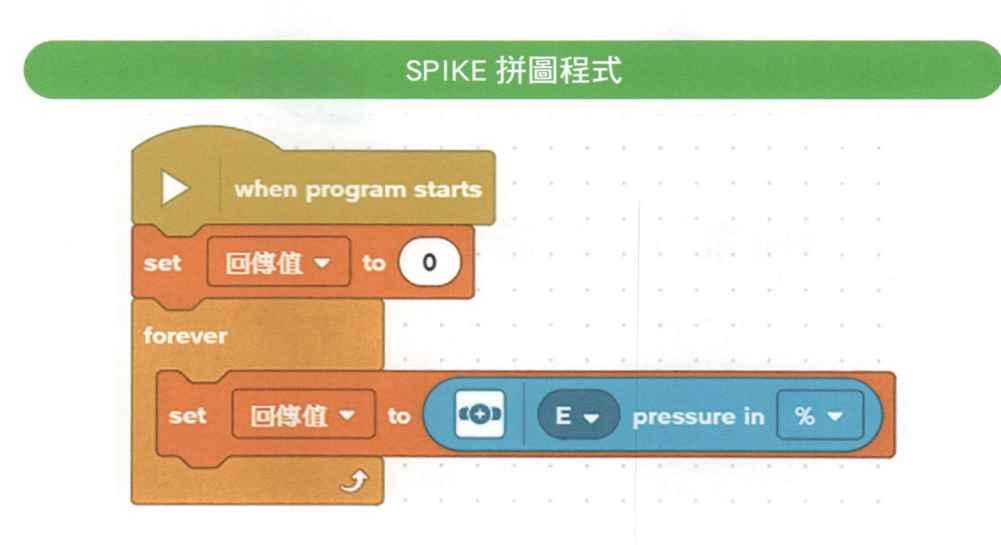

```
SPIKE 拼圖程式

when program starts
set 回傳值 to 0
forever
    set 回傳值 to  E pressure in %
```

測試方式 請慢慢壓下「觸碰感測器」。

測試結果 範圍 0～100（初始值為 0）。

壓下的強度會有不同的數值									
10	20	30	40	50	60	70	80	90	100

實作 ❷ 請撰寫 SPIKE 程式來反覆偵測觸碰感測器是否被壓下,並顯示回傳值到螢幕上。

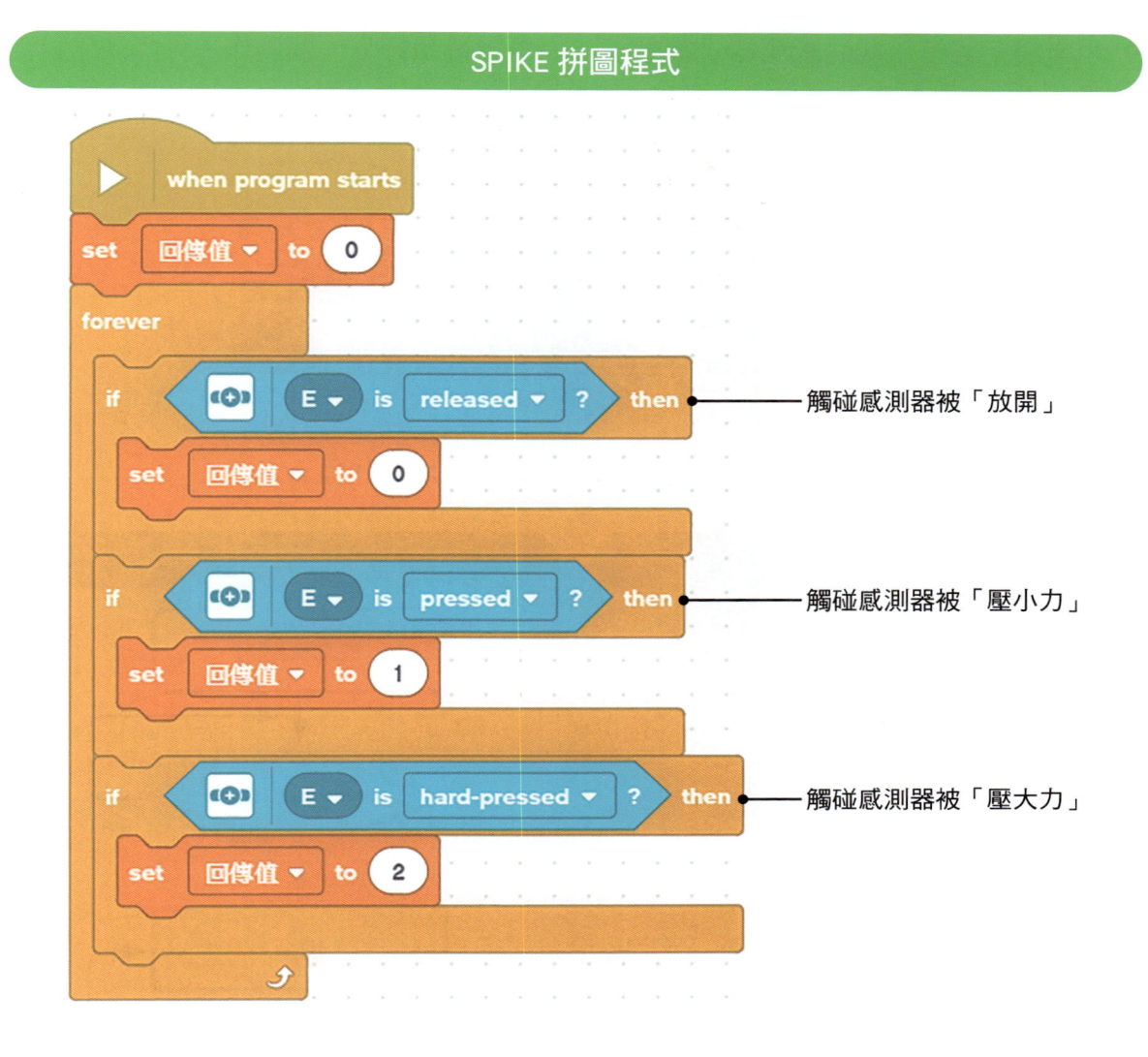

SPIKE 拼圖程式

```
when program starts
set 回傳值 to 0
forever
    if  E is released ?  then        ← 觸碰感測器被「放開」
        set 回傳值 to 0
    if  E is pressed ?  then         ← 觸碰感測器被「壓小力」
        set 回傳值 to 1
    if  E is hard-pressed ?  then    ← 觸碰感測器被「壓大力」
        set 回傳值 to 2
```

測試結果 利用模擬器測試。

回傳資訊 1. 當觸碰感測器被「放開」時,回傳資訊為數字「0」。
2. 當觸碰感測器被「壓小力」時,亦即壓一半,回傳資訊為數字「1」。
3. 當觸碰感測器被「壓大力」時,亦即壓到底,回傳資訊為數字「2」。

應用時機 1. 機器人前進行走時,若碰到前方有障礙物時,就會自動轉向(後退、轉彎或停止等事件程序);如:碰碰車。
2. 在機械手臂前端可利用觸碰感測器偵測是否碰觸到物品,再決定是否要取回或排除它;如:拆除爆裂物的機械手臂。
3. 當作線控機器人的操控按鈕。

4-3.2 觸碰感測器的等待模組（Wait）應用

功能 用來設定等待「觸碰感測器」被壓下時，再繼續執行下一個動作。

等待模組（Wait）

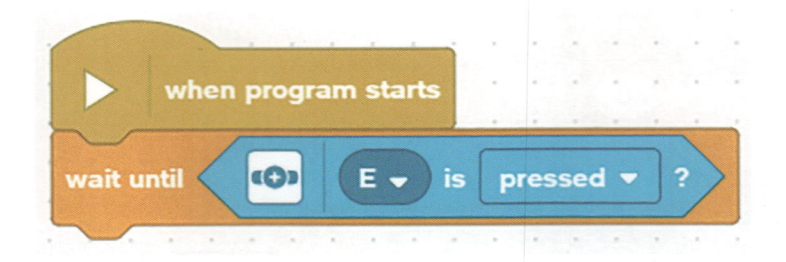

```
when program starts
wait until [E] is [pressed] ?
```

範例 ① 機器人往後退，當「觸碰感應器」碰撞牆壁時，則停止。

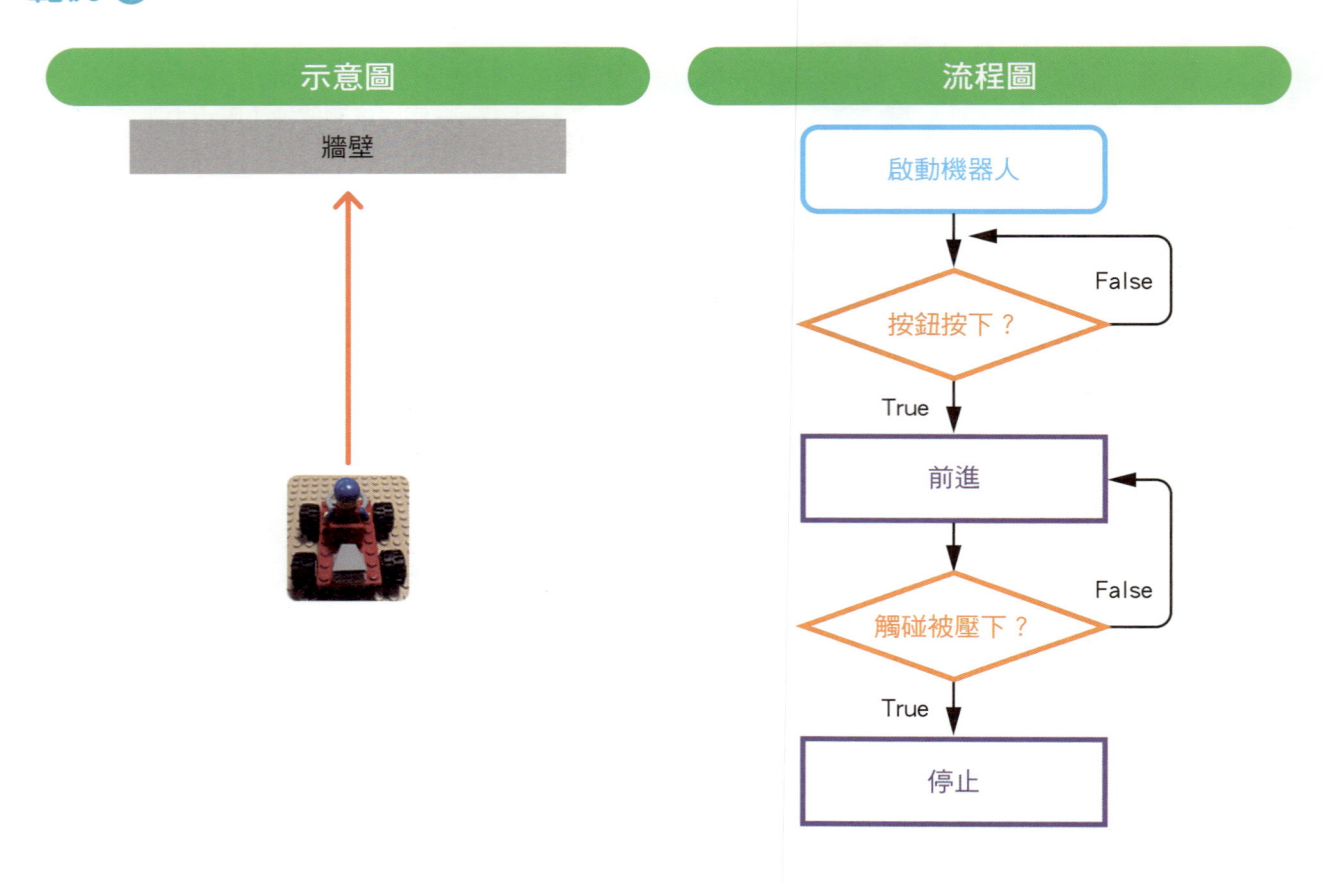

示意圖

牆壁

流程圖

啟動機器人 → 按鈕按下？ → (False 迴圈) / True → 前進 → 觸碰被壓下？ → (False 迴圈回前進) / True → 停止

SPIKE 拼圖程式

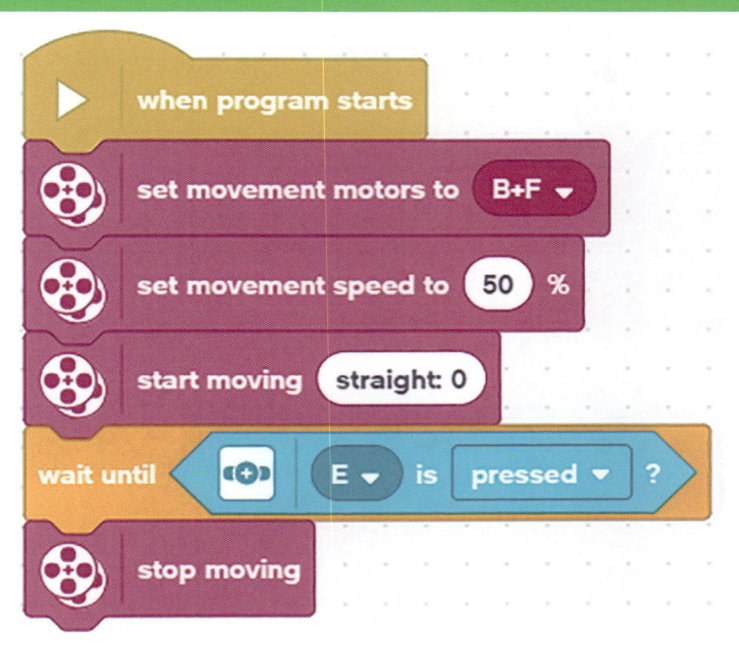

```
when program starts
set movement motors to  B+F
set movement speed to  50 %
start moving  straight: 0
wait until  E  is  pressed  ?
stop moving
```

範例 ❷ 機器人前進，當超音波偵測到牆壁時，機器人後退，直角觸碰感測器碰撞牆壁時，則停止。

示意圖

牆壁

流程圖

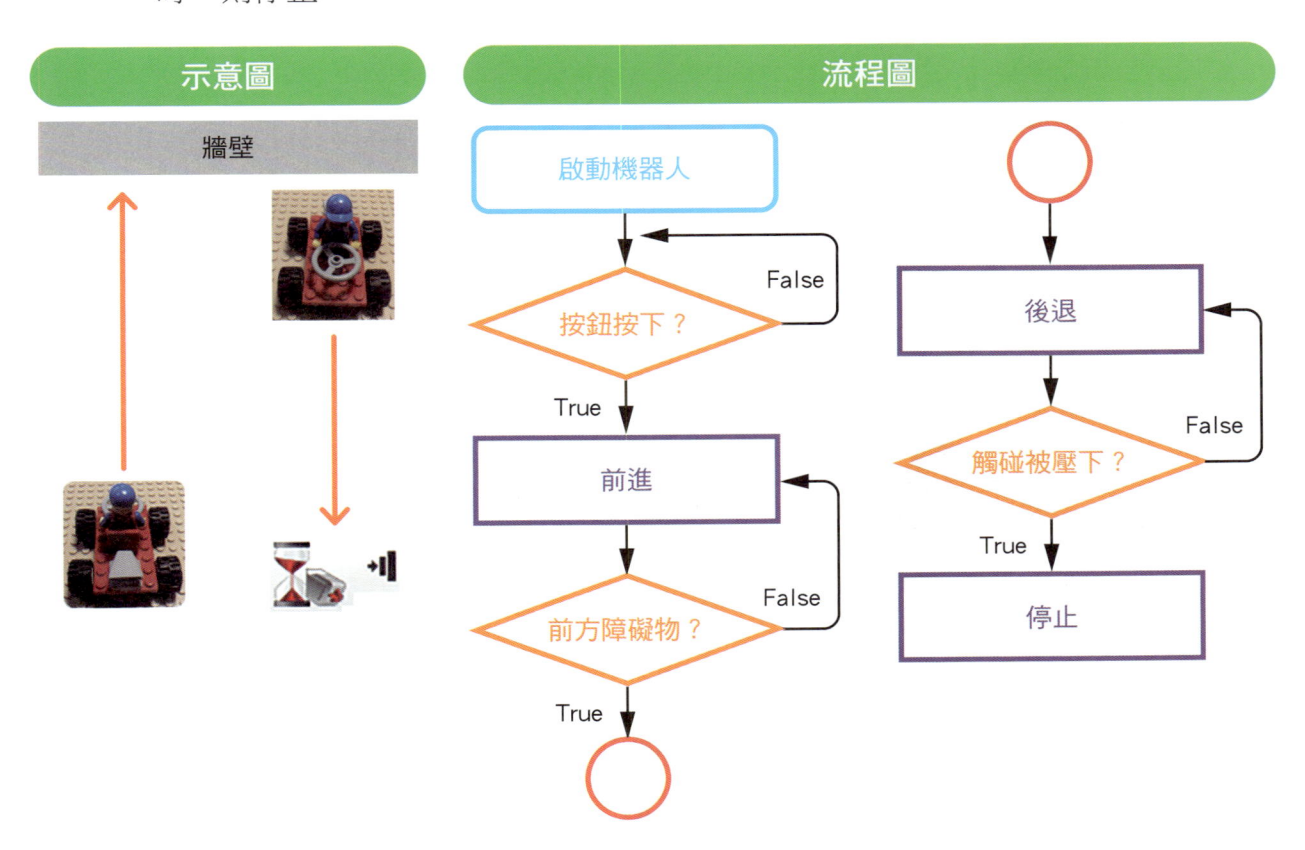

啟動機器人 → 按鈕按下？
- False → 回到按鈕按下？
- True → 前進 → 前方障礙物？
  - False → 回到前進
  - True → (接續)

後退 → 觸碰被壓下？
- False → 回到後退
- True → 停止

SPIKE 拼圖程式

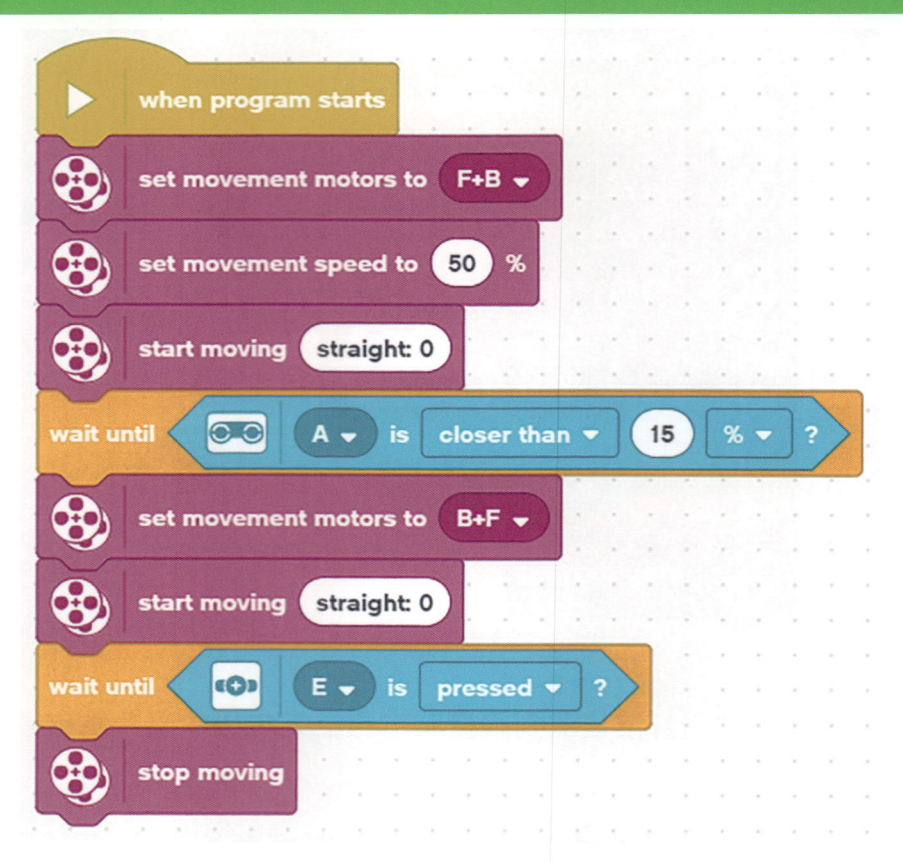

```
when program starts
set movement motors to F+B
set movement speed to 50 %
start moving straight: 0
wait until [A] is closer than 15 % ?
set movement motors to B+F
start moving straight: 0
wait until [E] is pressed ?
stop moving
```

4-3.3 觸碰感測器的分岔模組（Switch）應用

功能 用來設定判斷「觸碰感測器」是否被壓下，如果「是」，則執行「上面」的分支；否則，就會執行「下面」的分支。

分岔模組（Switch）

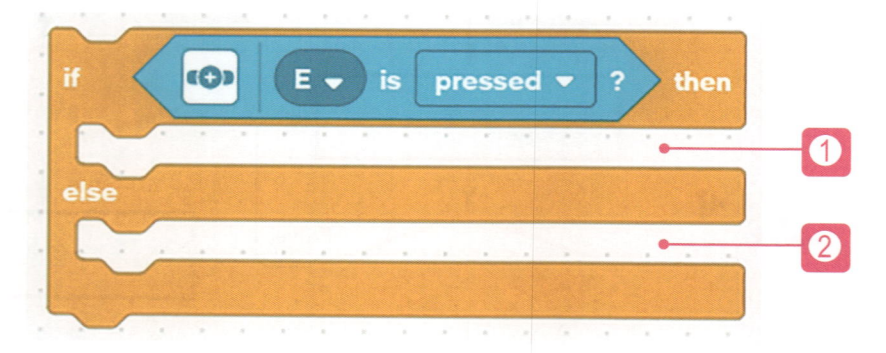

```
if [E] is pressed ? then
    ①
else
    ②
```

說明 1. 當條件式「成立」時，則執行「上面」的分支。
2. 當條件式「不成立」時，則執行「下面」的分支。

範例 ❶ 機器人往後退,當「觸碰感應器」碰撞障礙物時,則停止,當障礙物被排除時,繼續後退的動作。

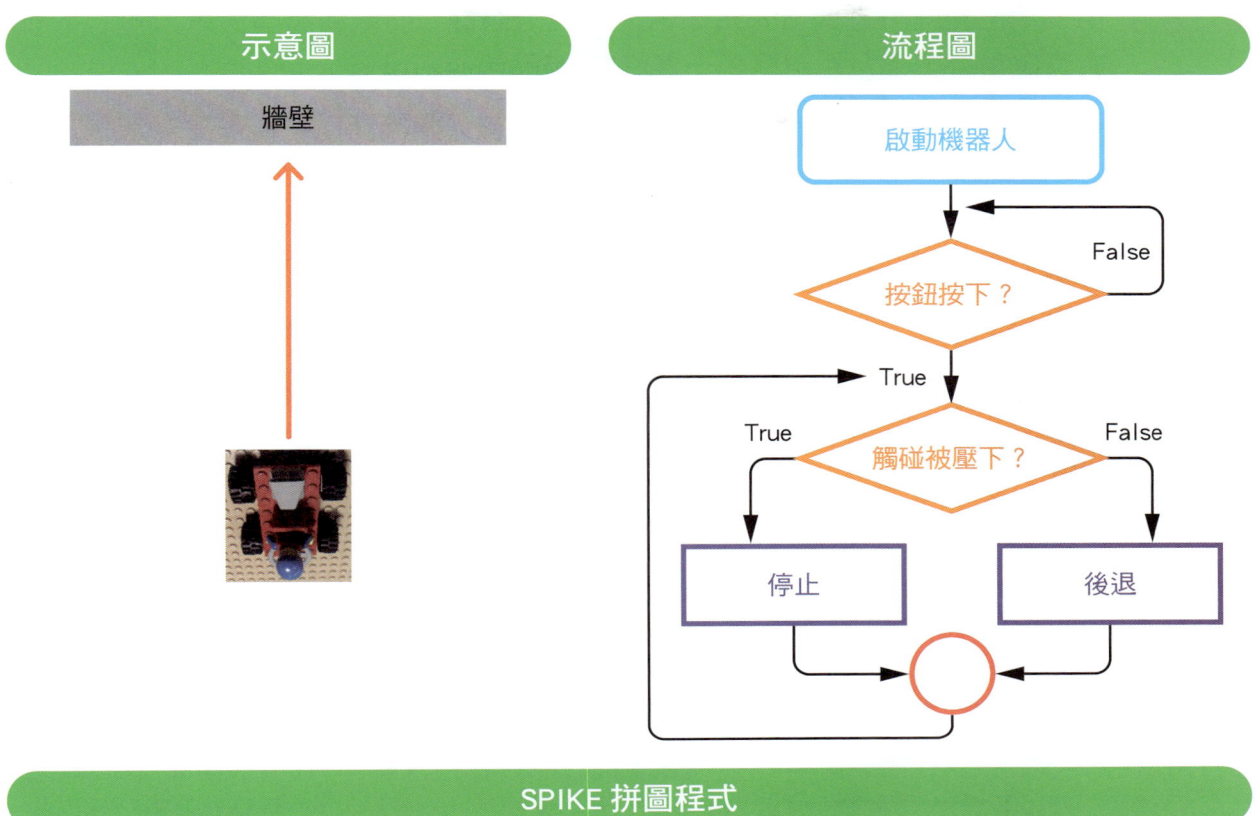

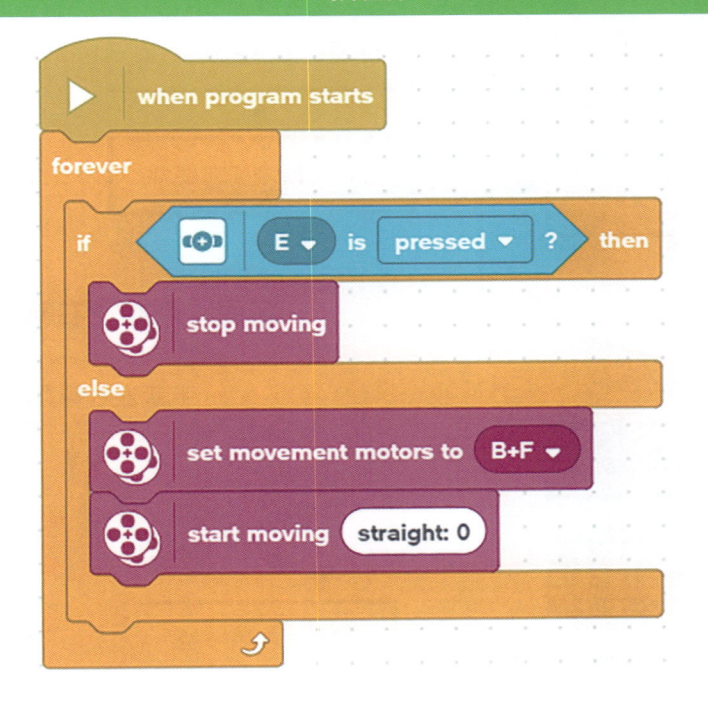

示意圖

牆壁

流程圖

啟動機器人 → 按鈕按下? (False 迴圈) → True → 觸碰被壓下? → True: 停止 / False: 後退 → 迴圈

SPIKE 拼圖程式

```
when program starts
forever
    if [E is pressed?] then
        stop moving
    else
        set movement motors to B+F
        start moving straight: 0
```

4-4　專題製作：機器人走迷宮

主題發想　第三章已經介紹過機器人走迷宮，但是，機器人的頭部無法模擬人類，當前方有障礙物時，要左右觀察哪一邊沒有障礙物。

主題目的　模擬人類的頭部，可以左右轉動。

完成圖

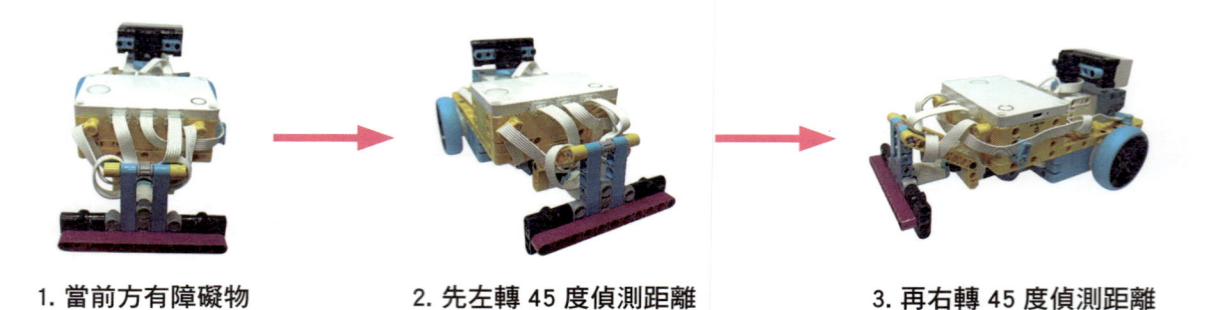

1. 當前方有障礙物
2. 先左轉 45 度偵測距離
3. 再右轉 45 度偵測距離

流程圖

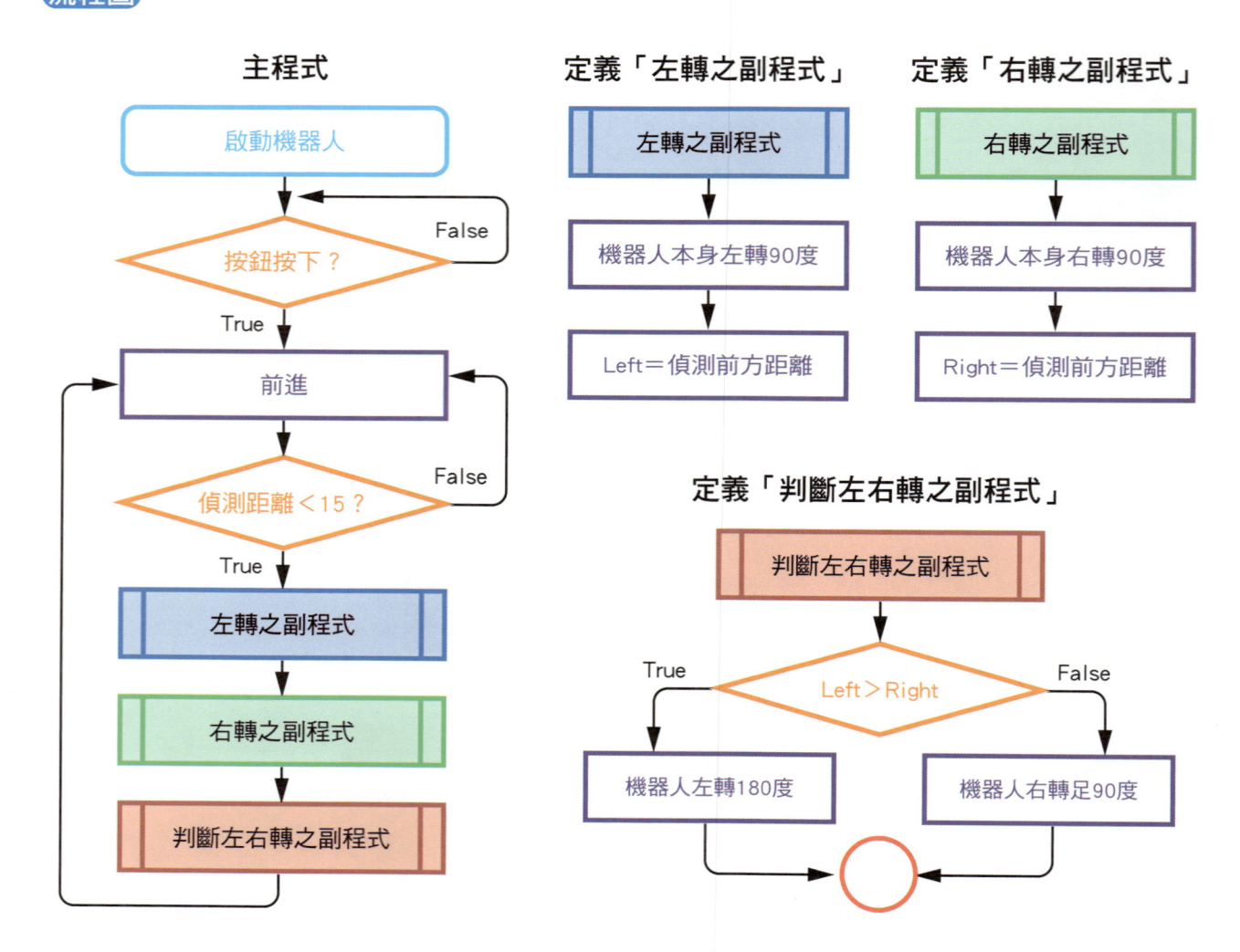

主程式

啟動機器人
↓
按鈕按下？ ── False ──┐
↓ True   │
前進 ←──────────────┤
↓   │
偵測距離＜15？ ── False ─┘
↓ True
左轉之副程式
↓
右轉之副程式
↓
判斷左右轉之副程式

定義「左轉之副程式」

左轉之副程式
↓
機器人本身左轉90度
↓
Left＝偵測前方距離

定義「右轉之副程式」

右轉之副程式
↓
機器人本身右轉90度
↓
Right＝偵測前方距離

定義「判斷左右轉之副程式」

判斷左右轉之副程式
↓
Left＞Right
True ↓   ↓ False
機器人左轉180度　機器人右轉足90度

撰寫程式

（一）定義「左轉之副程式」

流程圖

定義「左轉之副程式」

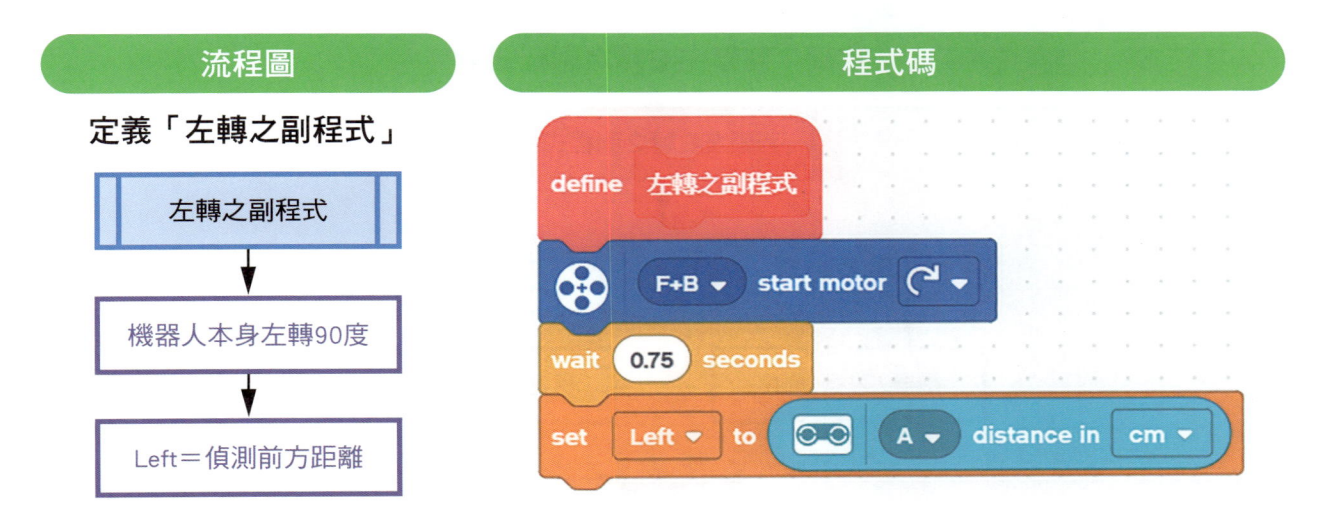

- 左轉之副程式
- 機器人本身左轉90度
- Left＝偵測前方距離

程式碼

- define 左轉之副程式
- F+B start motor ↻
- wait 0.75 seconds
- set Left to A distance in cm

（二）定義「右轉之副程式」

流程圖

定義「右轉之副程式」

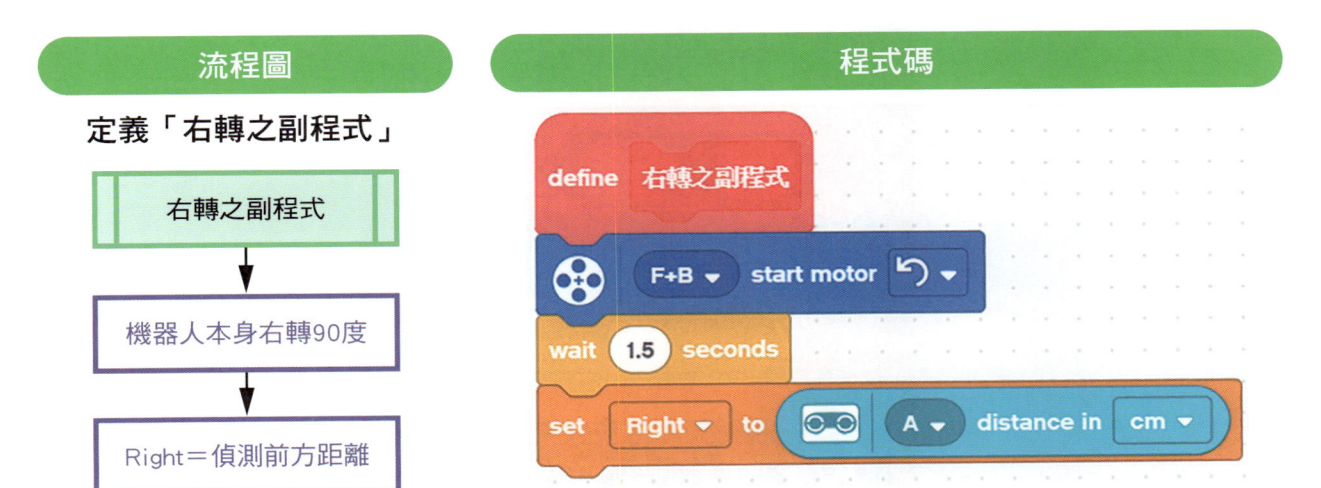

- 右轉之副程式
- 機器人本身右轉90度
- Right＝偵測前方距離

程式碼

- define 右轉之副程式
- F+B start motor ↺
- wait 1.5 seconds
- set Right to A distance in cm

（三）定義「判斷左右轉之副程式」

流程圖

定義「判斷左右轉之副程式」

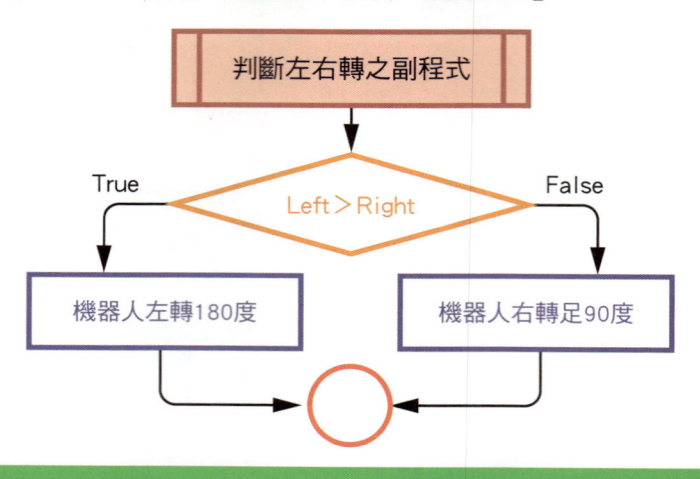

```
          判斷左右轉之副程式
                 ↓
      True    ◇ Left＞Right ◇   False
        ↓                      ↓
  機器人左轉180度           機器人右轉足90度
        ↓                      ↓
              ○
```

程式碼

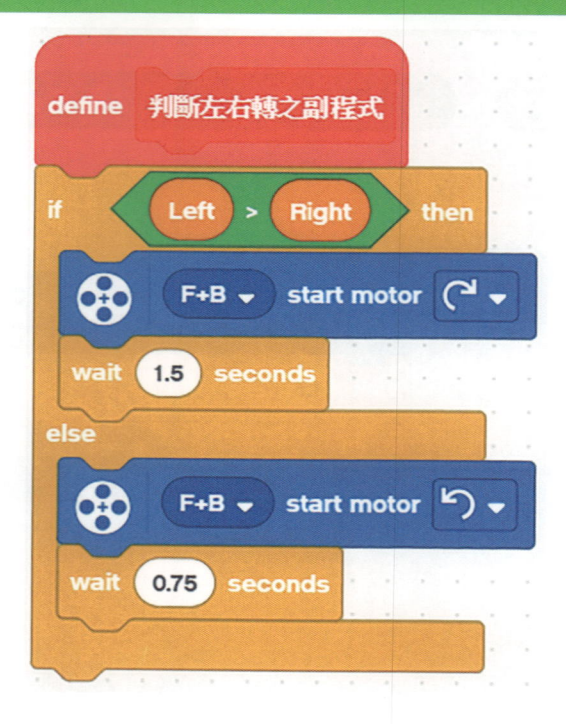

```
define 判斷左右轉之副程式
  if  Left > Right  then
      F+B  start motor ↻
      wait 1.5 seconds
  else
      F+B  start motor ↺
      wait 0.75 seconds
```

（四）主程式

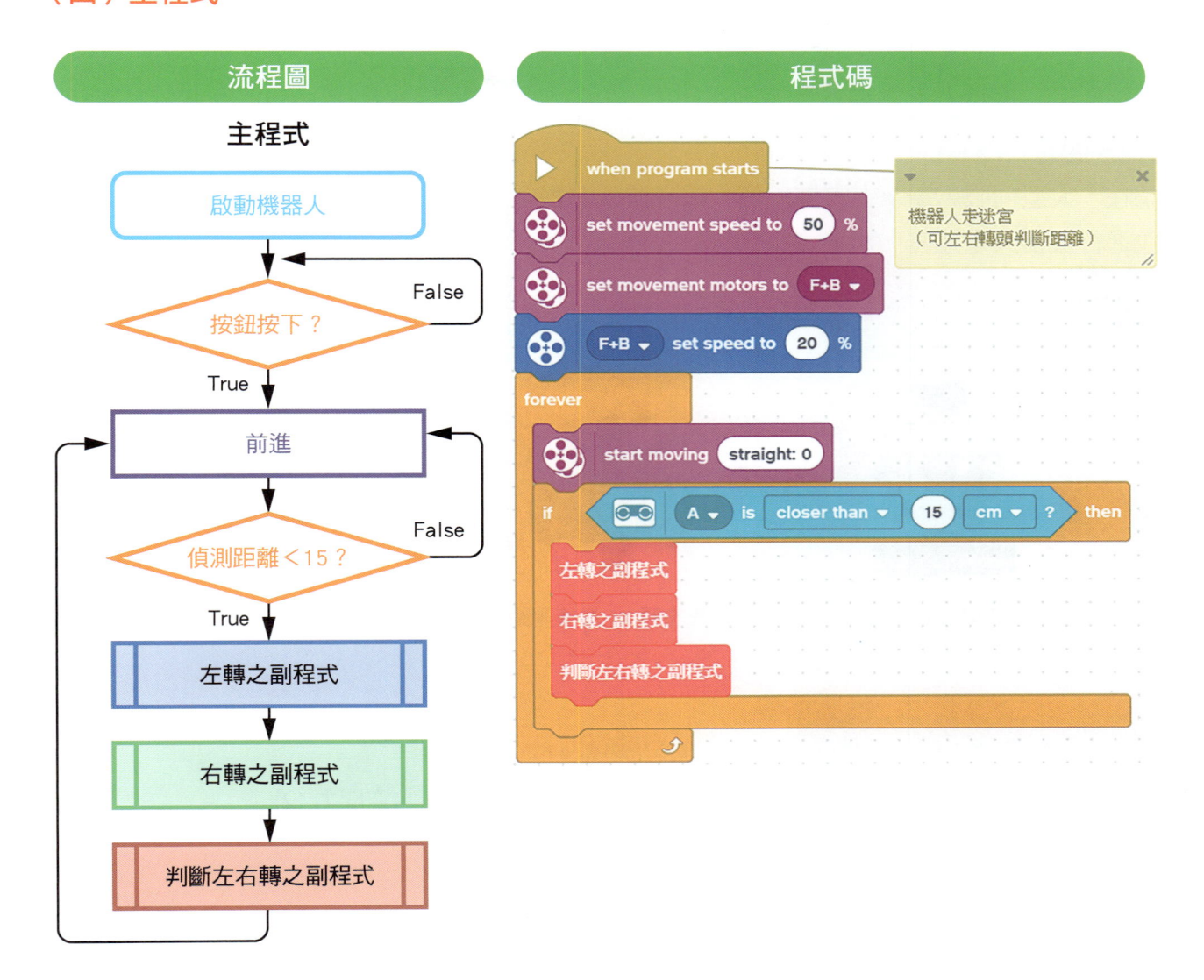

流程圖

主程式

啟動機器人 → 按鈕按下？ → (False 回上) / (True ↓) → 前進 → 偵測距離＜15？ → (False 回前進) / (True ↓) → 左轉之副程式 → 右轉之副程式 → 判斷左右轉之副程式 → （迴圈回前進）

程式碼

```
when program starts
set movement speed to 50 %
set movement motors to F+B
F+B set speed to 20 %
forever
    start moving straight: 0
    if [A] is closer than 15 cm ? then
        左轉之副程式
        右轉之副程式
        判斷左右轉之副程式
```

備註：機器人走迷宮（可左右轉頭判斷距離）

習題

題目名稱 機器人走迷宮

題目說明
請在「大型伺服馬達」上安裝一個「超音波感測器」，模擬人類左右「轉頭」來判斷距離，並進行機器人走迷宮。

示意圖

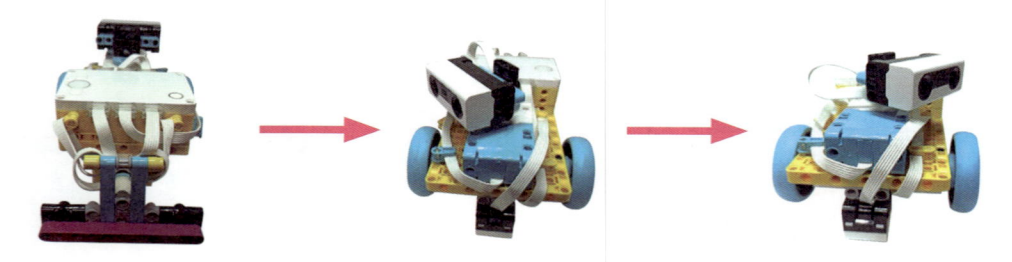

1. 當前方有障礙物
2. 先左轉 45 度偵測距離
3. 再右轉 45 度偵測距離

創客題目編號：A038012

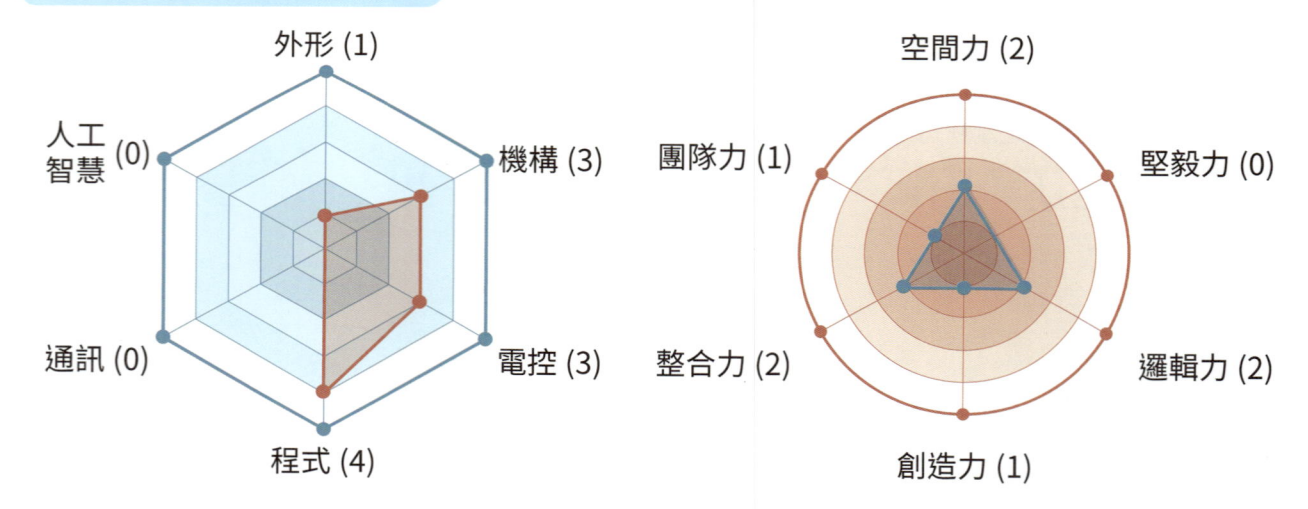

外形 (1)
機構 (3)
電控 (3)
程式 (4)
通訊 (0)
人工智慧 (0)

空間力 (2)
堅毅力 (0)
邏輯力 (2)
創造力 (1)
整合力 (2)
團隊力 (1)

創客學習力

外形	1
機構	3
電控	3
程式	4
通訊	0
人工智慧	0
創客總數	11

實作時間 **60** 分

創客素養力

空間力	2
堅毅力	0
邏輯力	2
創造力	1
整合力	2
團隊力	1
素養總數	8

Chapter 5

相撲機器人

本章學習目標

1. 瞭解組裝樂高相撲機器人及瞭解相撲機器人的競賽規則及方式。
2. 瞭解如何利用 SPIKE 程式來撰寫相撲機器人程式。

本章內容

5-1　相撲機器人
5-2　SPIKE 相撲機器人組裝
5-3　目前常見的機器人相撲競賽
5-4　撰寫「樂高相撲機器人」之指引程式
5-5　專題製作：樂高相撲機器人

5-1 相撲機器人

各位同學可能有看過電視上的「真人相撲比賽」，也可能看過「機器人相撲大賽」，但是，一定沒有看過 Lego 機器人進行相撲競技賽。

主題 設計「相撲機器人」

目的 瞭解相撲比賽的規則及撰寫程式的方法。

優點 結構非常簡單，改造容易。

機構

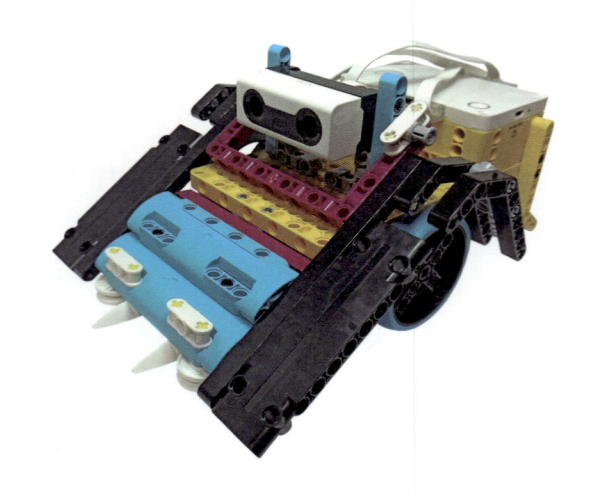

各位同學首先學會用創意組裝一台「相撲機器人」，再撰寫機器人程式，讓機器人可以玩相撲比賽，增加學習程式的樂趣。

在本章節中，介紹各位同學利用 SPIKE 套件來設計一台教學用的進階基本車，它要有控制器（主機）、馬達、感測器及相關的樂高零件，來設計一個「SPIKE 相撲機器人」。

設計的三部曲

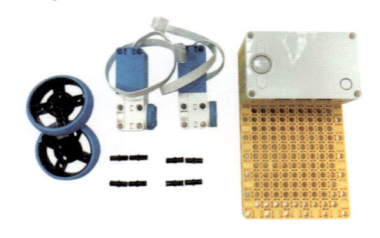

step 1 創意組裝　　step 2 寫程式　　step 3 測試

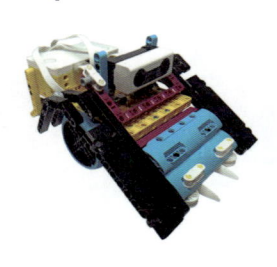

說明 1. 創意組裝：依照指定的「功能及造型」與「感應器及相關配件」結合「主機」。
　　　 2. 寫程式：依照指定任務來撰寫處理程序的動作與順序（程式）。
　　　 3. 測試：利用拼圖程式，將程式上傳到「主機」內，並依照指定功能先進行測試。

流程圖

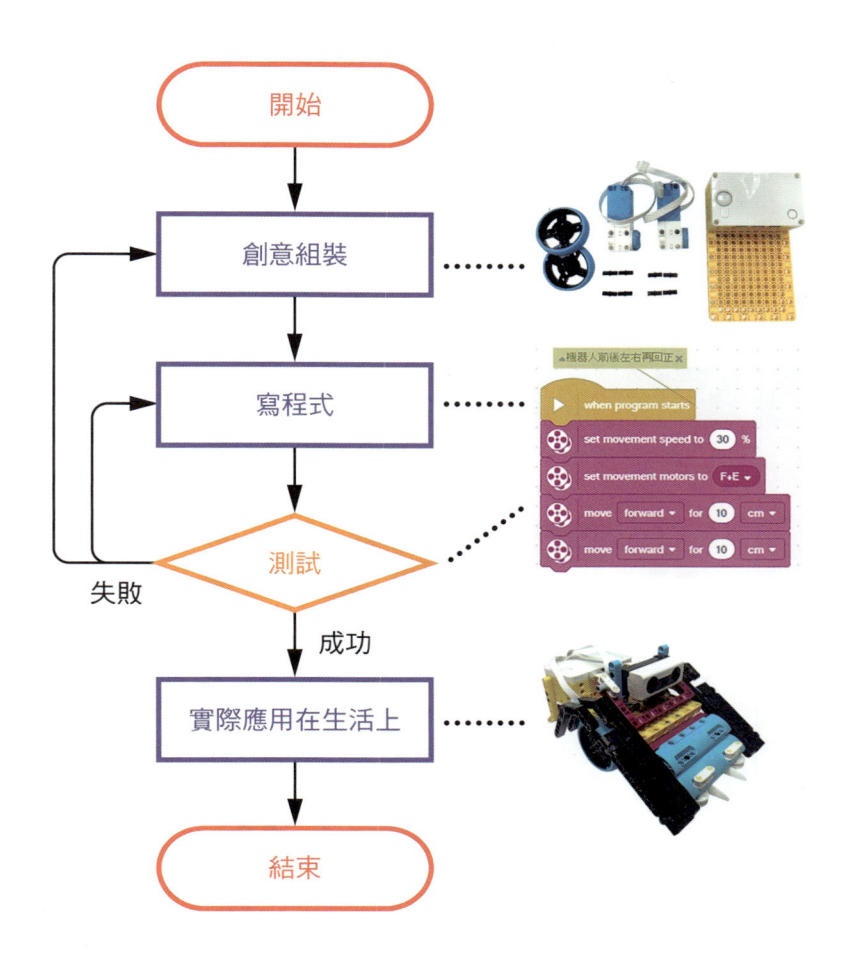

```
開始
 ↓
創意組裝 ┄┄┄ (零件圖)
 ↓
寫程式 ┄┄┄ (程式碼)
 ↓
測試 ──失敗→ (回到創意組裝/寫程式)
 ↓ 成功
實際應用在生活上 ┄┄┄ (機器人圖)
 ↓
結束
```

說明

　　從上面的流程圖中，我們可以清楚瞭解「設計機器人程式」必須要經過三大步驟；在進行第三步驟時，如果無法測試成功，除了要修改程式之外，也要檢查組裝是否正確，並且要反覆地進行測試，直到完全成功為止；最後，就可以將創作的智能裝置，應用在我們日常生活中。

5-2　SPIKE 相撲機器人組裝

想要製作一台「SPIKE 相撲機器人」時，必須先準備相關的「主機」、「馬達」、「感測器」及「相關的零件材料」。

5-2.1　零件清單

要製作一台「SPIKE 相撲機器人」的零件清單，如下圖所示：

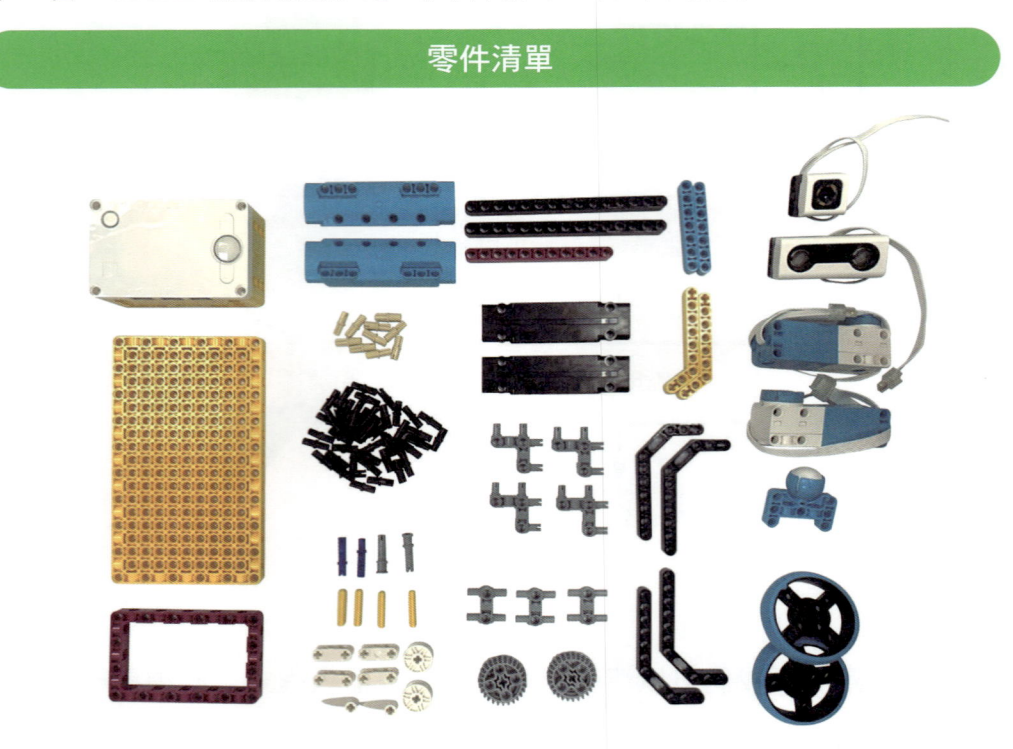

零件清單

5-2.2　組裝指引

準備好所需要的「主機」、「感測器」、「鋁合金構件」及「相關材料」之後，請各位讀者依照以下步驟就可以完成：

step 1

step 2

step 3

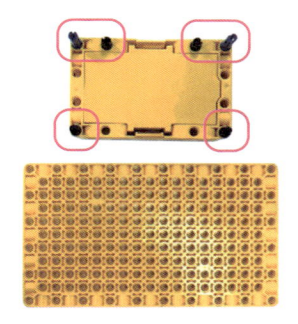

step 4

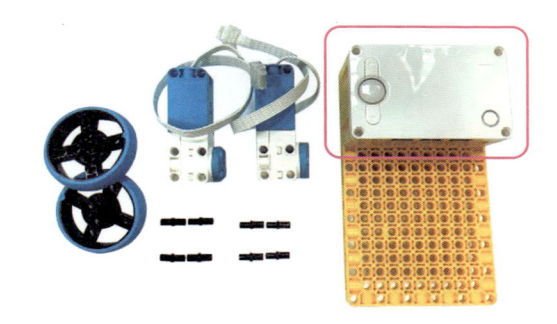

step 5

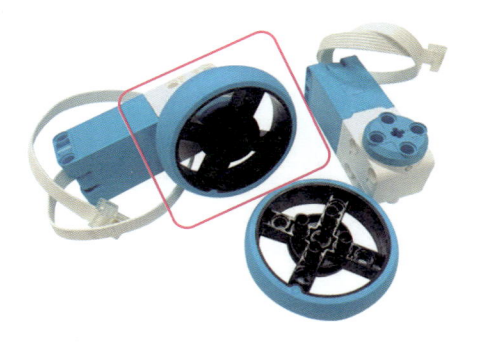

step 6

step 7

step 8

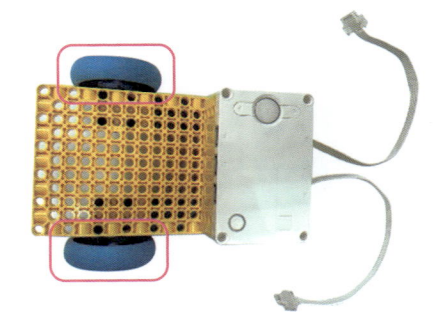

step 9

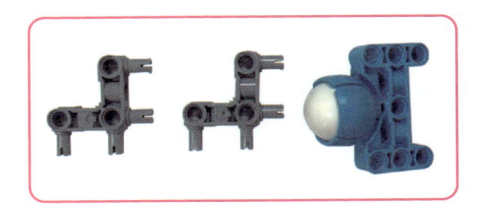

step 10

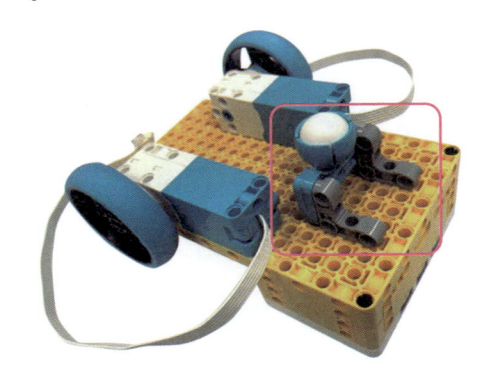

Chapter 5　相撲機器人　103

step 11

step 12

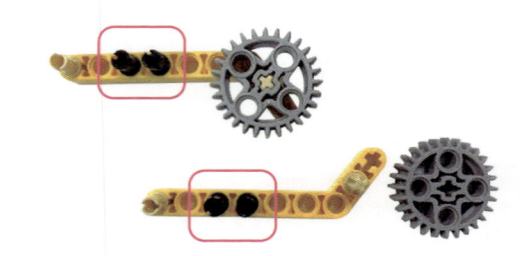

step 13

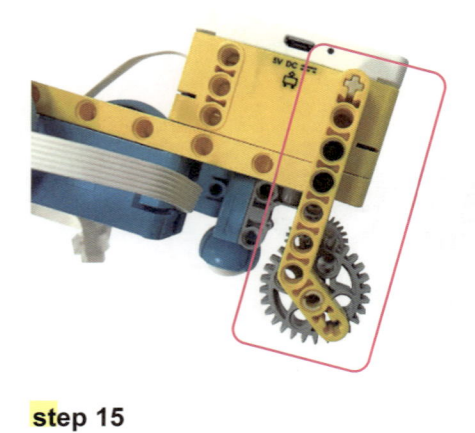

step 14

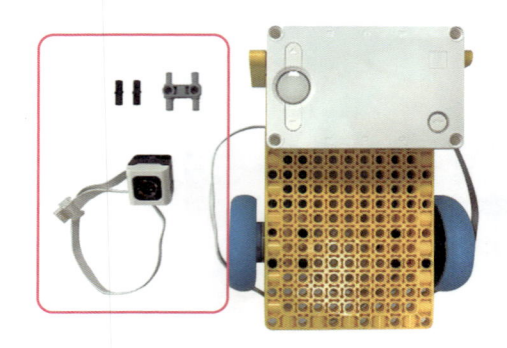

step 15

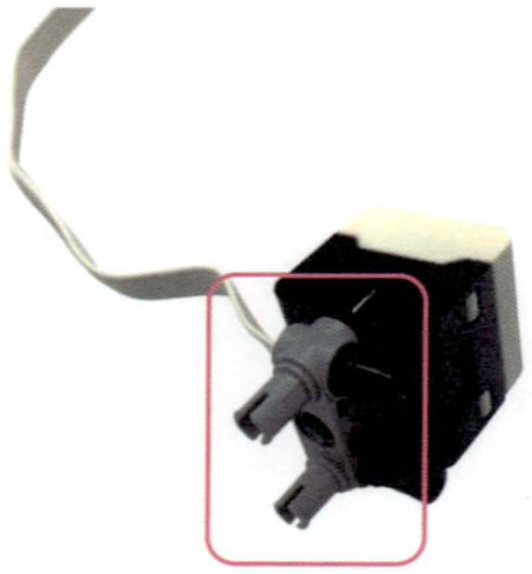

step 16

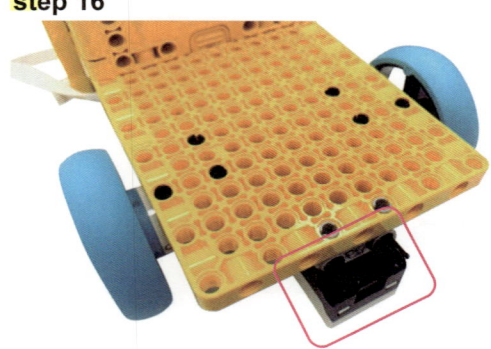

step 17

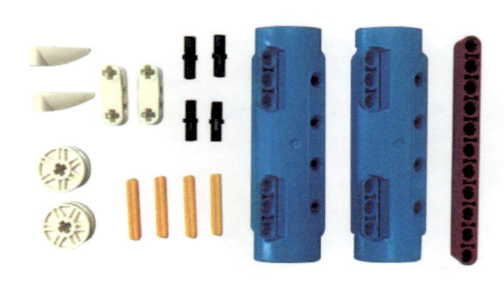

step 18

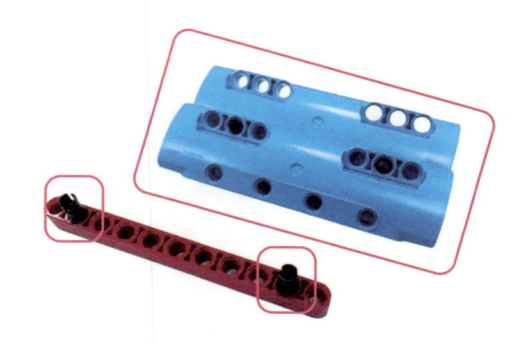

Chapter 5　相撲機器人　105

step 19

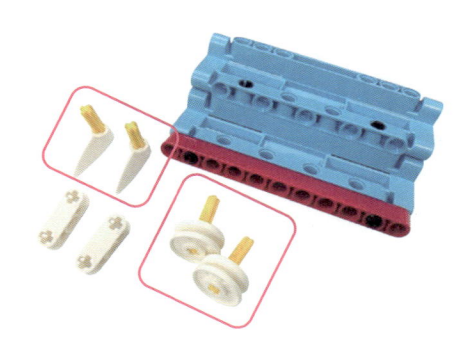

step 20

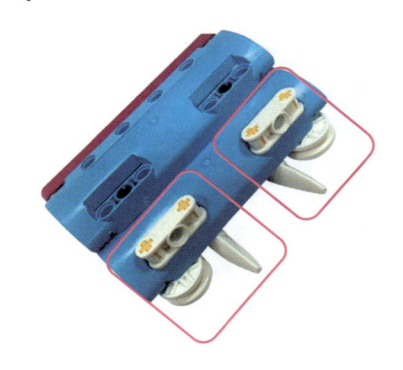

step 21

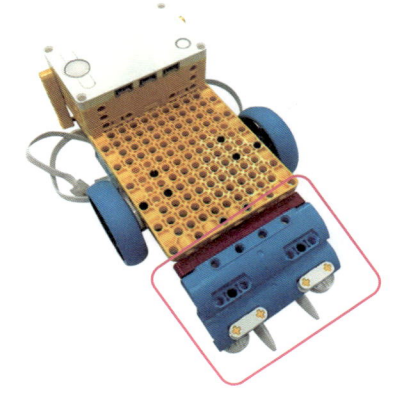

step 22

step 23

step 24

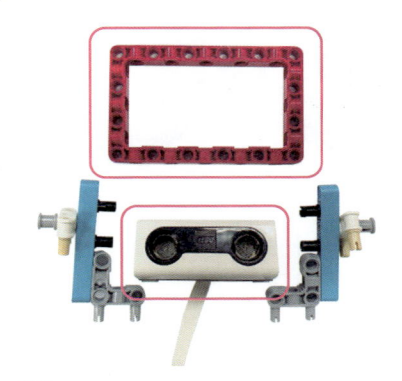

step 25

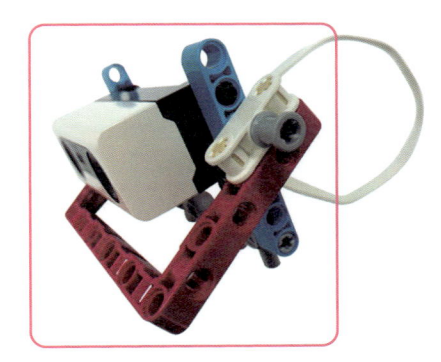

step 26

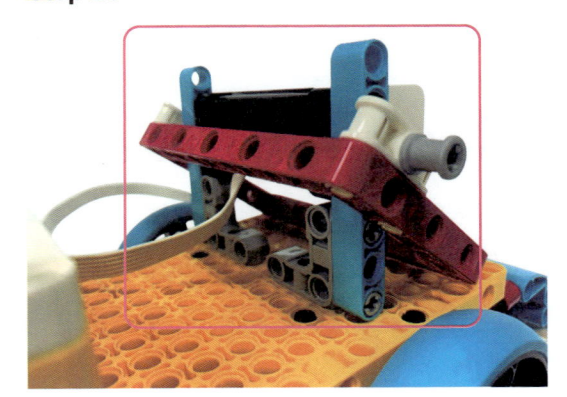

step 27

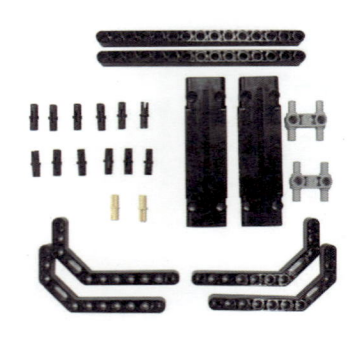

step 28

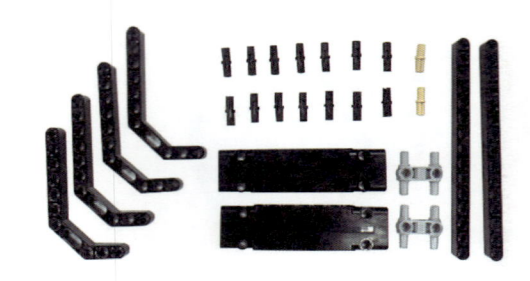

step 29

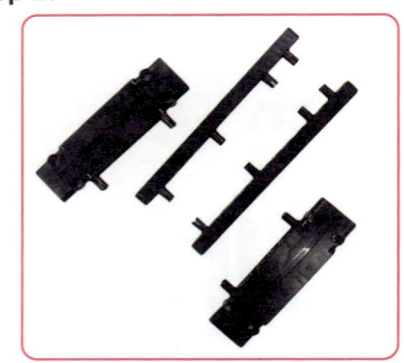

step 30

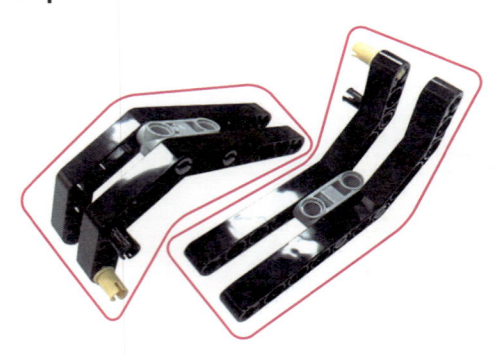

step 31

step 32

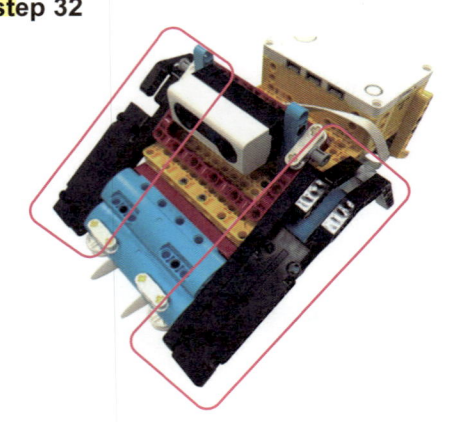

5-3 目前常見的機器人相撲競賽

目前主辦單位辦理相撲競賽的主要目的：

一、辦理校際機器人科技知識、技能、情意競賽，以激發師生教與學的潛能及興趣，促進多元知能的發展。

二、培養學生自我設計、集體創意及問題解決能力，活化應用機器人科技的知能，提升學習的品質。

三、藉由競賽互動鼓勵學生與校際間相互觀摩，提升機器人知能與技能。

Chapter 5　相撲機器人　107

【機器人相撲格鬥競賽規則】

1. 競賽場地

1. 如下圖所示，實際場地為帆布印刷輸出，直徑為 1200mm（含黑線寬 50mm）。
2. 場地中線及準備線為黃色，寬度約為 18mm，準備線之長度為 200mm。
3. 本規則對場地描述或註記的尺寸與比賽現場的實際尺寸，誤差小於 3%。

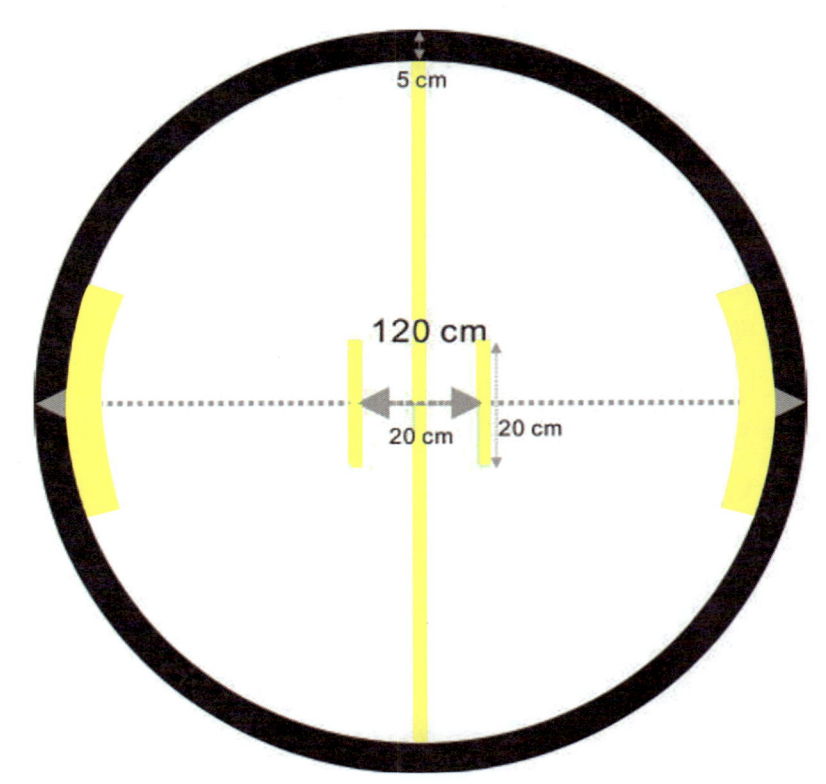

機器人相撲格鬥競賽場地(上視圖)

2. 比賽內容

1. 各競賽組別依參賽隊伍數多寡，來安排分組循環或雙敗淘汰之賽程，初賽及複賽每場次均為三戰兩勝制，決賽則採五戰三勝制，每回合 1 分鐘，回合結束前 15 秒裁判會告知隊伍。
2. 競賽開始前，機器人需背對背站立於準備線後方，待裁判吹哨後，操控手可啟動機器人程式（僅可啟動一次），此後機器人需以全自主運動（含自主感測）方式進行對抗，機器人需先走至邊線區（機器人任一部分之正投影碰觸黑線旁之黃色區域）後，轉身即可開始攻擊對方。機器人尚未走至邊線區即轉身攻擊對方者，視同該回合失敗。
3. 機器人有以下情況之一，即視同該回合失敗。
   - 機器人被對手的機器人推出場外（碰觸黑線外地面）

- 機器人自己跑出場外（碰觸黑線外地面）
- 機器人違反比賽規定（出發後機器人尚未走至邊線區即轉身攻擊對方者）
- 機器人喪失行動能力（不移動超過 10 秒、或被擊倒：輪型機器人至少有兩個輪子離地）
- 機器人的零件掉落足以影響比賽

4. 時間結束時，機器人未依上述規定分出勝負時，則根據機器人最後所在位置判定勝負，越接近對手範圍之黃色邊界區域者為優勝（以機器人正投影之中心點至黃色邊界區域之中心點距離為基準）；如無法判定，則根據機器人每回合開始前過磅之重量輕者為優勝（計算至 0.01kg，以下四捨五入）；如兩機器人重量亦相同（差小於 0.01kg），則由裁判依照攻擊情況來判定勝負。

5. 比賽具有以下條件，將由裁判判定分開並回到初始位置重新比賽：
   - 機器人無法彼此碰觸，超過 30 秒
   - 兩方機器人幾乎同時掉落場外
   - 兩方機器人均喪失行動能力
   - 裁判認定雙方均無法獲勝時

6. 如果重新比賽後還是發生如上之結果，裁判可將兩機器人放到指定地方重新比賽。如果依然無法分出勝負，則依序以重量輕者、越接近對手範圍之黃色邊界區域者，為決定勝負之依據。

7. 每回合競賽結束後，選手有 2 分鐘時間補修機器人，不可更換電池、修改程式及改變機器人主體結構。違反上述規定，則視同放棄該場比賽，由對手勝出晉級。另每場次競賽結束後，選手有 2 分鐘時間維修機器人並可含更換電池及修改程式。

8. 當比賽時間進行時，無任何暫停、修改或調整機器人（例如：下載程式、更換電池、更換零件、維修機器人等）之機會。參賽隊伍可要求放棄該回合之競賽，如無聲明並獲得裁判同意即碰觸場上之機器人，視同放棄該場次競賽（非僅放棄該回合）。

9. 初賽、複賽及決賽開始前，各分組裁判對機器人進行機體檢錄（測量長寬高及重量），如經裁判認定為違規之機器人，該隊伍需於 2 分鐘內修改違規之構件。若未於時間內完成修改來符合參賽機器人之規範，則不得參加該場競賽。

10. 機器人於競賽過程中當場組裝，不可攜帶任何與組裝機器人相關之圖樣、電子檔入場參賽，違反規定者以喪失參賽資格論。

11. 本規則未提及事宜，由裁判在現場根據實際情況裁定。

資料來源：高雄市 106 學年度國民中學機器人競賽實施計畫

5-4 撰寫「樂高相撲機器人」之指引程式

在設計「樂高相撲機器人」的程式之前,必須先學會兩個不同感測器的應用:
1. 顏色感測器(偵測到相撲地圖的黑色外框時,必須要後退)。
2. 超音波感測器(偵測到敵人時,必須要往前衝)。

5-4.1 用顏色感測器來偵測相撲地圖的邊線

每一種比賽都有它的規則及範圍,如果相撲機器人跑出指定的範圍邊線,就會被判定為失分;因此,需要在相撲機器人的下方會裝設顏色感測器,用來偵測地圖的黑色外框。

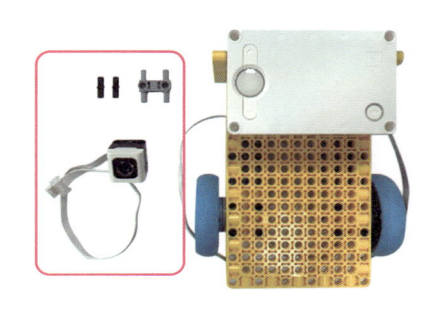

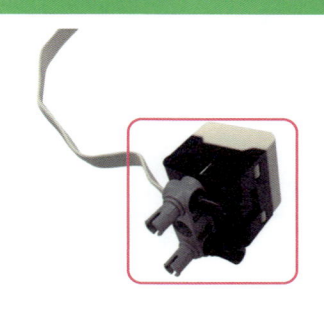

準備顏色感測器及相關零件	顏色感測器模組
顏色感測器模組套到機器人前端	完成相撲機器人

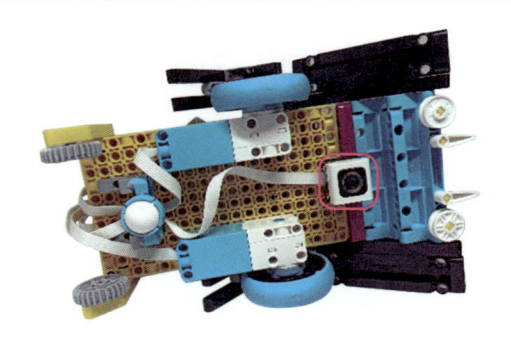

電控元件 顏色感測器

顏色感測器	說明
	用來偵測不同顏色的反射光、顏色及環境光強度。

主題 偵測到相撲地圖的黑色外框，必須要後退

流程圖	程式碼

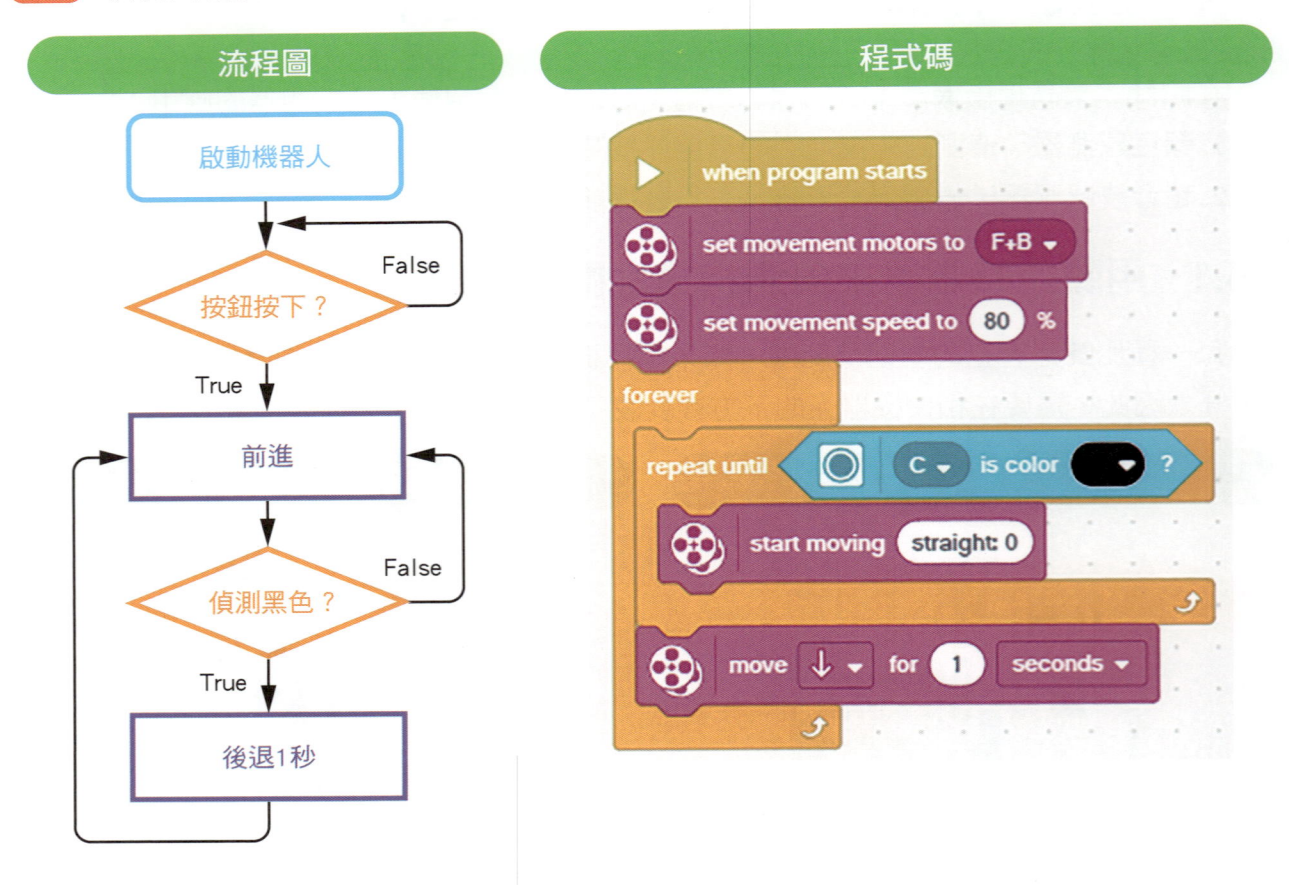

說明 顏色感測器偵測到相撲地圖的黑色外框，必須要後退。

5-4.2 用超音波感測器來偵測前方的敵人

每一種比賽都有它的規則及範圍，在比賽過程中，相撲機器人的前方如果有敵人，它就必須往前衝，否則可能就被對手攻擊，導致被推出邊線而失分；因此，在相撲機器人的前方會裝設超音波感測器，用來偵測前方的敵人。

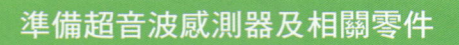

準備超音波感測器及相關零件	超音波感測器模組

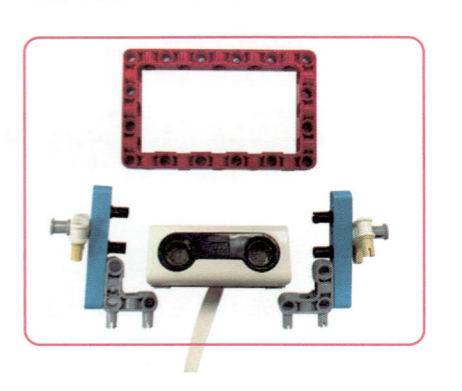

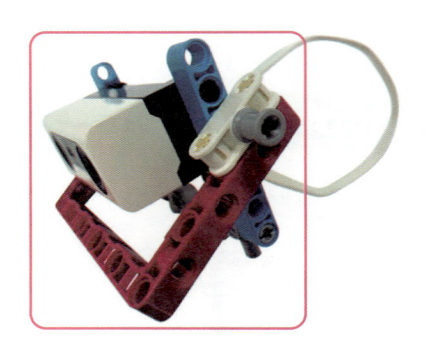

Chapter 5　相撲機器人　111

超音波感測器模組套到機器人前端

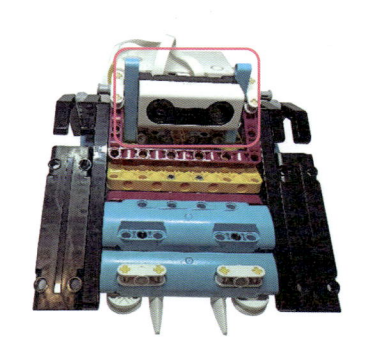

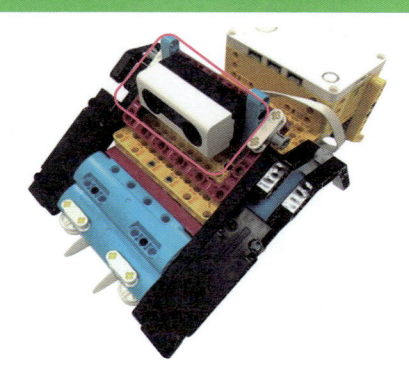

完成相撲機器人

電控元件　超音波感測器

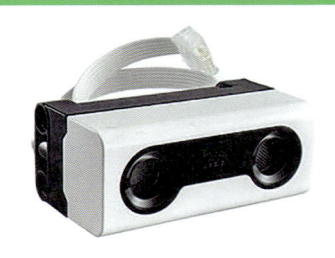

超音波感測器	說明
	偵測前方是否有「障礙物」或「目標物」，以讓機器人進行不同的動作。

主題　偵測到敵人時，必須要往前衝

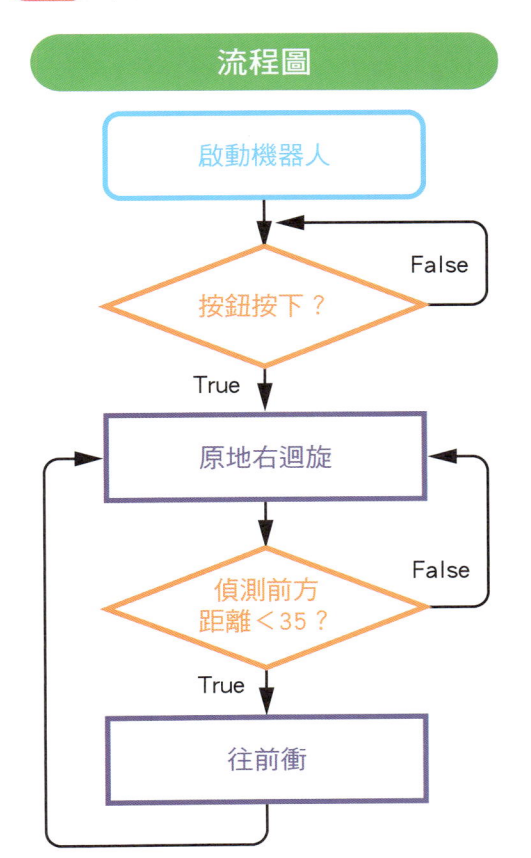

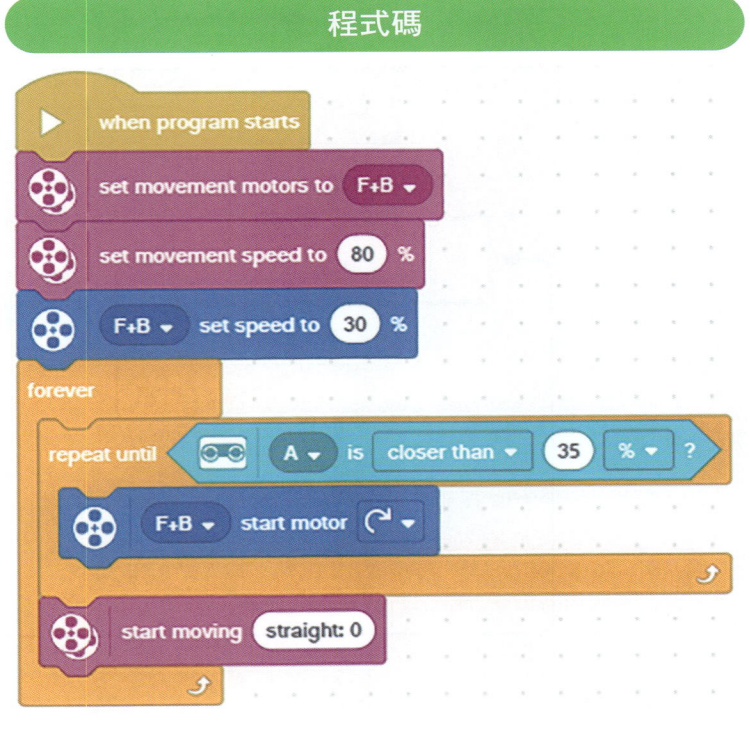

流程圖

啟動機器人 → 按鈕按下？ (False 迴圈) → True → 原地右迴旋 → 偵測前方距離＜35？ (False 迴圈回到原地右迴旋) → True → 往前衝

程式碼

```
when program starts
set movement motors to F+B
set movement speed to 80 %
F+B set speed to 30 %
forever
    repeat until ( A is closer than 35 % ? )
        F+B start motor ↻
    start moving straight: 0
```

說明　超音波感測器（偵測到敵人時，必須要往前衝）。

5-5　專題製作：樂高相撲機器人

主題發想　模擬兩位相撲選手的活動，在某一特定舞台區域內，被推出的一方，就視為輸家，另一方便為贏家。

主題目的　1. 顏色感測器（偵測相撲地圖的外框）。
2. 超音波感測器（偵測敵人）。

完成圖

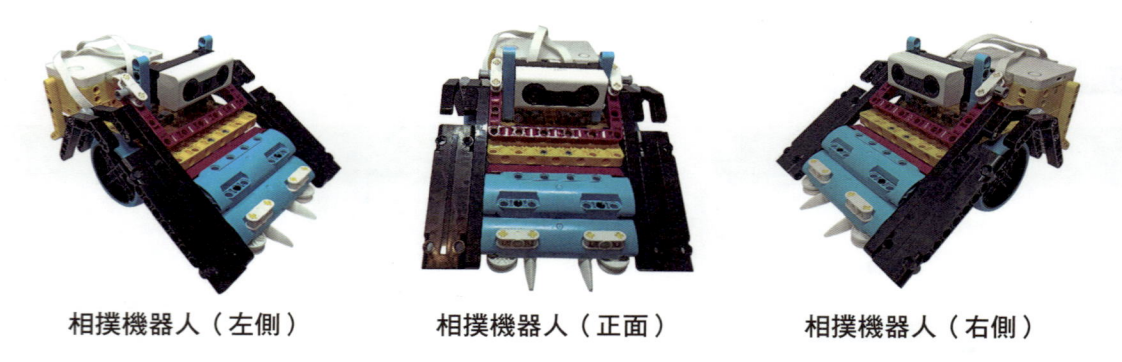

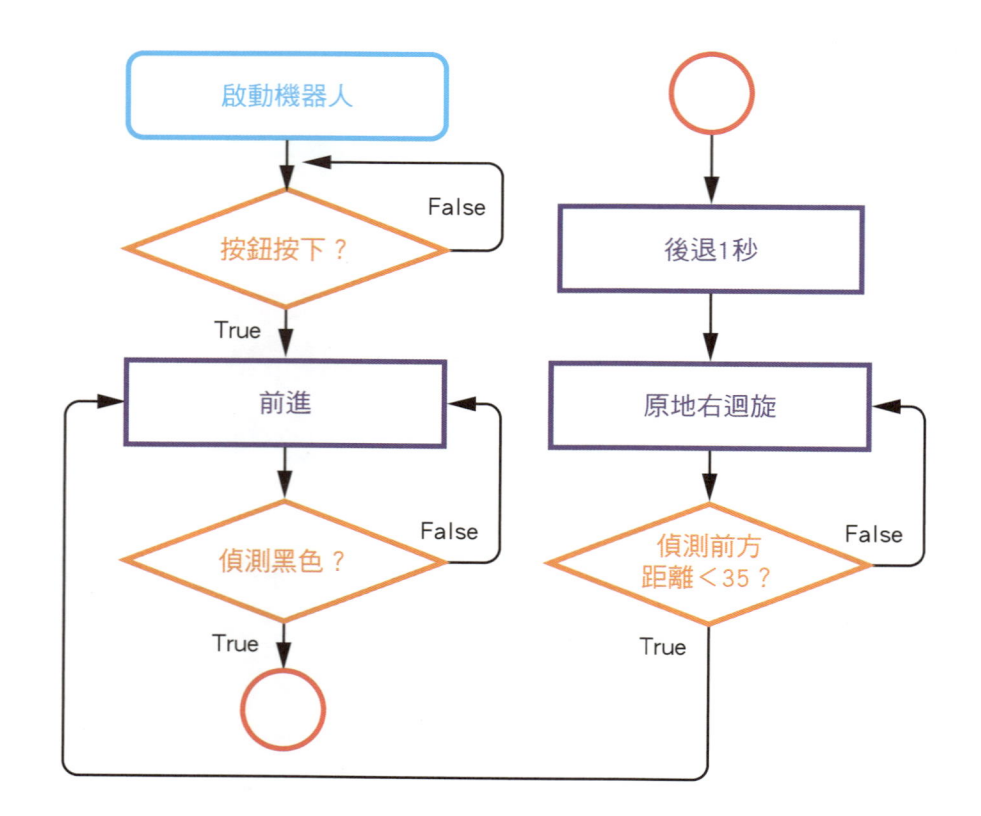

相撲機器人（左側）　　　相撲機器人（正面）　　　相撲機器人（右側）

流程圖

啟動機器人 → 按鈕按下？
- False → 按鈕按下？
- True → 前進 → 偵測黑色？
  - False → 前進
  - True → ○

○ → 後退1秒 → 原地右迴旋 → 偵測前方距離＜35？
- False → 原地右迴旋
- True → 前進

Chapter 5　相撲機器人　113

撰寫程式

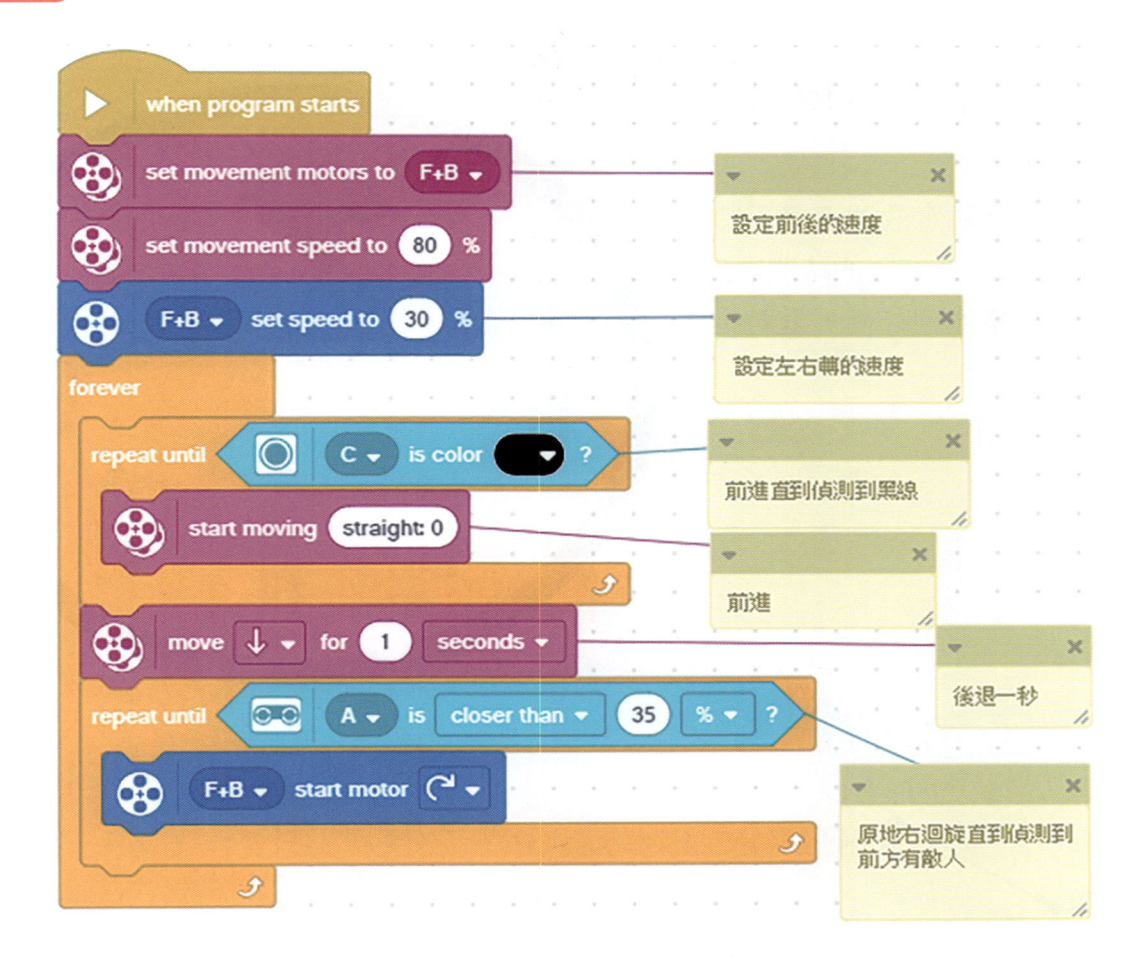

```
when program starts
set movement motors to F+B
set movement speed to 80 %
F+B set speed to 30 %
forever
    repeat until [color sensor] C is color ●?
        start moving straight: 0
    move ↓ for 1 seconds
    repeat until [ultrasonic] A is closer than 35 %?
        F+B start motor ↻
```

- 設定前後的速度
- 設定左右轉的速度
- 前進直到偵測到黑線
- 前進
- 後退一秒
- 原地右迴旋直到偵測到前方有敵人

習題

題目名稱 相撲機器人推出保特瓶

題目說明

在黑線的範圍裡隨意放置五個保特瓶，讓相撲機器人在有限的時間內，將這五個保特瓶推到外面，全數推出即代表成功。

創客題目編號：A038013

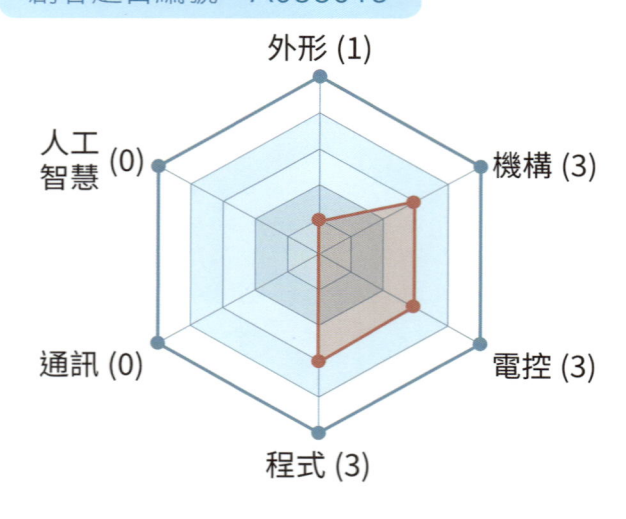

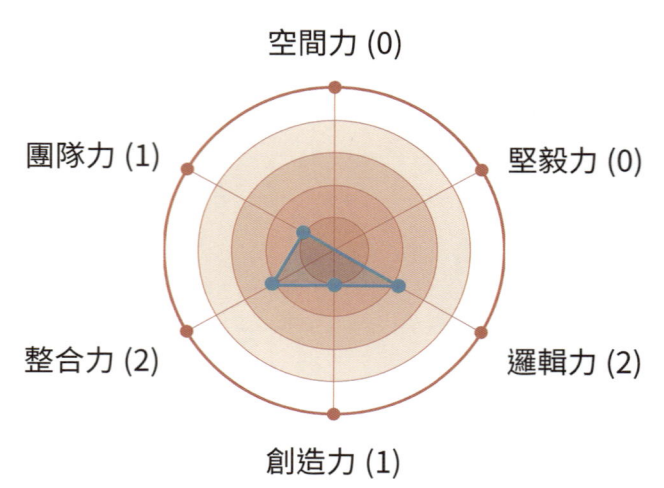

外形 (1)、機構 (3)、電控 (3)、程式 (3)、通訊 (0)、人工智慧 (0)

空間力 (0)、堅毅力 (0)、邏輯力 (2)、創造力 (1)、整合力 (2)、團隊力 (1)

創客學習力

外形	1
機構	3
電控	3
程式	3
通訊	0
人工智慧	0
創客總數	10

實作時間 60 分

創客素養力

空間力	0
堅毅力	0
邏輯力	2
創造力	1
整合力	2
團隊力	1
素養總數	6

Chapter 6

搬運機器人

本章學習目標

1. 瞭解組裝樂高搬運機器人及瞭解如何透過搬運機器人來進行活動。
2. 瞭解如何利用 SPIKE 程式來撰寫樂高搬運機器人程式。

本章內容

6-1 搬運機器人

6-2 SPIKE 搬運機器人組裝

6-3 撰寫「SPIKE 搬運機器人」之指引程式

6-4 專題製作：樂高搬運機器人

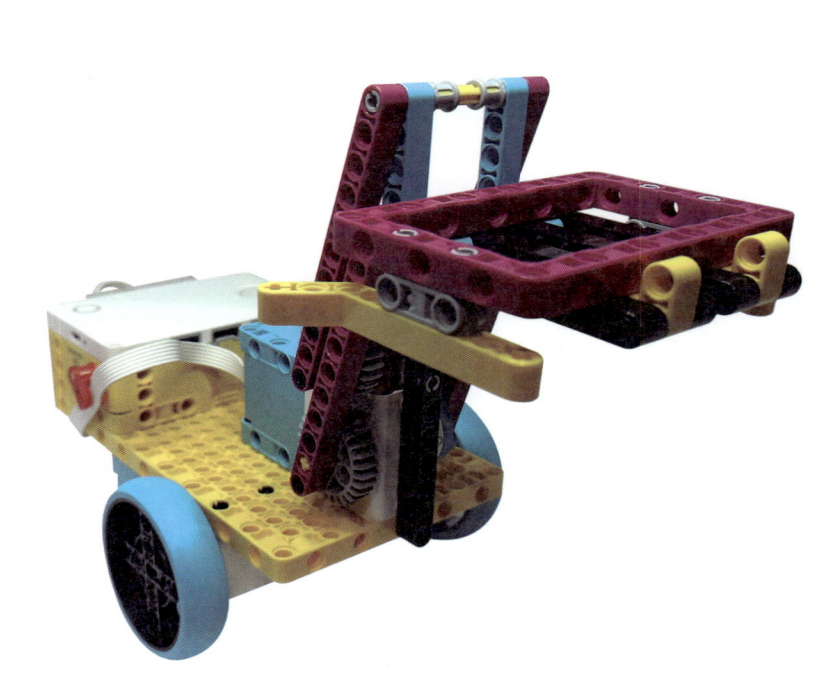

6-1　搬運機器人

　　人類發展機器人，有一項非常重要的任務就是協助人類搬運重物，但如果只使用 SPIKE 基本車的機構，卻沒有此功能；因此，可以在 SPIKE 基本車前方加裝「相關的樂高零件」，將其改造成工程車。

主題 設計「工程車機器人」。

目的 協助人類搬運物品。

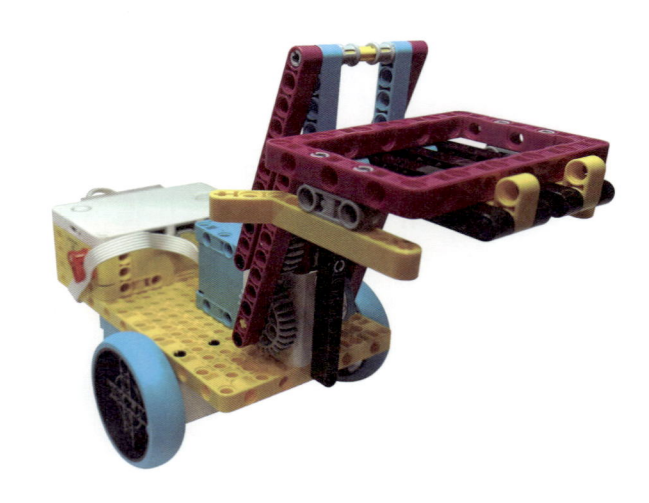

　　各位先學會用創意組裝一台「工程車機器人」，再撰寫機器人程式，讓機器人可以「垂直搬運重物」，增加學習程式的樂趣。

　　在本章節中，會利用 SPIKE 套件來設計一台教學用的進階基本車，因此，它要有控制器（主機）、馬達、感測器及相關的樂高零件，以設計一個「SPIKE 搬運機器人」。

設計的三部曲

step 1 創意組裝

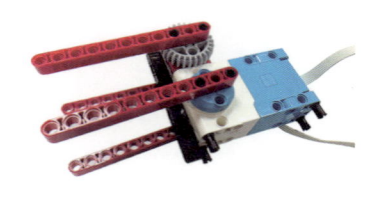

step 2 寫程式

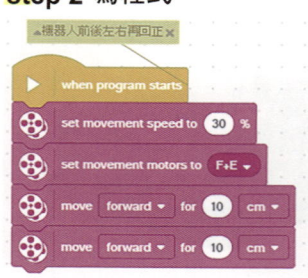

step 3 測試

說明
1. 創意組裝：依照指定「功能及造型」以「感應器及相關配件」結合「主機」。
2. 寫程式：依照指定任務來撰寫處理程序的動作與順序（程式）。
3. 測試：利用 SPIKE 拼圖程式，將程式上傳到「主機」內，並依照指定功能先進行測試。

流程圖

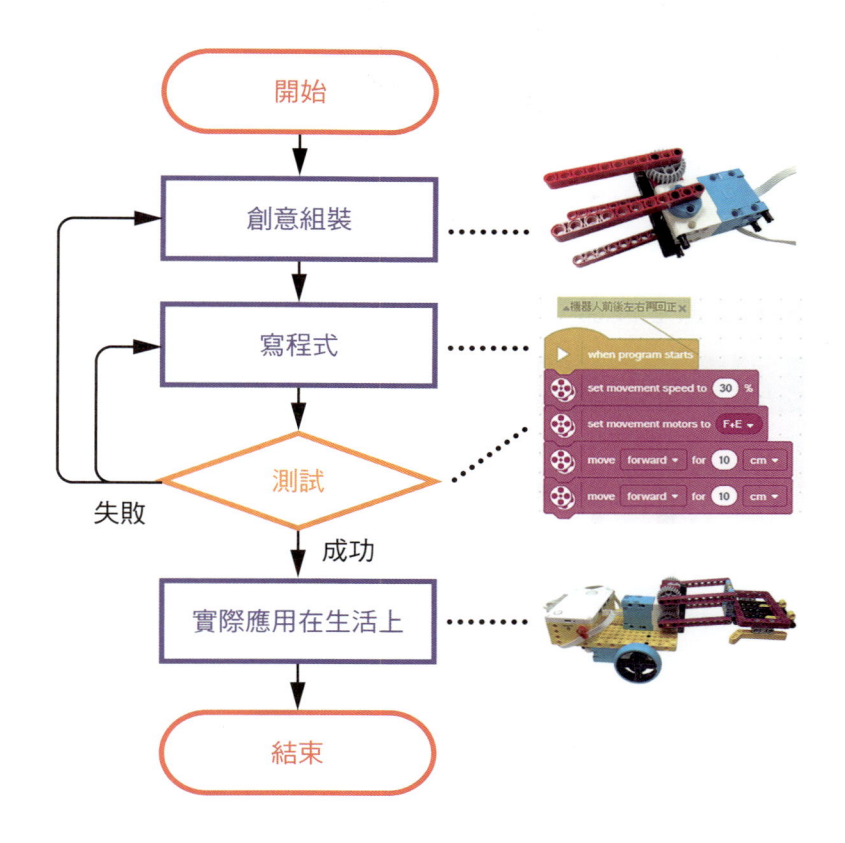

```
開始
 ↓
創意組裝 ……
 ↓
寫程式 ……
 ↓
測試 ——失敗→（回到創意組裝/寫程式）
 ↓ 成功
實際應用在生活上 ……
 ↓
結束
```

說明

　　從上面的流程圖中，可以清楚瞭解「設計機器人程式」必須要經過三大步驟；在進行第三步驟時，如果無法測試成功，除了要修改程式之外，也要檢查組裝是否正確，並且要反覆地進行測試，直到完全成功為止；最後，就可以將創作的智能裝置，應用在日常生活中。

6-2 SPIKE 搬運機器人組裝

想要製作一台「SPIKE 搬運機器人」時，必須要先準備相關的「主機」、「馬達」、「感測器」及「相關的零件材料」。

6-2.1 零件清單

要製作一台「SPIKE 搬運機器人」時，零件清單如下圖所示：

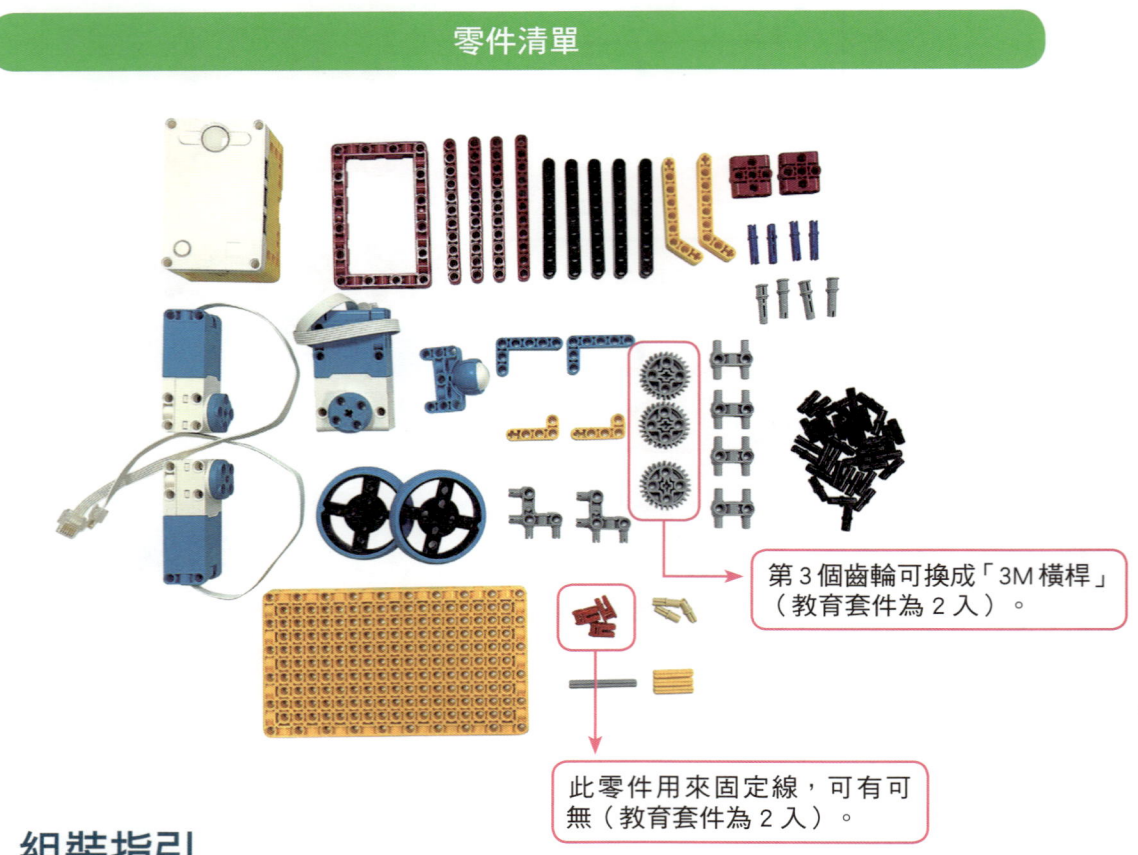

零件清單

> 第 3 個齒輪可換成「3M 橫桿」（教育套件為 2 入）。

> 此零件用來固定線，可有可無（教育套件為 2 入）。

6-2.2 組裝指引

在準備好所需要的「主機」、「感測器」、「鋁合金構件」及「相關的材料」之後，接下來，請各位依照以下的步驟，就可以完成作品。

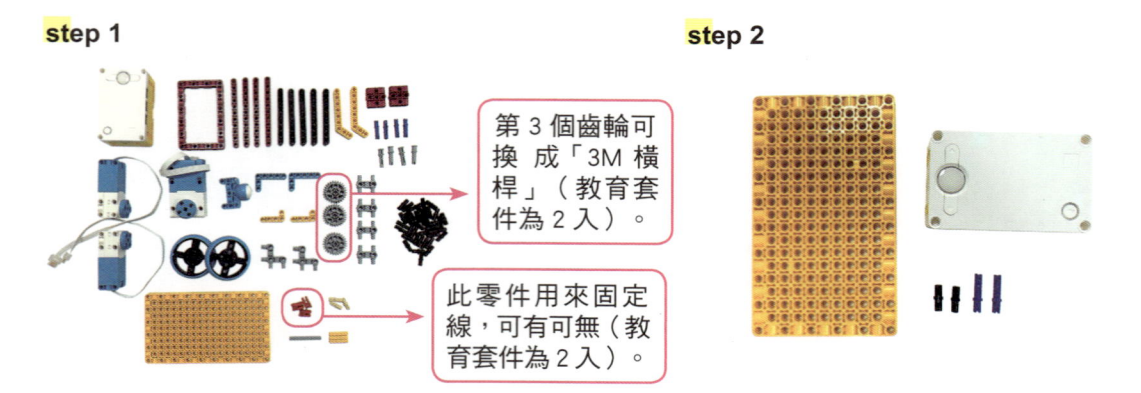

step 1

> 第 3 個齒輪可換成「3M 橫桿」（教育套件為 2 入）。

> 此零件用來固定線，可有可無（教育套件為 2 入）。

step 2

step 3

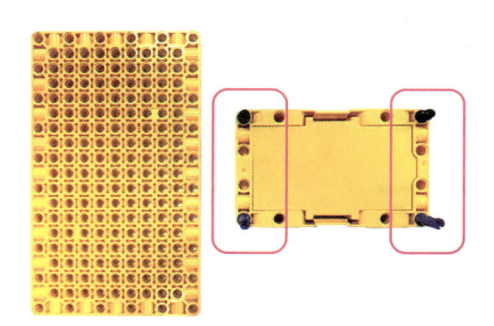

step 4

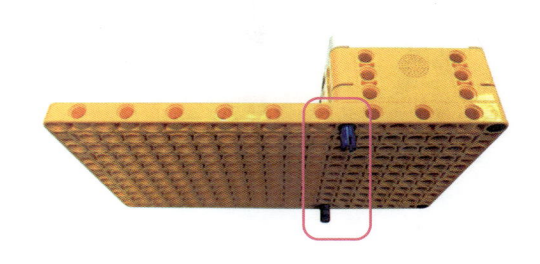

step 5

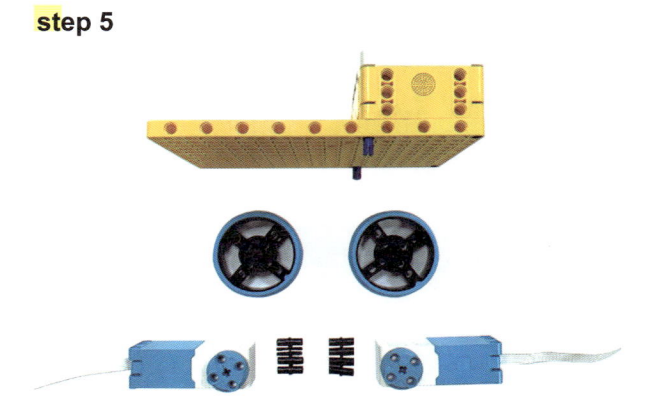

step 6

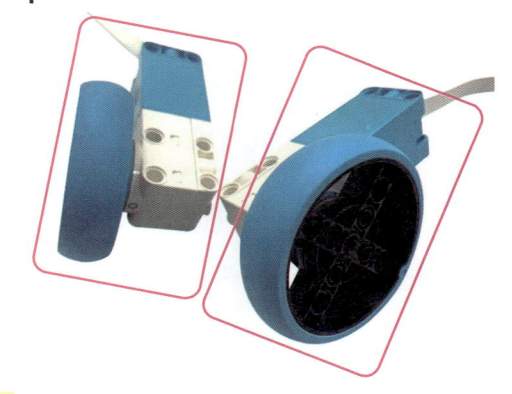

step 7

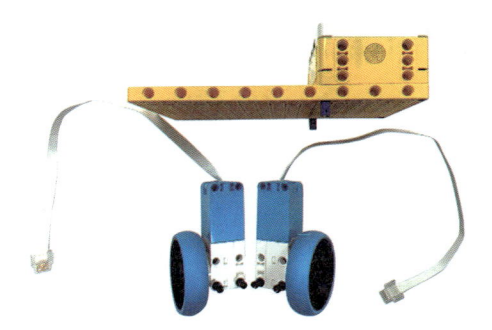

step 8

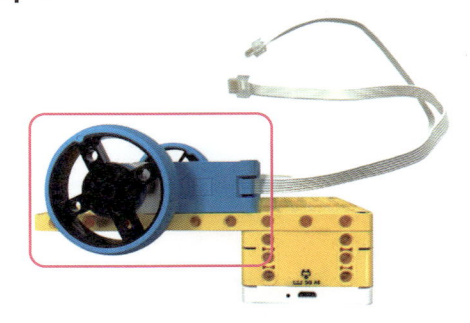

step 9

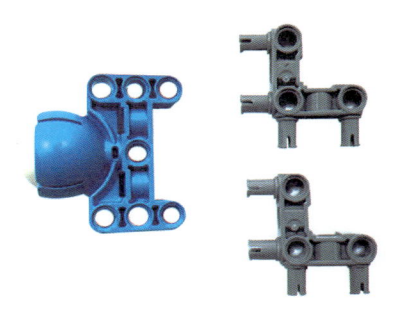

step 10

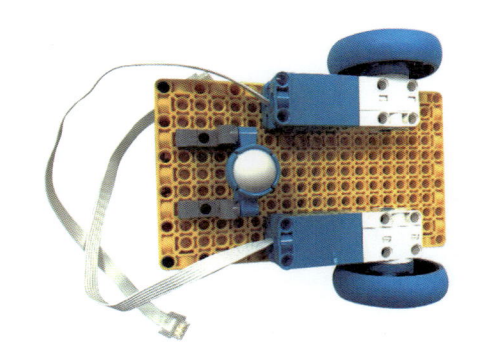

Chapter 6　搬運機器人

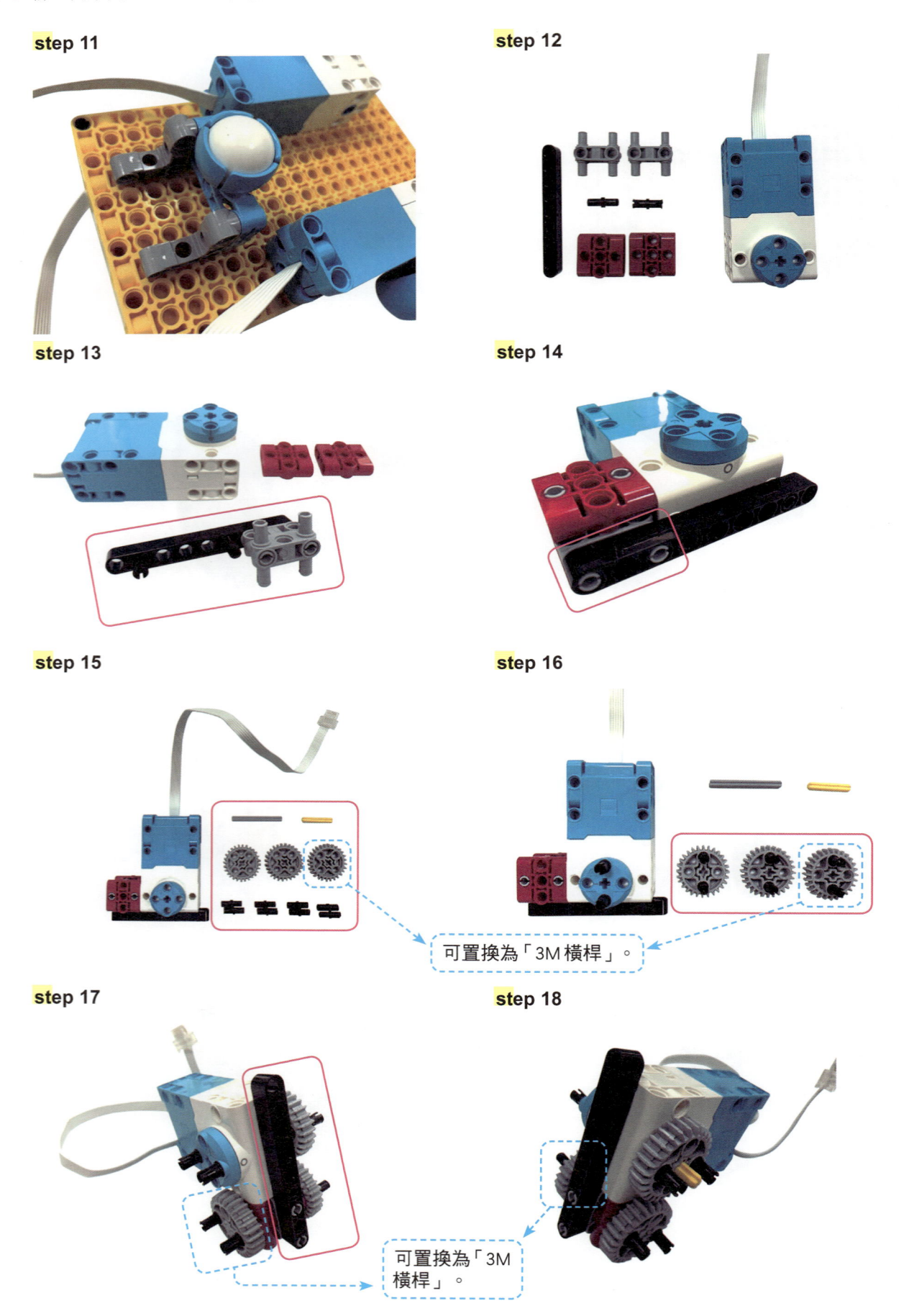

step 11

step 12

step 13

step 14

step 15

step 16

可置換為「3M 橫桿」。

step 17

step 18

可置換為「3M 橫桿」。

Chapter 6　搬運機器人　121

step 19

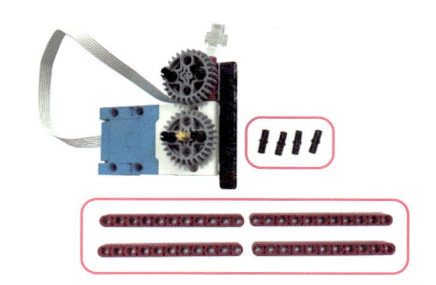

step 20

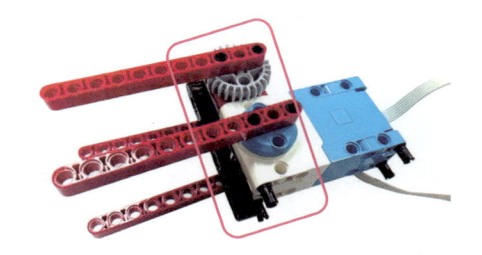

step 21

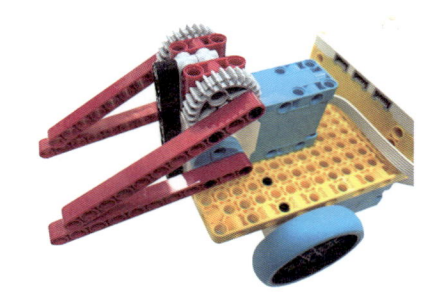

step 22

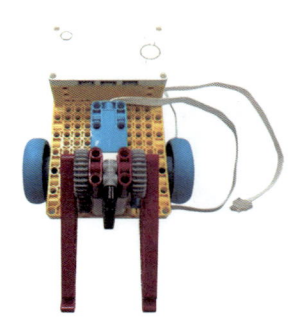

step 23

step 24

step 25

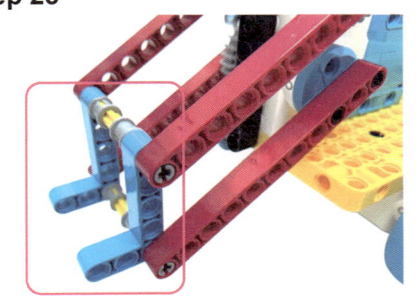

step 26

step 27

step 28

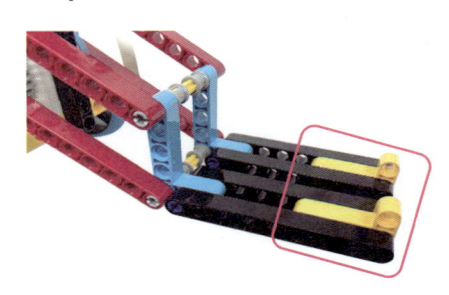

step 29

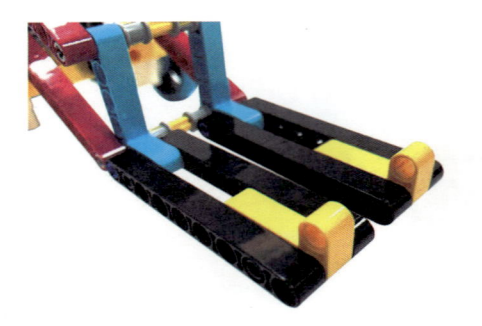

step 30

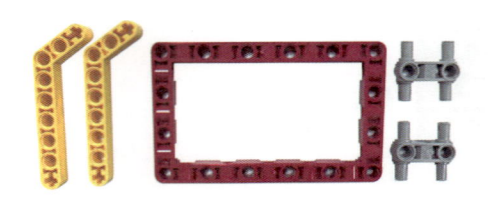

step 31

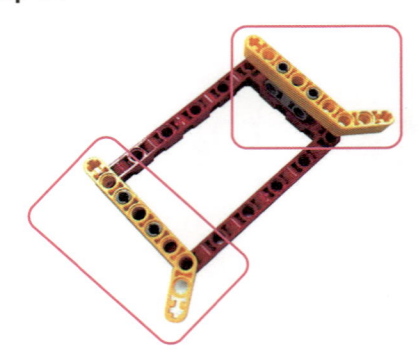

step 32

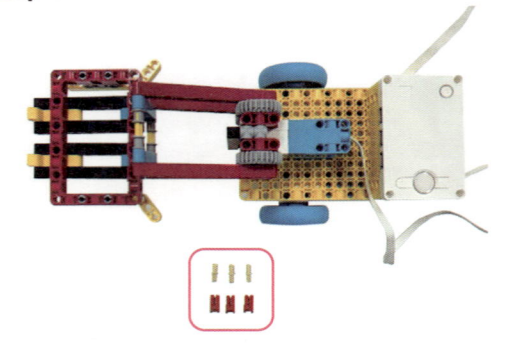

step 33

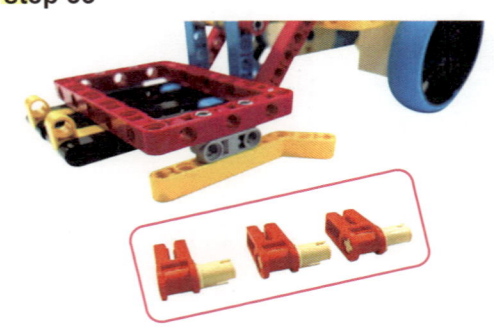

step 34

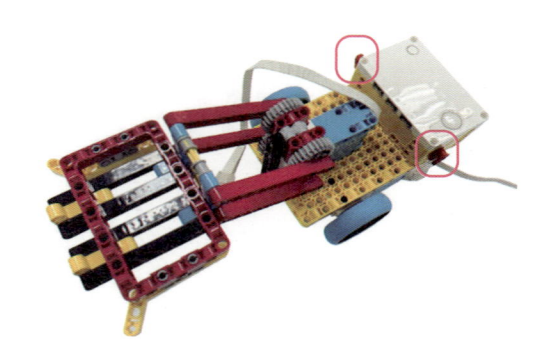

step 35

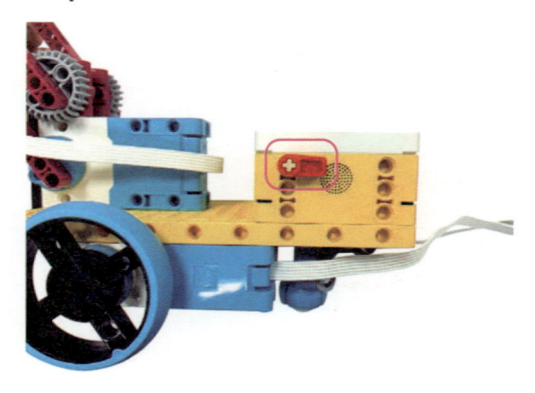

step 36

step 37

step 38

6-2.3 完成圖八個方位

在組裝完成之後，依照不同方位角度來看作品，如下圖所示：

準備搬運前的動作

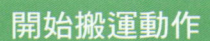

開始搬運動作

搬運機器人前方的機器手臂舉起 ❶

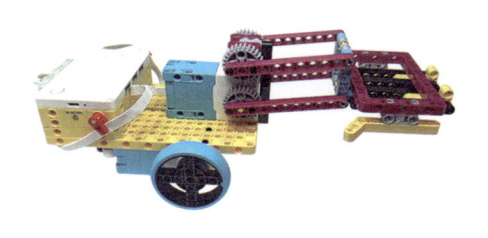

搬運機器人前方的機器手臂舉起 ❷

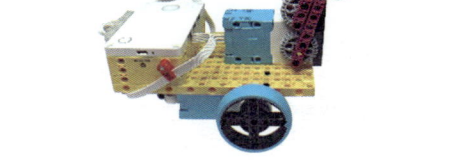

搬運機器人前方的機器手臂舉起 ❸

搬運機器人前方的機器手臂舉起 ❹

| 搬運機器人前方的機器手臂舉起 ❺  | 搬運機器人前方的機器手臂舉起 ❻ 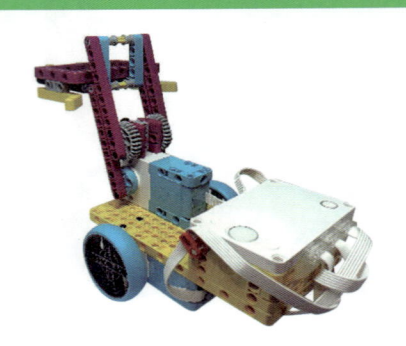 |

6-3 撰寫「SPIKE 搬運機器人」之指引程式

設計「樂高搬運機器人」程式，必須要先學會大型伺服馬達的角度控制方法：
1. 大型伺服馬達（正轉）：機器人手臂「往下」。
2. 大型伺服馬達（逆轉）：機器人手臂「往上」。

電控元件　大型伺服馬達

大型伺服馬達	說明
	用來設計機器手臂

主題 ❶ 機器人手臂「往下」。

示意圖

| 原來狀態  | 往下  |

流程圖及程式碼

流程圖

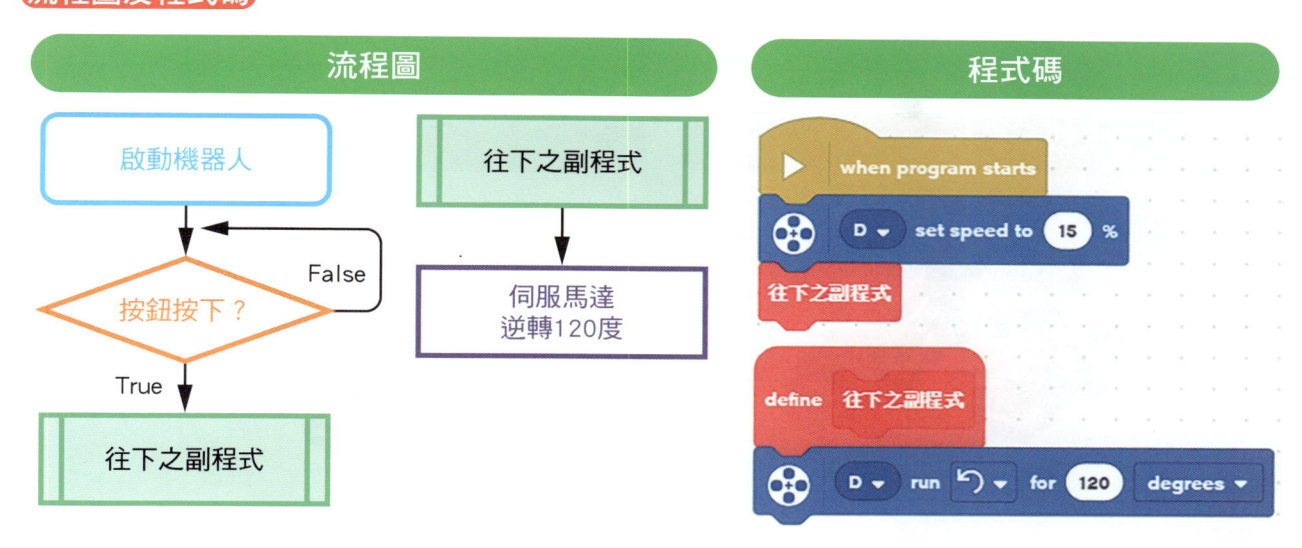

啟動機器人 → 按鈕按下？ — False（迴圈） / True → 往下之副程式

往下之副程式 → 伺服馬達逆轉120度

程式碼

```
when program starts
    D ▼ set speed to 15 %
    往下之副程式

define 往下之副程式
    D ▼ run ↺▼ for 120 degrees▼
```

主題 ❷ 機器人手臂「往上」。

示意圖

原來狀態 ／ 往上

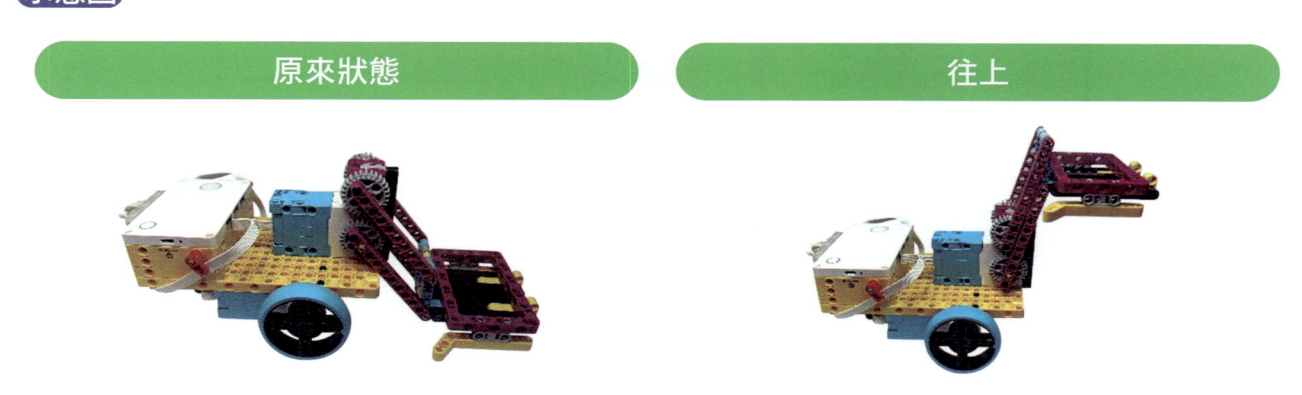

流程圖及程式碼

流程圖

啟動機器人 → 按鈕按下？ — False（迴圈） / True → 往上之副程式

往上之副程式 → 伺服馬達正轉120度

程式碼

```
when program starts
    D ▼ set speed to 15 %
    往上之副程式

define 往上之副程式
    D ▼ run ↻▼ for 120 degrees▼
```

主題 ❸ 機器人手臂「往上及往下」來回二次。

示意圖

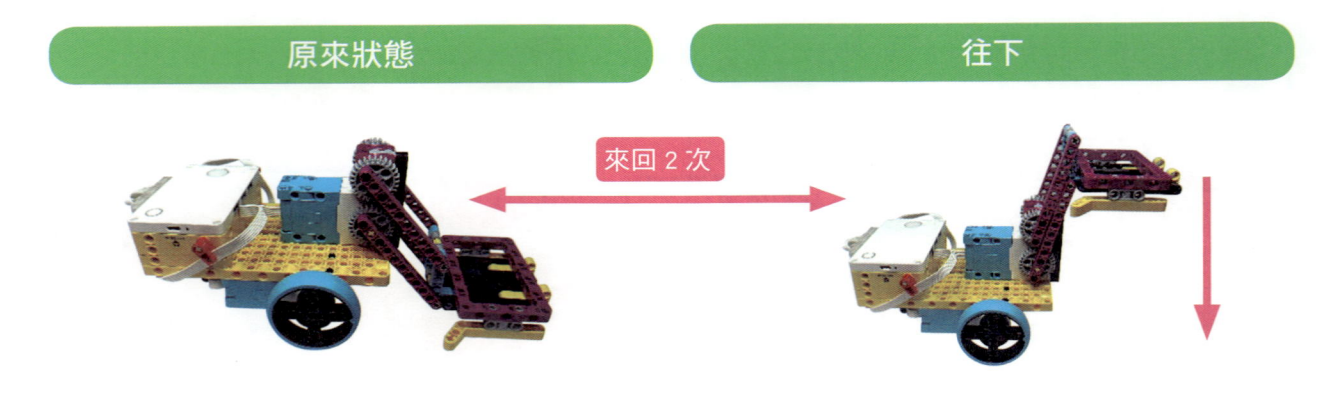

原來狀態　　　　　　　　往下

來回 2 次

流程圖

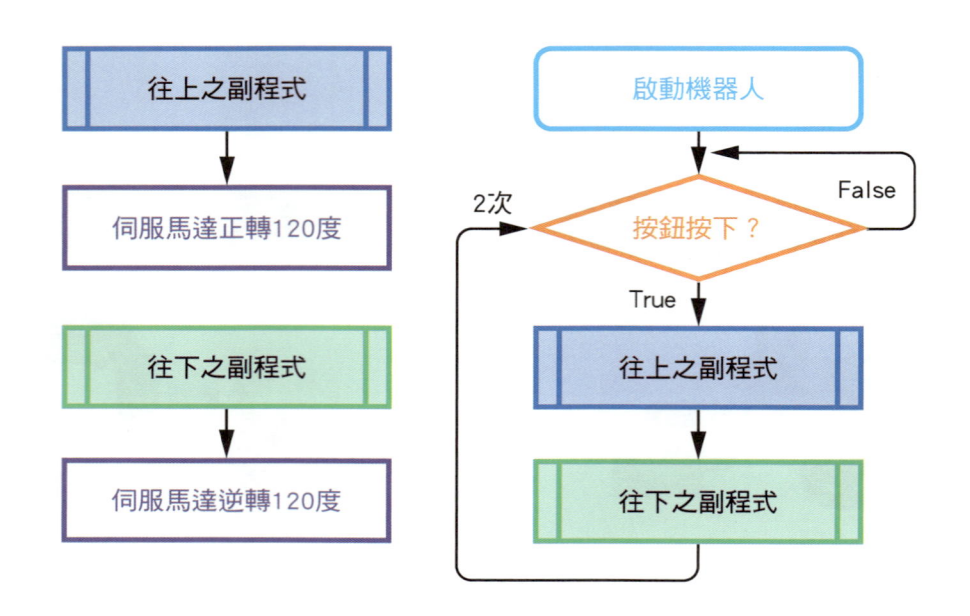

往上之副程式 → 伺服馬達正轉120度

往下之副程式 → 伺服馬達逆轉120度

啟動機器人 → 按鈕按下？
- False：回到判斷
- True：往上之副程式 → 往下之副程式（2次）

程式

define 往上之副程式
D ▼ run ↻ ▼ for 120 degrees ▼

define 往下之副程式
D ▼ run ↺ ▼ for 120 degrees ▼

when program starts
D ▼ set speed to 15 %
repeat 2
　往上之副程式
　往下之副程式

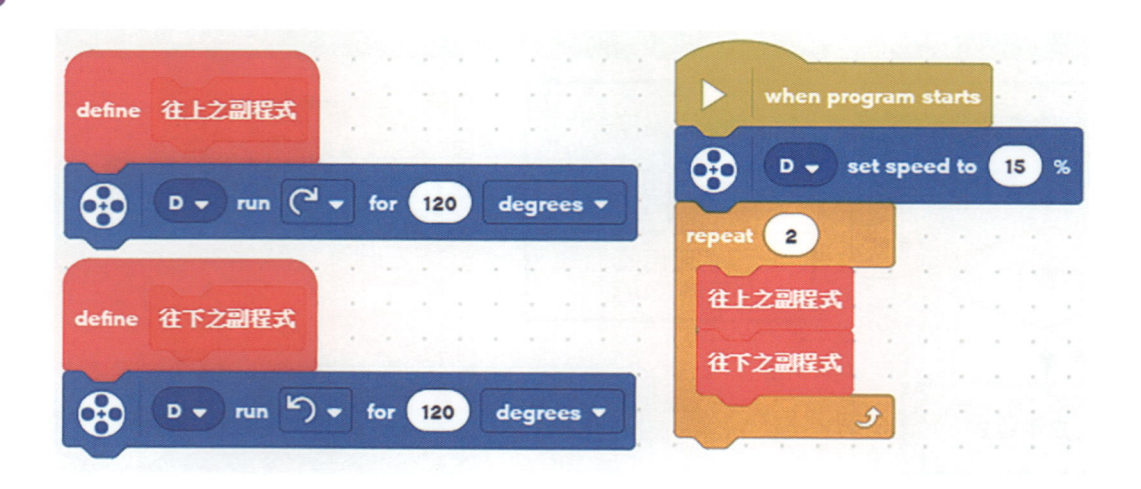

主題 ④ 搭配「觸碰感測器」，當「按下」時，手臂「往上」；當「放開」時，手臂「往下」。

示意圖

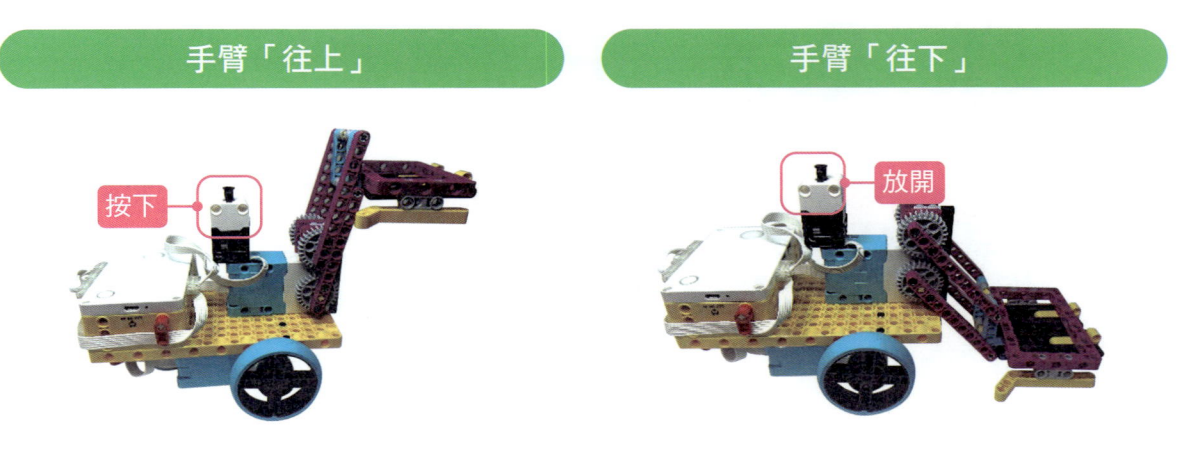

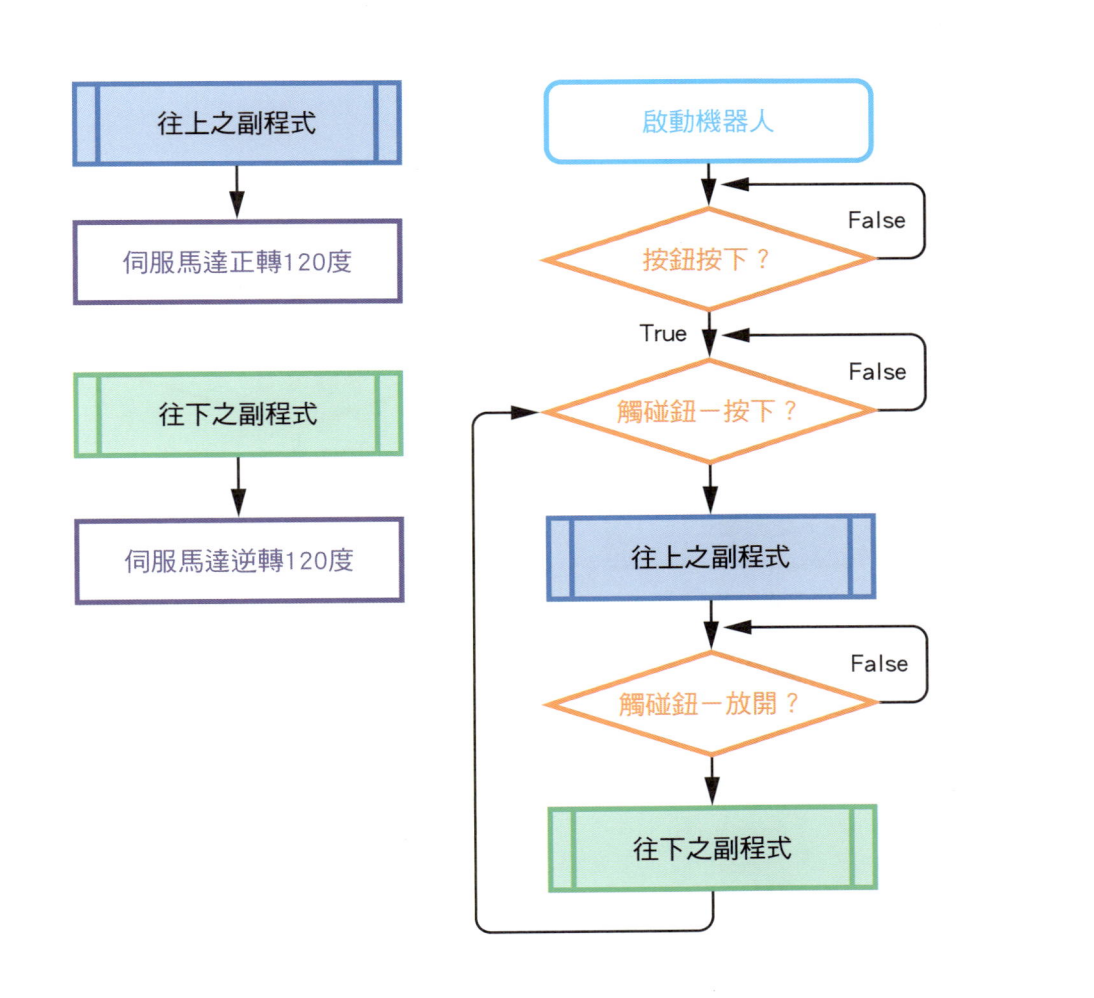

手臂「往上」　　　　　　　　手臂「往下」

按下　　　　　　　　　　　　放開

流程圖

往上之副程式
↓
伺服馬達正轉120度

往下之副程式
↓
伺服馬達逆轉120度

啟動機器人
↓
按鈕按下？ ─ False（迴圈）
↓ True
觸碰鈕－按下？ ─ False（迴圈）
↓
往上之副程式
↓
觸碰鈕－放開？ ─ False（迴圈）
↓
往下之副程式
（回到觸碰鈕－按下？）

程式

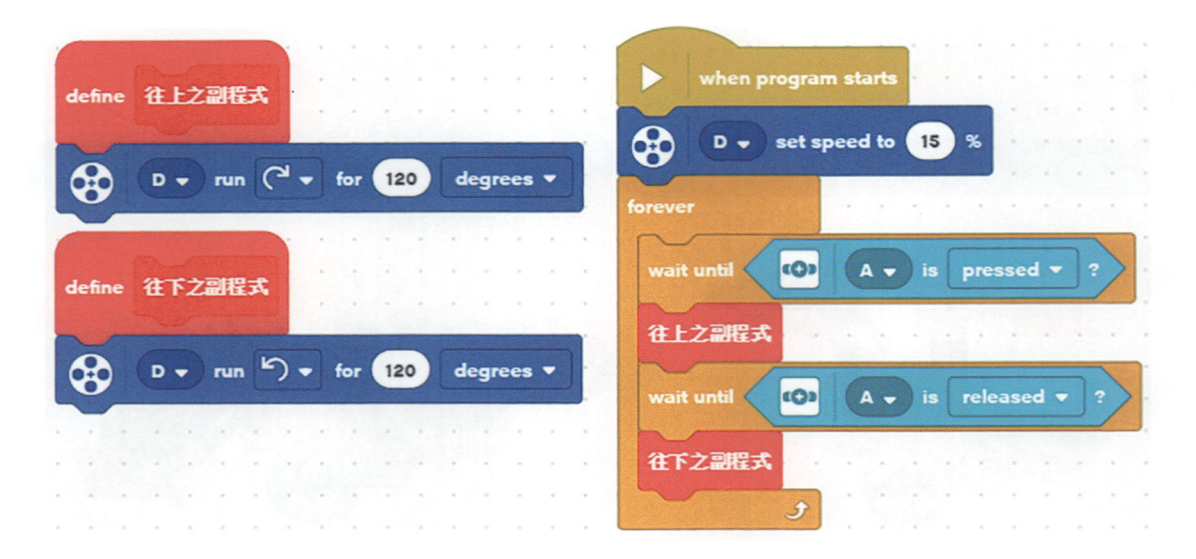

主題 ❺ 搭配「顏色感測器」，當偵測到「白色」時，手臂「往上」；偵測到「黑色」時，手臂「往下」。

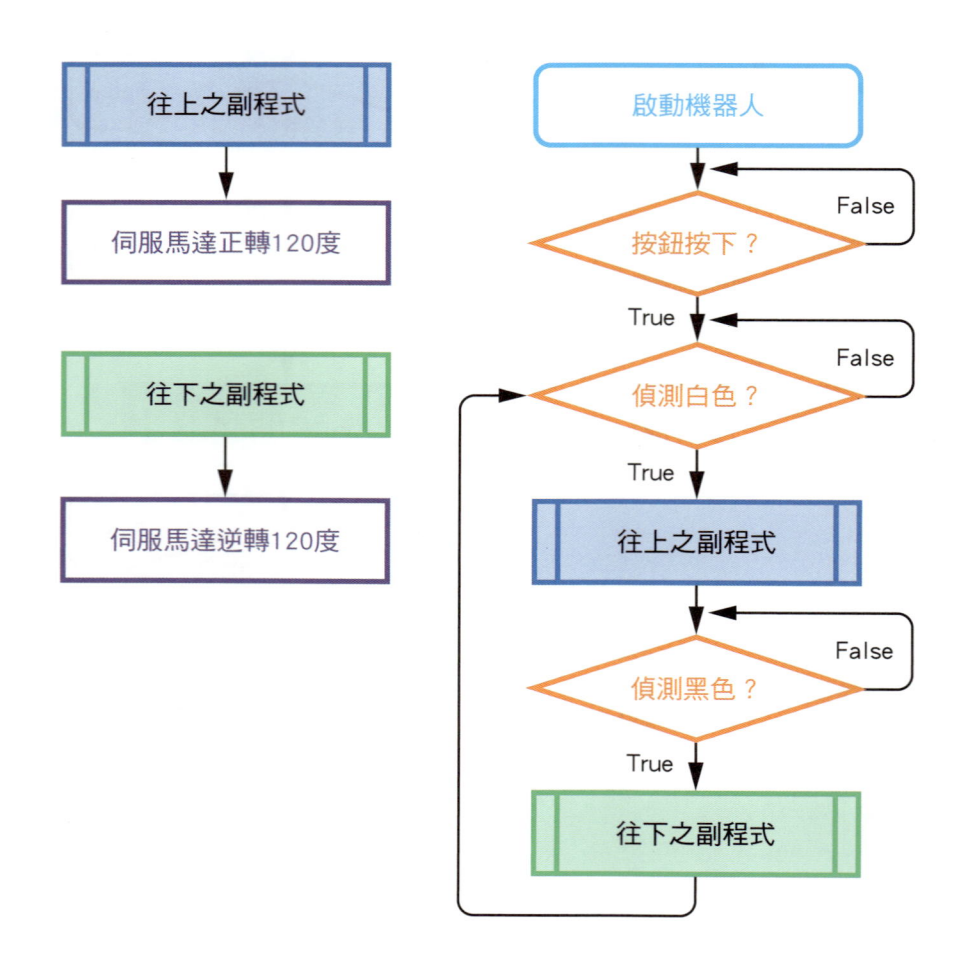

流程圖

程式

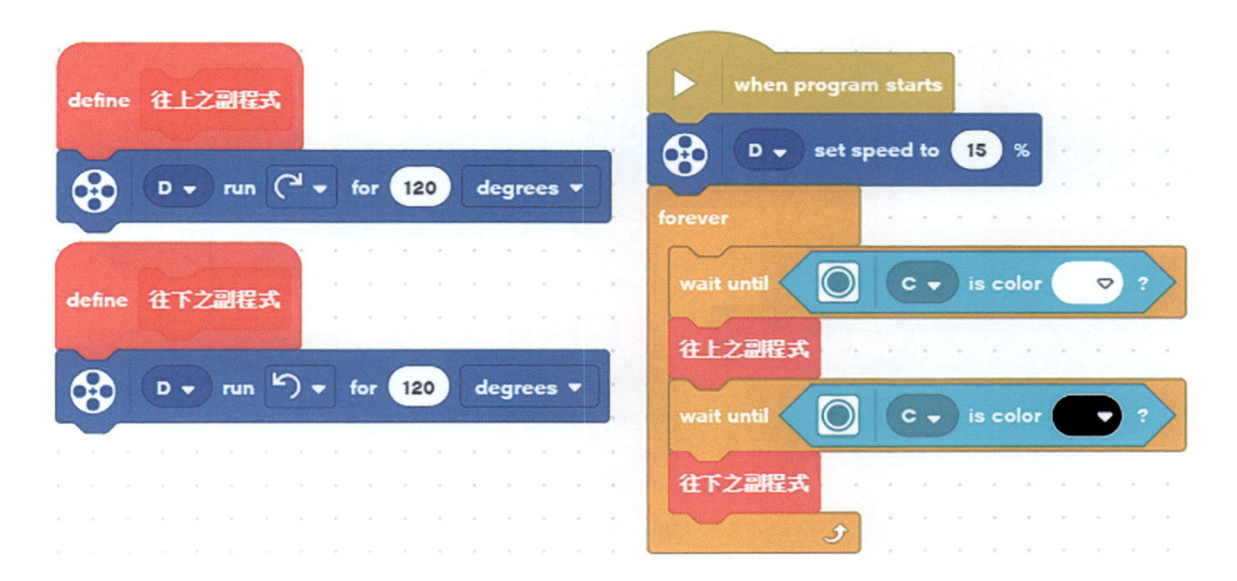

主題 ❻ 搭配「超音波感測器」，當偵測到有人靠近時，手臂「往上」；否則，手臂「往下」。

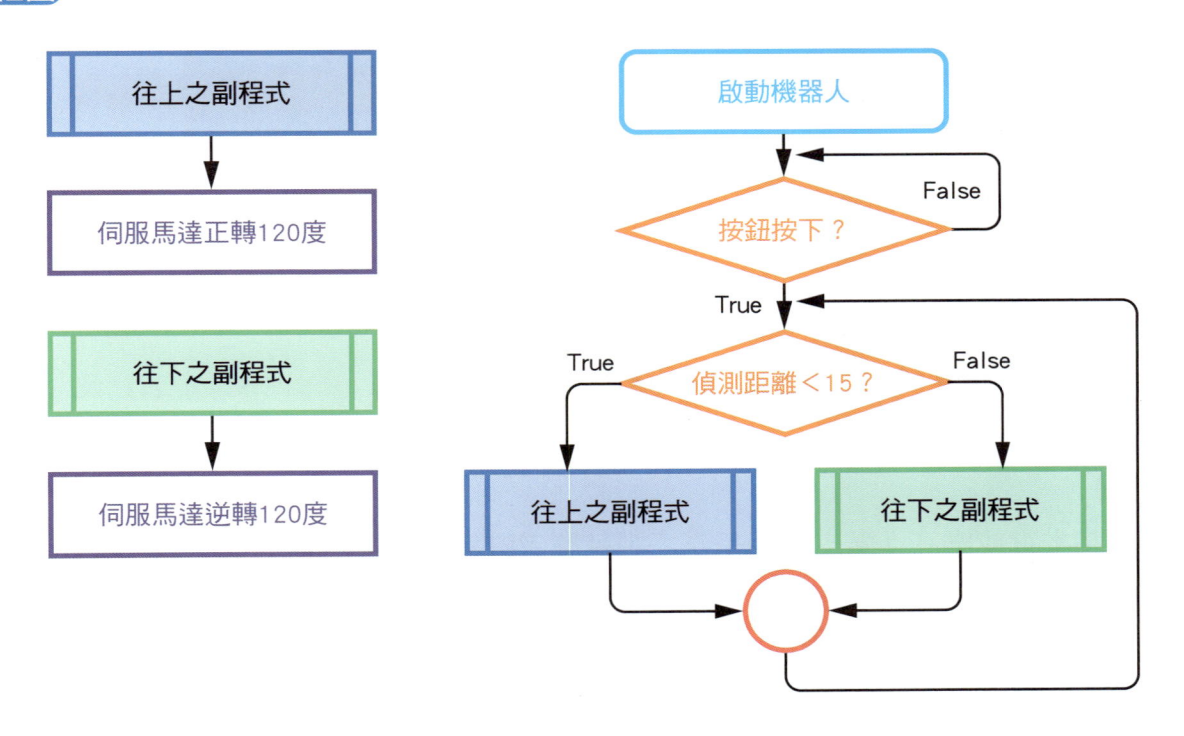

流程圖

程式

第一種作法

第二種作法

6-4 專題製作：樂高搬運機器人

主題發想

　　樂高基本車或樂高進階車，都是為了訓練讀者瞭解 SPIKE 機器人的主機、馬達及感測器的應用而設計，但是，如果想為人類解決特定問題時，那就必須還要具有功能性的機構。

　　因此，在本單元的專題製作中，筆者開發設計「搬運機器人」，來模擬機器人協助人們搬運物品，例如目前的無人搬運車，其主要的特點就是它透過機構的設計，可以「垂直搬運」。

- 優點：搬運較靈活。
- 缺點：無法垂直搬運到「高度」較高的地方。

Chapter 6　搬運機器人

主題目的
1. 協助人類搬運物品。
2. 學會搬運機器人的「機構設計」，訓練觀察與空間轉換能力。
3. 學會搬運機器人的「程式設計」，訓練專注力與邏輯思考能力。

完成圖

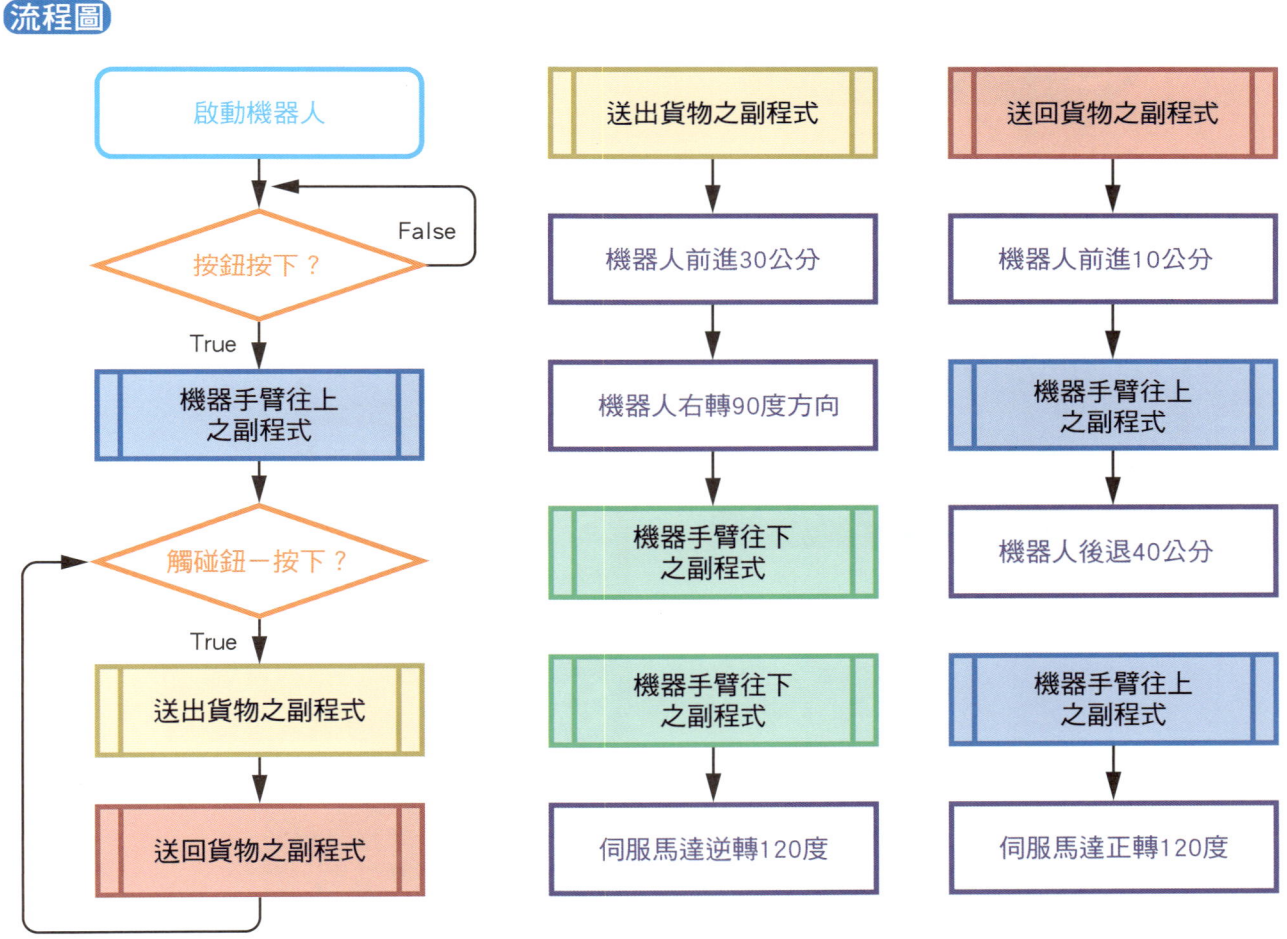

| 往下 | 往上 | 正面 |

流程圖

啟動機器人
↓
按鈕按下？ — False（迴圈）
↓ True
機器手臂往上之副程式
↓
觸碰鈕一按下？
↓ True
送出貨物之副程式
↓
送回貨物之副程式

送出貨物之副程式
↓
機器人前進30公分
↓
機器人右轉90度方向
↓
機器手臂往下之副程式
↓
機器手臂往下之副程式
↓
伺服馬達逆轉120度

送回貨物之副程式
↓
機器人前進10公分
↓
機器手臂往上之副程式
↓
機器人後退40公分
↓
機器手臂往上之副程式
↓
伺服馬達正轉120度

撰寫程式

1. 主程式

```
when program starts
set movement speed to 50 %
set movement motors to F+B
D set speed to 20 %
F+B set speed to 20 %
機器手臂往上之副程式
forever
    wait until [A is pressed?]
    送出貨物之副程式
    送回貨物之副程式
```

2. 定義「機器手臂往上之副程式」

```
define 機器手臂往上之副程式
D run ↻ for 120 degrees
```

3. 定義「機器手臂往下之副程式」

```
define 機器手臂往下之副程式
D run ↺ for 120 degrees
```

4. 定義「送出貨物之副程式」

```
define 送出貨物之副程式
move ↑ for 30 cm
wait 1 seconds
F+B start motor ↺
wait 1 seconds
F+B stop motor
wait 1 seconds
機器手臂往下之副程式
```

5. 定義「送回貨物之副程式」

- define 送回貨物之副程式
- move ↑ for 10 cm
- wait 1 seconds
- 機器手臂往上之副程式
- F+B start motor ↻
- wait 1 seconds
- F+B stop motor
- wait 1 seconds
- move ↓ for 40 cm

習題

題目名稱 機器人搬運書本

題目說明
請利用本書介紹的樂高搬運機器人,將物件搬運到高度約 5 公分的書本上,其示意圖如下:

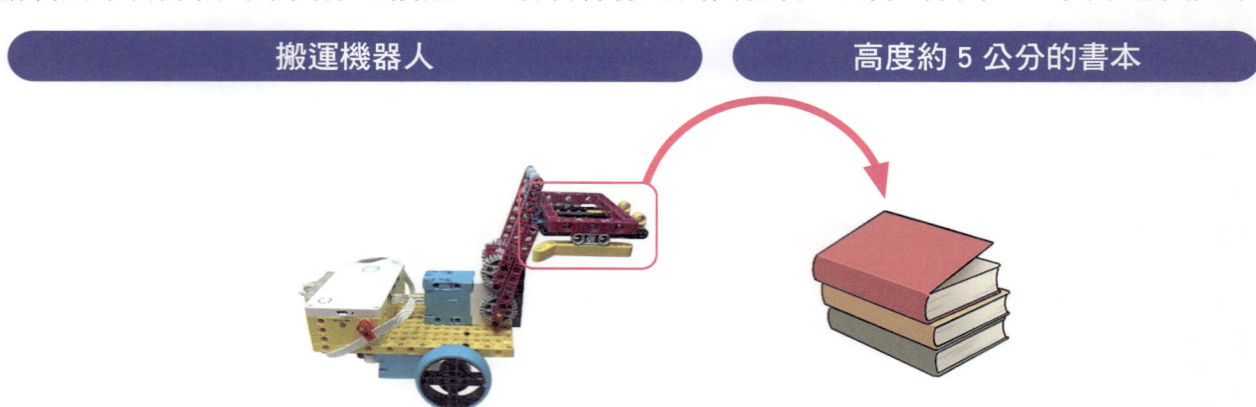

| 搬運機器人 | 高度約 5 公分的書本 |

實際運作程序

| 機器人前進 | 機器人手臂放下(放到底面) |

| 機器人前進(約 5 公分) | 機器人手臂放下(約 1〜2 公分) |

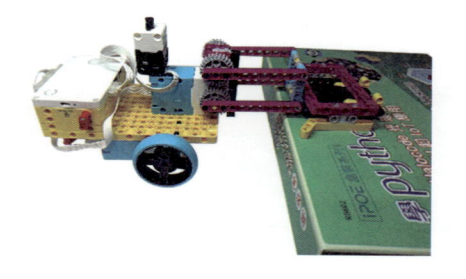

Chapter 6　搬運機器人

機器人後退（約 5 公分）

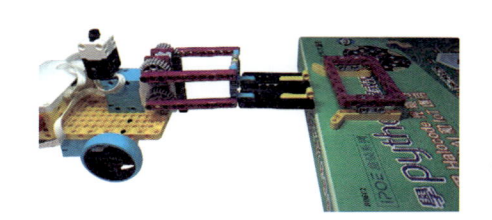

機器人手臂放下（放到底面）

創客題目編號：A038014

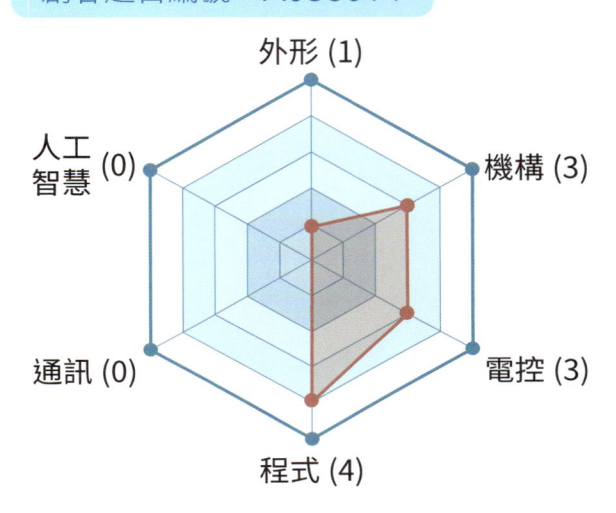

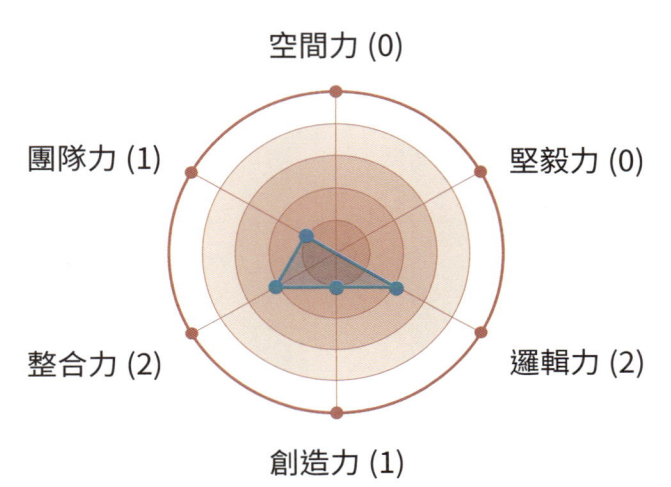

外形 (1)、機構 (3)、電控 (3)、程式 (4)、通訊 (0)、人工智慧 (0)

空間力 (0)、堅毅力 (0)、邏輯力 (2)、創造力 (1)、整合力 (2)、團隊力 (1)

創客學習力

外形	1
機構	3
電控	3
程式	4
通訊	0
人工智慧	0
創客總數	11

實作時間 60 分

創客素養力

空間力	0
堅毅力	0
邏輯力	2
創造力	1
整合力	2
團隊力	1
素養總數	6

NOTE

Chapter 7

機器手臂搬運車

本章學習目標

1. 瞭解組裝機器手臂搬運車及瞭解如何透過機器手臂搬運車來進行活動。
2. 瞭解如何利用 SPIKE 程式來撰寫機器手臂搬運車程式。

本章內容

7-1　機器手臂搬運車

7-2　SPIKE 機器手臂搬運車組裝

7-3　撰寫「SPIKE 機器手臂搬運車」之指引程式

7-4　專題製作：樂高機器手臂搬運車

7-1　機器手臂搬運車

各位有打過桌球嗎？你是否有發現，雖然已經有「自動發球機」，但卻沒有人發明出「自動撿桌球機」？因此，我們可以嘗試將 mBot 基本車改造成撿桌球的機器人。

主題　設計「自動撿桌球機」。
目的　瞭解「自動撿桌球機」機構原理。
優點　可以協助桌球選手撿桌球。
缺點　組裝機構比較複雜。

各位先學會用創意組裝一台「撿桌球機器人」，再撰寫機器人程式，讓機器人協助桌球選手撿桌球，增加學習程式的樂趣。

在本章節中，會利用 SPIKE 套件來設計一台教學用的進階基本車，因此，它要有控制器（主機）、馬達、感測器及相關的樂高零件，來設計一個「SPIKE 機器手臂搬運車」。

設計的三部曲

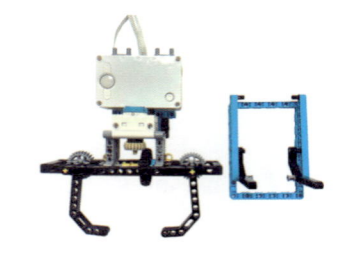

step 1 創意組裝　　step 2 寫程式　　step 3 測試

說明
1. 創意組裝：依照指定「功能及造型」以「感應器及相關配件」結合「主機」。
2. 寫程式：依照指定任務來撰寫處理程序的動作與順序（程式）。
3. 測試：利用 SPIKE 拼圖程式，將程式上傳到「主機」內，並依照指定功能先進行測試。

流程圖

```
開始
 ↓
創意組裝 ┄┄┄ [機器手臂圖]
 ↓
寫程式 ┄┄┄ [程式積木圖]
 ↓
測試 ──失敗──→（回到創意組裝/寫程式）
 ↓ 成功
實際應用在生活上 ┄┄┄ [搬運車圖]
 ↓
結束
```

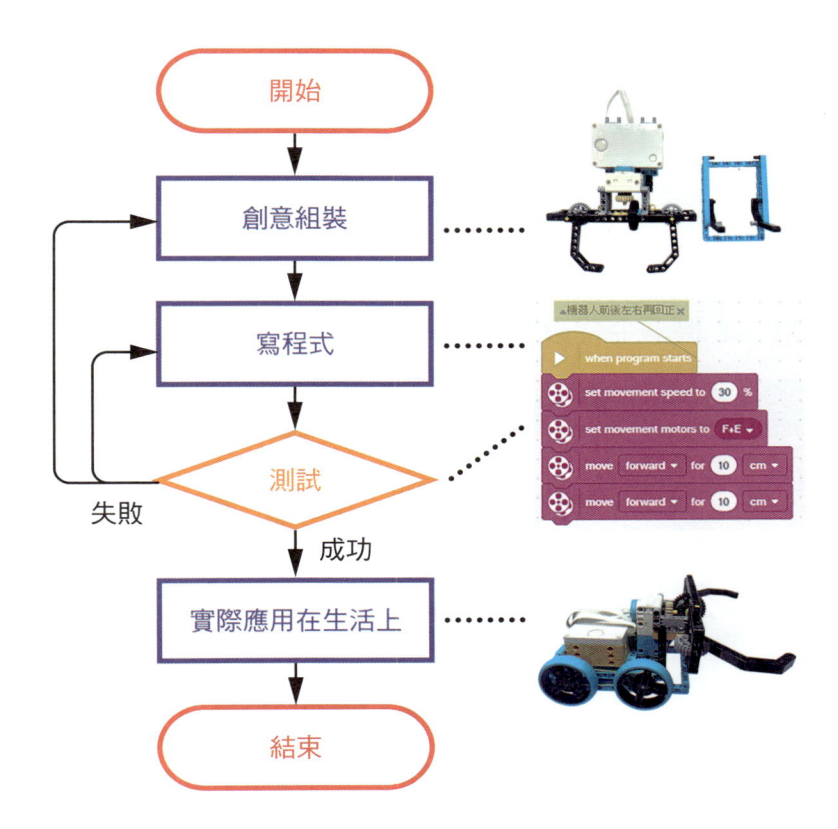

說明

　　從上面的流程圖中，可以清楚瞭解「設計機器人程式」必須要經過三大步驟；在進行第三步驟時，如果無法測試成功，除了要修改程式之外，也要檢查組裝是否正確，並且要反覆地進行測試，直到完全成功為止；最後，就可以將創作的智能裝置，應用在日常生活中。

7-2　SPIKE 機器手臂搬運車組裝

想要製作一台「SPIKE 機器手臂搬運車」時，必須要先準備相關的「主機」、「馬達」、「感測器」及「相關的零件材料」。

7-2.1　零件清單

要製作一台「SPIKE 機器手臂搬運車」時，零件清單如下圖所示：

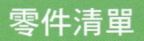

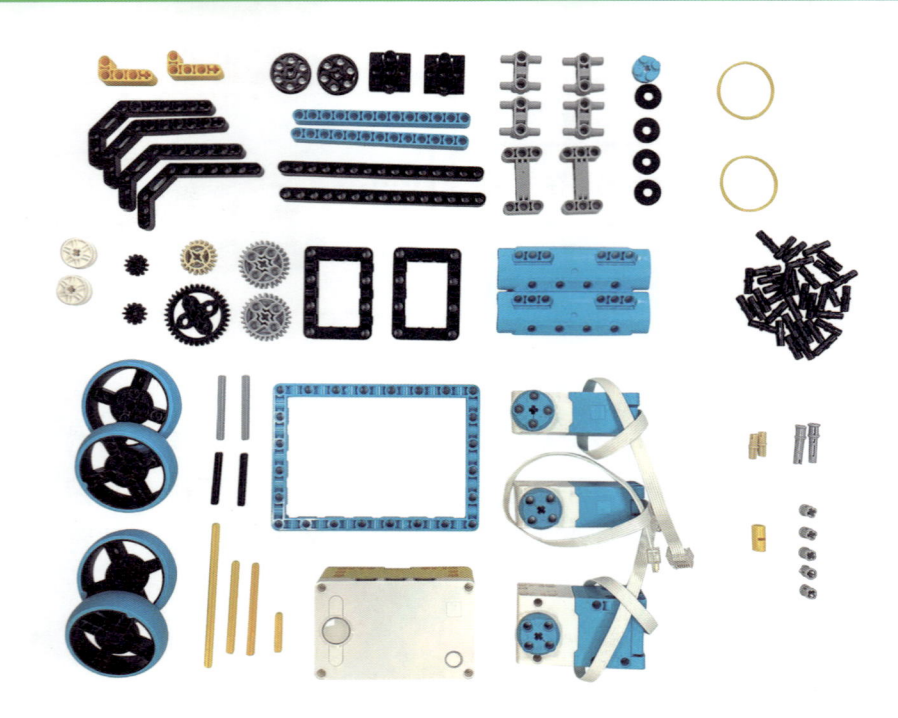

零件清單

7-2.2　組裝指引

在準備好所需要的「主機」、「感測器」、「鋁合金構件」及「相關的材料」之後，接下來，請各位依照以下的步驟，就可以完成作品。

step 1

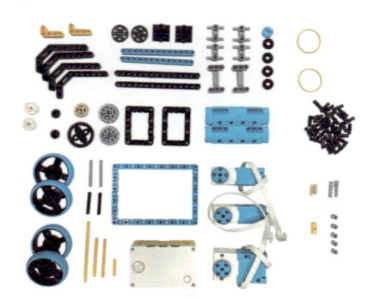

step 2

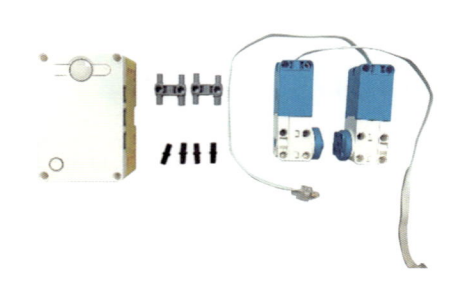

Chapter 7　機器手臂搬運車　141

step 3

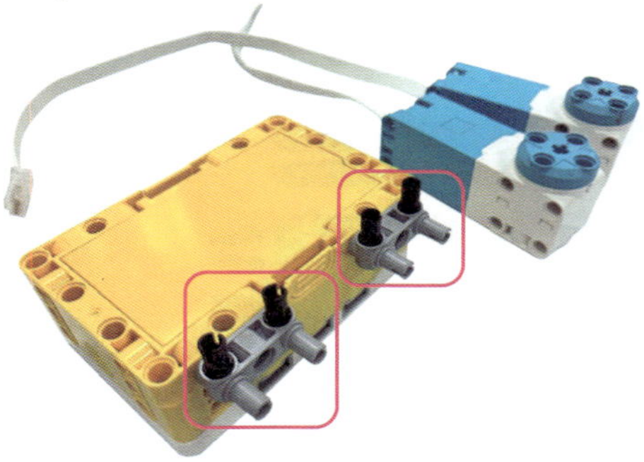

step 4

step 5

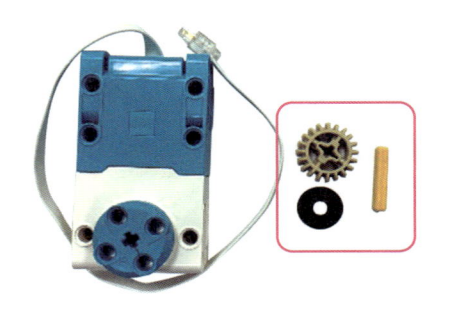

step 6

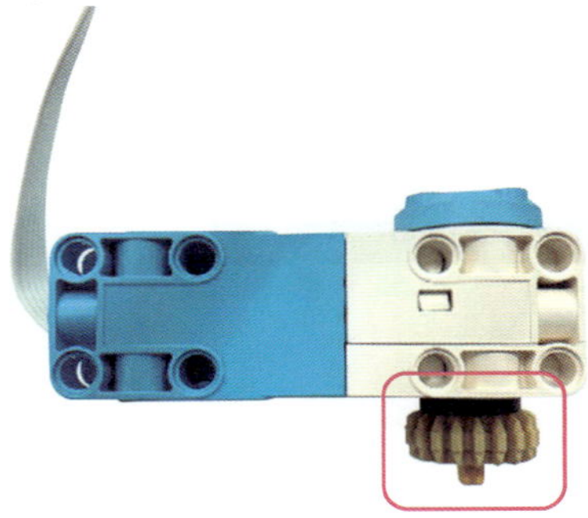

step 7

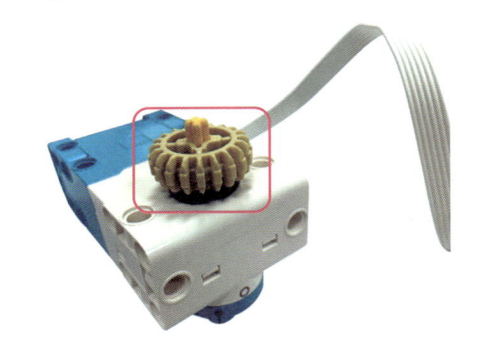

step 8

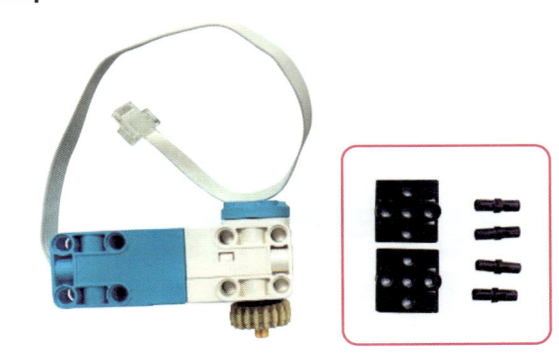

step 9

step 10

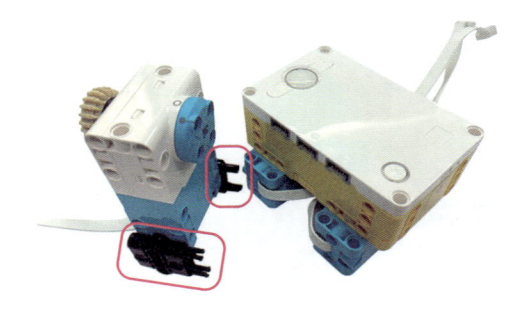

step 11

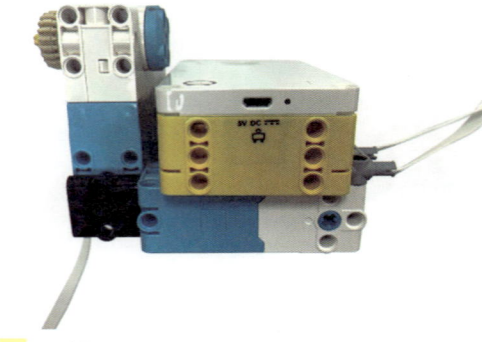

step 12

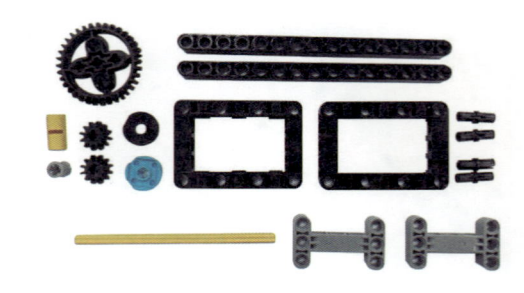

step 13

step 14

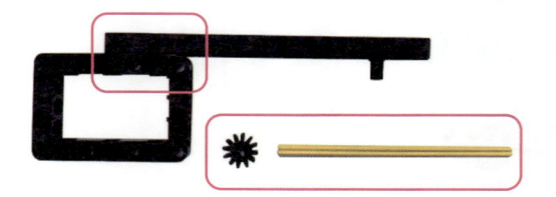

step 15

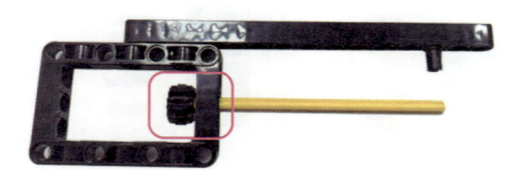

step 16

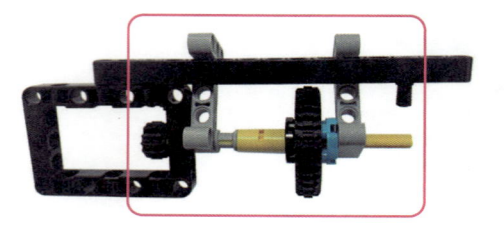

step 17

step 18

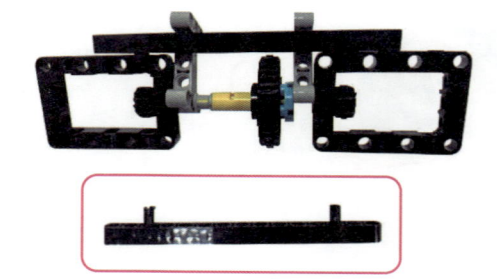

Chapter 7 機器手臂搬運車 143

step 19

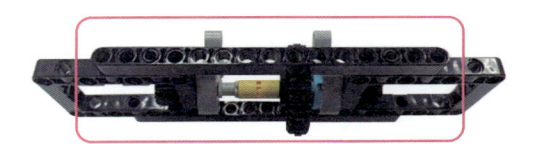

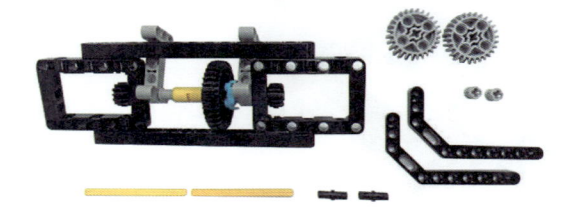

step 20

step 21

step 22

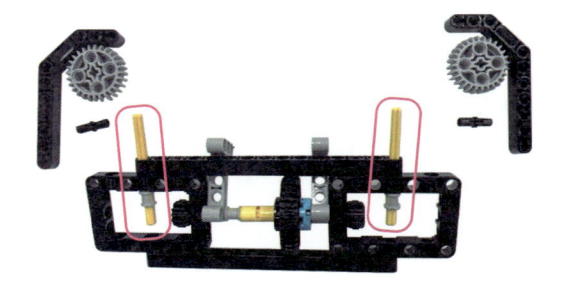

step 23

step 24

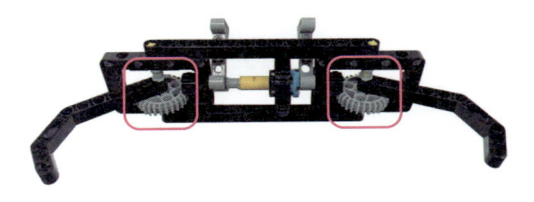

step 25

step 26

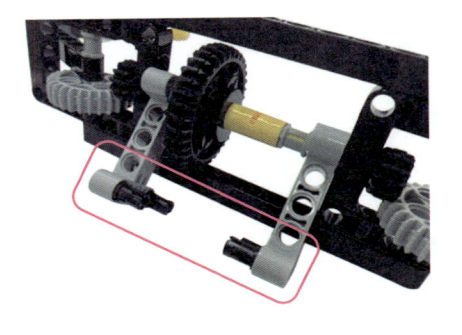

step 27

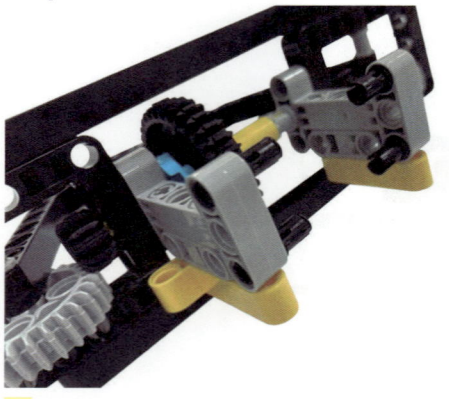

step 28

step 29

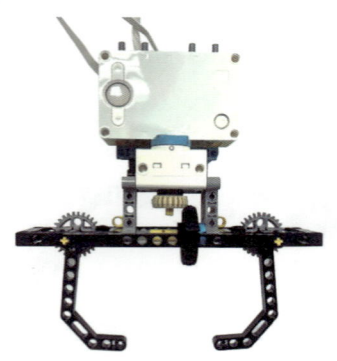

step 30

step 31

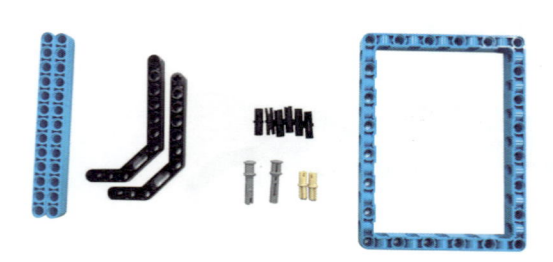

step 32

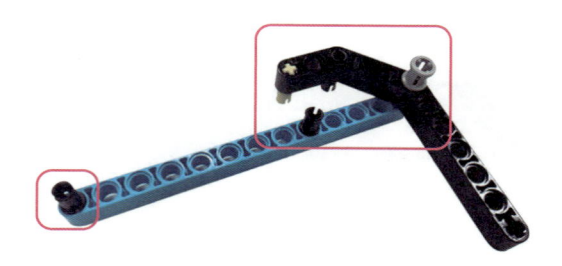

step 33

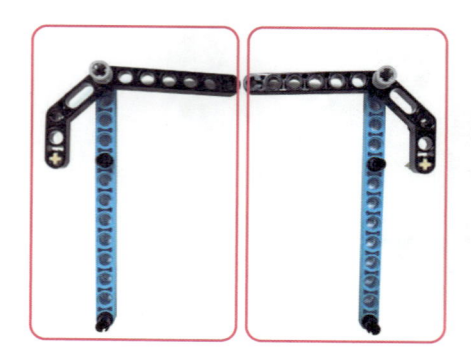

step 34

Chapter 7　機器手臂搬運車　145

step 35

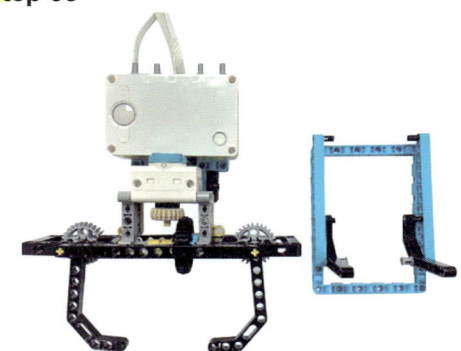

step 36

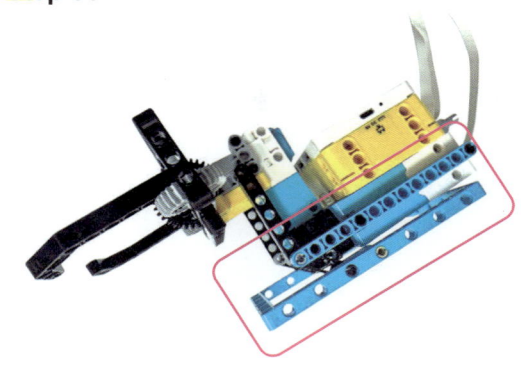

step 37

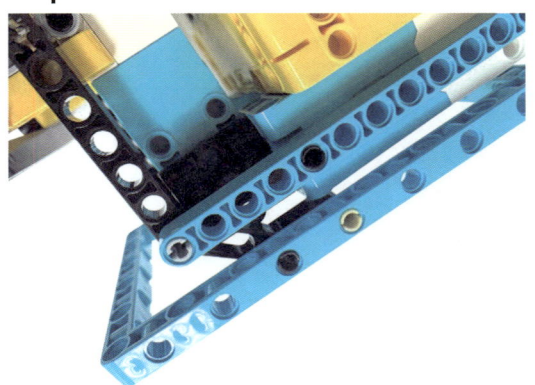

step 38

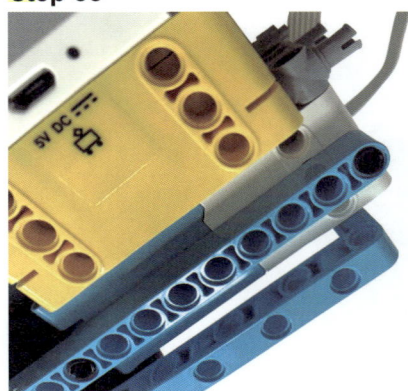

step 39

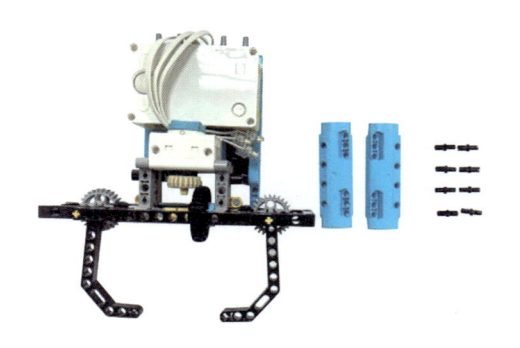

step 40

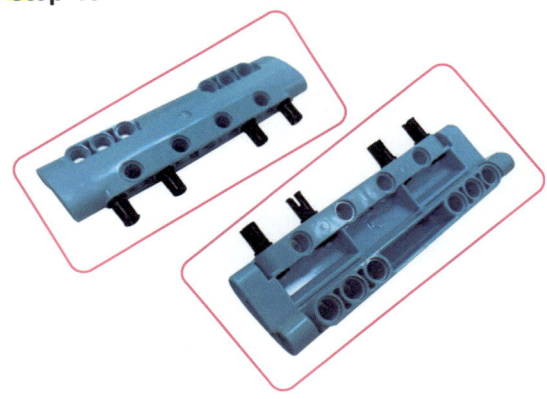

step 41

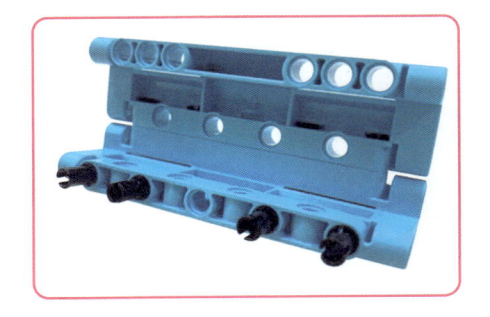

step 42

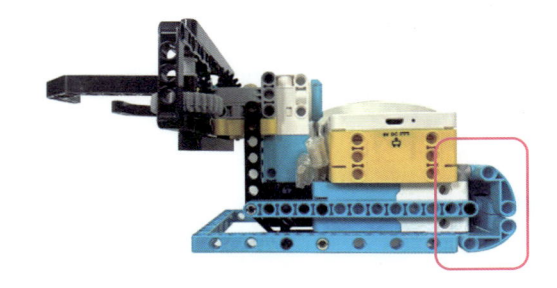

146　新一代樂高 SPIKE Prime 機器人

step 43

step 44

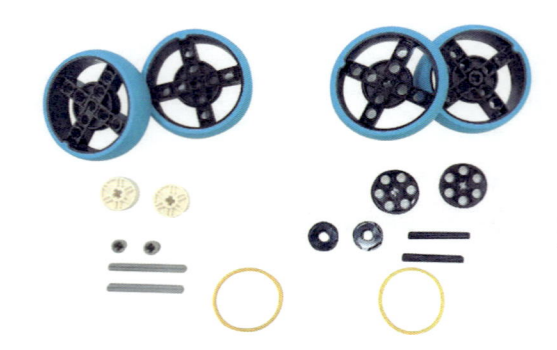

step 45

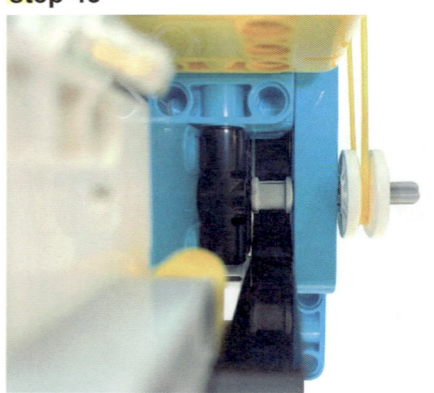

step 46

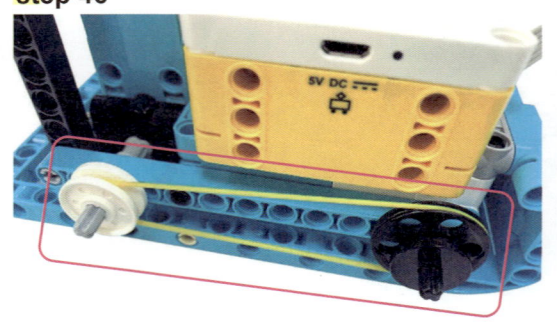

step 47

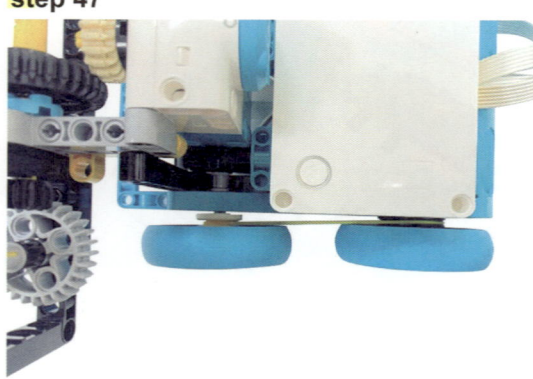

step 48

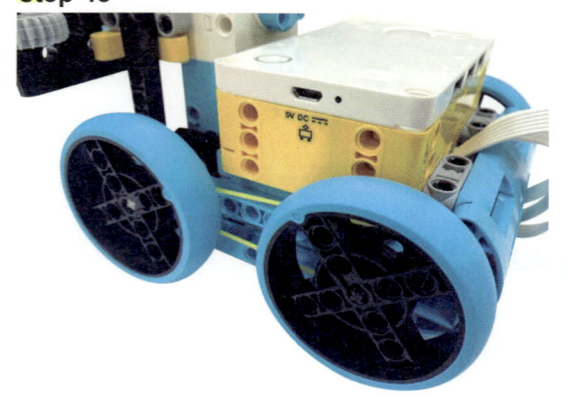

step 49

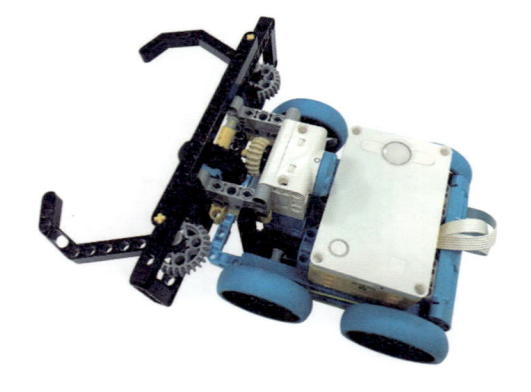

step 50

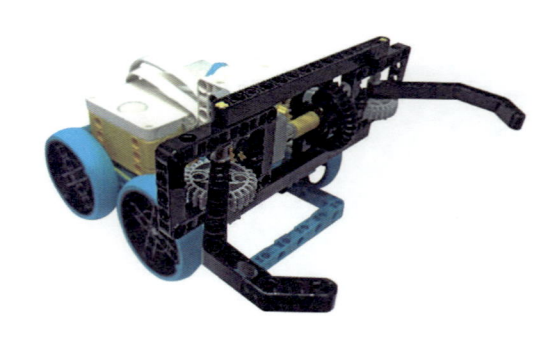

7-3　撰寫「SPIKE 機器手臂搬運車」之指引程式

設計「樂高機器手臂搬運車」程式，必須要先學會大型伺服馬達的角度控制方法：
1. 大型伺服馬達（正轉）：搬運車手臂「打開」。
2. 大型伺服馬達（逆轉）：搬運車手臂「夾住」。

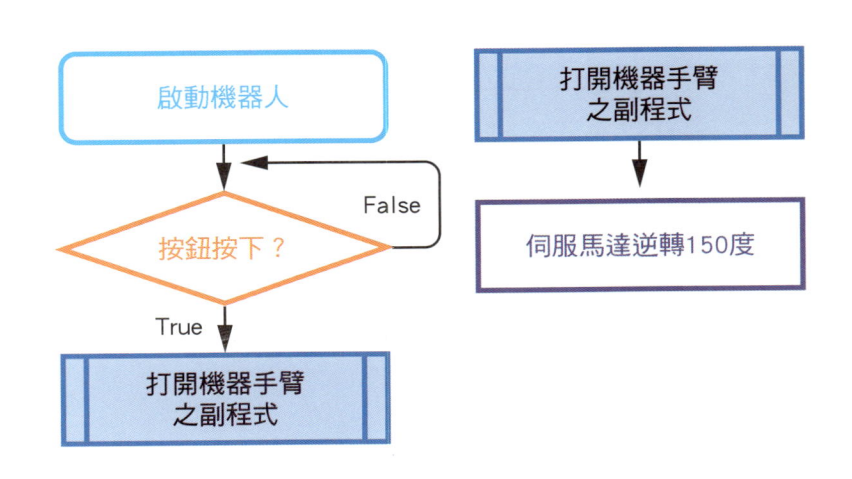

電控元件　大型伺服馬達

大型伺服馬達	說明
	用來設計機器手臂

主題 ❶　搬運車手臂「打開」。

示意圖

原來狀態	手臂「打開」

流程圖

啟動機器人
↓
按鈕按下？ ── False ──↺
↓ True
打開機器手臂之副程式

打開機器手臂之副程式
↓
伺服馬達逆轉150度

程式

```
when program starts
D ▼ set speed to 15 %
打開機器手臂之副程式

define 打開機器手臂之副程式
D ▼ run ↺ ▼ for 150 degrees ▼
```

主題 ❷ 搬運車手臂「夾住」。

示意圖

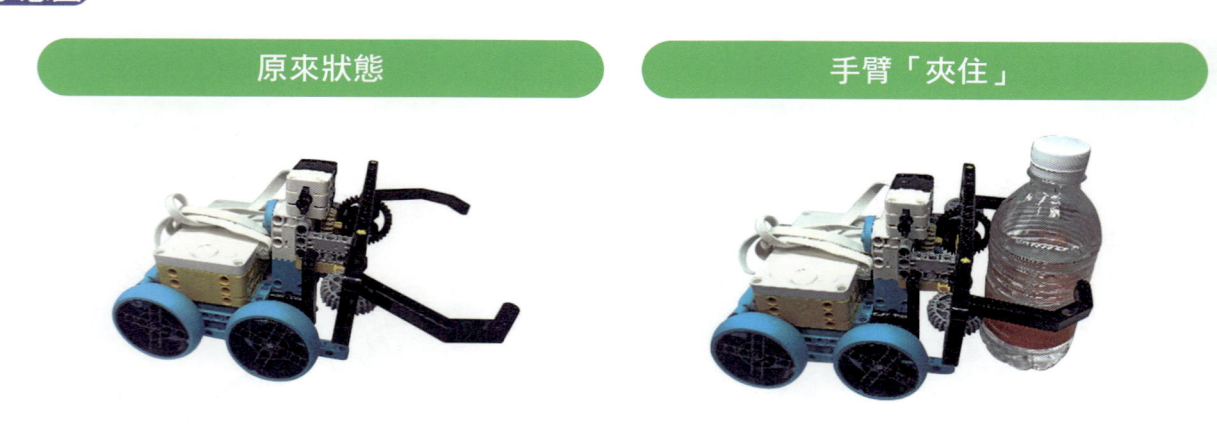

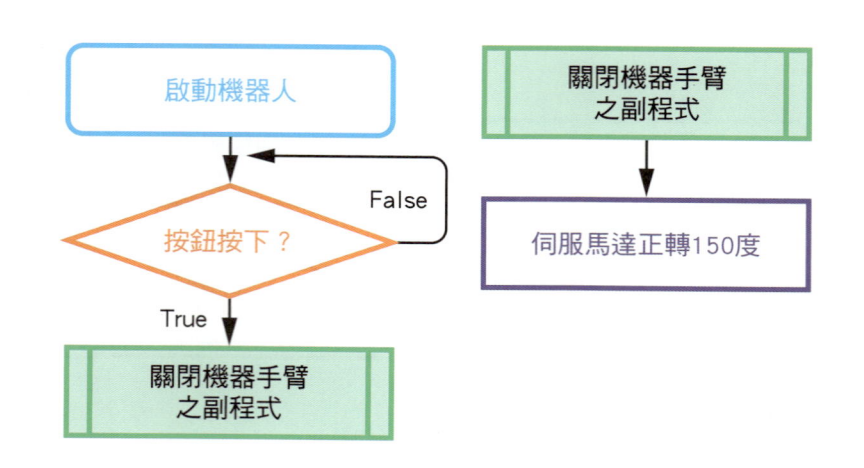

| 原來狀態 | 手臂「夾住」 |

流程圖

啟動機器人 → 按鈕按下？ — False → (迴圈)
True ↓
關閉機器手臂之副程式

關閉機器手臂之副程式 → 伺服馬達正轉150度

程式

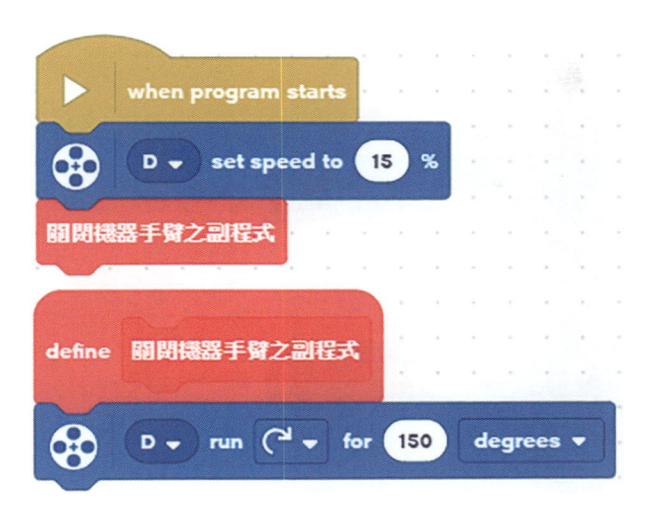

```
when program starts
D ▼ set speed to 15 %
關閉機器手臂之副程式

define 關閉機器手臂之副程式
D ▼ run ↻ for 150 degrees ▼
```

主題 ③ 搬運車手臂「打開及夾住」來回二次。

示意圖

原來狀態　　　　　　　往下

來回 2 次

流程圖

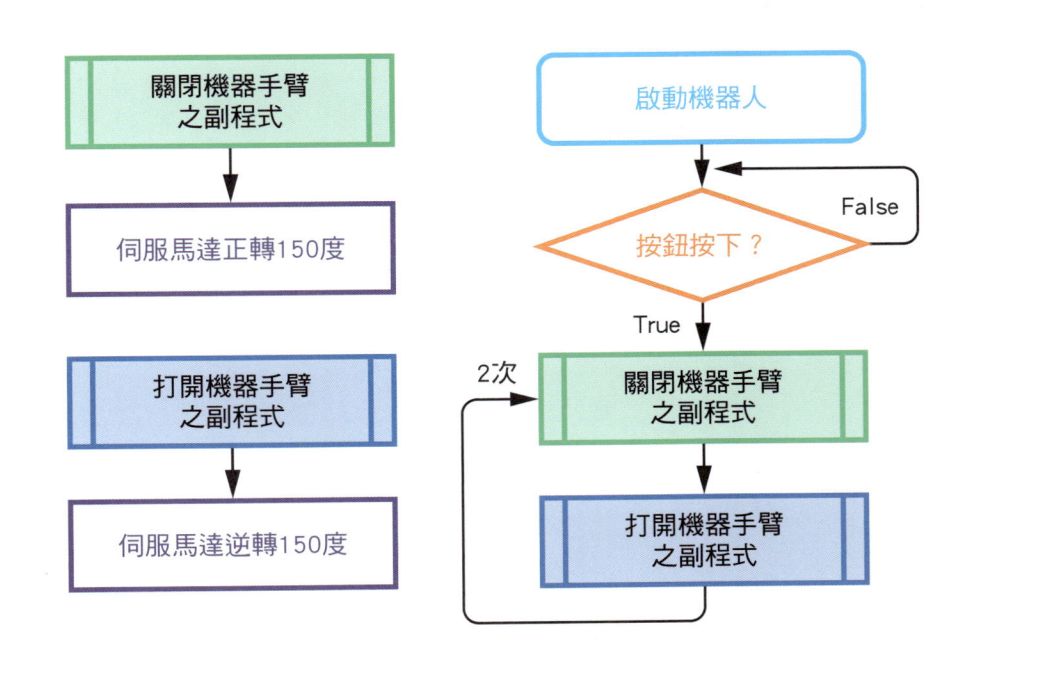

關閉機器手臂之副程式
↓
伺服馬達正轉150度

打開機器手臂之副程式
↓
伺服馬達逆轉150度

啟動機器人
↓
按鈕按下？ — False（迴圈）
↓ True
關閉機器手臂之副程式
↓
打開機器手臂之副程式
（2次迴圈）

程式

define 關閉機器手臂之副程式
D ▼ run ↻ for 150 degrees ▼

define 打開機器手臂之副程式
D ▼ run ↺ for 150 degrees ▼

when program starts
D ▼ set speed to 15 %
repeat 2
　關閉機器手臂之副程式
　打開機器手臂之副程式

主題 ④ 搭配「觸碰感測器」，當「按下」時，手臂「夾住」；當「放開」時，手臂「打開」。

示意圖

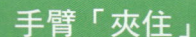

手臂「夾住」　　　　　　　　　手臂「打開」

按下　　　　　　　　　　　　　放開

Chapter 7　機器手臂搬運車

流程圖

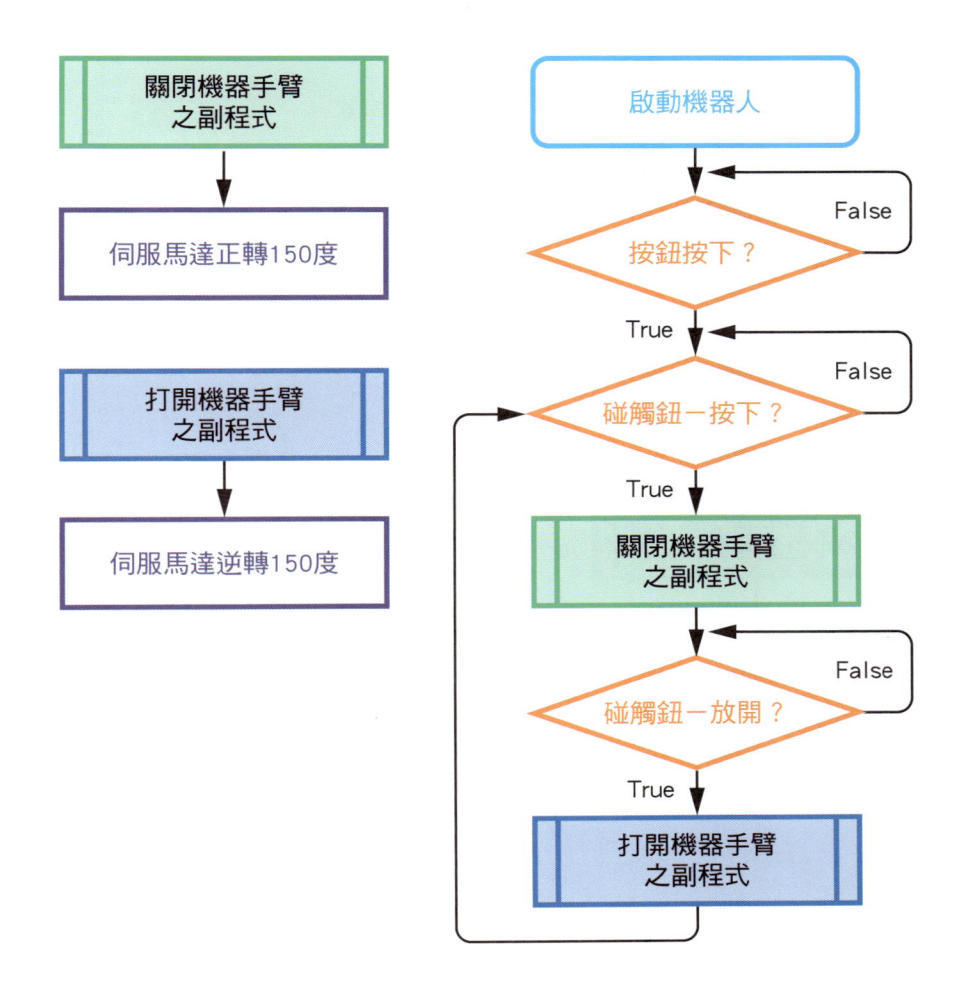

關閉機器手臂之副程式
↓
伺服馬達正轉150度

打開機器手臂之副程式
↓
伺服馬達逆轉150度

啟動機器人
↓
按鈕按下？ — False（迴圈）
↓ True
碰觸鈕一按下？ — False（迴圈）
↓ True
關閉機器手臂之副程式
↓
碰觸鈕一放開？ — False（迴圈）
↓ True
打開機器手臂之副程式
（回到碰觸鈕一按下？）

程式

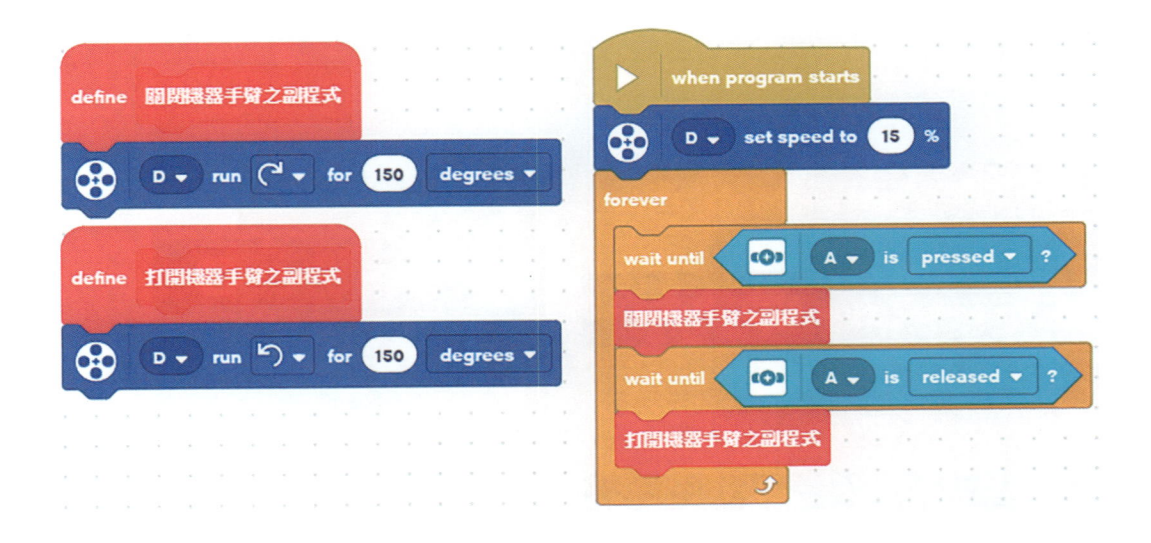

define 關閉機器手臂之副程式
　D run ↻ for 150 degrees

define 打開機器手臂之副程式
　D run ↺ for 150 degrees

when program starts
　D set speed to 15 %
　forever
　　wait until A is pressed ?
　　關閉機器手臂之副程式
　　wait until A is released ?
　　打開機器手臂之副程式

主題 ❺ 搭配「顏色感測器」，當偵測到「白色」時，手臂「打開」；偵測到「黑色」時，手臂「夾住」。

流程圖

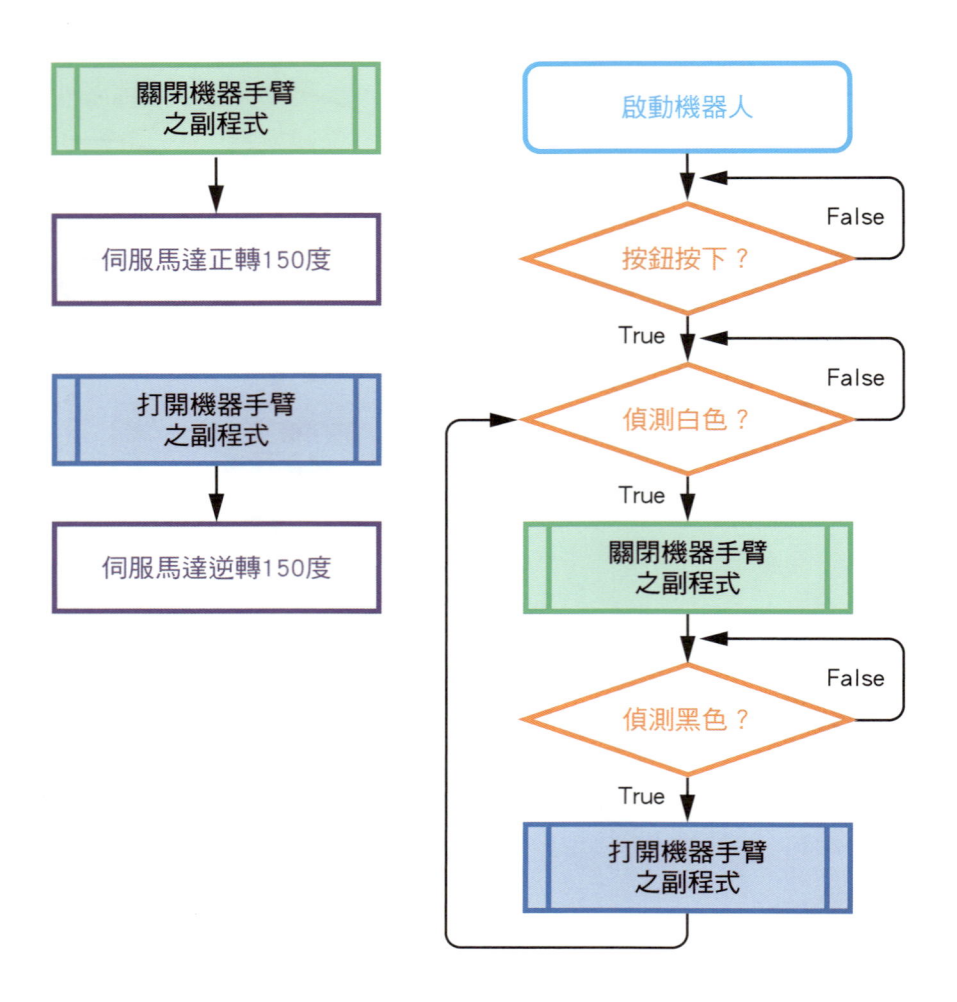

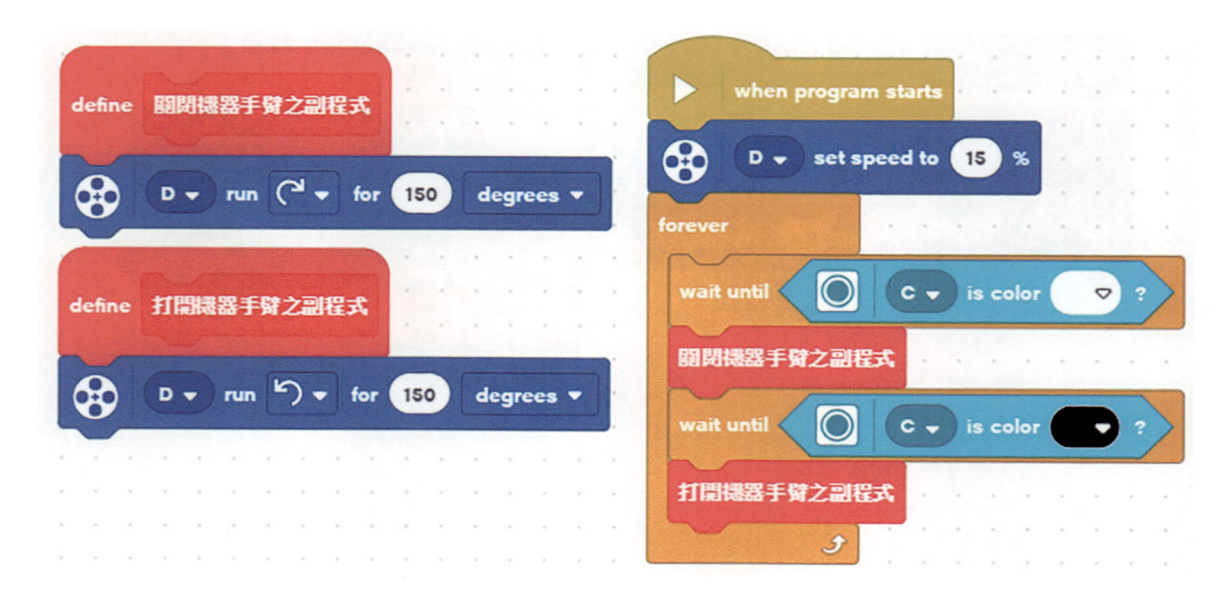

```
關閉機器手臂之副程式
        ↓
伺服馬達正轉150度


打開機器手臂之副程式
        ↓
伺服馬達逆轉150度
```

```
啟動機器人
    ↓
按鈕按下？ ── False ──↑
    ↓ True
偵測白色？ ── False ──↑
    ↓ True
關閉機器手臂之副程式
    ↓
偵測黑色？ ── False ──↑
    ↓ True
打開機器手臂之副程式
    ↺（回到偵測白色？）
```

程式

主題 ❻ 搭配「超音波感測器」，當偵測到有人靠近時，手臂「打開」；否則，手臂「往下」。

流程圖

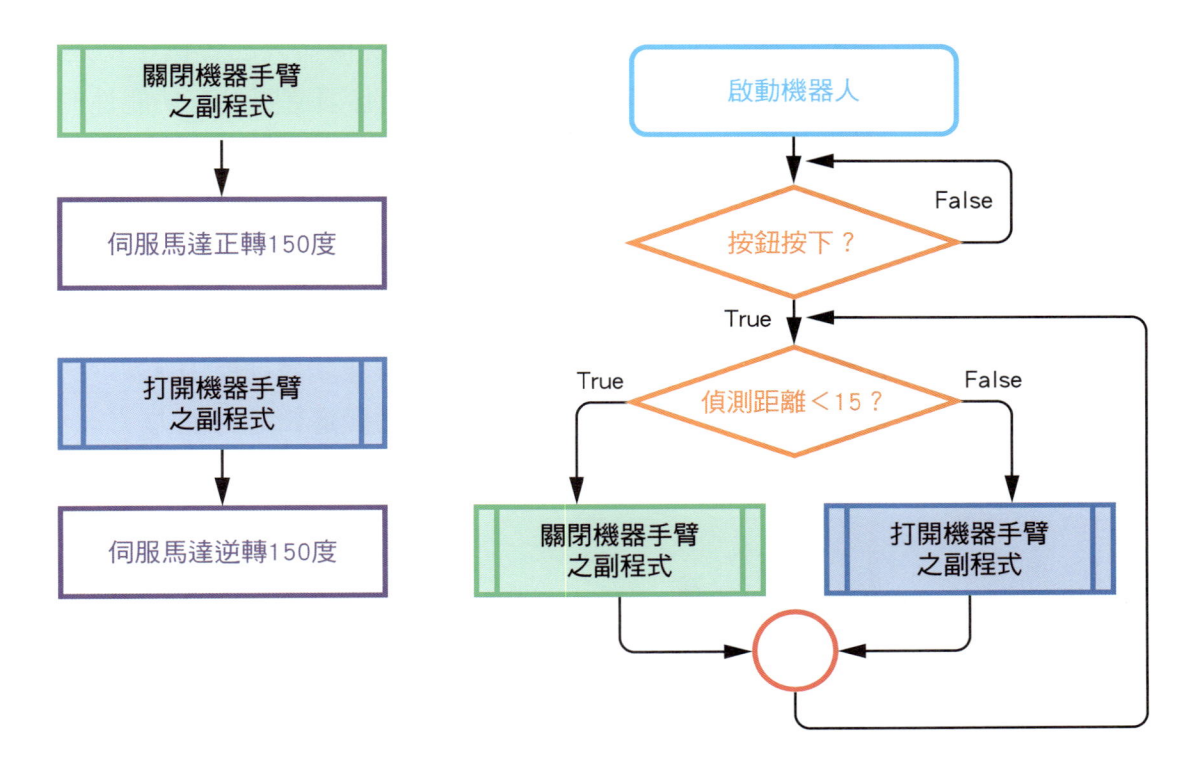

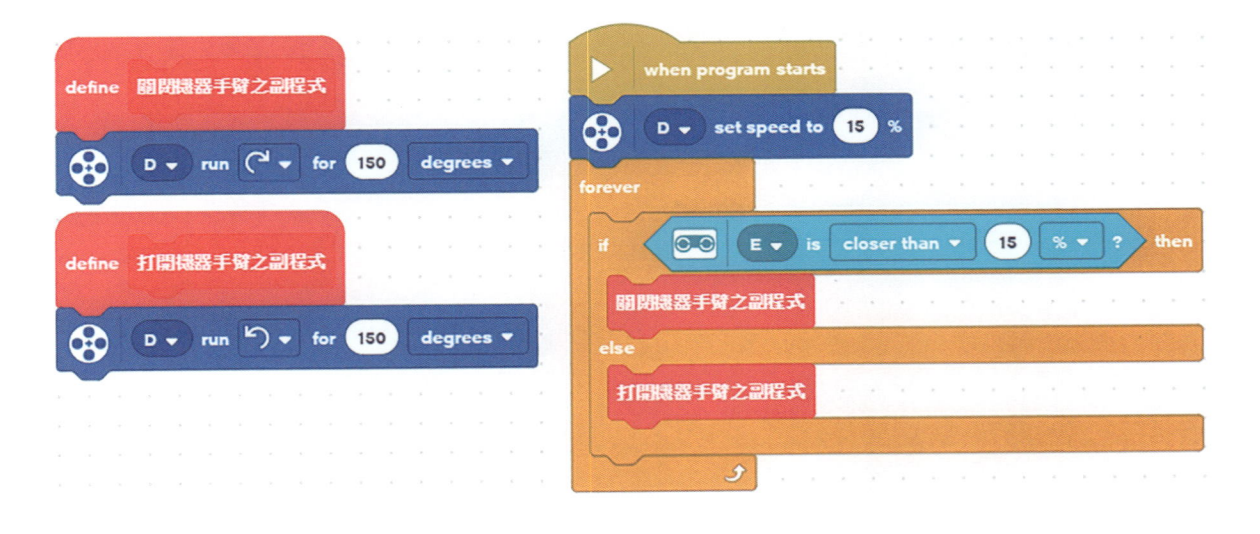

```
關閉機器手臂              啟動機器人
之副程式                      ↓
    ↓                    ◇ 按鈕按下？ ──False──┐
伺服馬達正轉150度          │True               │
                           ↓                   │
打開機器手臂         ◇ 偵測距離＜15？ ──False──┤
之副程式          True↓           ↓False       │
    ↓         關閉機器手臂    打開機器手臂     │
伺服馬達逆轉150度  之副程式      之副程式       │
                         ↓         ↓           │
                         ○─────────┴───────────┘
```

程式

7-4 專題製作：樂高機器手臂搬運車

主題發想

　　樂高基本車或樂高進階車，都是為了訓練讀者瞭解 SPIKE 機器人的主機、馬達及感測器的應用而設計，但是，如果將為人類解決特定問題時，那就必須還要具有功能性的機構。

　　雖然在第六章時，我們已經學會如何設計「搬運堆高機」，但是，它無法提供機器手臂來「水平搬運」；因此，在本單元的專題製作中，筆者開發設計「機器手臂搬運車」，透過「機器手臂」來「抓取物件」，模擬人類的手臂以拿取物品。

主題目的　1. 模擬人類的手臂以拿取物品。
　　　　　　2. 學會機器手臂搬運車「機構設計」，訓練觀察與空間轉換能力。
　　　　　　3. 學會機器手臂搬運車「程式設計」，訓練專注力與邏輯思考能力。

完成圖

缺點　組裝機構比較複雜。

流程圖

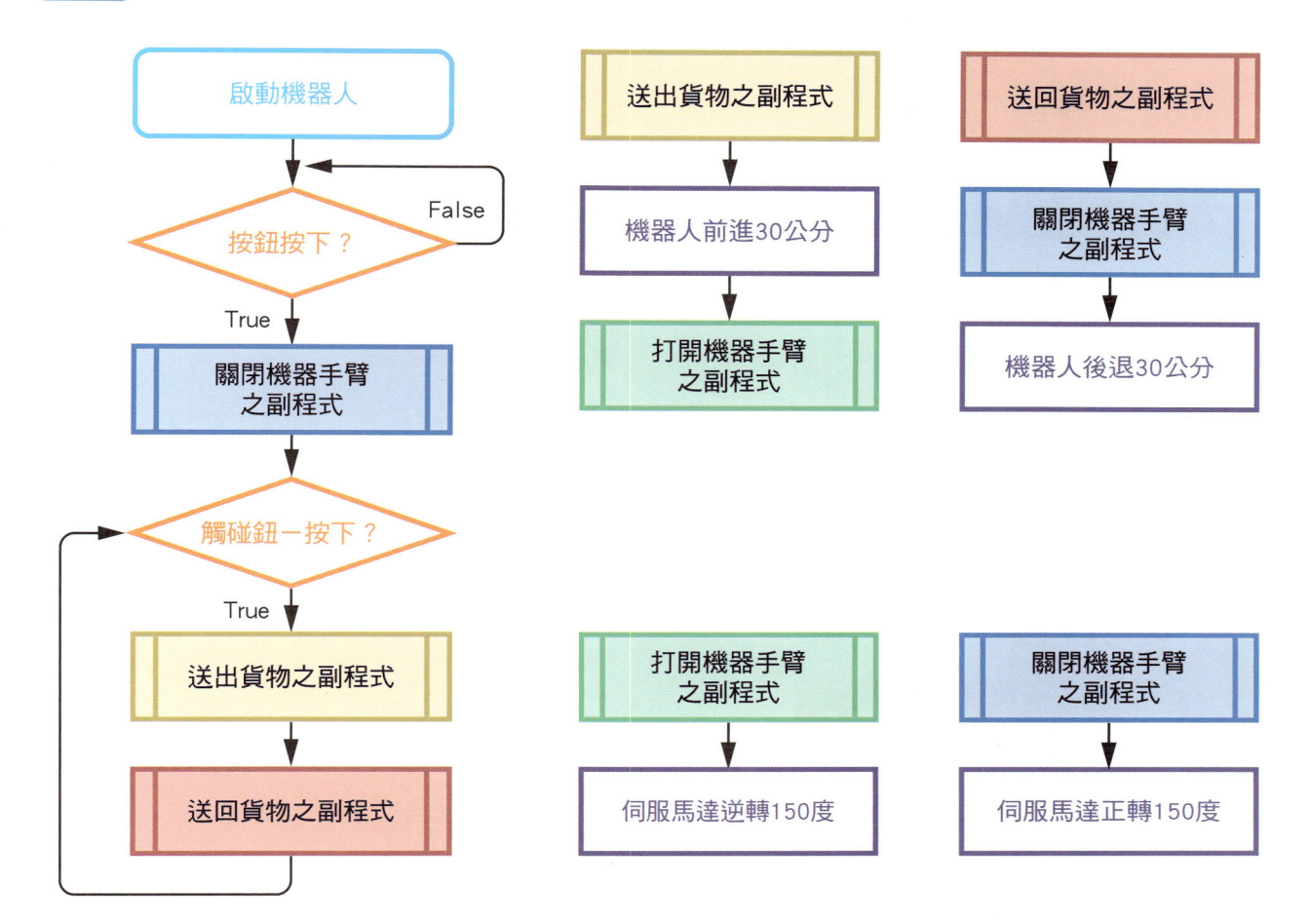

主流程
啟動機器人 → 按鈕按下？
- False → 回到判斷
- True → 關閉機器手臂之副程式 → 觸碰鈕一按下？
  - True → 送出貨物之副程式 → 送回貨物之副程式 →（迴圈回到觸碰鈕判斷）

送出貨物之副程式
送出貨物之副程式 → 機器人前進30公分 → 打開機器手臂之副程式 → 伺服馬達逆轉150度

送回貨物之副程式
送回貨物之副程式 → 關閉機器手臂之副程式 → 機器人後退30公分 → 關閉機器手臂之副程式 → 伺服馬達正轉150度

撰寫程式

1. 主程式

```
when program starts
set movement speed to 50 %
set movement motors to F+B
D set speed to 30 %
關閉機器手臂之副程式
forever
    wait until (A is pressed ?)
    送出貨物之副程式
    送回貨物之副程式
```

2. 定義「關閉機器手臂之副程式」

```
define 關閉機器手臂之副程式
D run ↻ for 150 degrees
```

3. 定義「打開機器手臂之副程式」

define 打開機器手臂之副程式
D ▼ run ↺ ▼ for 150 degrees ▼

4. 定義「送出貨物之副程式」

define 送出貨物之副程式
move ↑ ▼ for 30 cm ▼
wait 1 seconds
打開機器手臂之副程式

5. 定義「送回貨物之副程式」

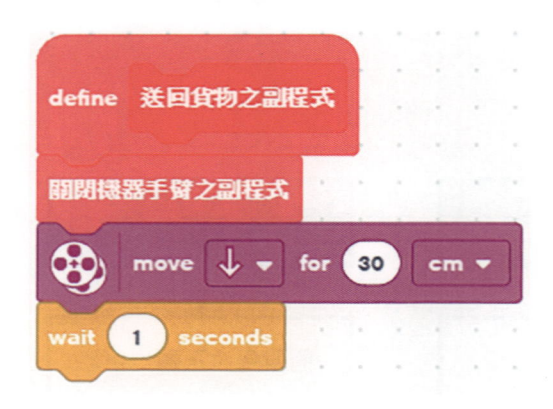

define 送回貨物之副程式
關閉機器手臂之副程式
move ↓ ▼ for 30 cm ▼
wait 1 seconds

習題

題目名稱 機器人搬運保特瓶

題目說明

機器人硬體規定

1. 機器人自主方式來搬運保特瓶。
2. 機器人的長、寬高必須小於 25 公分。

機器手臂打開

機器手臂夾保特瓶

使用長度2.5公尺、寬度1公尺的木板進行比賽,並於木板的「貨物區」擺放「保特瓶(300～600ml)」。

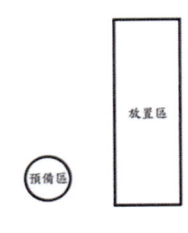

新一代樂高 SPIKE Prime 機器人

創客題目編號：A038015

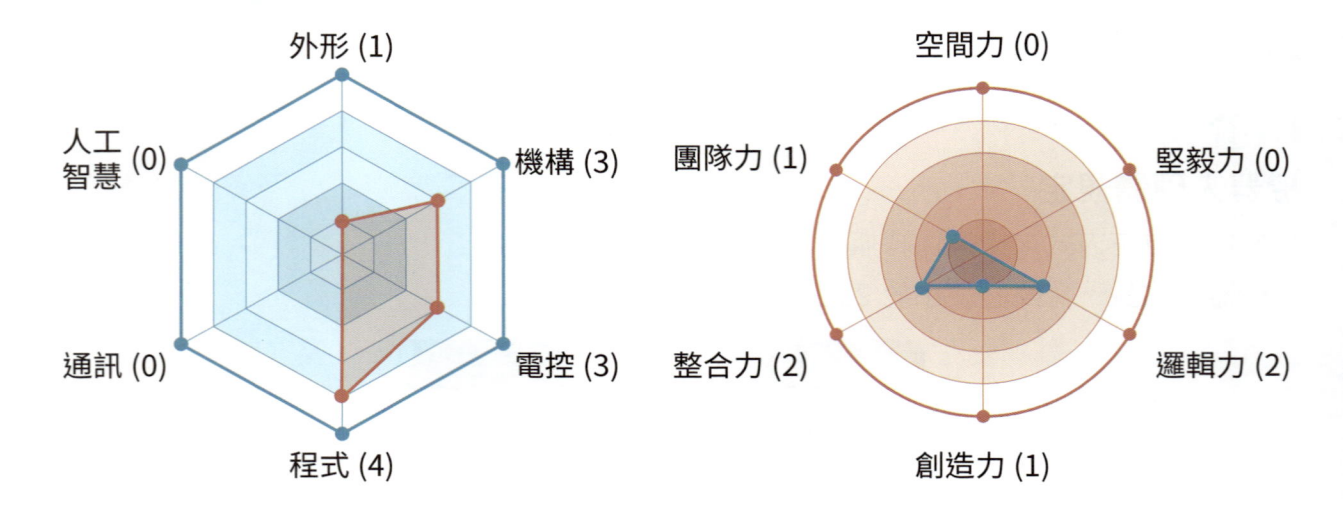

外形 (1)
機構 (3)
電控 (3)
程式 (4)
通訊 (0)
人工智慧 (0)

空間力 (0)
堅毅力 (0)
邏輯力 (2)
創造力 (1)
整合力 (2)
團隊力 (1)

創客學習力

外形	1
機構	3
電控	3
程式	4
通訊	0
人工智慧	0
創客總數	11

實作時間 **60 分**

創客素養力

空間力	0
堅毅力	0
邏輯力	2
創造力	1
整合力	2
團隊力	1
素養總數	6

Chapter 8

工業堆高機

本章學習目標

1. 瞭解組裝工業堆高機及瞭解如何透過工業堆高機來進行活動。
2. 瞭解如何利用 SPIKE 程式來撰寫工業堆高機程式。

本章內容

8-1 工業堆高機

8-2 SPIKE 工業堆高機組裝

8-3 撰寫「SPIKE 工業堆高機」之指引程式

8-4 專題製作：樂高工業堆高機

8-1 工業堆高機

前面介紹的工程車,雖然可以協助人類搬運物品,但是它只能在「水平面」搬運,而無法「垂直搬運;因此,在 mBot 基本車前方加裝「滑輪樂高零件」,再於後方加裝「直流馬達」及「相關零件」,就可以改造成吊車機器人。

主題 設計「吊車機器人」。

目的 垂直搬運重物。

各位先學會用創意組裝一台「吊車機器人」,再撰寫機器人程式,讓機器人可以「垂直搬運重物」,增加學習程式的樂趣。

在本章節中,會利用 SPIKE 套件來設計一台教學用的進階基本車,因此,它要有控制器(主機)、馬達、感測器及相關的樂高零件,來設計一個「SPIKE 工業堆高機」。

設計的三部曲

step 1 創意組裝

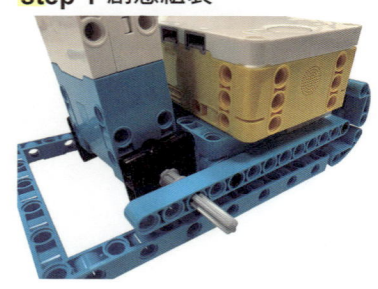

step 2 寫程式

step 3 測試

說明 1. 創意組裝：依照指定「功能及造型」以「感應器及相關配件」結合「主機」。
2. 寫程式：依照指定任務來撰寫處理程序的動作與順序（程式）。
3. 測試：利用 SPIKE 拼圖程式，將程式上傳到「主機」內，並依照指定功能先進行測試。

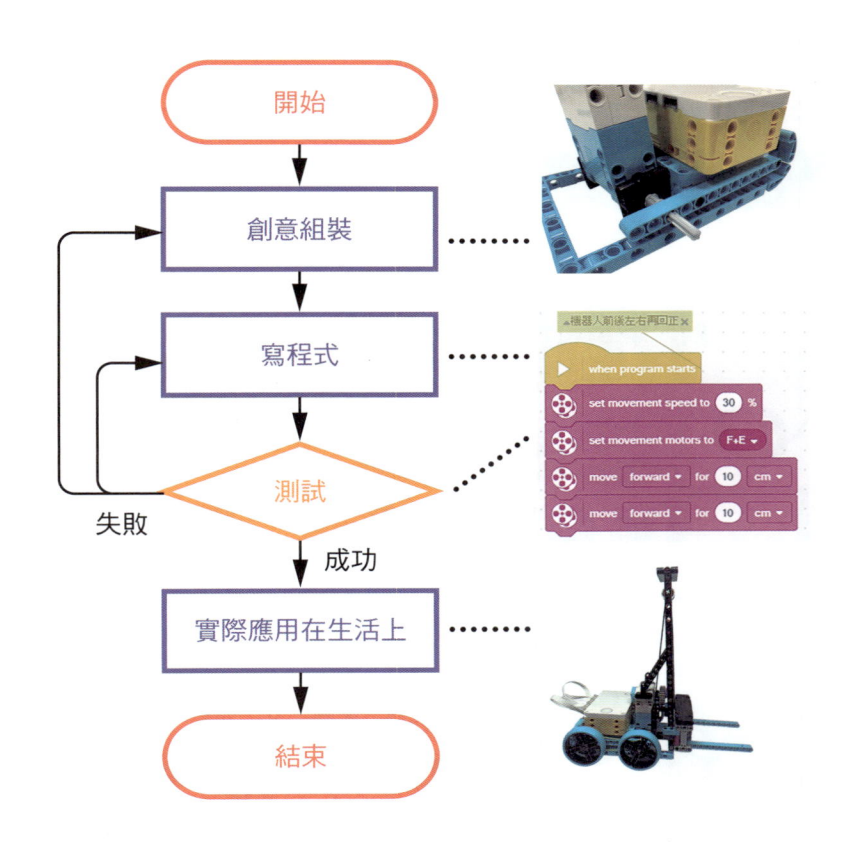

流程圖

開始 → 創意組裝 → 寫程式 → 測試 →（失敗：回到創意組裝／寫程式；成功）→ 實際應用在生活上 → 結束

說明

從上面的流程圖中，可以清楚瞭解「設計機器人程式」必須要經過三大步驟；在進行第三步驟時，如果無法測試成功，除了要修改程式之外，也要檢查組裝是否正確，並且要反覆地進行測試，直到完全成功為止；最後，就可以將創作的智能裝置，應用在日常生活中。

8-2　SPIKE 工業堆高機組裝

想要製作一台「SPIKE 工業堆高機」時，必須要先準備相關的「主機」、「馬達」、「感測器」及「相關的零件材料」。

8-2.1　零件清單

要製作一台「SPIKE 工業堆高機」時，零件清單如下圖所示：

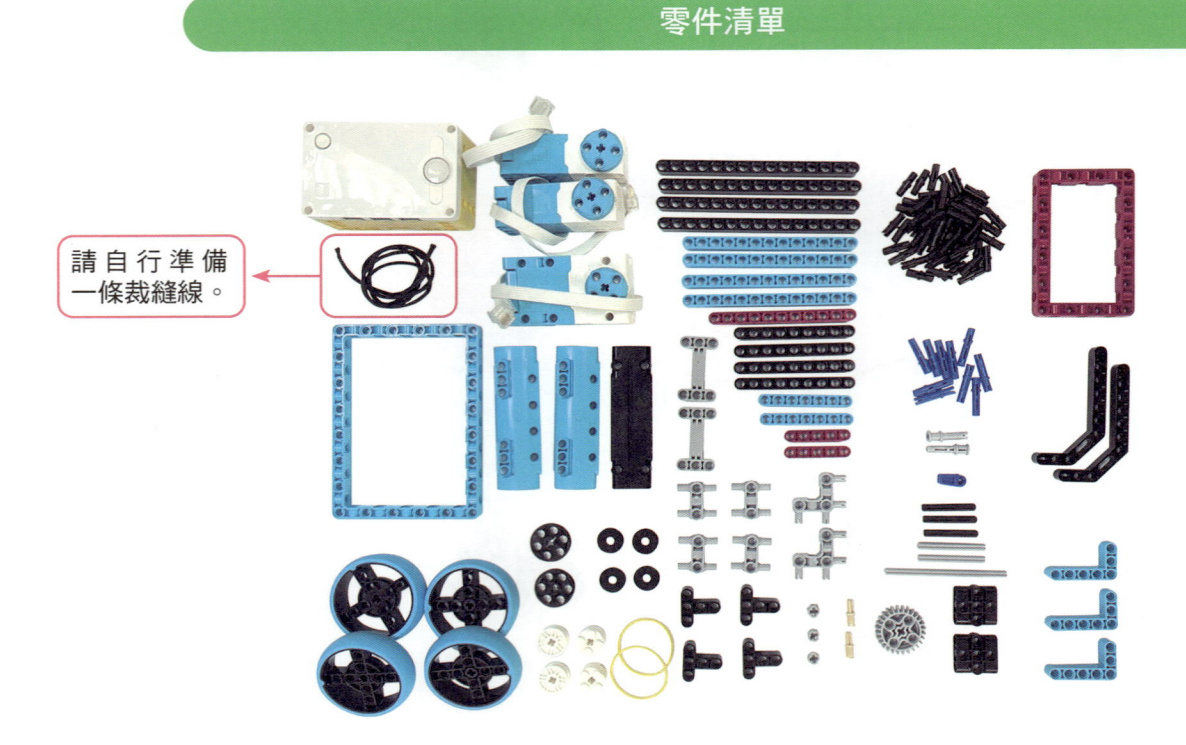

零件清單

請自行準備一條裁縫線。

8-2.2　組裝指引

在準備好所需要的「主機」、「感測器」、「鋁合金構件」及「相關的材料」之後，接下來，請各位依照以下的步驟，就可以完成作品。

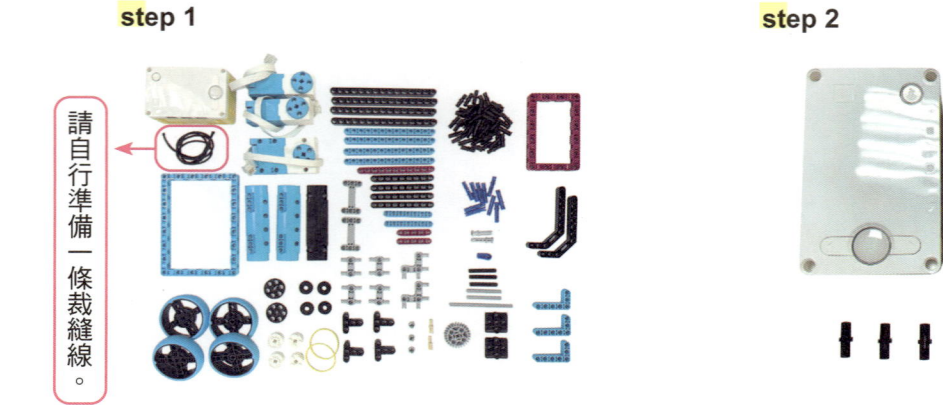

step 1

請自行準備一條裁縫線。

step 2

Chapter 8　工業堆高機　163

step 3

step 4

step 5

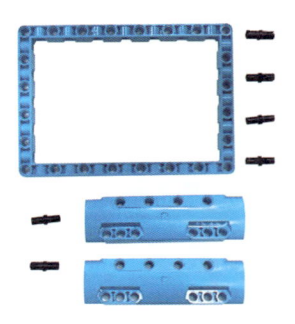

step 6

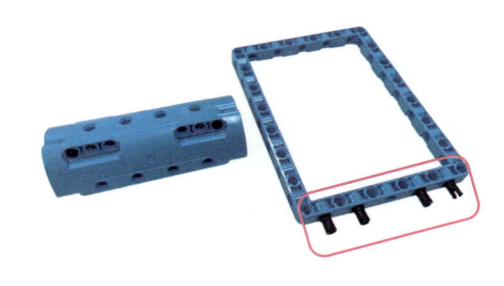

step 7

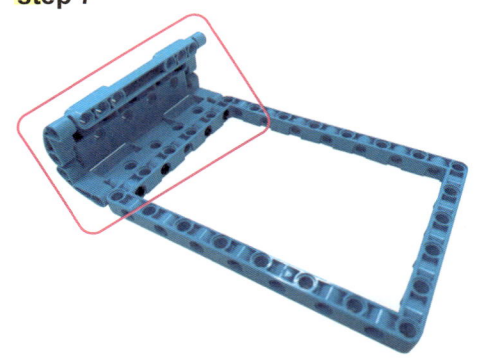

step 8

step 9

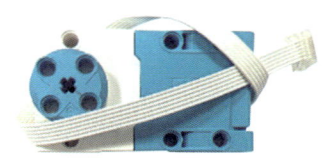

step 10

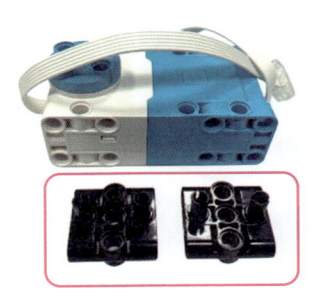

step 11

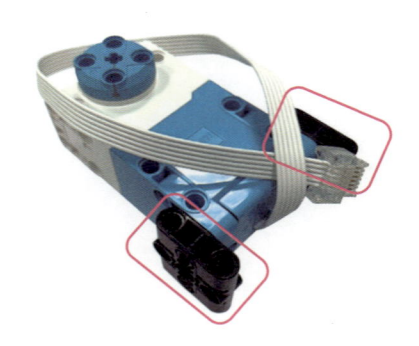

step 12

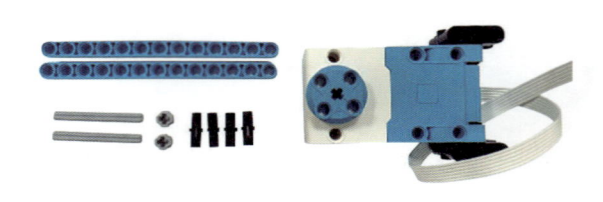

step 13

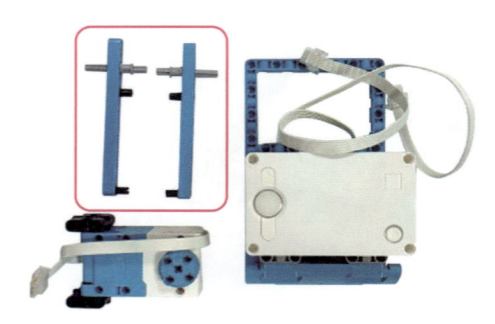

step 14

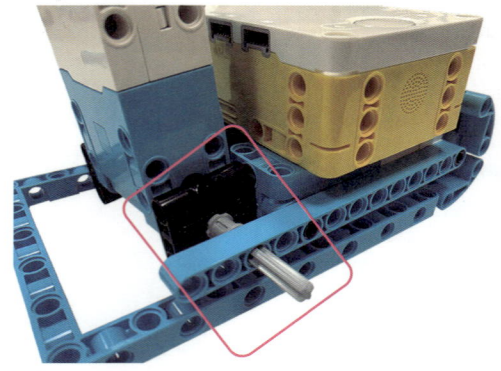

step 15

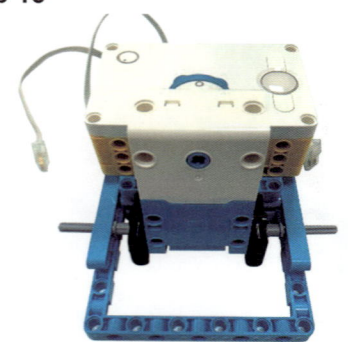

step 16

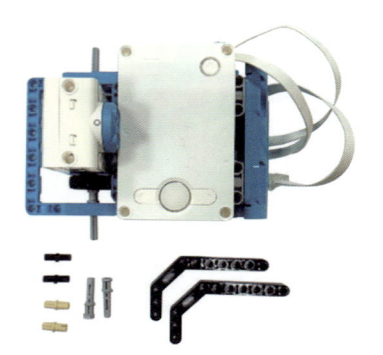

step 17

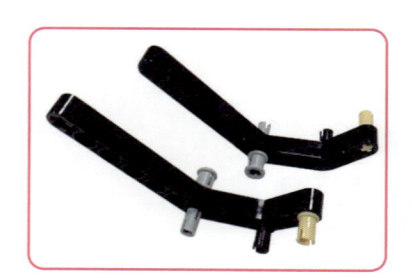

step 18

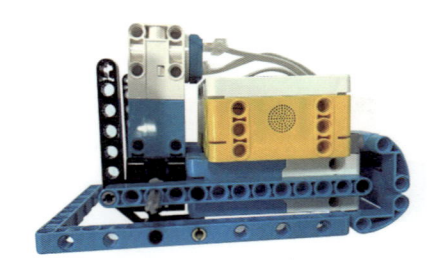

Chapter 8　工業堆高機　165

step 19

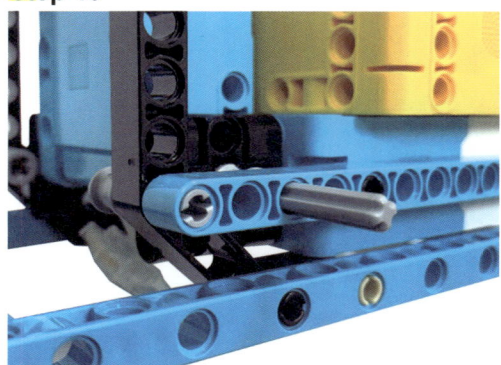

step 20

step 21

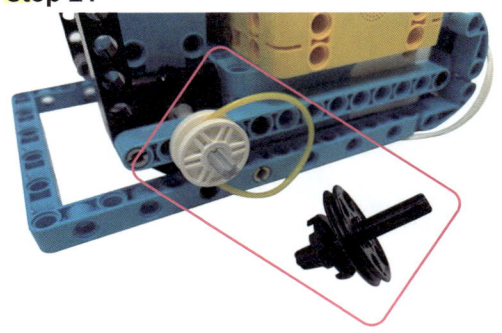

step 22

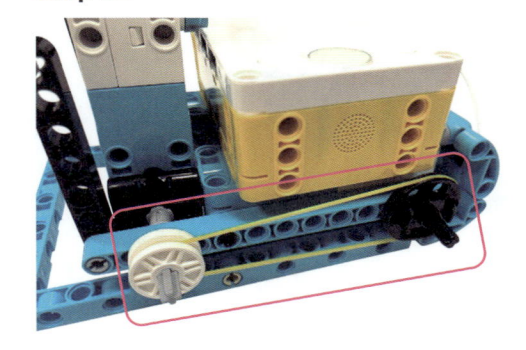

step 23

step 24

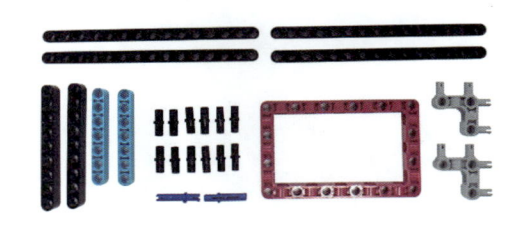

step 25

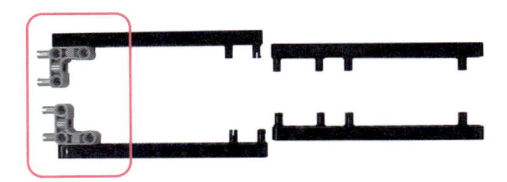

step 26

step 27

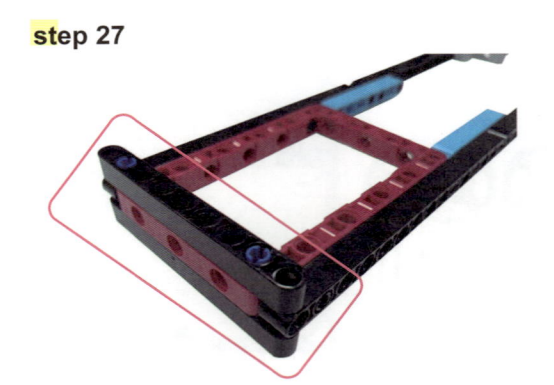

step 28

step 29

step 30

step 31

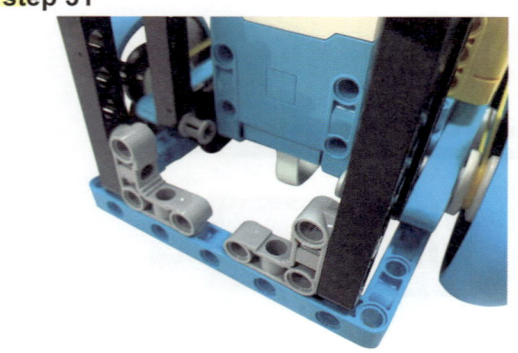

step 32

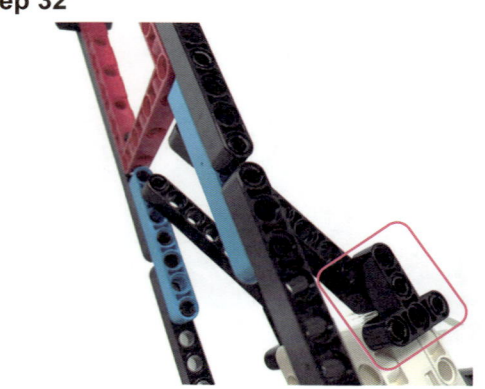

step 33

step 34

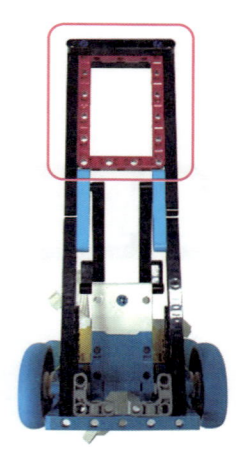

Chapter 8　工業堆高機　167

step 35

step 36

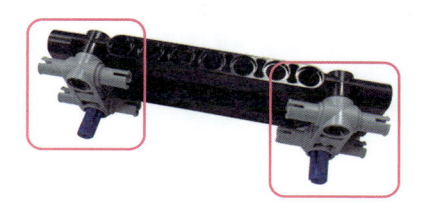

step 37

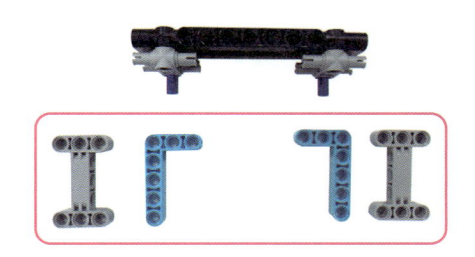

step 38

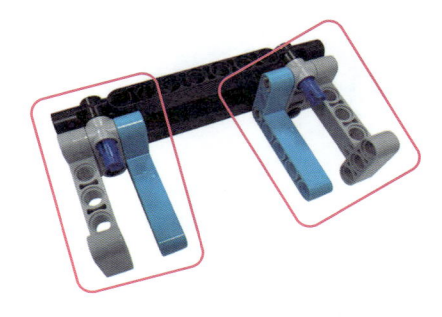

step 39

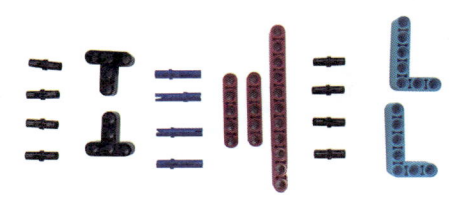

step 40

step 41

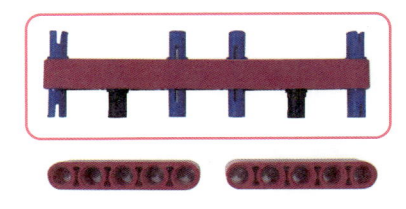

step 42

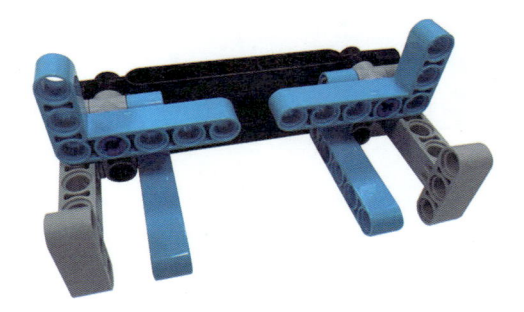

168 新一代樂高 SPIKE Prime 機器人

step 43

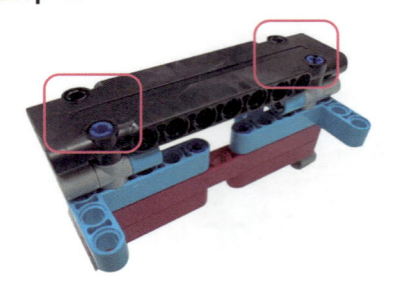

step 44

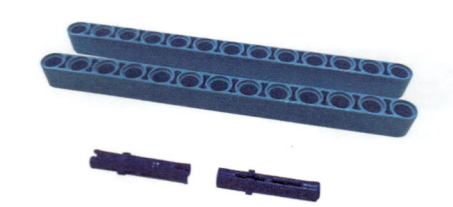

step 45

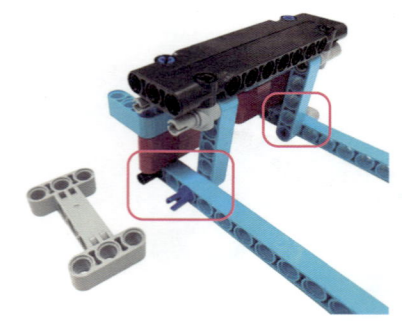

step 46

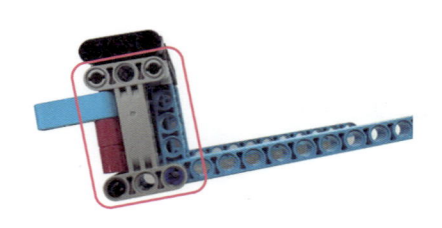

step 47

step 48

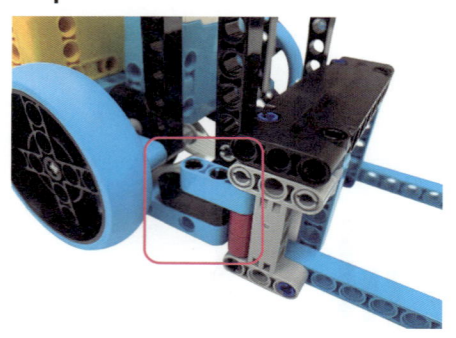

step 49

step 50

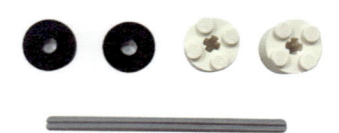

step 51

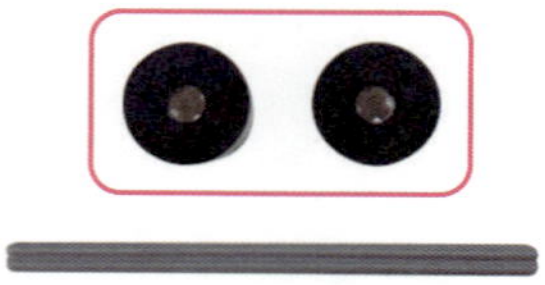

step 52

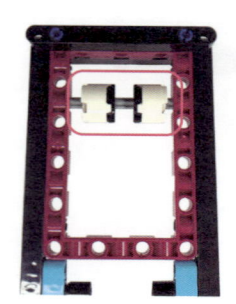

Chapter 8　工業堆高機　169

step 53

step 54

step 55

step 56

step 57

step 58

step 59

step 60

8-3 撰寫「SPIKE 工業堆高機」之指引程式

設計「工業堆高機」程式，必須要先學會大型伺服馬達的角度控制方法：
1. 大型伺服馬達（正轉）：工業堆高機手臂「往下」。
2. 大型伺服馬達（逆轉）：工業堆高機手臂「往上」。

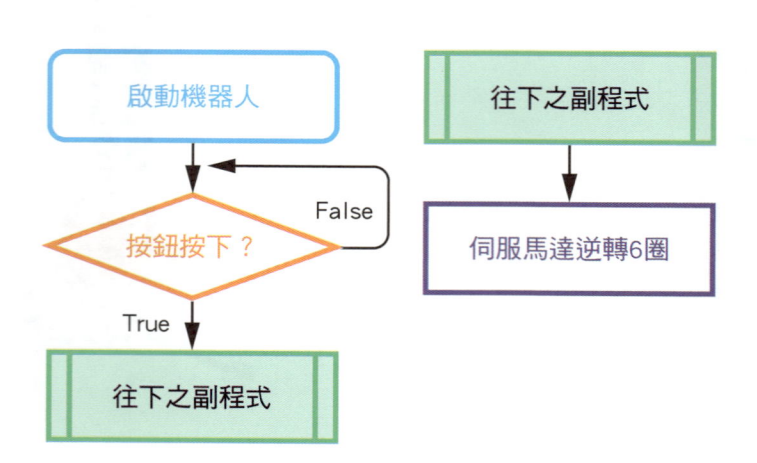

電控元件 大型伺服馬達

大型伺服馬達	說明
	用來設計機器手臂

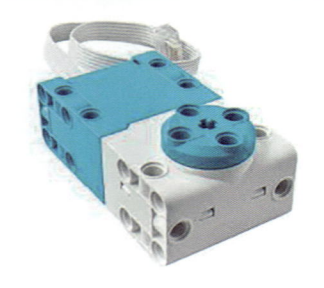

主題 ❶ 工業堆高機手臂「往下」。

示意圖

原來狀態	往下

流程圖

啟動機器人 → 按鈕按下？
- False → 回到判斷
- True → 往下之副程式

往下之副程式 → 伺服馬達逆轉6圈

程式

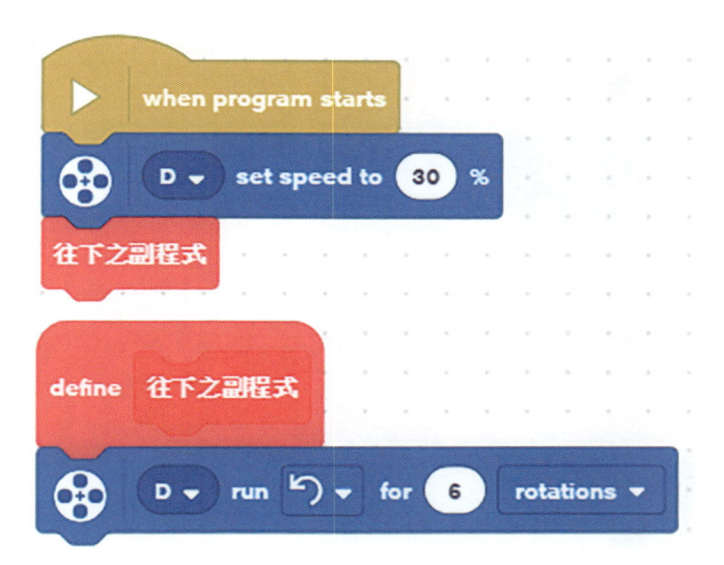

```
when program starts
D ▼ set speed to 30 %
往下之副程式

define 往下之副程式
D ▼ run ↺ ▼ for 6 rotations ▼
```

主題 ❷ 工業堆高機手臂「往上」。

示意圖

原來狀態　　　　　　　　　往上

流程圖

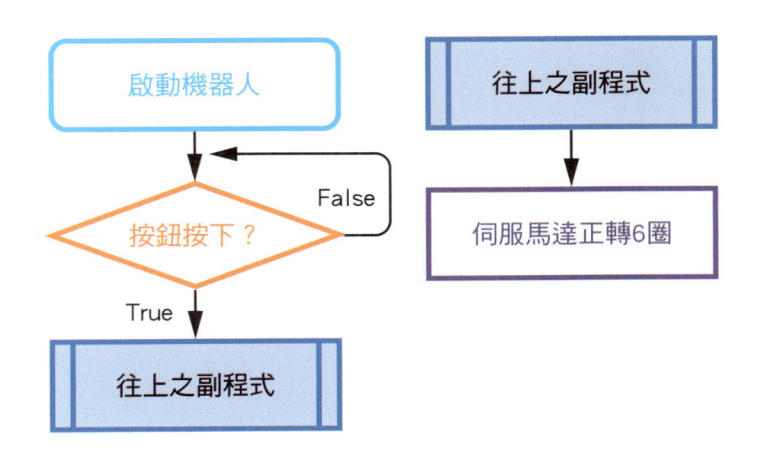

啟動機器人 → 按鈕按下？ — False → (迴圈) / True → 往上之副程式

往上之副程式 → 伺服馬達正轉6圈

程式

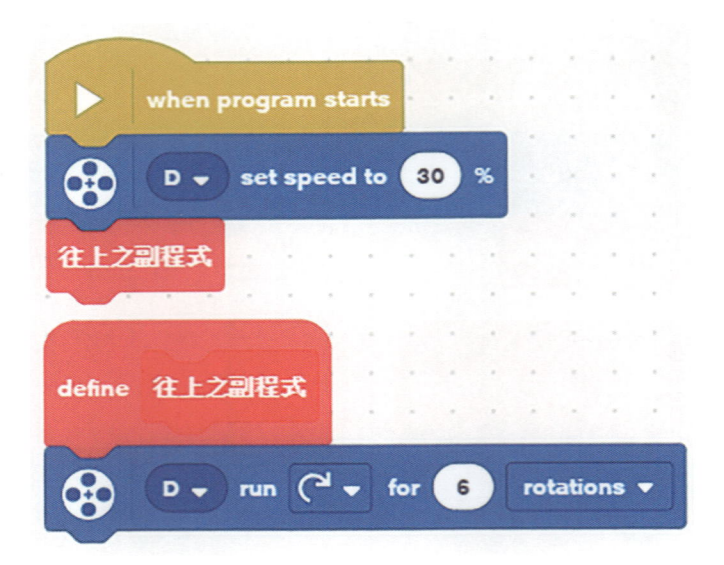

```
when program starts
D ▼ set speed to 30 %
往上之副程式

define 往上之副程式
D ▼ run ↻ ▼ for 6 rotations ▼
```

主題 ③ 工業堆高機手臂「往上及往下」來回二次。

示意圖

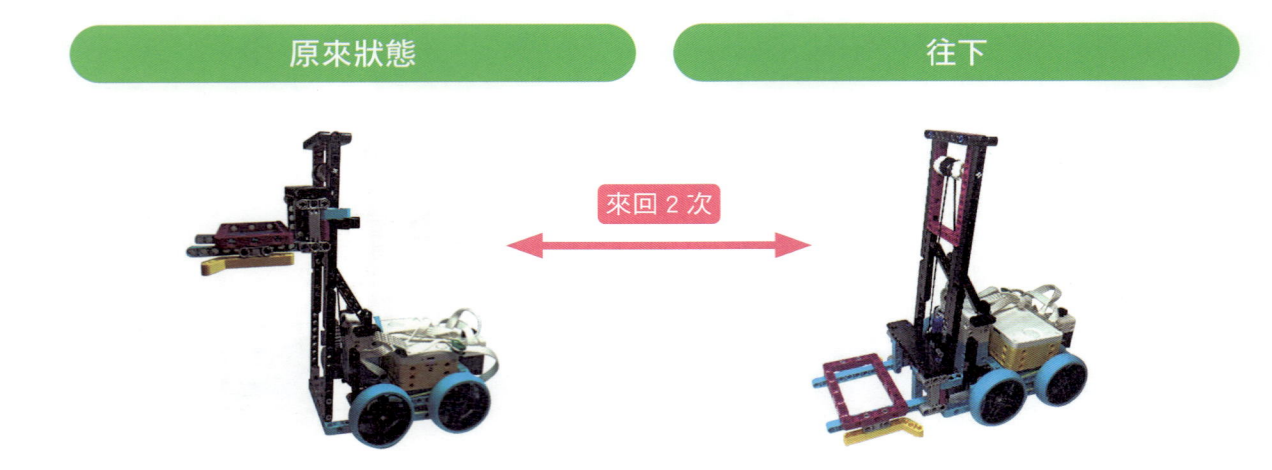

原來狀態　　　　　　　　往下

來回 2 次

流程圖

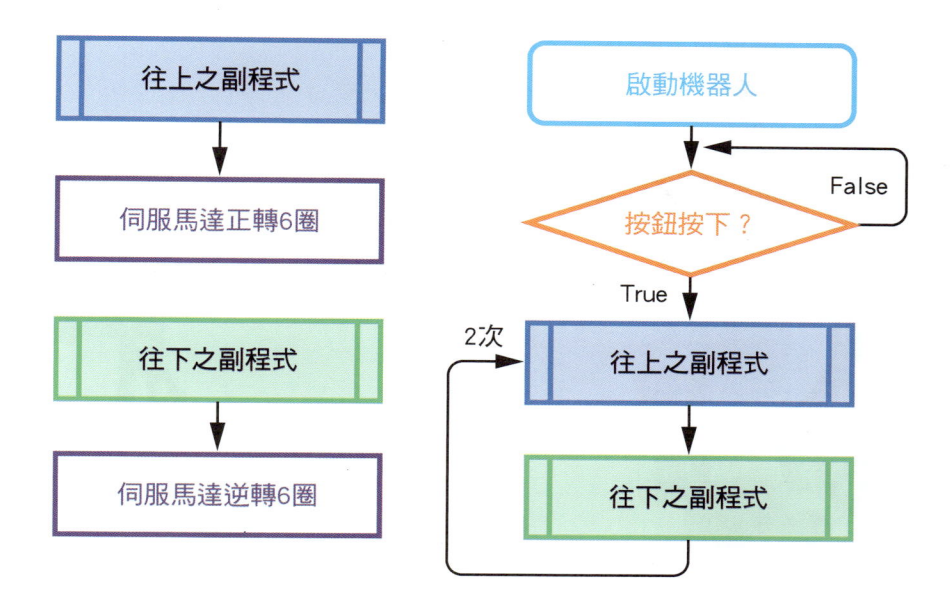

```
往上之副程式
    ↓
伺服馬達正轉6圈


往下之副程式
    ↓
伺服馬達逆轉6圈
```

```
啟動機器人
    ↓
按鈕按下？ ──False──┐
    │True          │
    ↓              │
2次 往上之副程式 ───┘
    ↓
   往下之副程式
```

程式

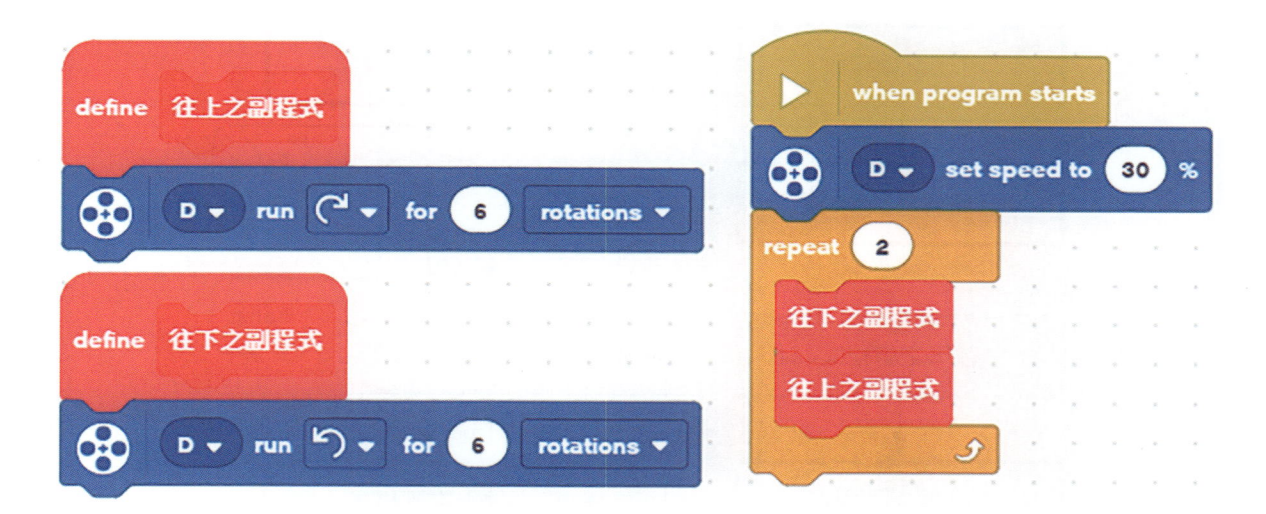

define 往上之副程式
D ▼ run ↻ ▼ for 6 rotations ▼

define 往下之副程式
D ▼ run ↺ ▼ for 6 rotations ▼

when program starts
D ▼ set speed to 30 %
repeat 2
    往下之副程式
    往上之副程式

主題 ❹ 搭配「觸碰感測器」，當「按下」時，手臂「往上」；當「放開」時，手臂「往下」。

示意圖

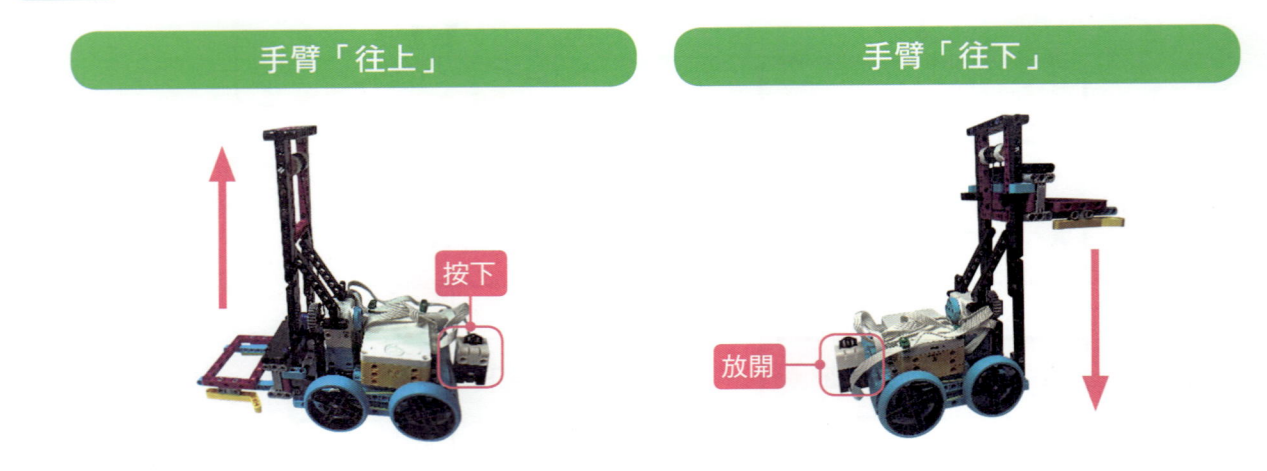

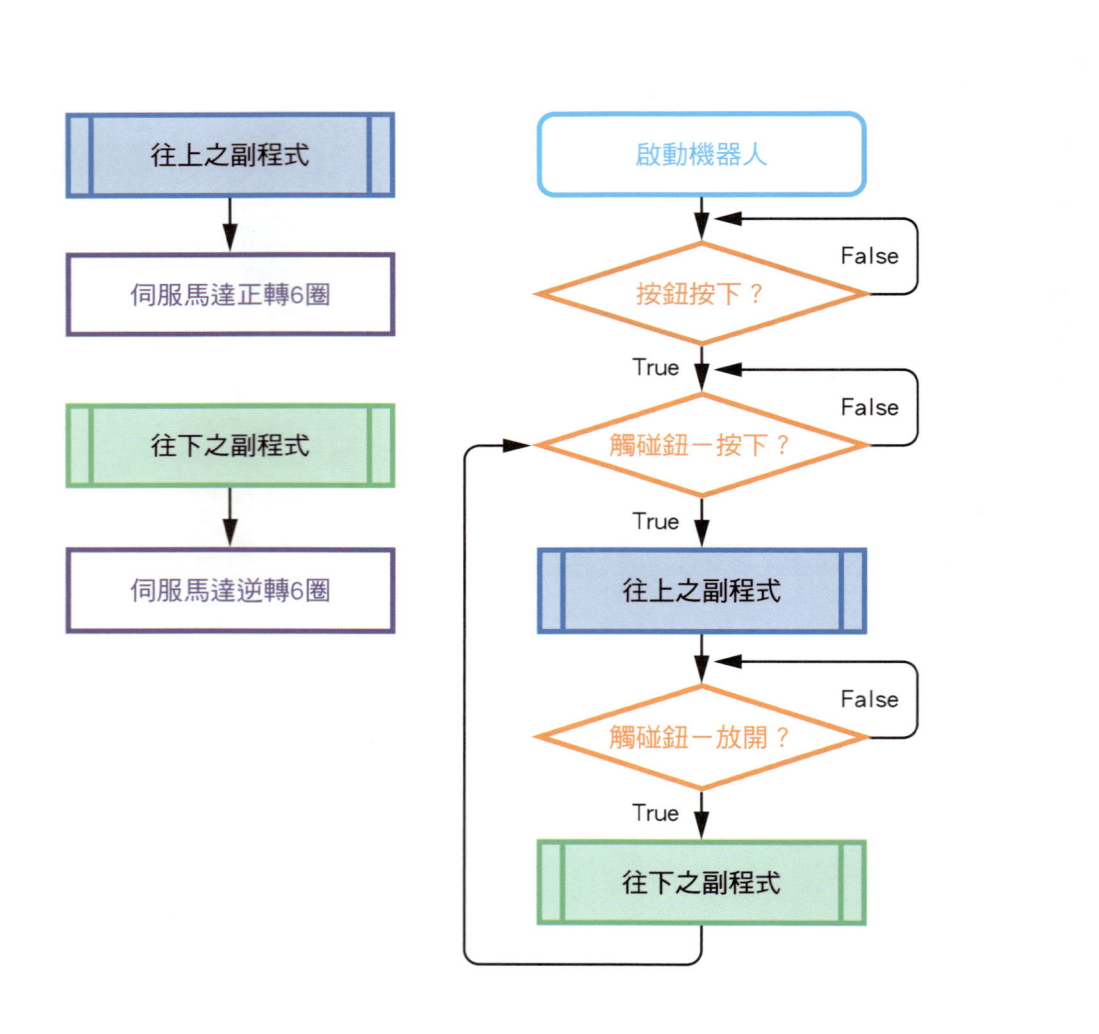

手臂「往上」 — 按下

手臂「往下」 — 放開

流程圖

- 往上之副程式 → 伺服馬達正轉6圈
- 往下之副程式 → 伺服馬達逆轉6圈

啟動機器人
→ 按鈕按下？
  - False → 迴圈回到判斷
  - True ↓
→ 觸碰鈕一按下？
  - False → 迴圈回到判斷
  - True ↓
→ 往上之副程式
→ 觸碰鈕一放開？
  - False → 迴圈回到判斷
  - True ↓
→ 往下之副程式
→ （回到「觸碰鈕一按下？」）

程式

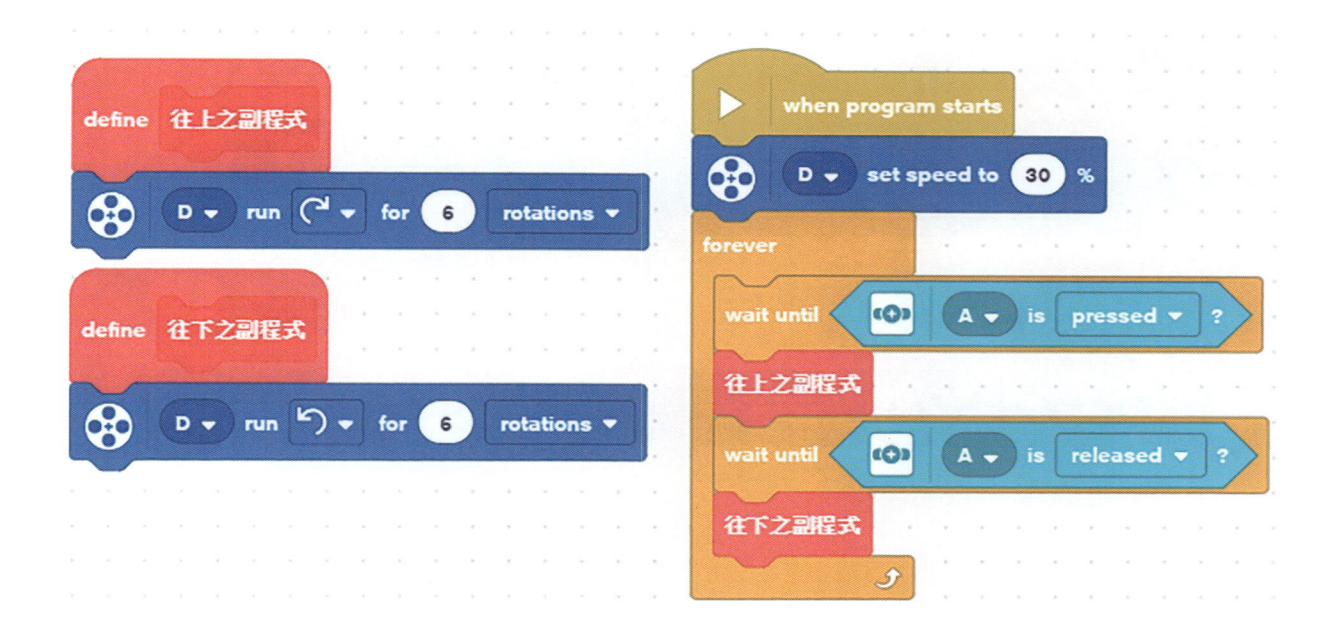

```
define 往上之副程式
    D ▼  run ↻ ▼  for  6  rotations ▼

define 往下之副程式
    D ▼  run ↺ ▼  for  6  rotations ▼
```

```
▶ when program starts
    D ▼  set speed to  30 %
forever
    wait until  A ▼ is pressed ▼ ?
    往上之副程式
    wait until  A ▼ is released ▼ ?
    往下之副程式
```

主題 ⑤ 搭配「顏色感測器」，當偵測到「白色」時，手臂「往上」；偵測到「黑色」時，手臂「往下」。

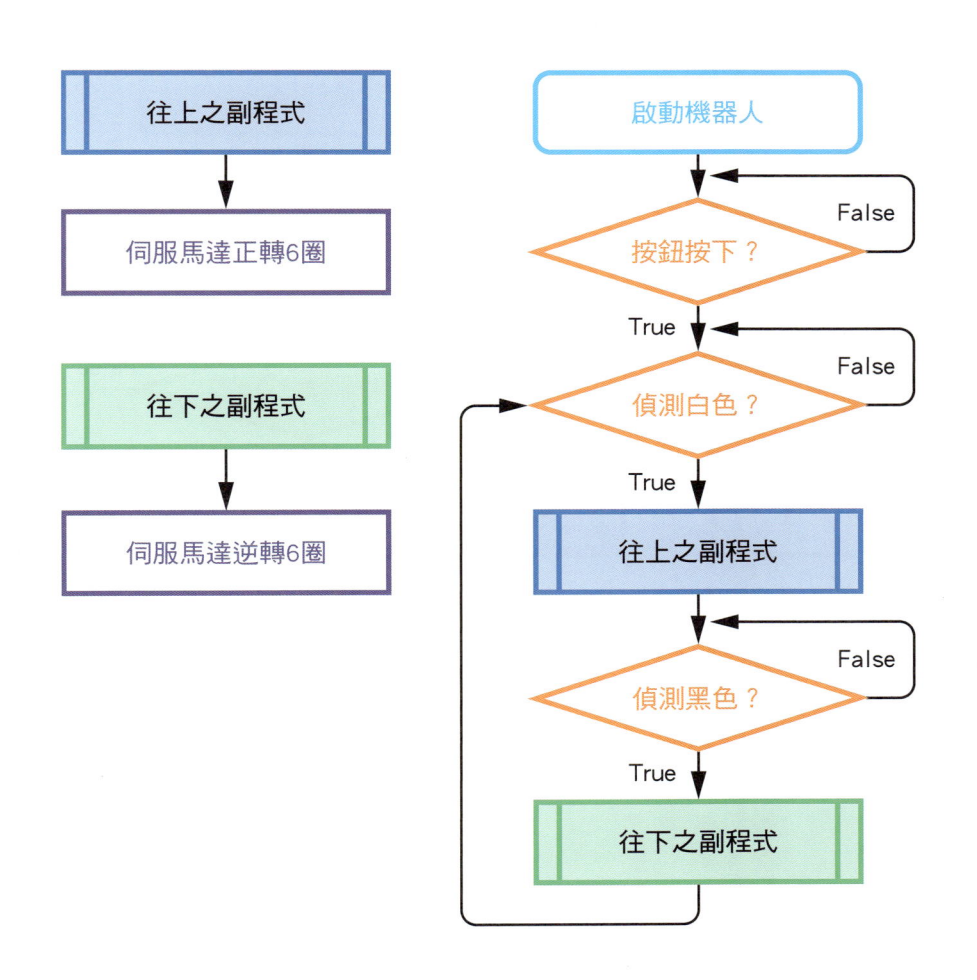

流程圖

```
往上之副程式
    ↓
伺服馬達正轉6圈


往下之副程式
    ↓
伺服馬達逆轉6圈


啟動機器人
    ↓
按鈕按下？ ──False──┐
    │True          │
    ←──────────────┘
偵測白色？ ──False──┐
    │True          │
    ←──────────────┘
往上之副程式
    ↓
偵測黑色？ ──False──┐
    │True          │
    ←──────────────┘
往下之副程式
```

程式

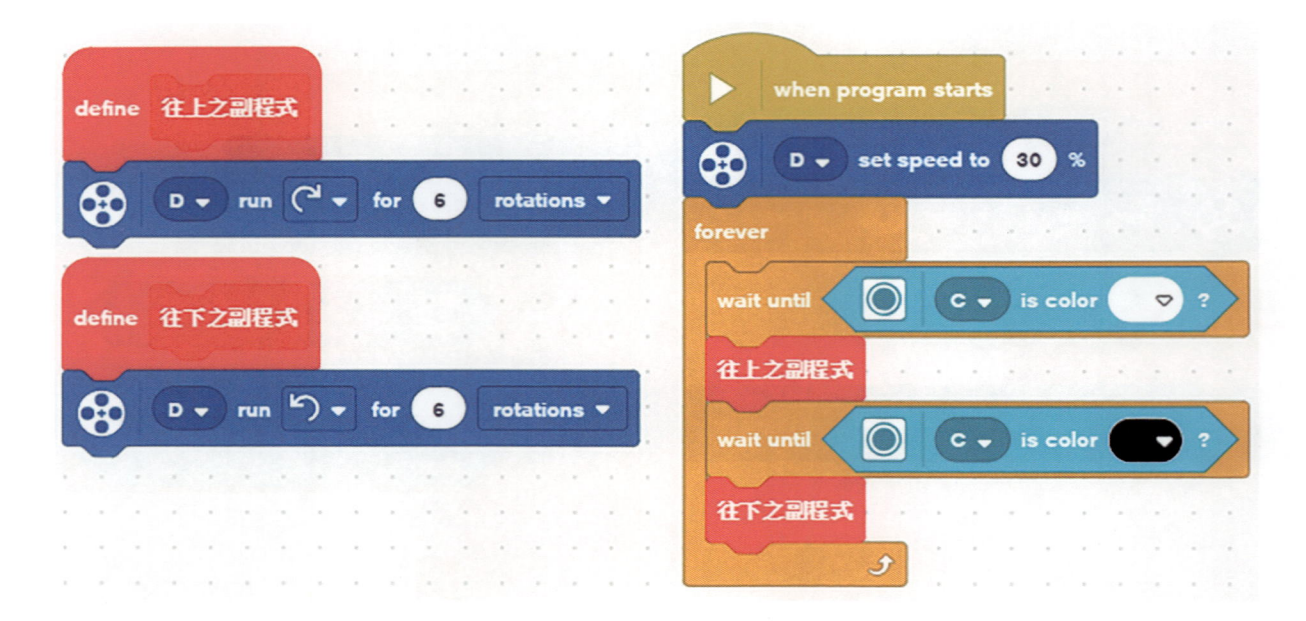

主題 ❻ 搭配「超音波感測器」，當偵測到有人靠近時，手臂「往上」；否則，手臂「往下」。

流程圖

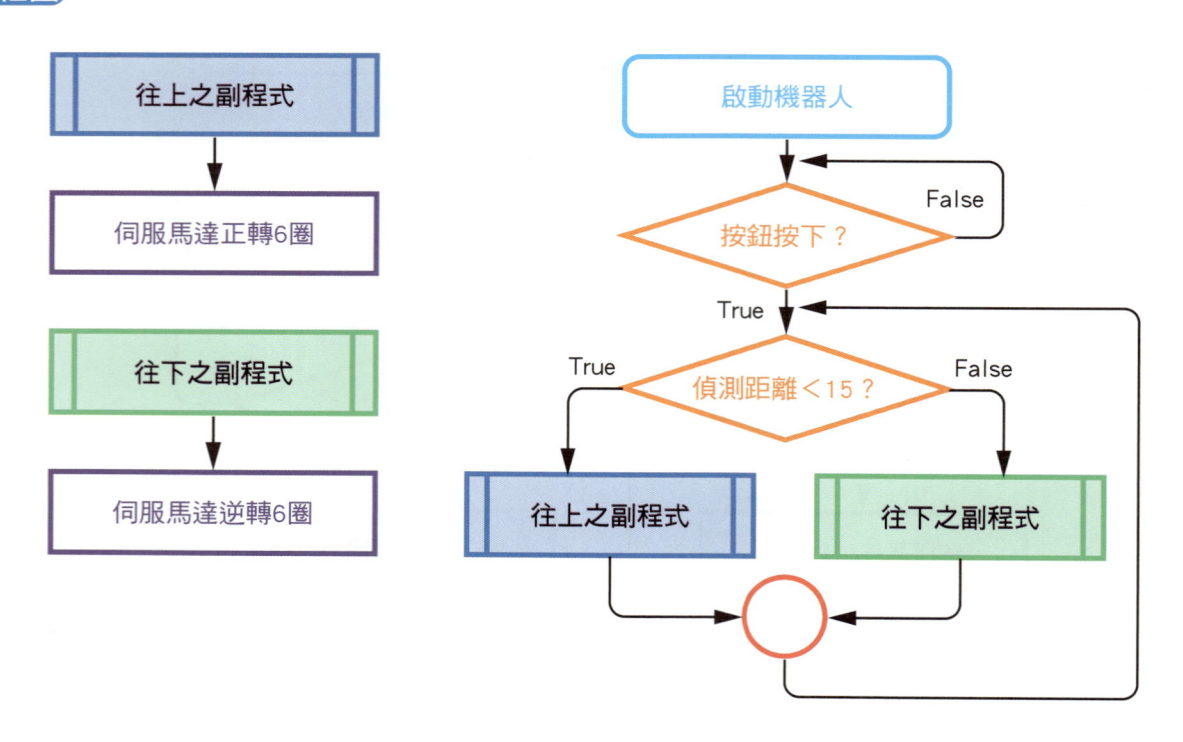

程式

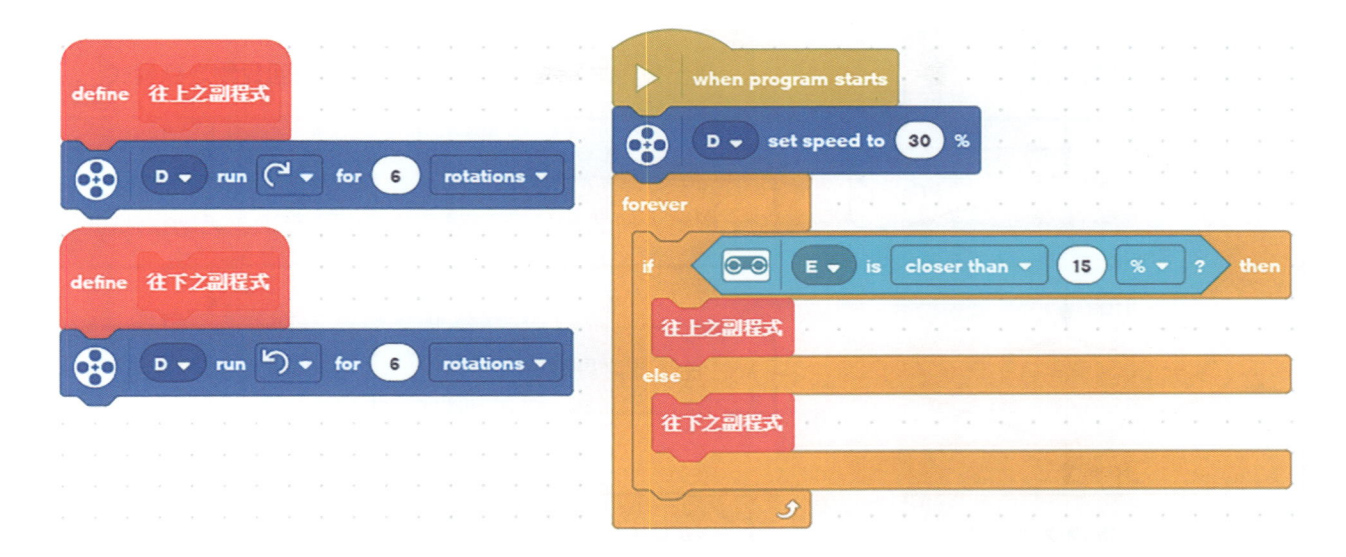

8-4　專題製作：樂高工業堆高機

主題發想

　　樂高基本車或樂高進階車，都是為了訓練讀者瞭解 SPIKE 機器人的主機、馬達及感測器的應用而設計，但是，如果將為人類解決特定問題時，那就必須還要具有功能性的機構。

　　雖然在第六章時，我們已經學會如何設計「搬運堆高機」，但是，它無法垂直搬運到「高度較高」的地方；因此，在本單元的專題製作中，筆者開發設計「工業堆高機」，透過「滑輪」來帶動「繩子」，進而以垂直搬運物件到較高的位置。

主題目的　1.協助人類搬運物品到「高度」較高的地方。
　　　　　　2.學會工業堆高機「機構設計」，訓練觀察與空間轉換能力。
　　　　　　3.學會工業堆高機「程式設計」，訓練專注力與邏輯思考能力。

完成圖

往下　　　　　　　　往上

流程圖

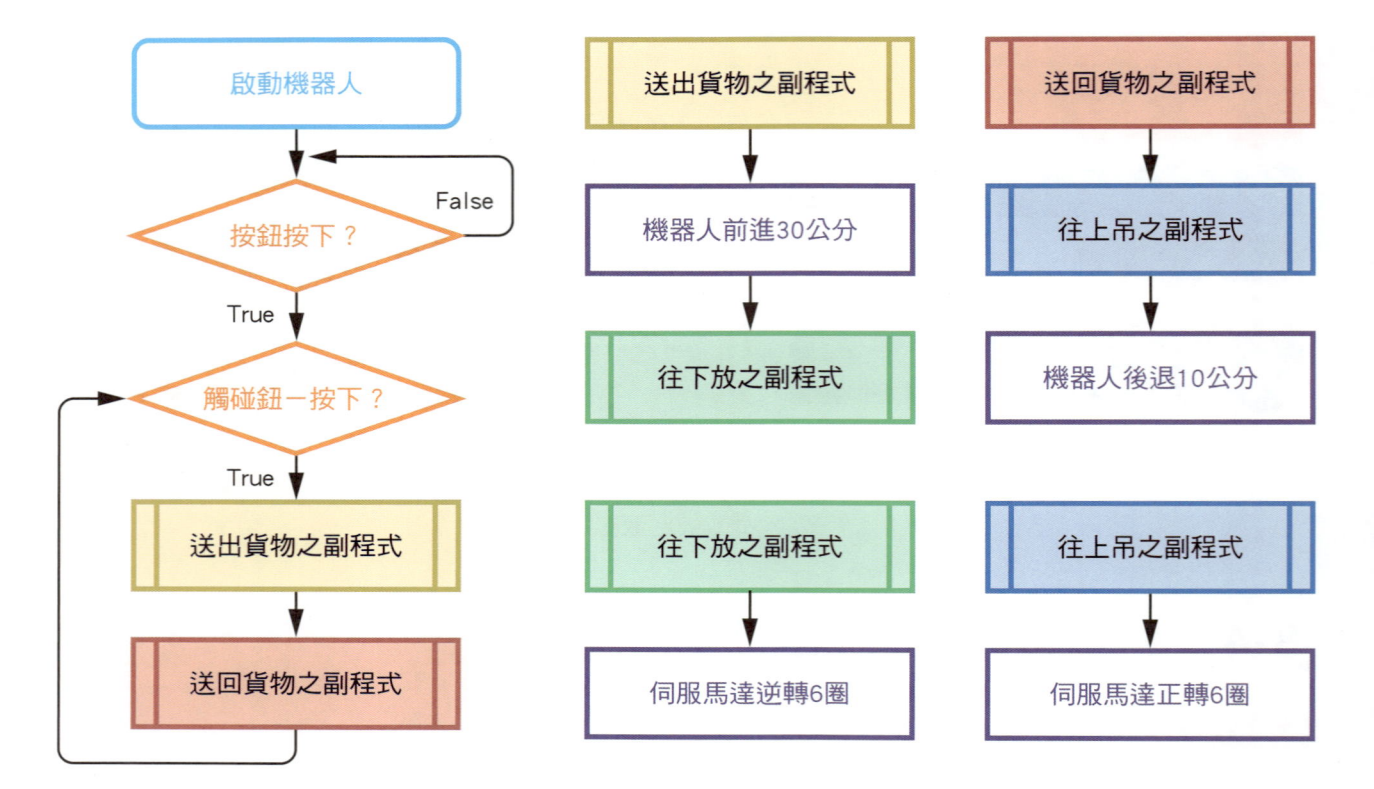

```
啟動機器人
    ↓
按鈕按下？ ──False──┐
    │ True         │
    └──────────────┘
    ↓
┌─→ 觸碰鈕一按下？
│       ↓ True
│   送出貨物之副程式
│       ↓
│   送回貨物之副程式
└───────┘
```

送出貨物之副程式
↓
機器人前進30公分
↓
往下放之副程式
↓
往下放之副程式
↓
伺服馬達逆轉6圈

送回貨物之副程式
↓
往上吊之副程式
↓
機器人後退10公分
↓
往上吊之副程式
↓
伺服馬達正轉6圈

撰寫程式

1. 主程式

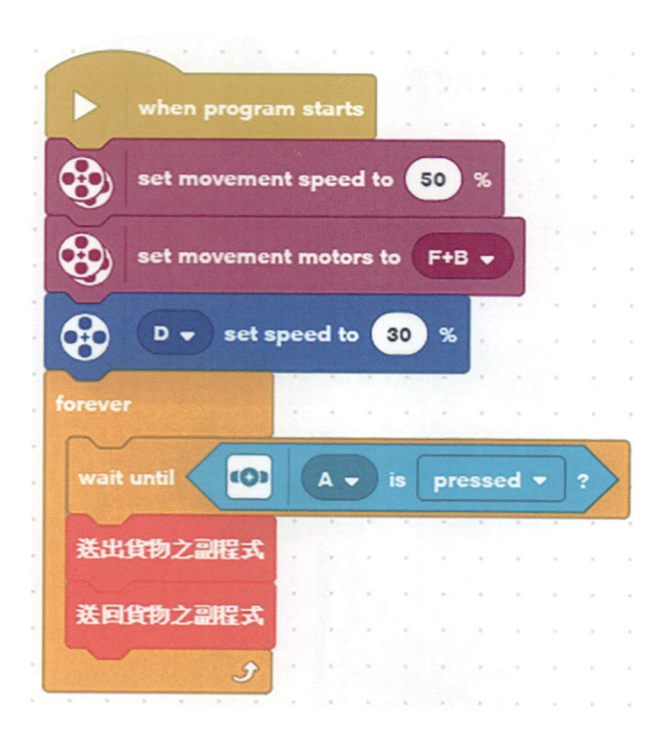

```
when program starts
set movement speed to 50 %
set movement motors to F+B
D set speed to 30 %
forever
    wait until A is pressed ?
    送出貨物之副程式
    送回貨物之副程式
```

2. 定義「往上吊之副程式」

```
define 往上吊之副程式
D run ↻ for 6 rotations
```

3. 定義「往下放之副程式」

4. 定義「送出貨物之副程式」

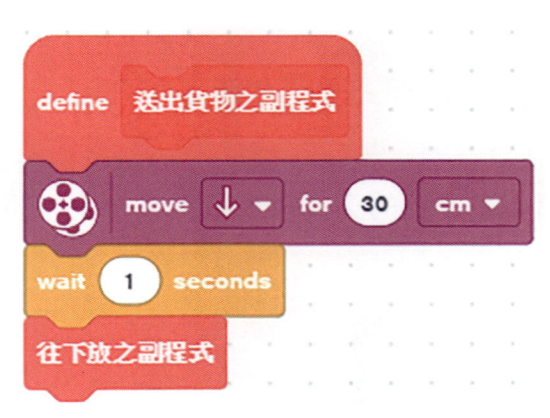

5. 定義「送回貨物之副程式」

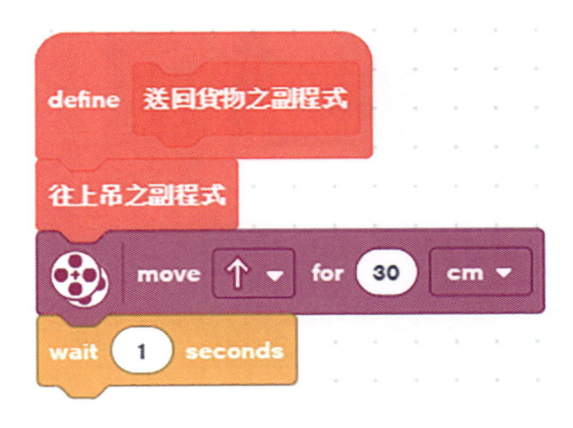

習題

題目名稱 機器人把物件搬運到盒子上

題目說明
請利用本書介紹的樂高「工業堆高機」，將物件搬運到高度約 10 公分的盒子上，其示意圖如下：

實際運作程序

機器人前進

機器人手臂往上

機器人前進（約 5 公分）

機器人手臂放下（約 1～2 公分）

Chapter 8　工業堆高機

| 機器人後退（約 5 公分） | 機器人手臂放下（放到底面） |

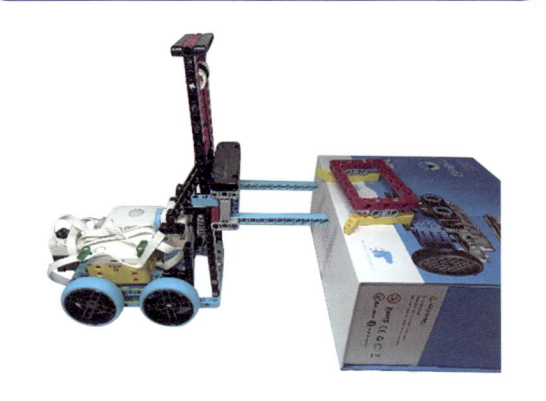

創客題目編號：A038016

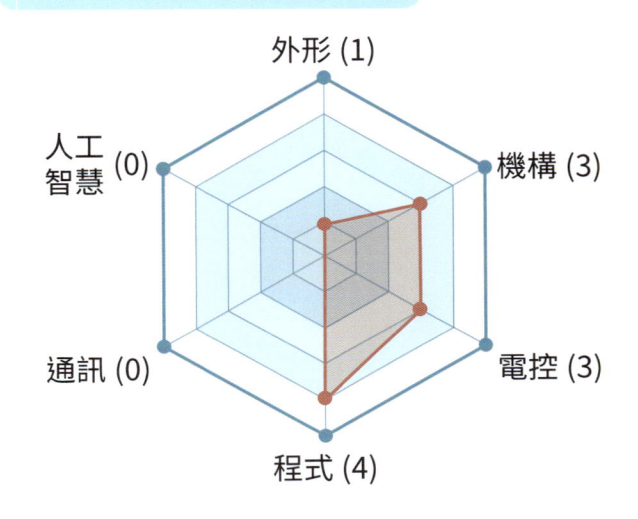

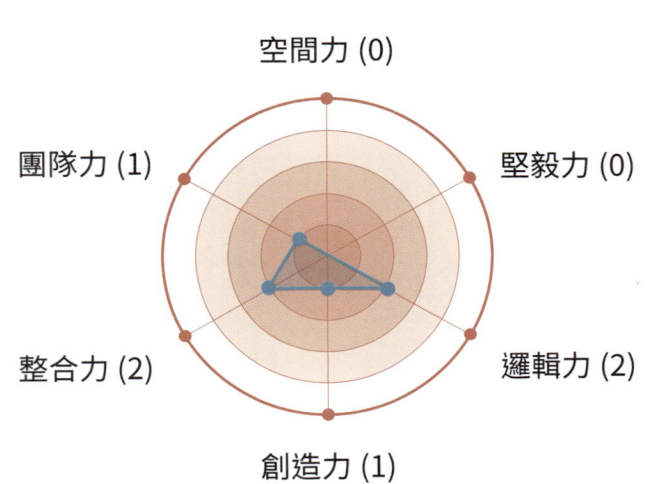

外形 (1)　機構 (3)　電控 (3)　程式 (4)　通訊 (0)　人工智慧 (0)

空間力 (0)　堅毅力 (0)　邏輯力 (2)　創造力 (1)　整合力 (2)　團隊力 (1)

創客學習力

外形	1
機構	3
電控	3
程式	4
通訊	0
人工智慧	0
創客總數	11

實作時間 **60 分**

創客素養力

空間力	0
堅毅力	0
邏輯力	2
創造力	1
整合力	2
團隊力	1
素養總數	6

NOTE

Chapter 9

AI 機器人顏色分類器

本章學習目標

1. 瞭解組裝 AI 機器人顏色分類器及瞭解如何透過分類器來進行活動。
2. 瞭解如何利用 SPIKE 程式來撰寫 AI 機器人顏色分類器程式。

本章內容

9-1　AI 機器人顏色分類器

9-2　SPIKE AI 機器人顏色分類器組裝

9-3　撰寫「AI 機器人顏色分類器」之指引程式

9-4　專題製作：AI 機器人顏色分類器

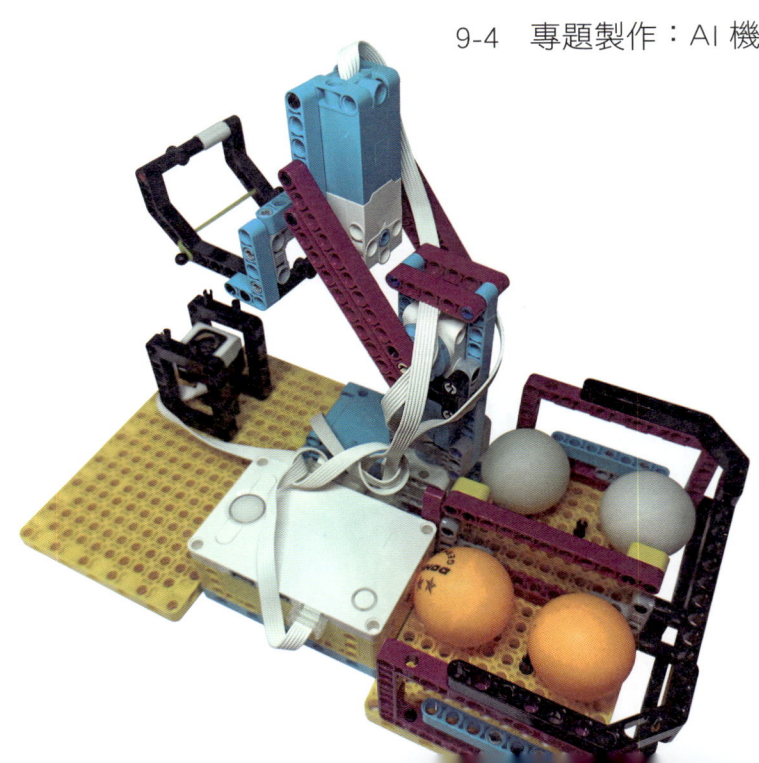

9-1　AI 機器人顏色分類器

　　在本章節中，介紹各位利用 SPIKE 套件來設計一台教學用的進階基本車，因此，它要有控制器（主機）、馬達、感測器及相關的樂高零件，來設計一個「SPIKE AI 機器人顏色分類器」。

設計的三部曲

step 1 創意組裝

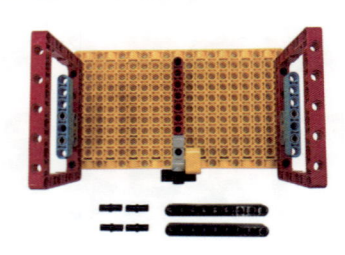

step 2 寫程式

step 3 測試

說明
1. 創意組裝：依照指定「功能及造型」以「感應器及相關配件」結合「主機」。
2. 寫程式：依照指定任務來撰寫處理程序的動作與順序（程式）。
3. 測試：利用 SPIKE 拼圖程式：將程式上傳到「主機」內，並依照指定功能先進行測試。

流程圖

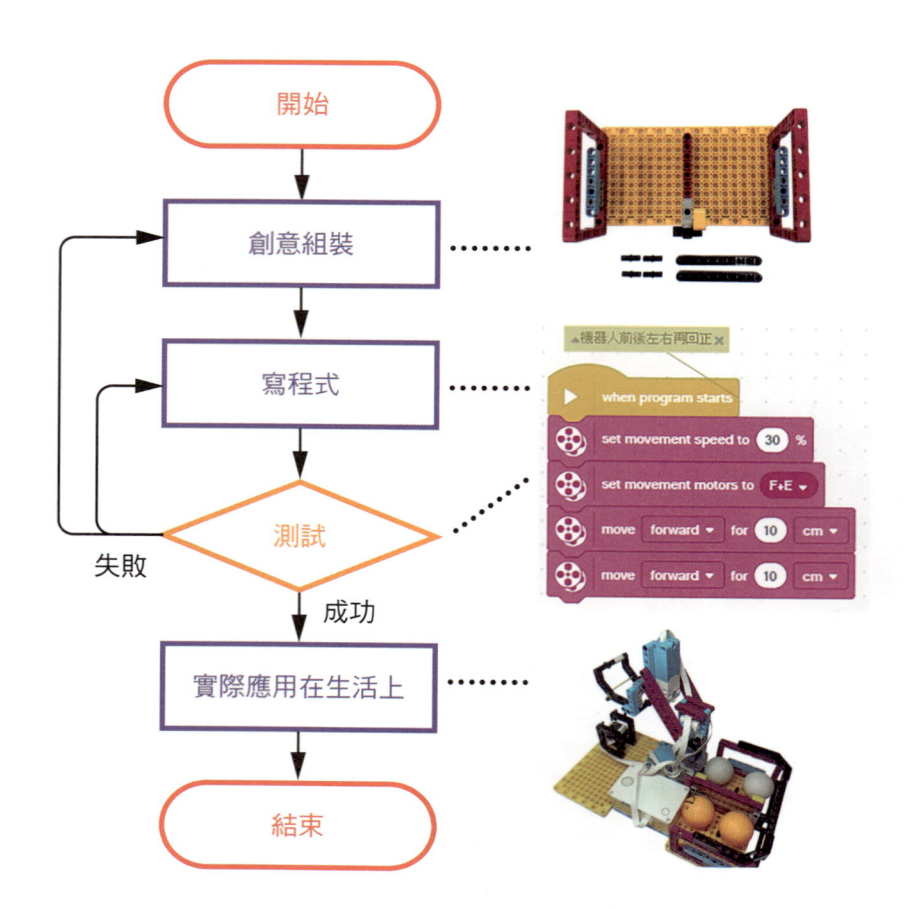

說明

　　從上面的流程圖中，可以清楚瞭解「設計機器人程式」必須要經過三大步驟；在進行第三步驟時，如果無法測試成功，除了要修改程式之外，也要檢查組裝是否正確，並且要反覆地進行測試，直到完全成功為止；最後，就可以將創作的智能裝置，應用在日常生活中。

9-2　SPIKE AI 機器人顏色分類器組裝

　　想要製作一台「SPIKE AI 機器人顏色分類器」時，必須要先準備相關的「主機」、「馬達」、「感測器」及「相關的零件材料」。

9-2.1　零件清單

　　要製作一台「SPIKE AI 機器人顏色分類器」時，零件清單如下圖所示：

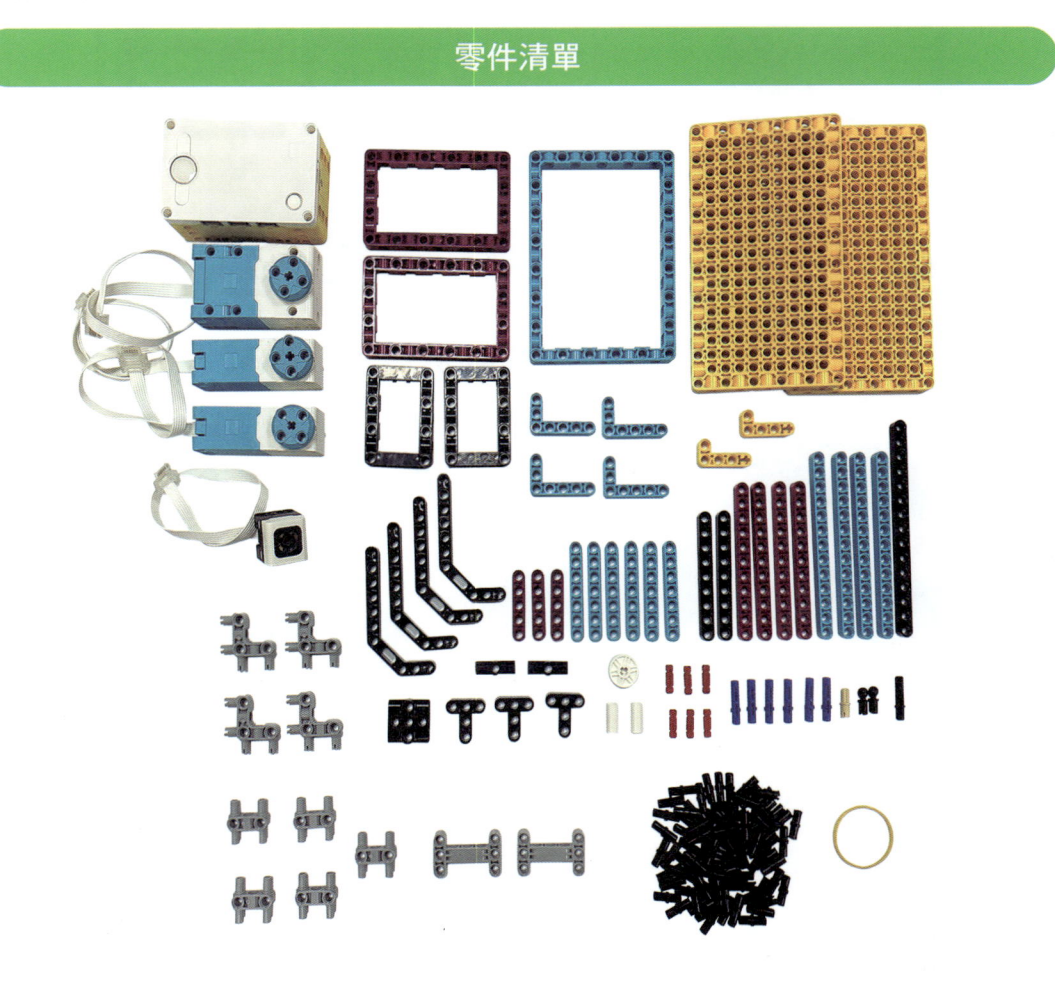

零件清單

9-2.2 組裝指引

在準備好所需要的「主機」、「感測器」、「鋁合金構件」及「相關的材料」之後，接下來，請各位依照以下的步驟，就可以完成：

step 1

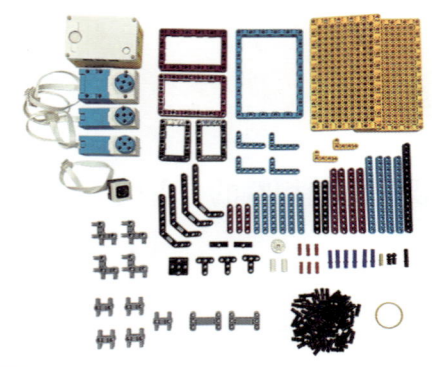

step 2

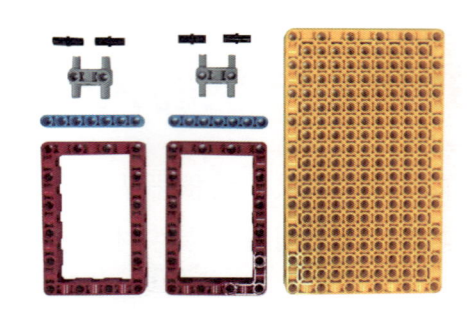

step 3

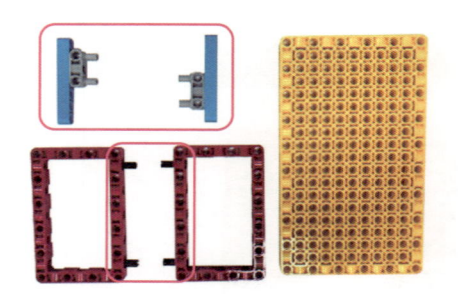

step 4

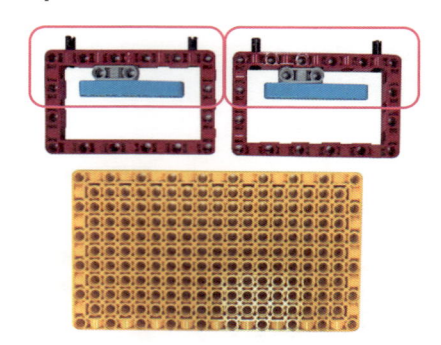

step 5

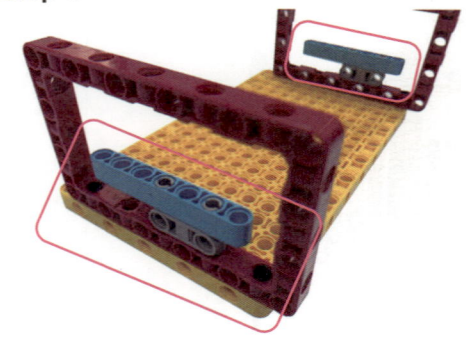

step 6

step 7

step 8

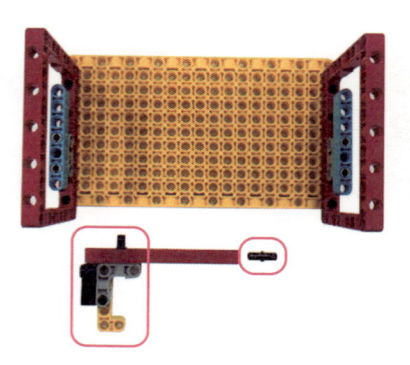

step 9

step 10

step 11

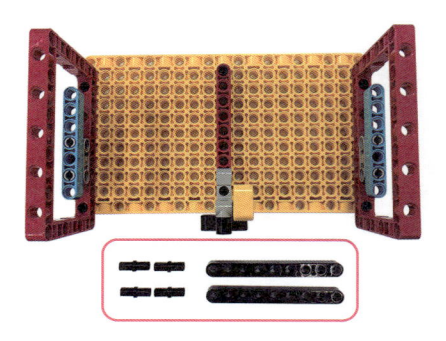

step 12

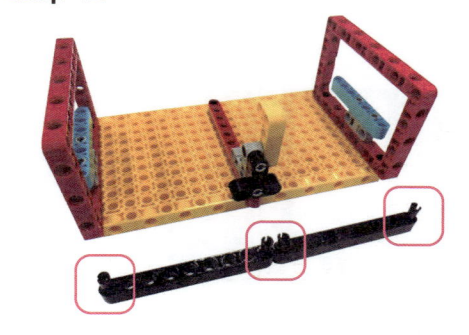

step 13

step 14

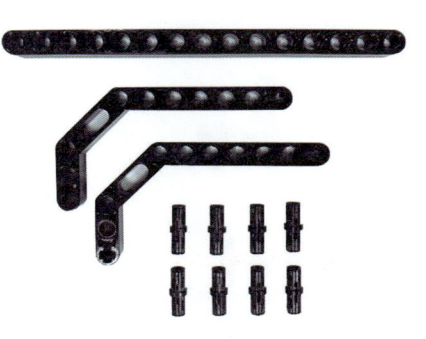

step 15

step 16

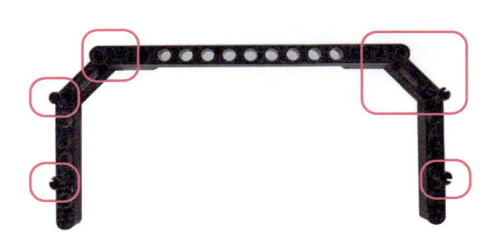

Chapter 9　AI 機器人顏色分類器　　187

188　新一代樂高 SPIKE Prime 機器人

step 17

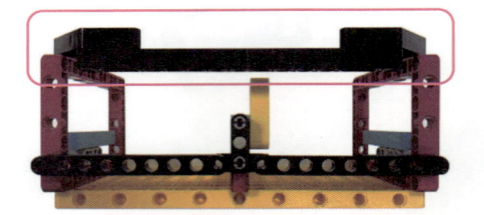

step 18

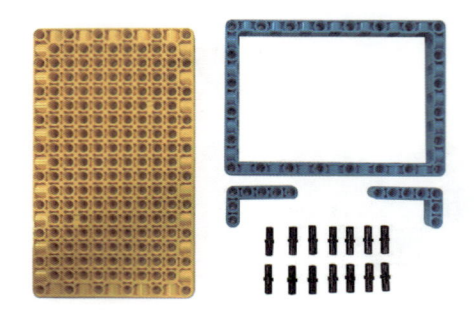

step 19

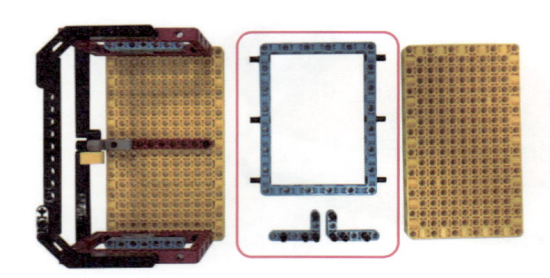

step 20

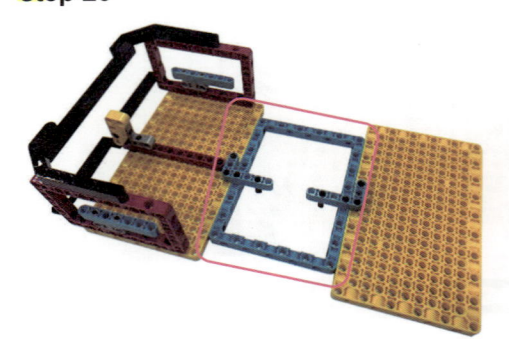

step 21

step 22

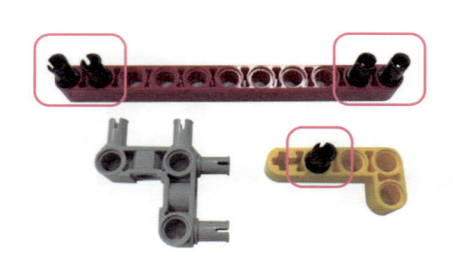

step 23

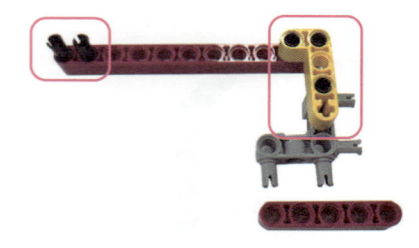

step 24

Chapter 9　AI 機器人顏色分類器

step 25

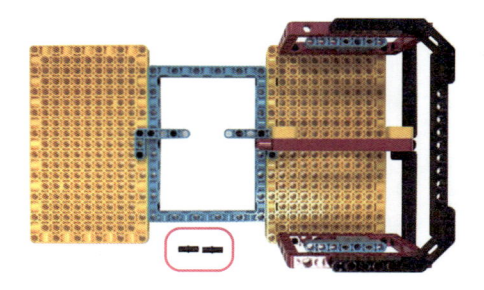

step 26

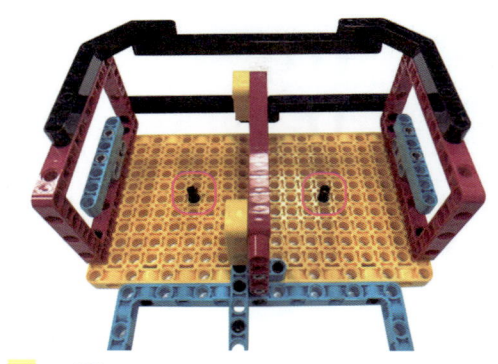

step 27

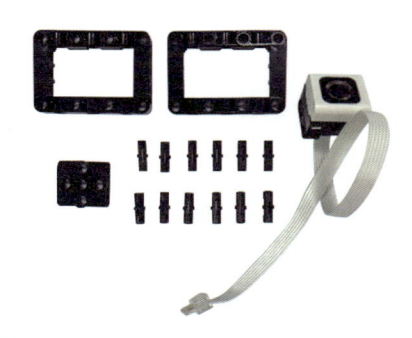

step 28

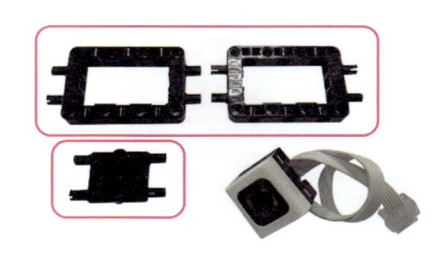

step 29

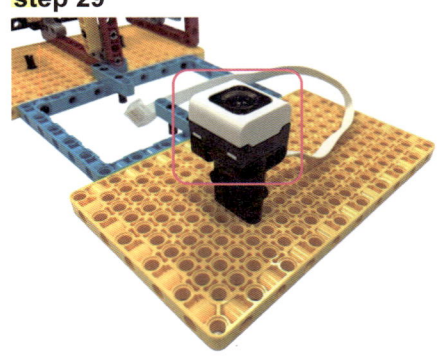

step 30

step 31

step 32

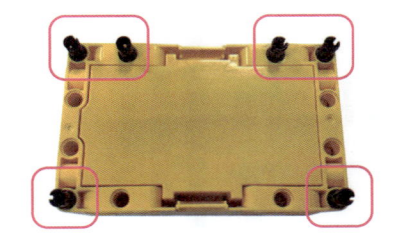

step 33

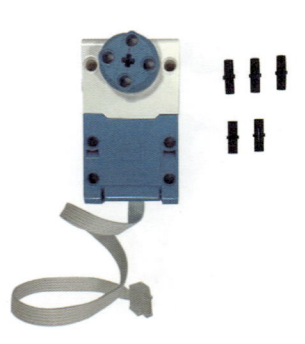

step 34

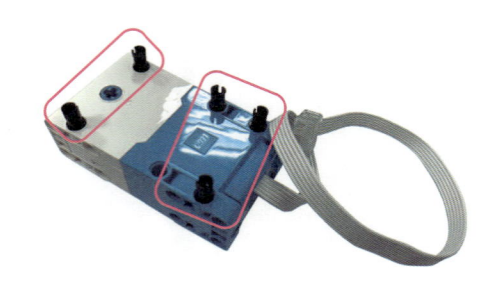

step 35

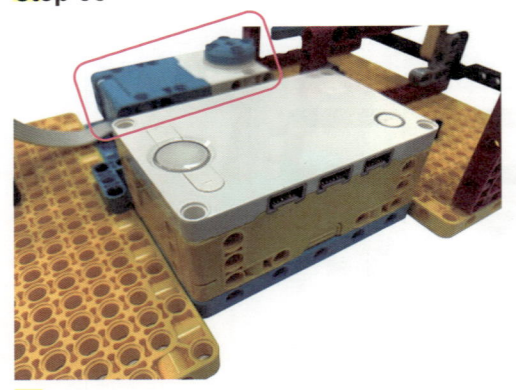

step 36

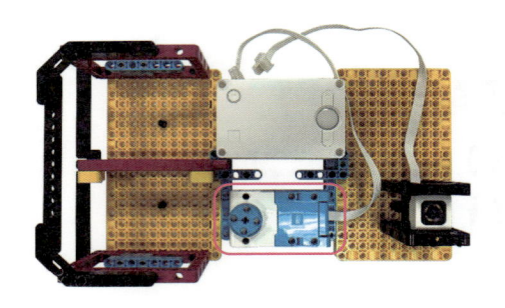

step 37

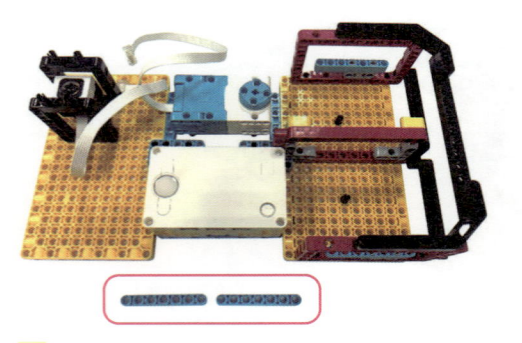

step 38

step 39

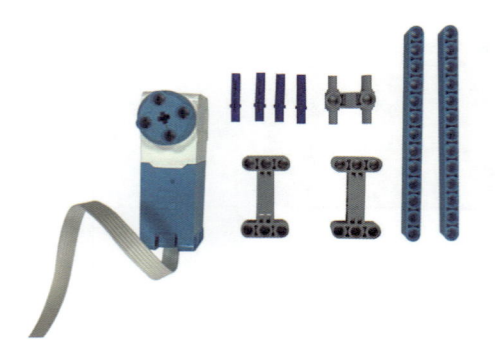

step 40

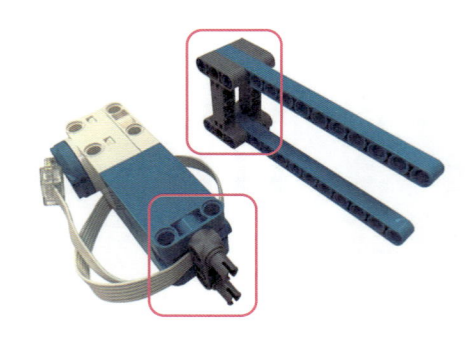

step 41

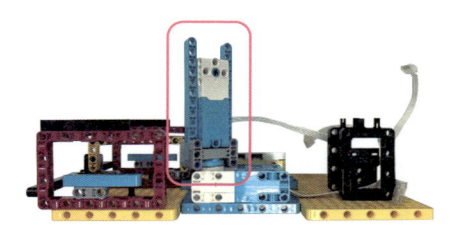

step 42

step 43

step 44

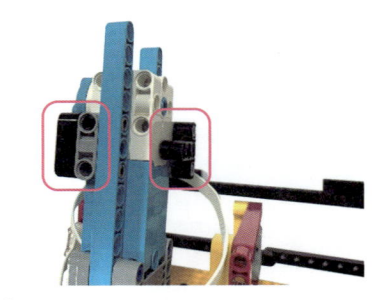

step 45

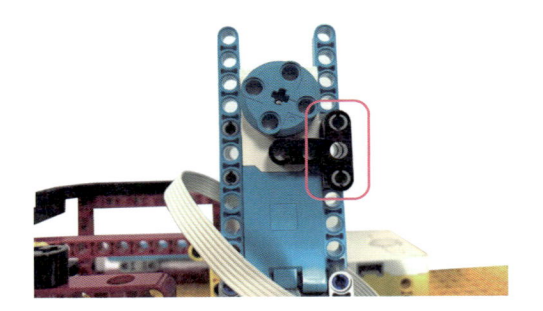

step 46

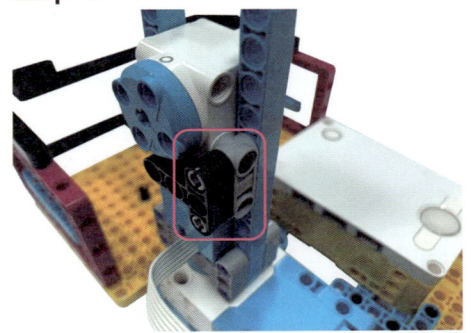

step 47

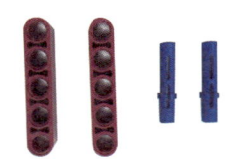

step 48

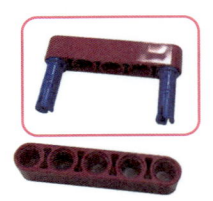

step 49

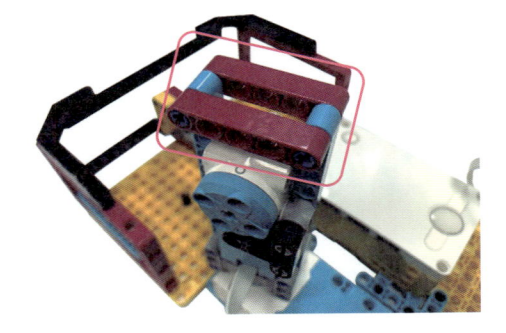

step 50

Chapter 9　AI 機器人顏色分類器　191

step 51

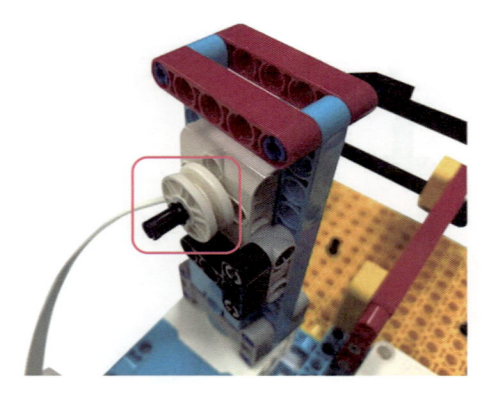

step 52

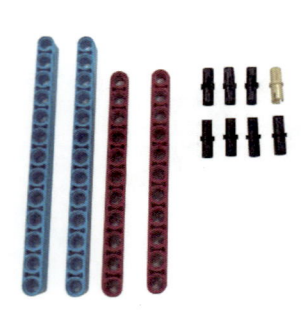

step 53

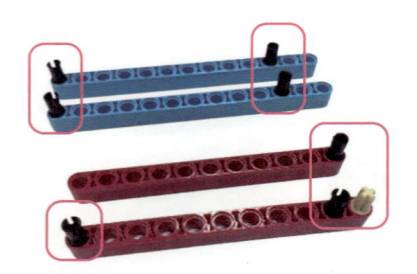

step 54

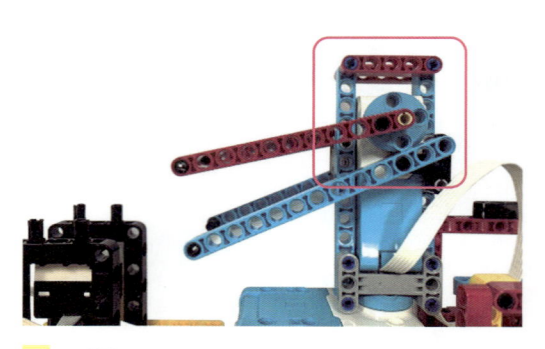

step 55

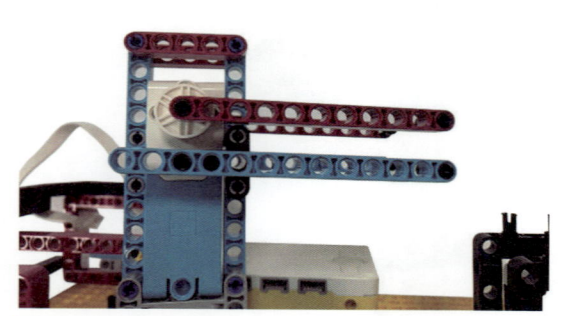

step 56

step 57

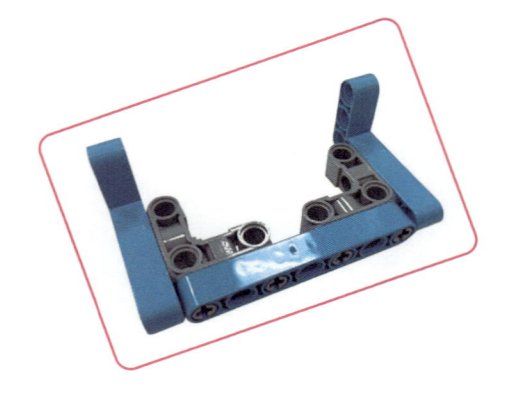

step 58

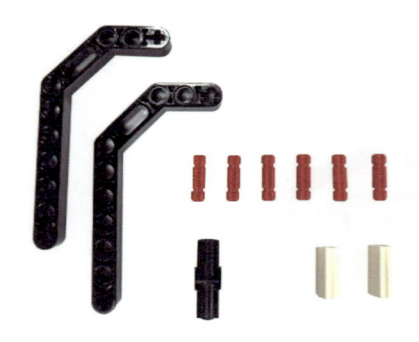

Chapter 9 AI 機器人顏色分類器 193

step 59

step 60

step 61

step 62

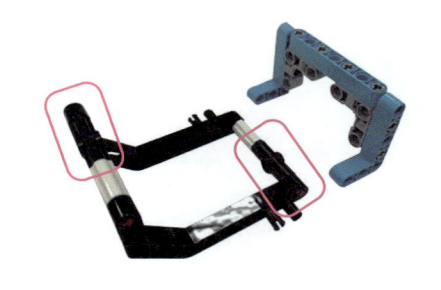

step 63

step 64

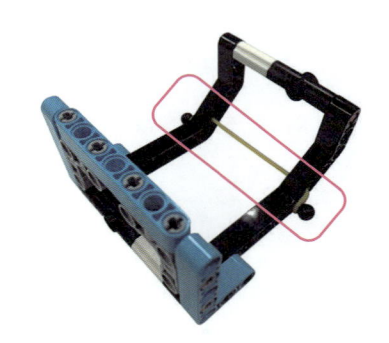

step 65

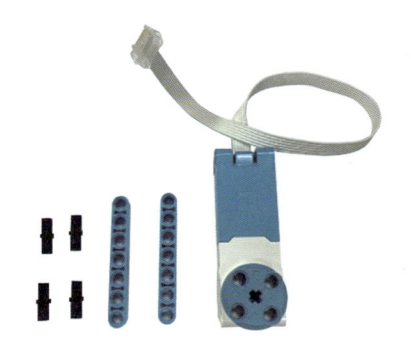

step 66

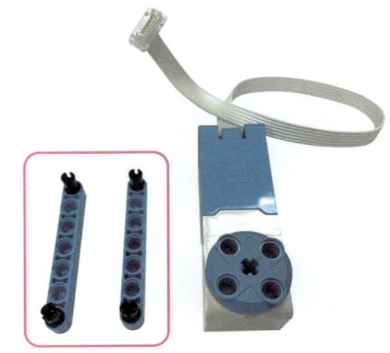

step 67

step 68

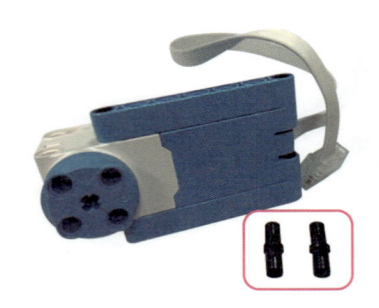

step 69

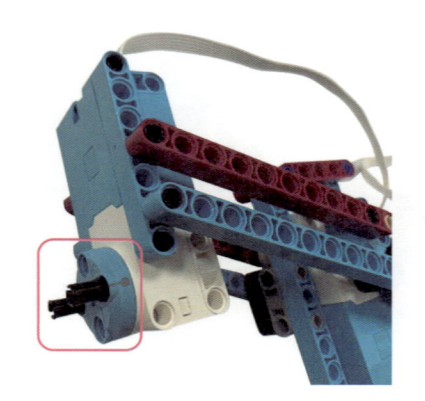

step 70

step 71

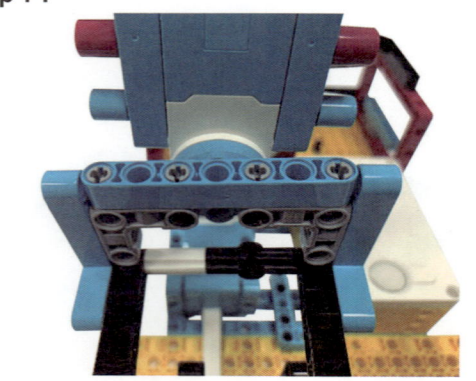

step 72

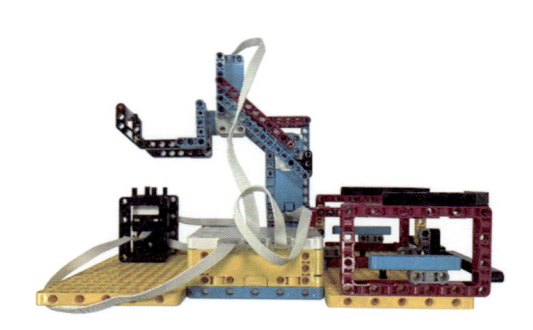

step 73

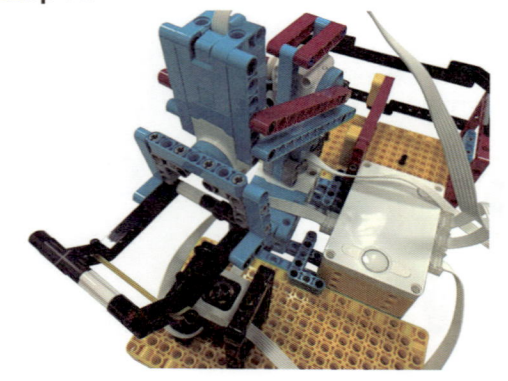

step 74

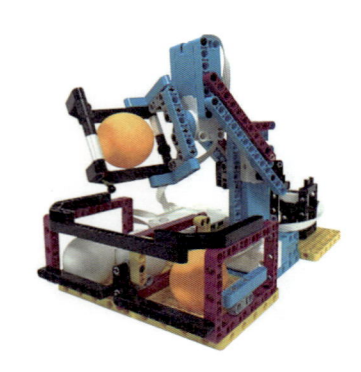

step 75

step 76

step 77

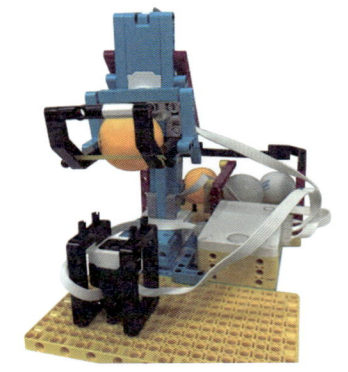

step 78

step 79

step 80

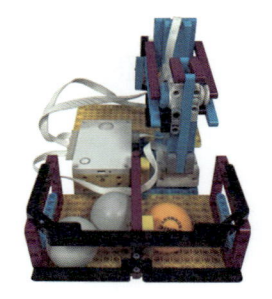

step 81

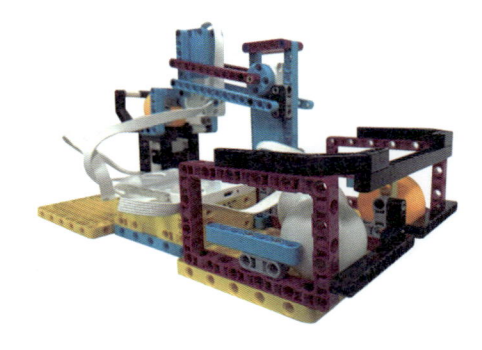

step 82

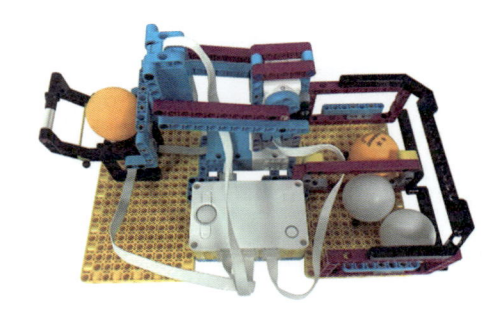

9-3 撰寫「AI 機器人顏色分類器」之指引程式

設計「AI 機器人顏色分類器」的程式時，必須要先學會「顏色感測器」及「機器手臂」的控制方法：

1. 利用「顏色感測器」來偵測不同顏色的物件顏色。
2. 利用「機器手臂」將不同顏色的物件，搬運到不同的筒子中。

電控元件

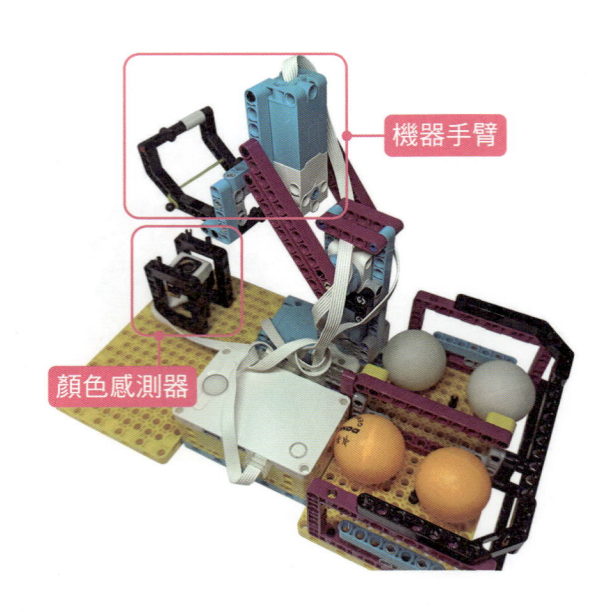

機器手臂

顏色感測器

主題 ❶ 利用「顏色感測器」來偵測不同物件的顏色，並將物件顏色之代碼顯示於「表情面板」上。

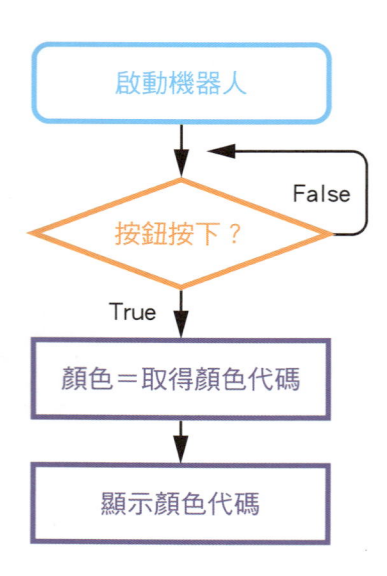

流程圖

啟動機器人
↓
按鈕按下？ — False（迴圈）
↓ True
顏色＝取得顏色代碼
↓
顯示顏色代碼

程式

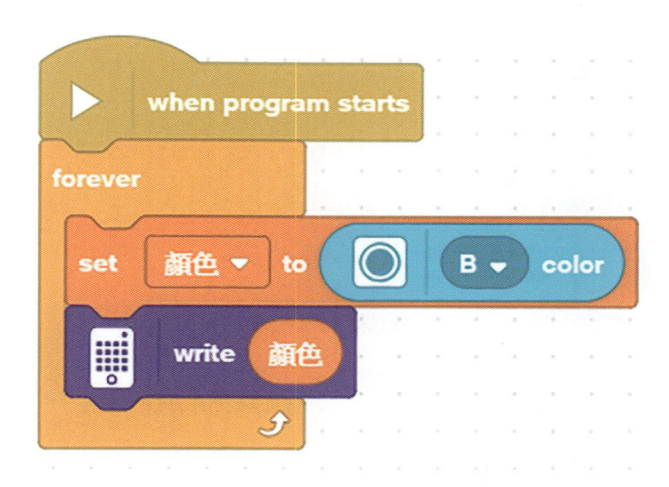

執行結果

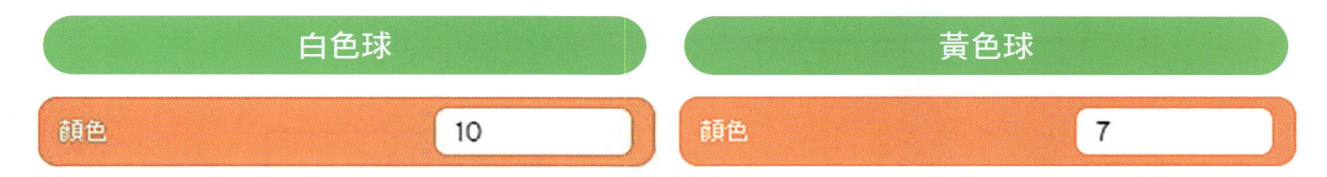

白色球	黃色球
顏色 10	顏色 7

測試結果 回傳值對應的顏色如下：

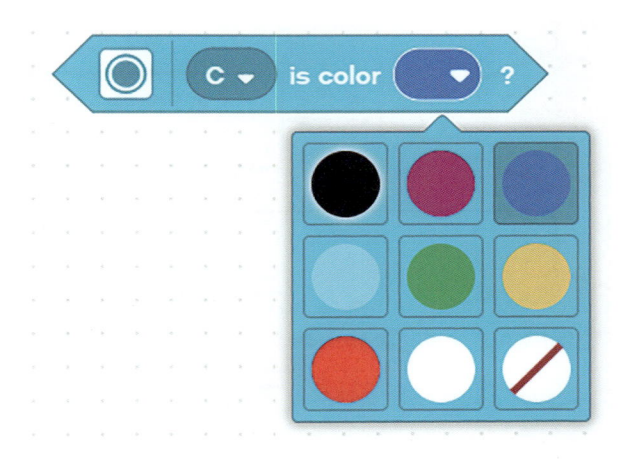

-1	0	1	3	4	5	7	9	10
無法偵測	黑	紫	藍	淺藍	綠	黃	紅	白

主題 ❷ 利用「顏色感測器」來偵測不同物件的顏色,並且將物件顏色之中文名稱顯示「螢幕上」。

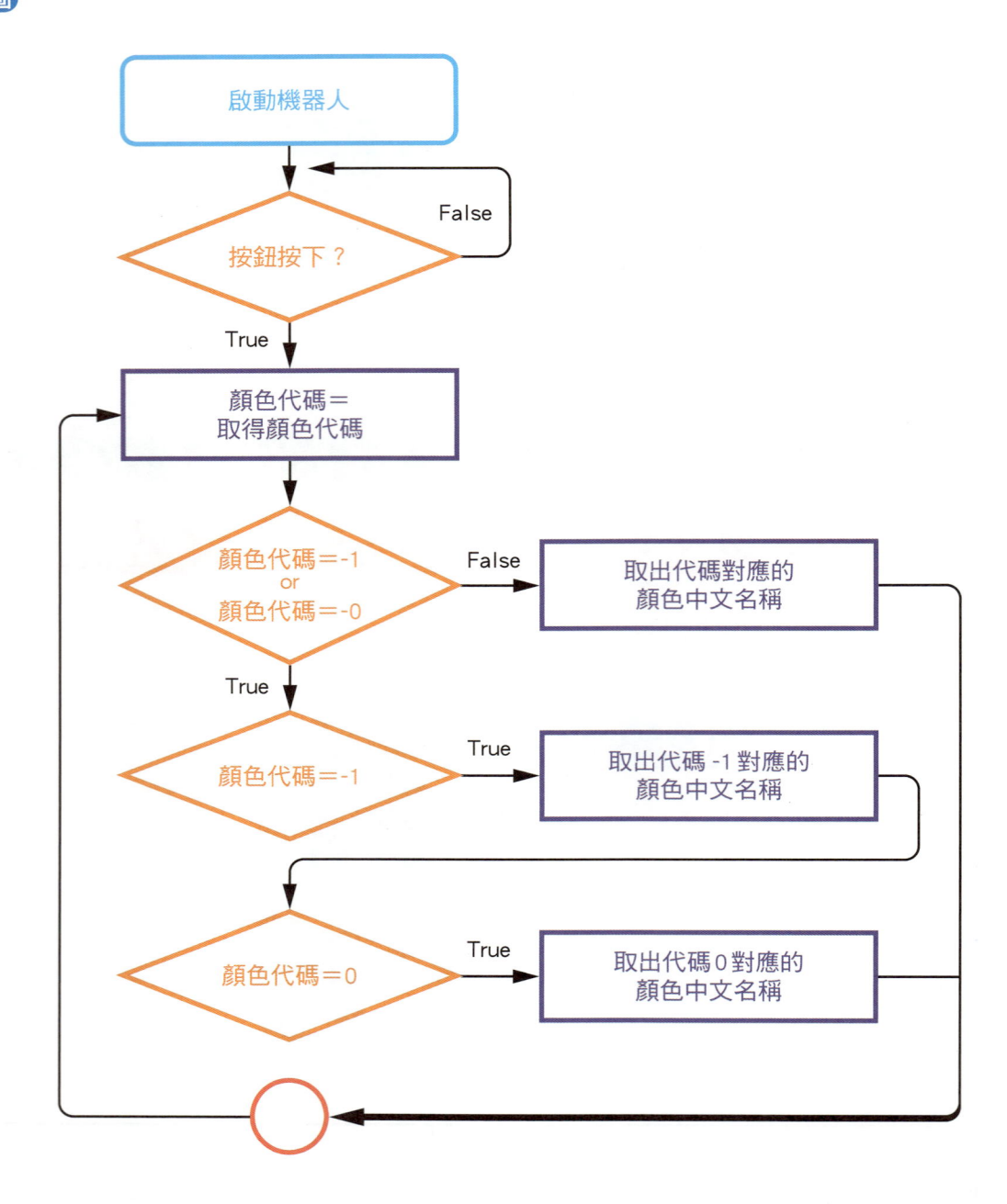

流程圖

```
          啟動機器人
              ↓
          按鈕按下？ ──False──┐
              │ True         │
              ↓              │
          顏色代碼＝         │
          取得顏色代碼 ←─┐   │
              ↓          │   │
        顏色代碼＝-1      │   │
            or     ──False──→ 取出代碼對應的
        顏色代碼＝-0      │    顏色中文名稱
              │ True     │         │
              ↓          │         │
        顏色代碼＝-1 ──True──→ 取出代碼-1對應的
              │ False    │    顏色中文名稱
              ↓          │         │
        顏色代碼＝0 ──True──→ 取出代碼0對應的
              │          │    顏色中文名稱
              └──────────┴─────────┘
```

前置工作 宣告「清單顏色」。

清單顏色	
1	紫色
2	空
3	藍色
4	淺藍
5	綠色
6	空
7	黃色
8	空
9	紅色
10	白色
11	黑色
12	無法偵測

程式

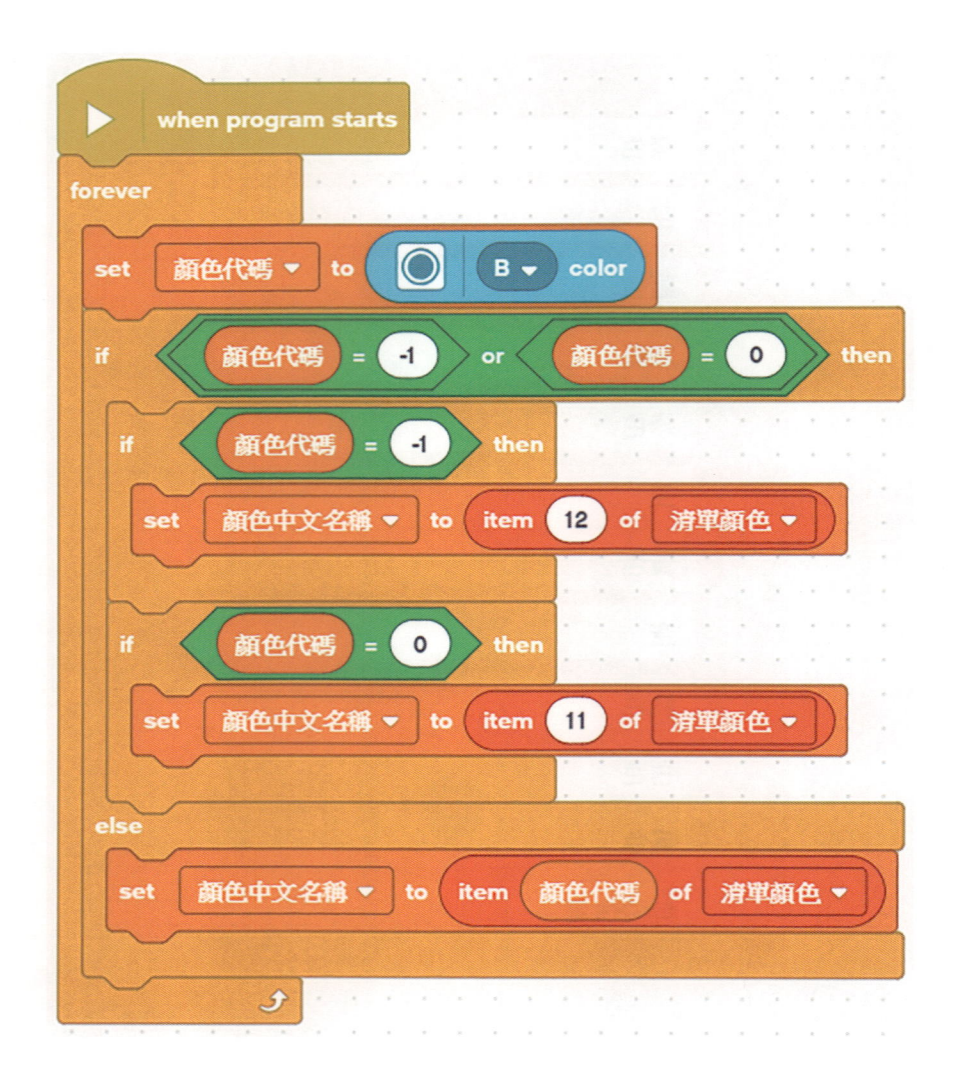

```
when program starts
forever
    set 顏色代碼 ▼ to [B ▼ color]
    if 顏色代碼 = -1 or 顏色代碼 = 0 then
        if 顏色代碼 = -1 then
            set 顏色中文名稱 ▼ to item 12 of 清單顏色 ▼
        if 顏色代碼 = 0 then
            set 顏色中文名稱 ▼ to item 11 of 清單顏色 ▼
    else
        set 顏色中文名稱 ▼ to item 顏色代碼 of 清單顏色 ▼
```

執行結果

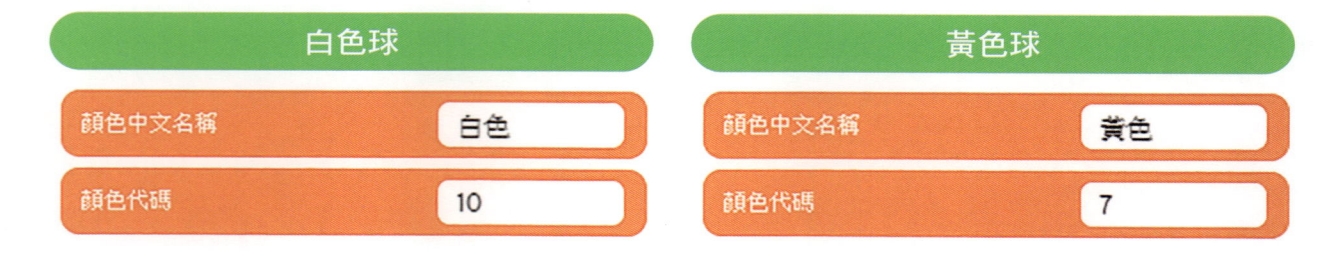

白色球	
顏色中文名稱	白色
顏色代碼	10

黃色球	
顏色中文名稱	黃色
顏色代碼	7

主題 ❸ 利用「顏色感測器」來偵測不同物件顏色,並在將物件顏色之中文名稱顯示於螢幕上時,對應到主機上「按鈕」的 LED 顏色;亦即偵測到黃色時,主機上按鈕的 LED 變成黃色。

程式

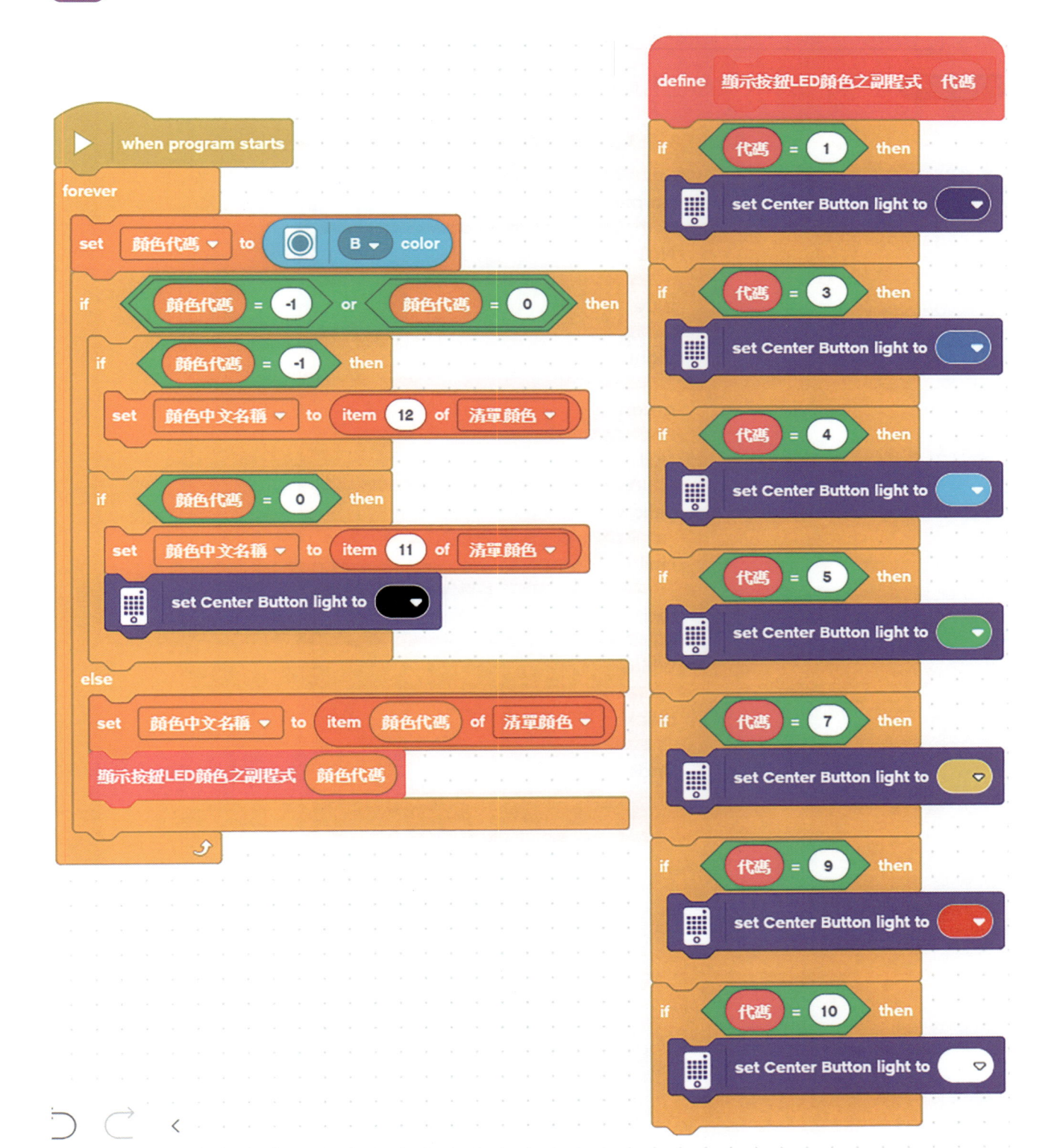

主題 ④ 利用「顏色感測器」來偵測不同物件的顏色，並將物件顏色之英文名稱顯示「表情面板」上。

-1	0	1	3	4	5	7	9	10
無法偵測	黑	紫	藍	淺藍	綠	黃	紅	白
Undetectable	black	purple	blue	Light blue	green	yellow	red	White

前置工作 宣告「清單英文顏色名稱」。

清單英文顏色名稱
1. purple
2. Null
3. blue
4. Light blue
5. green
6. Null
7. yellow
8. Null
9. red
10. White
11. black
12. Undetectable

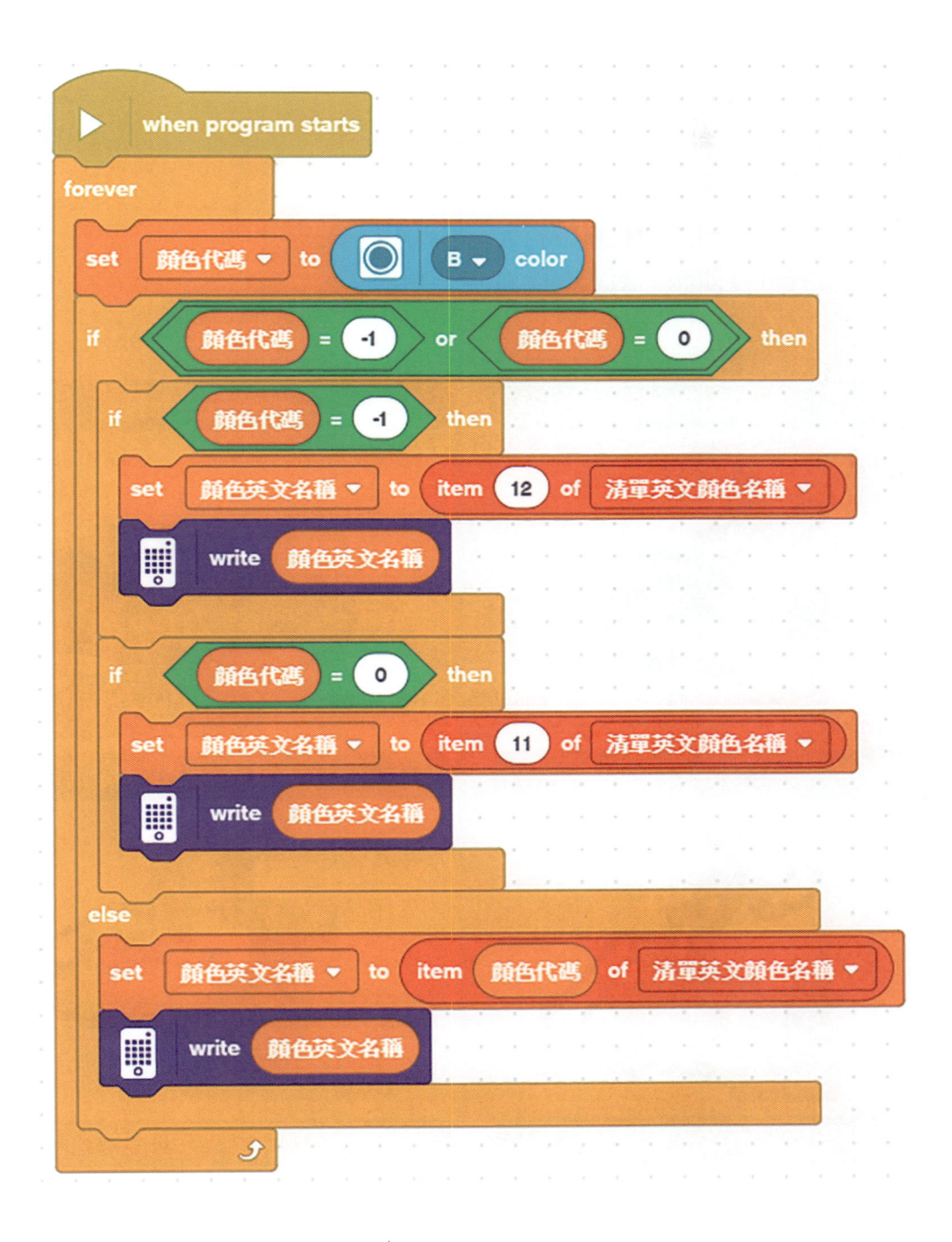

程式

```
when program starts
forever
    set 顏色代碼 ▼ to [◎ B ▼ color]
    if 顏色代碼 = -1 or 顏色代碼 = 0 then
        if 顏色代碼 = -1 then
            set 顏色英文名稱 ▼ to item 12 of 清單英文顏色名稱 ▼
            write 顏色英文名稱
        if 顏色代碼 = 0 then
            set 顏色英文名稱 ▼ to item 11 of 清單英文顏色名稱 ▼
            write 顏色英文名稱
    else
        set 顏色英文名稱 ▼ to item 顏色代碼 of 清單英文顏色名稱 ▼
        write 顏色英文名稱
```

9-4 專題製作：AI 機器人顏色分類器

主題發想 利用顏色感測器來模擬 AI 課程中的顏色分類，讓學習者可以透過有趣的樂高機器人教具來實際開發 AI 作品。

主題目的 1. 瞭解顏色感測器如何應用於 AI 課程中。
2. 實際設計及開發「AI 機器人顏色分類器」。

完成圖

準備動作 — 機器手臂

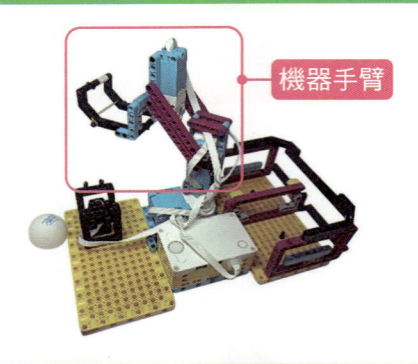

AI 顏色感測器模組 — 顏色感測器、白色球

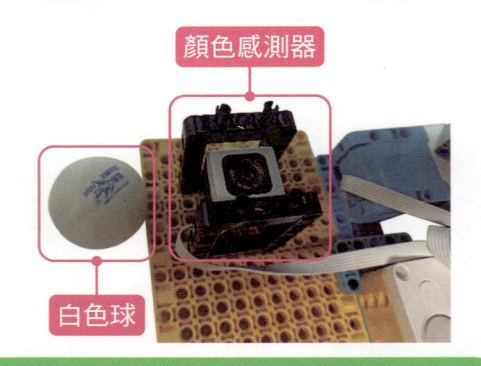

白球放在 AI 顏色模組上方

機器手臂將白球「套上」

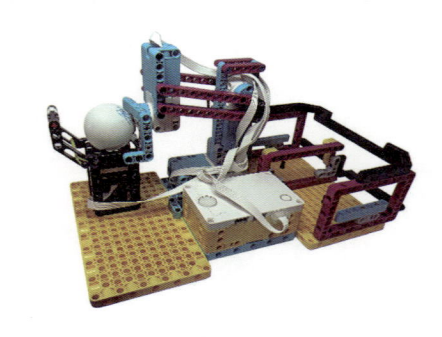

機器手臂將白球「取出」

手臂將白球搬到指定「筒子」上方

Chapter 9　AI 機器人顏色分類器　205

手臂反轉將白球倒入「筒子」內

機器手臂正轉回復原狀

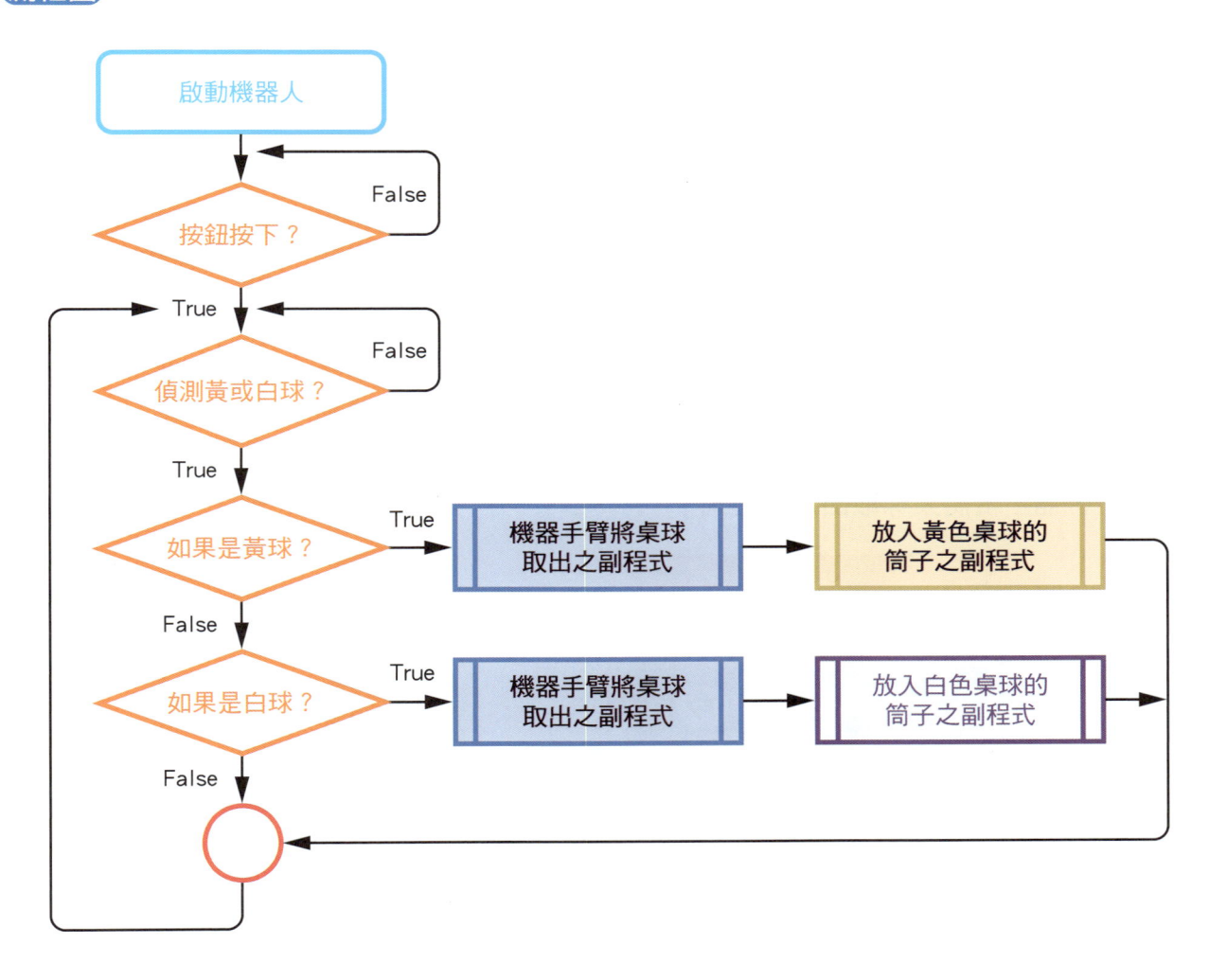

流程圖

撰寫程式

1. 主程式

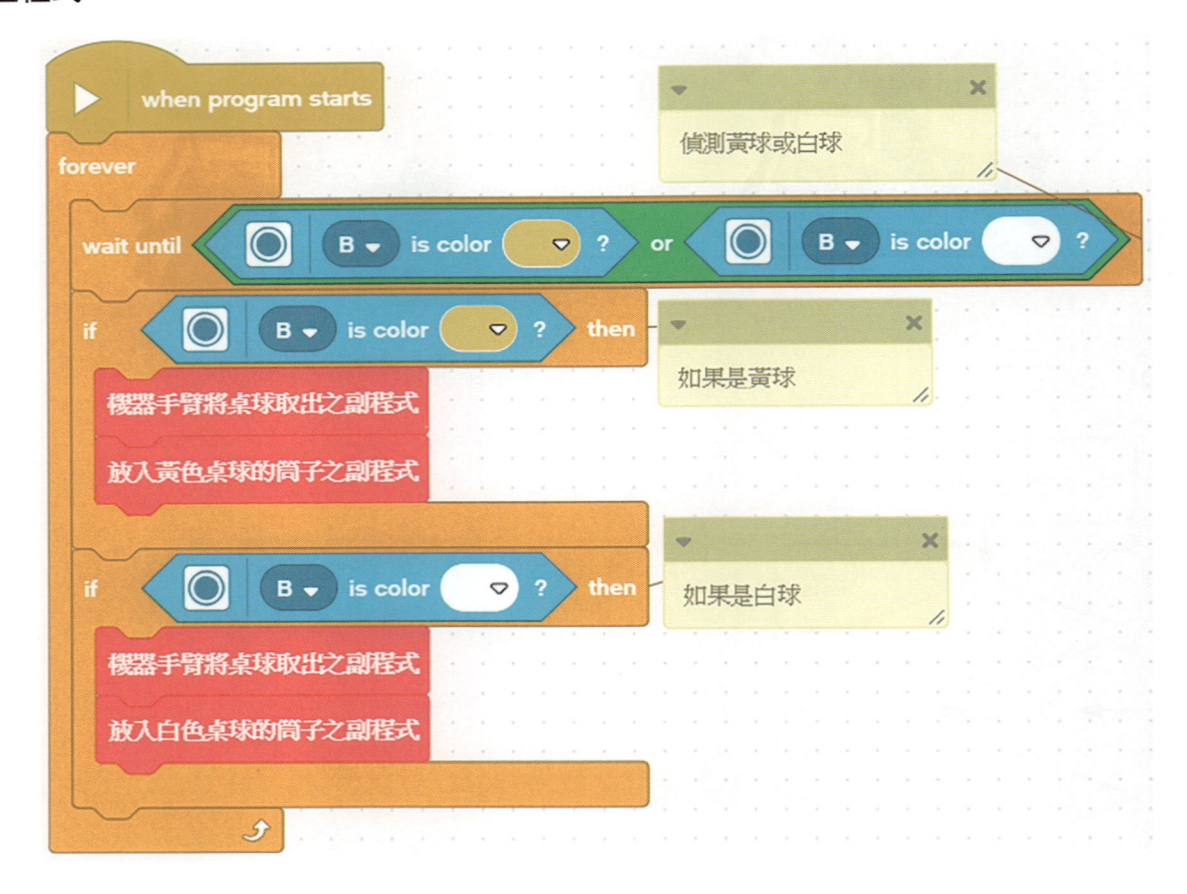

主程式區塊：
- when program starts
- forever
  - wait until (B is color ?) or (B is color ?) ← 偵測黃球或白球
  - if (B is color ?) then ← 如果是黃球
    - 機器手臂將桌球取出之副程式
    - 放入黃色桌球的筒子之副程式
  - if (B is color ?) then ← 如果是白球
    - 機器手臂將桌球取出之副程式
    - 放入白色桌球的筒子之副程式

2. 定義「機器手臂將桌球取出之副程式」

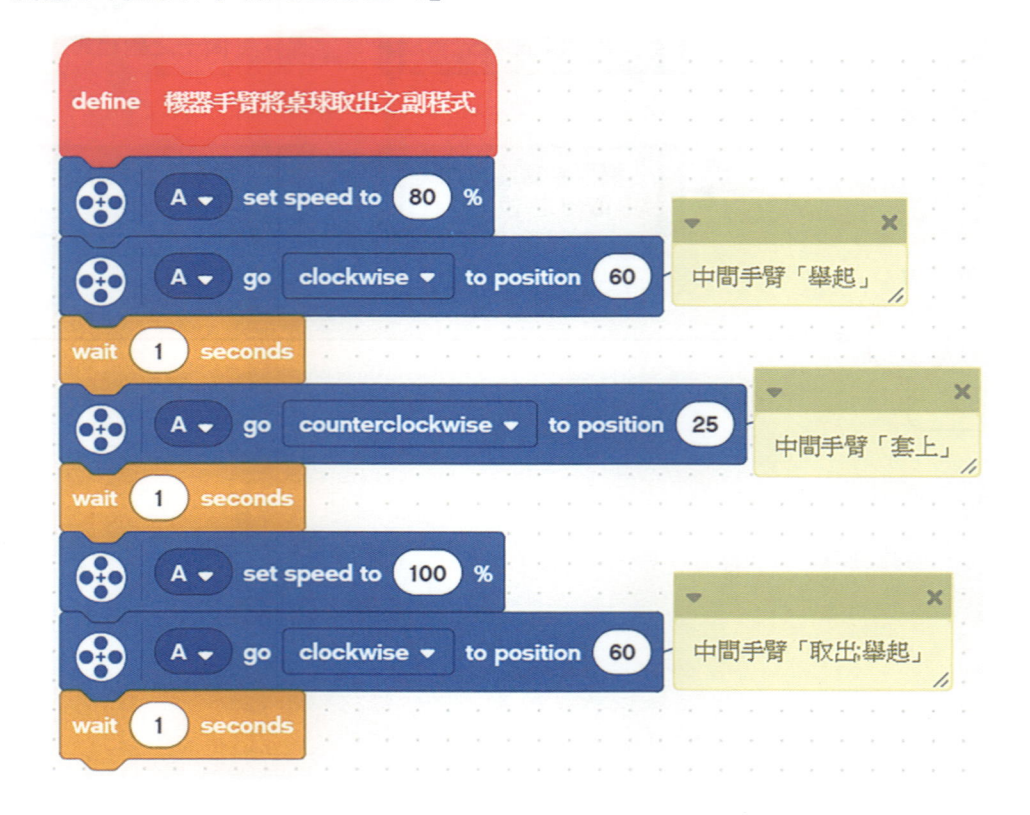

- define 機器手臂將桌球取出之副程式
- A set speed to 80 %
- A go clockwise to position 60 ← 中間手臂「舉起」
- wait 1 seconds
- A go counterclockwise to position 25 ← 中間手臂「套上」
- wait 1 seconds
- A set speed to 100 %
- A go clockwise to position 60 ← 中間手臂「取出:舉起」
- wait 1 seconds

3. 定義「放入黃色桌球的筒子之副程式」

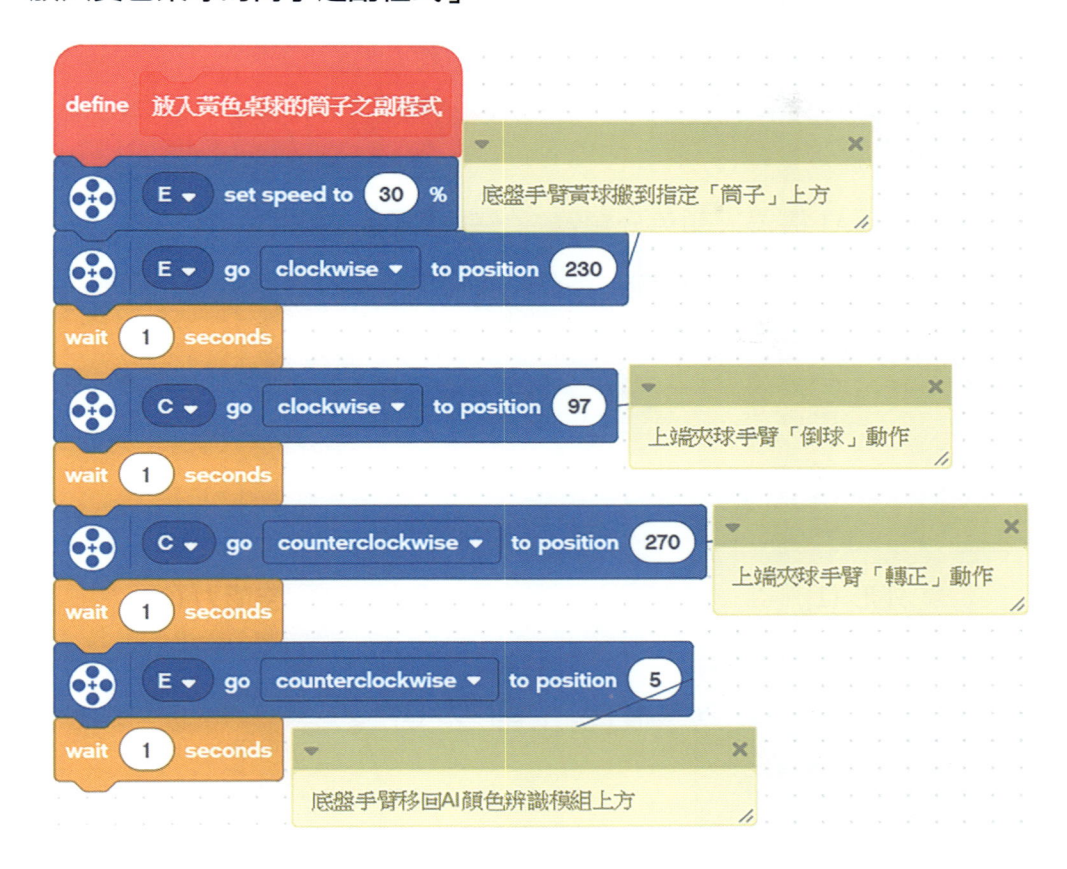

```
define 放入黃色桌球的筒子之副程式
    E ▼ set speed to 30 %         底盤手臂黃球搬到指定「筒子」上方
    E ▼ go clockwise ▼ to position 230
    wait 1 seconds
    C ▼ go clockwise ▼ to position 97          上端夾球手臂「倒球」動作
    wait 1 seconds
    C ▼ go counterclockwise ▼ to position 270  上端夾球手臂「轉正」動作
    wait 1 seconds
    E ▼ go counterclockwise ▼ to position 5
    wait 1 seconds                底盤手臂移回AI顏色辨識模組上方
```

4. 定義「放入白色桌球的筒子之副程式」

```
define 放入白色桌球的筒子之副程式
    E ▼ set speed to 30 %         底盤手臂白球搬到指定「筒子」上方
    E ▼ go clockwise ▼ to position 190
    wait 1 seconds
    C ▼ go clockwise ▼ to position 97          上端夾球手臂「倒球」動作
    wait 1 seconds
    C ▼ go counterclockwise ▼ to position 270  上端夾球手臂「轉正」動作
    wait 1 seconds
    E ▼ go counterclockwise ▼ to position 5
    wait 1 seconds                底盤手臂移回AI顏色辨識模組上方
```

習題

題目名稱 機器人學習英文單字

題目說明
請利用本章節設計的「AI 機器人顏色分類器」，執行「英文單字」學習。

作法參考 利用「顏色感測器」來偵測不同物件的顏色，並將偵測到的顏色名稱顯示於「表情面板」上，且透過「按鈕 LED」來呈現。

創客題目編號：A038021

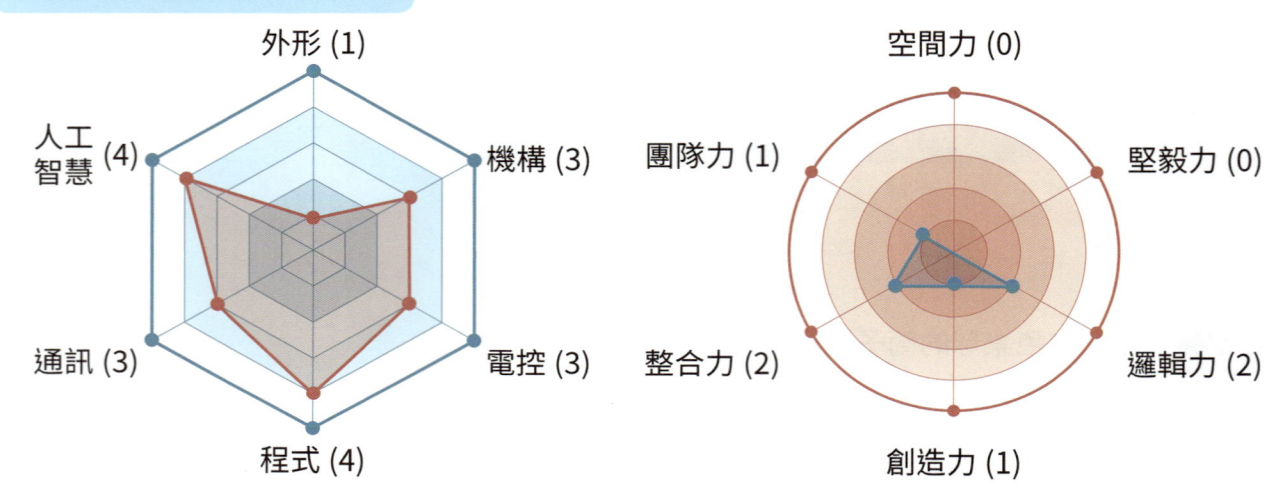

創客學習力

外形	1
機構	3
電控	3
程式	4
通訊	3
人工智慧	4
創客總數	18

實作時間 60 分

創客素養力

空間力	0
堅毅力	0
邏輯力	2
創造力	1
整合力	2
團隊力	1
素養總數	6

Chapter 10

超跑機器人

本章學習目標

1. 瞭解組裝超跑機器人及瞭解如何透過超跑機器人來進行活動。
2. 瞭解如何利用 SPIKE 程式來撰寫超跑機器人程式。

本章內容

10-1　超跑機器人

10-2　SPIKE 超跑機器人組裝

10-3　撰寫「SPIKE 超跑機器人」之指引程式

10-4　專題製作：樂高超跑機器人

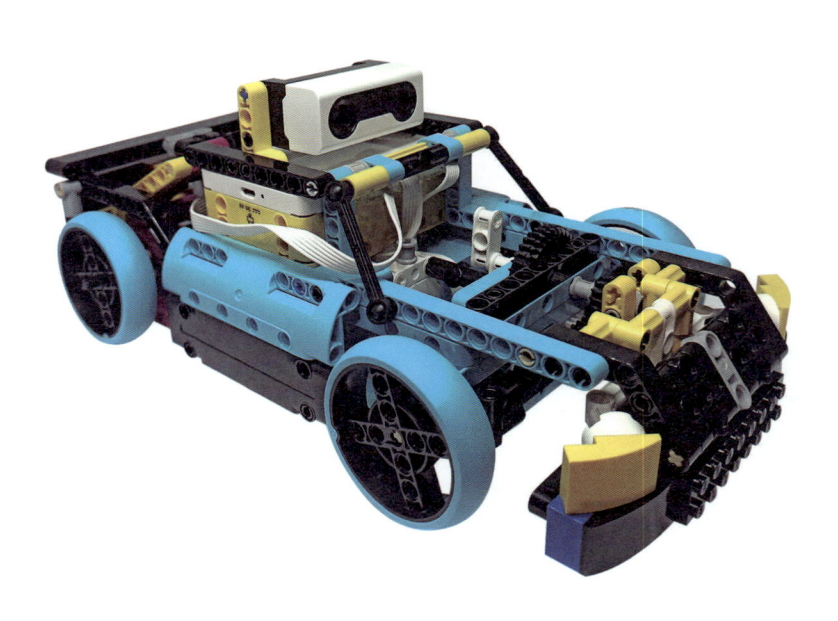

10-1　超跑機器人

　　在本章節中，將介紹各位利用 SPIKE 套件來設計一台教學用的進階基本車；因此，它要有控制器（主機）、馬達、感測器及相關的樂高零件，來設計一個「SPIKE 超跑機器人」。

設計的三部曲

step 1 創意組裝

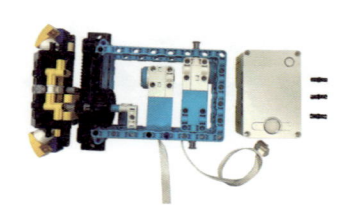

step 2 寫程式

step 3 測試

說明

1. 創意組裝：依照指定「功能及造型」以「感應器及相關配件」結合「主機」。
2. 寫程式：依照指定任務來撰寫處理程序的動作與順序（程式）。
3. 測試：利用 SPIKE 拼圖程式：將程式上傳到「主機」內，並依照指定功能先進行測試。

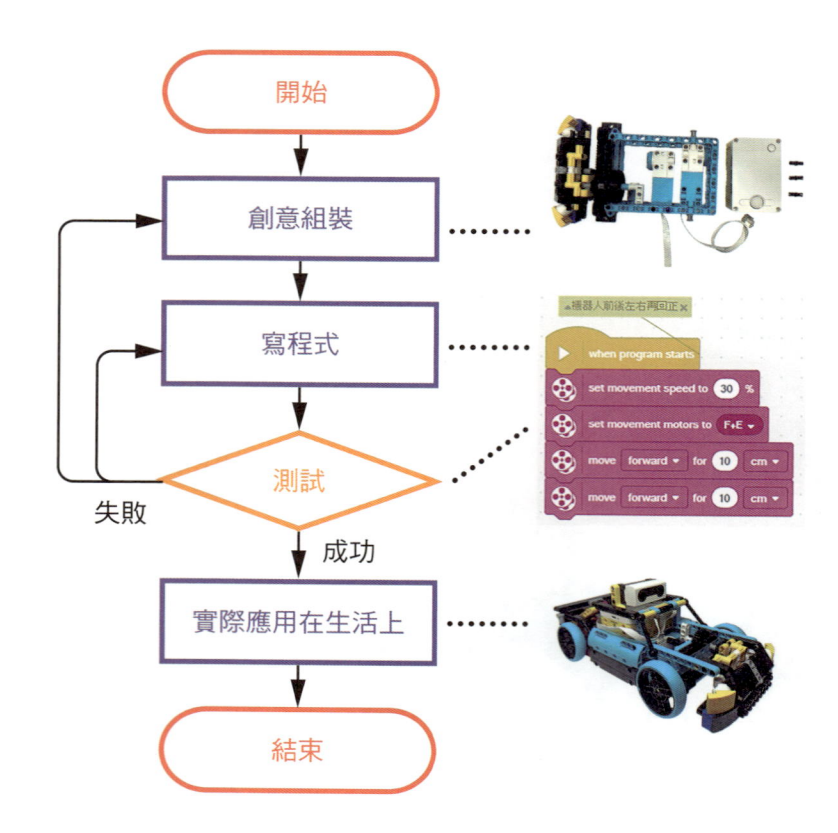

流程圖

開始 → 創意組裝 → 寫程式 → 測試 →（失敗回到寫程式/創意組裝）→ 成功 → 實際應用在生活上 → 結束

> 說明

從上面的流程圖中,可以清楚瞭解「設計機器人程式」必須要經過三大步驟;在進行第三步驟時,如果無法測試成功,除了要修改程式之外,也要檢查組裝是否正確,並且要反覆地進行測試,直到完全成功為止;最後,就可以將創作的智能裝置,應用在日常生活中。

10-2　SPIKE 超跑機器人組裝

想要製作一台「SPIKE 超跑機器人」時,必須要先準備相關的「主機」、「馬達」、「感測器」及「相關的零件材料」。

10-2.1　零件清單

要製作一台「SPIKE 超跑機器人」時,零件清單如下圖所示:

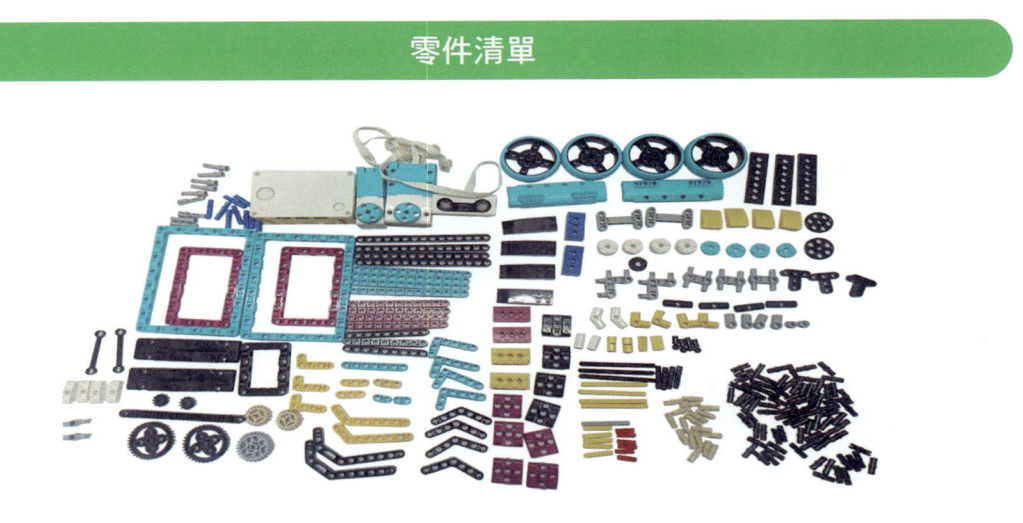

零件清單

10-2.2　組裝指引

在準備好所需要的「主機」、「感測器」及「相關的材料」之後,接下來,請各位依照以下的步驟,就可以完成:

step 1

step 2

step 3

step 4

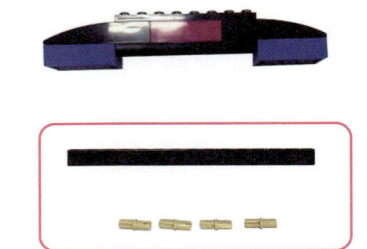

step 5

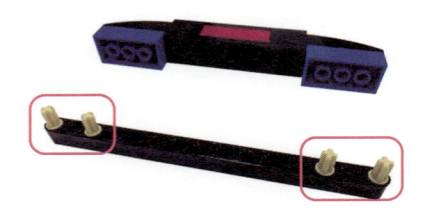

step 6

step 7

step 8

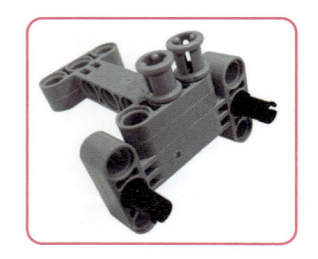

step 9

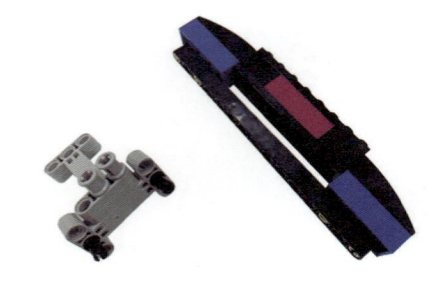

step 10

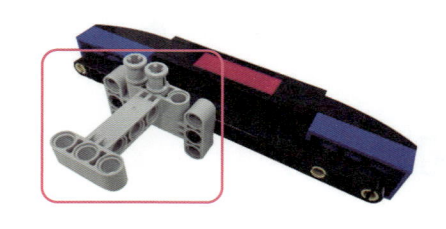

step 11

step 12

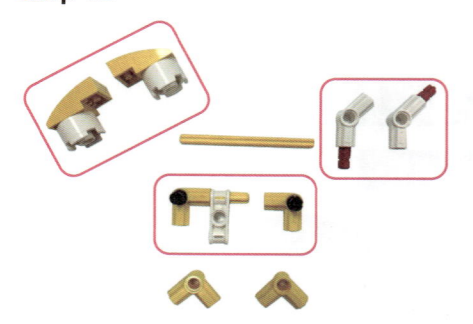

Chapter 10　超跑機器人　213

step 13

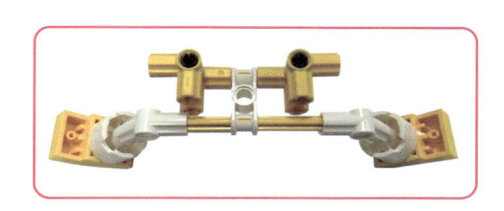

step 14

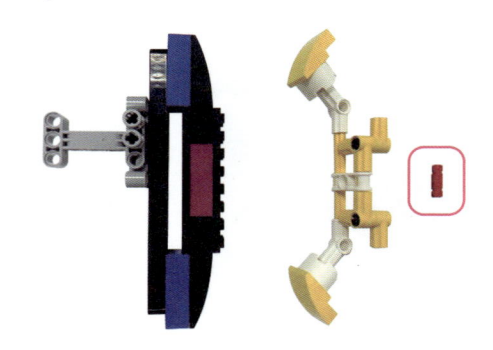

step 15

step 16

step 17

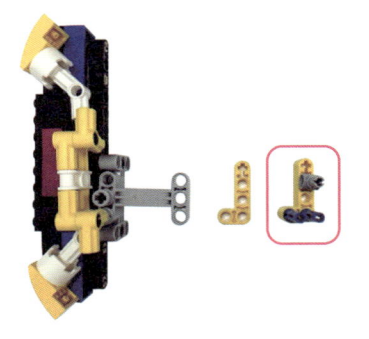

step 18

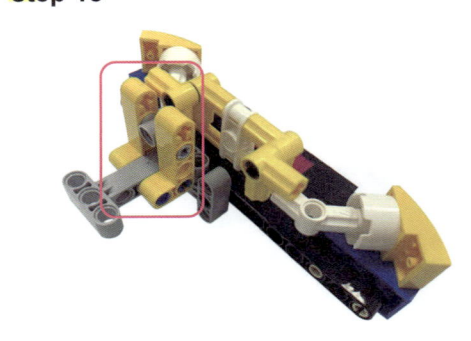

step 19

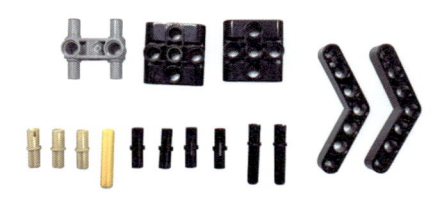

step 20

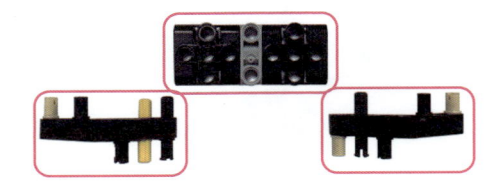

step 21

step 22

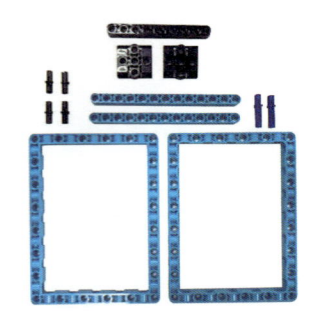

step 23

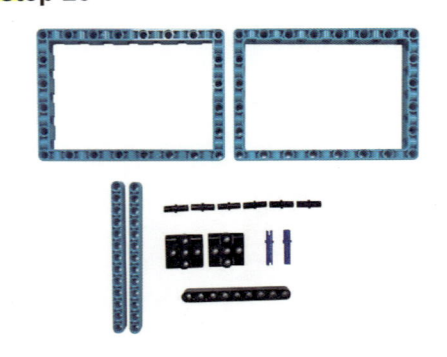

step 24

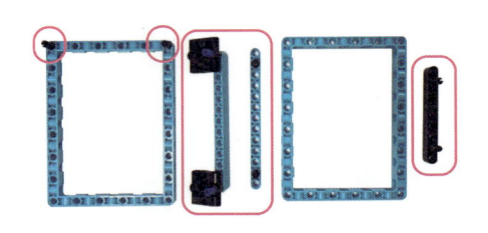

step 25

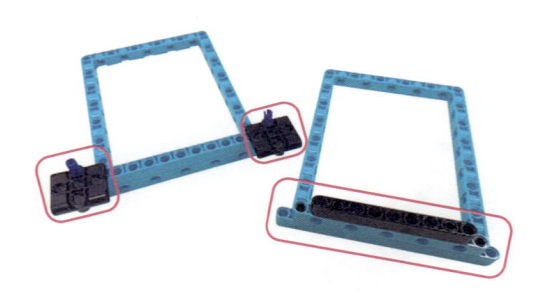

step 26

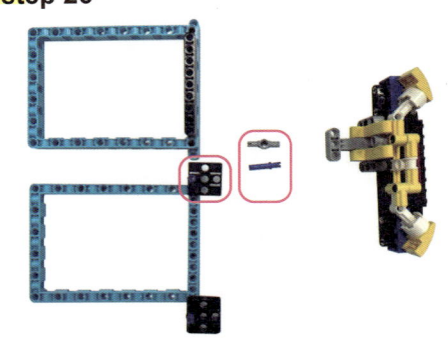

step 27

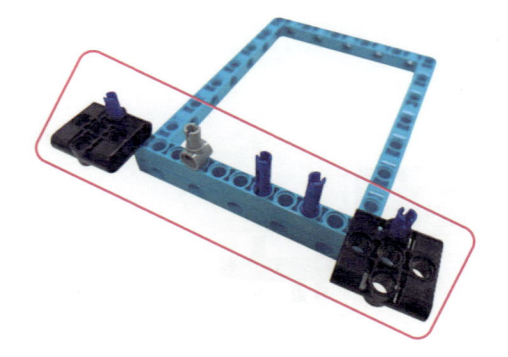

step 28

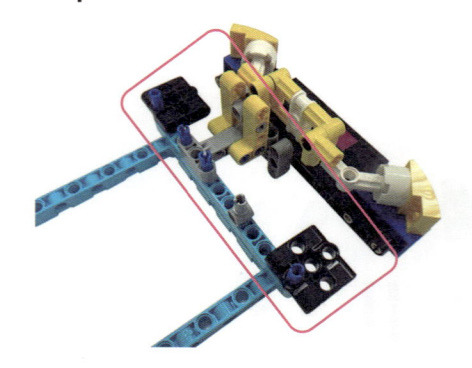

Chapter 10　超跑機器人　215

step 29

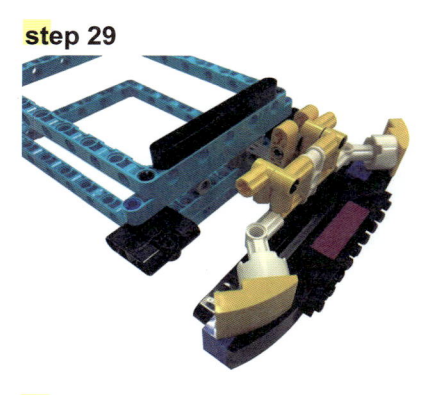

step 30

step 31

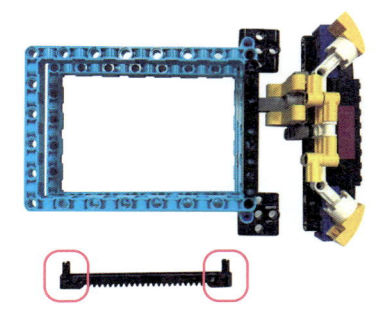

step 32

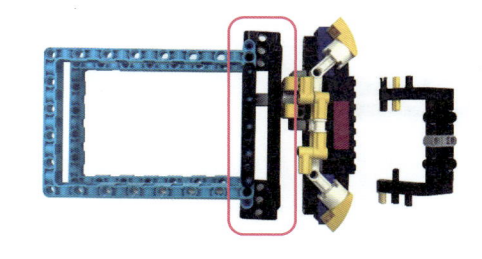

step 33

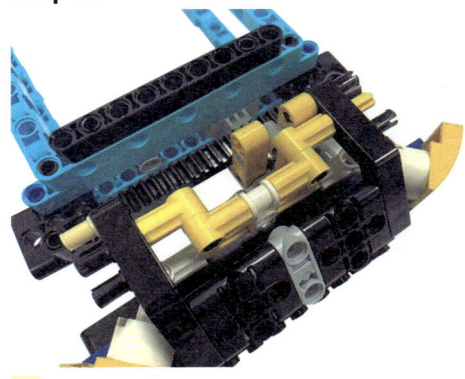

step 34

step 35

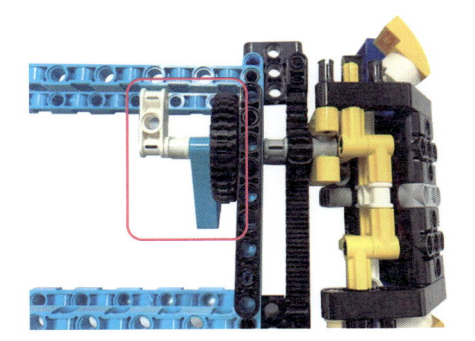

step 36

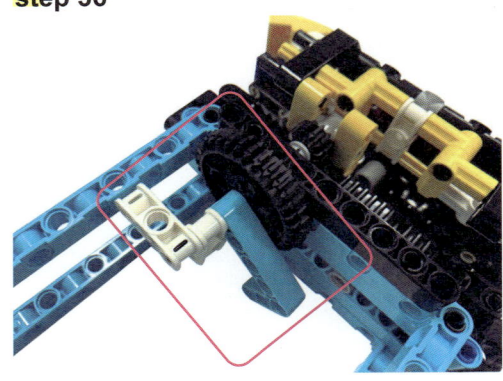

step 37

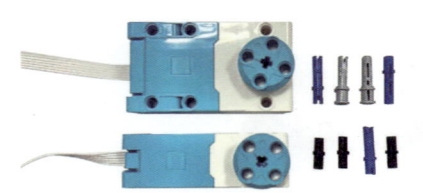

step 38

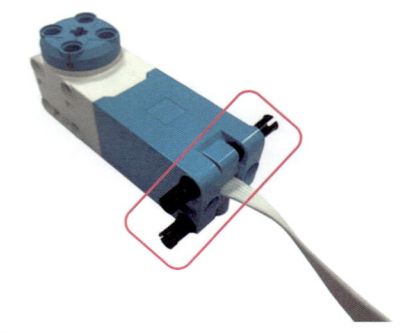

step 39

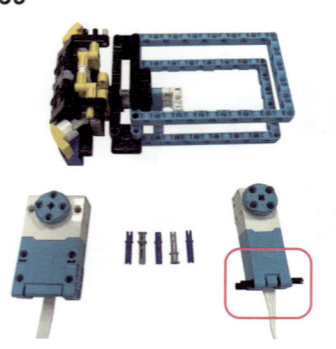

step 40

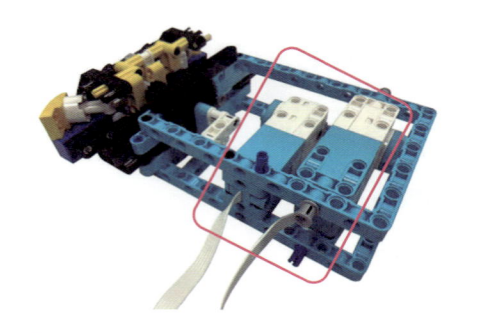

step 41

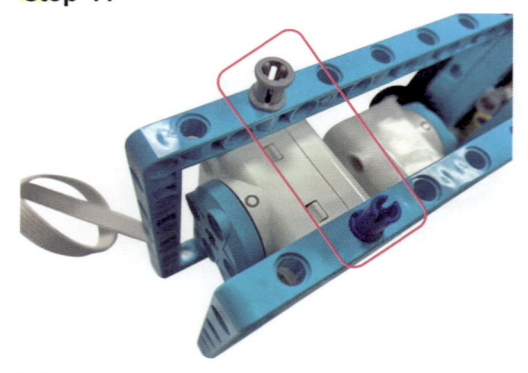

step 42

step 43

step 44

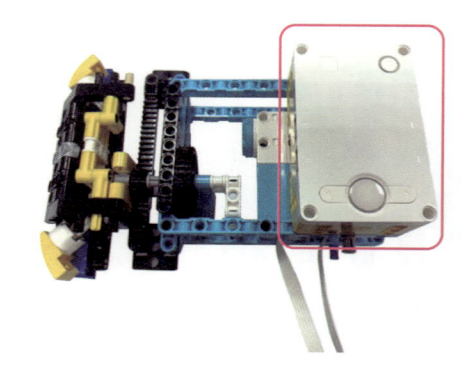

step 45

step 46

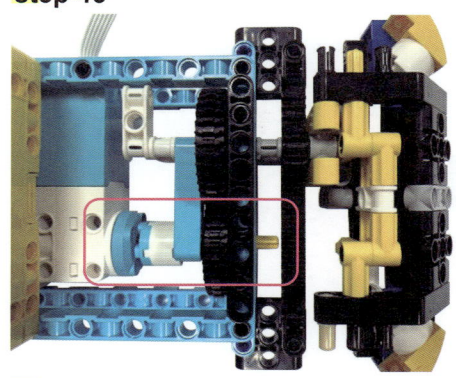

step 47

step 48

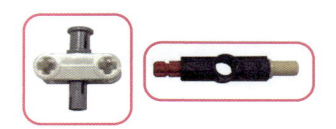

step 49

step 50

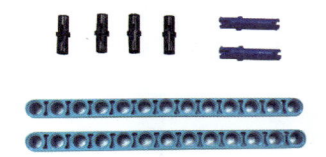

step 51

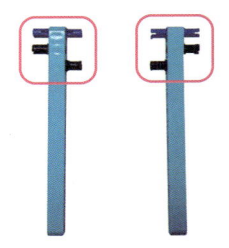

step 52

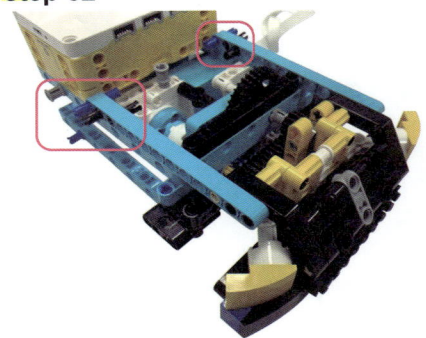

Chapter 10　超跑機器人　217

step 53

step 54

step 55

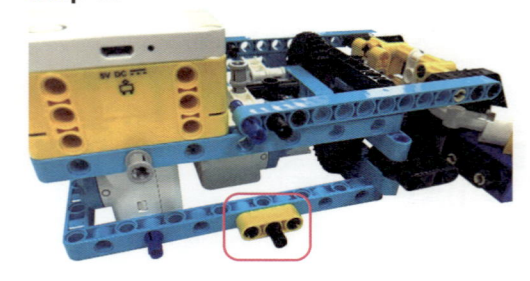

step 56

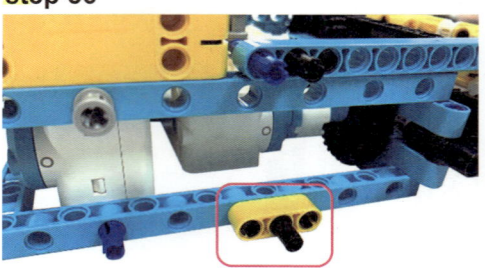

step 57

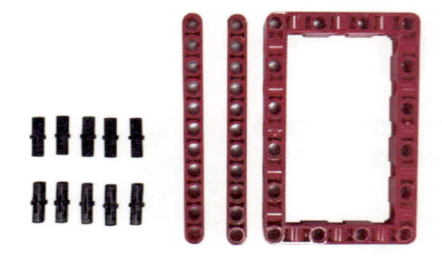

step 58

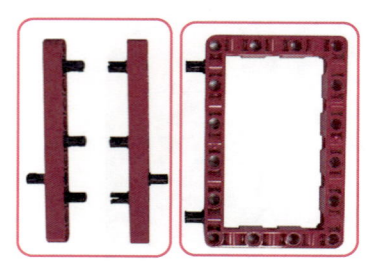

step 59

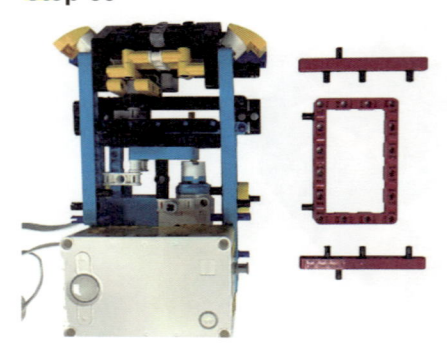

step 60

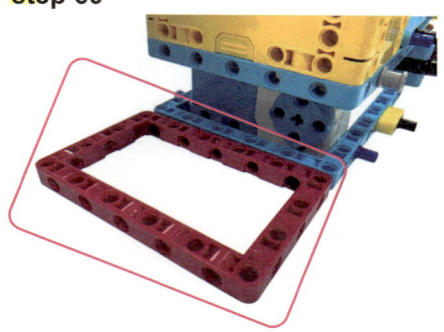

step 61

step 62

step 63

step 64

step 65

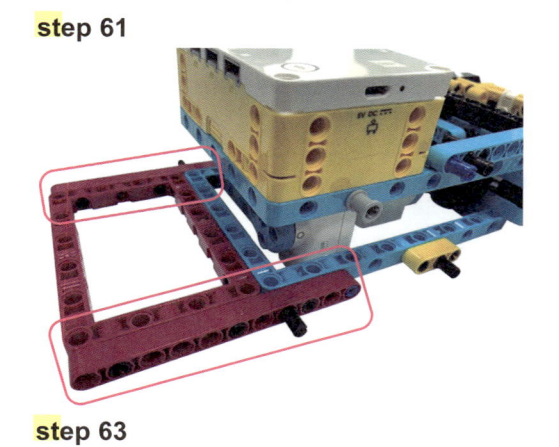

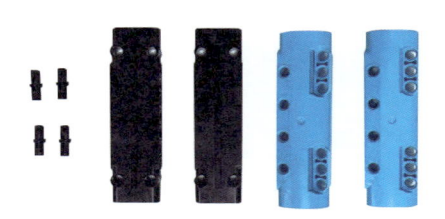

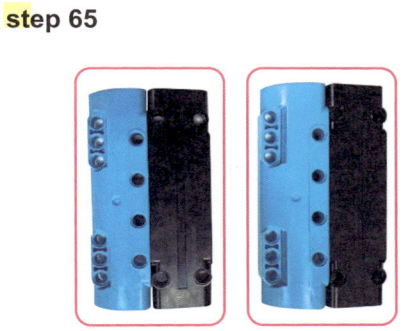

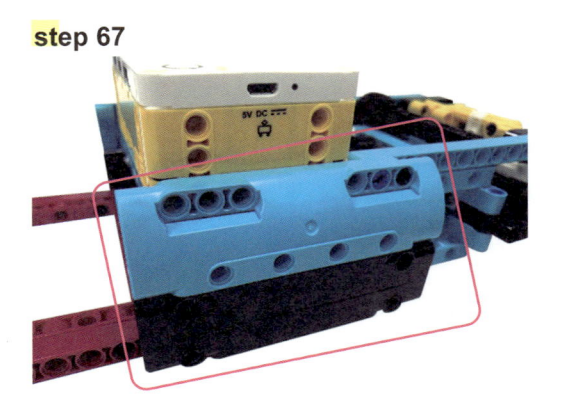

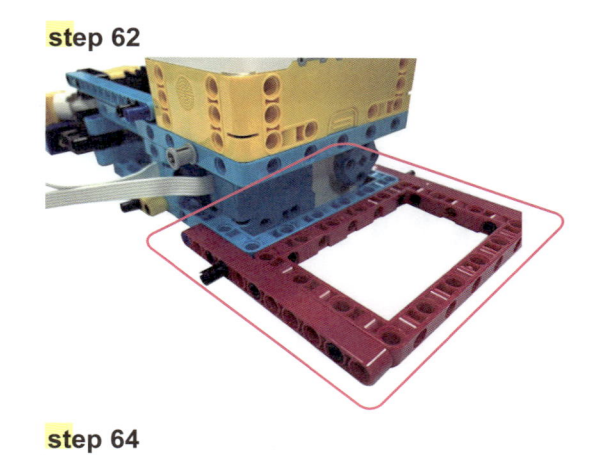

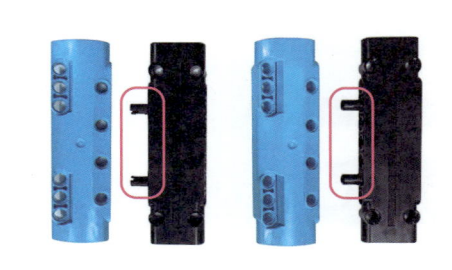

step 66

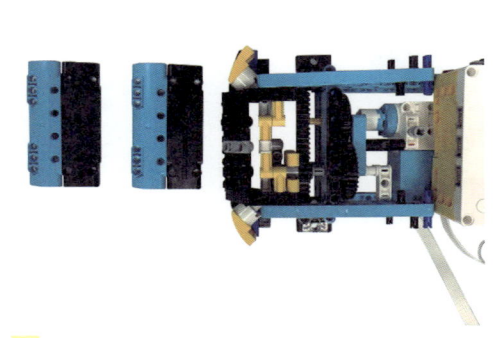

step 67

step 68

step 69

step 70

step 71

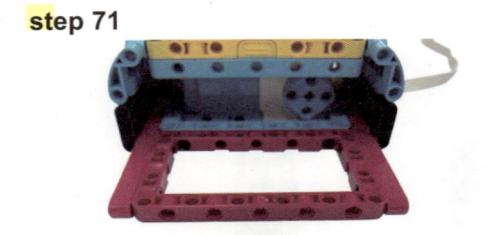

step 72

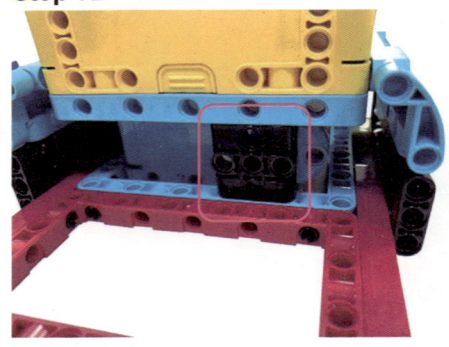

step 73

step 74

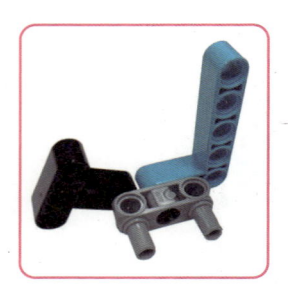

step 75

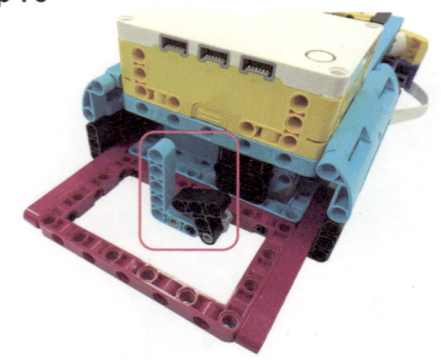

step 76

Chapter 10 超跑機器人 221

step 77

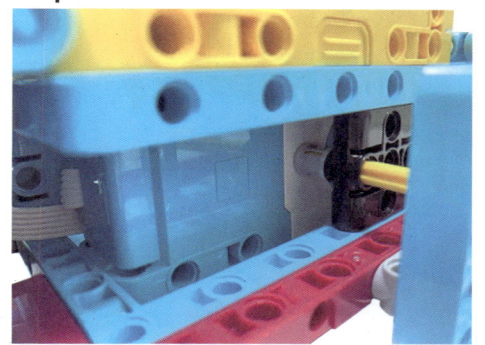

step 78

step 79

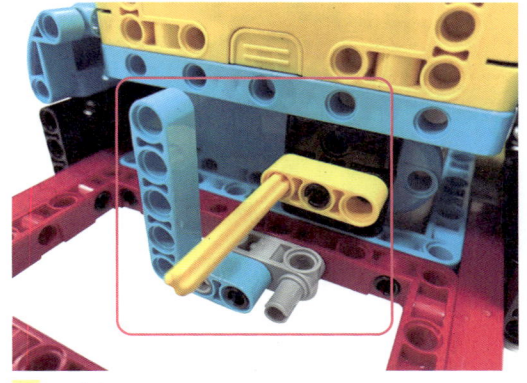

step 80

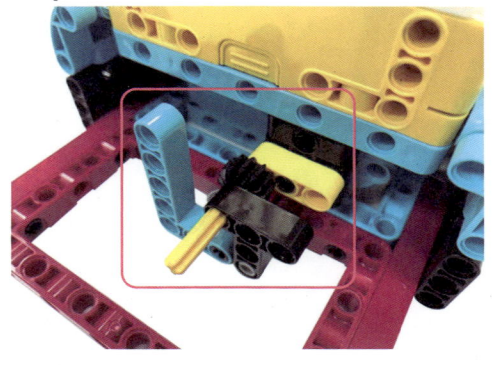

step 81

step 82

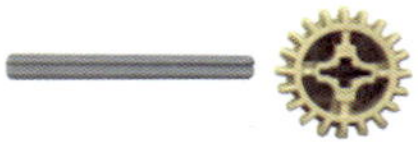

step 83

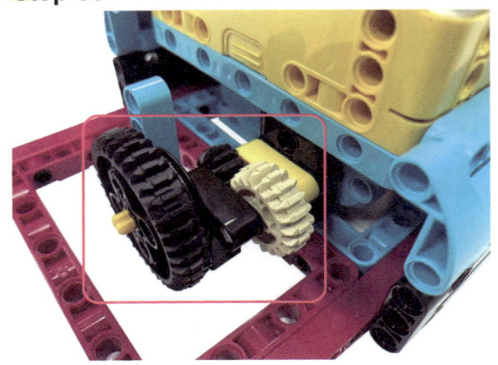

step 84

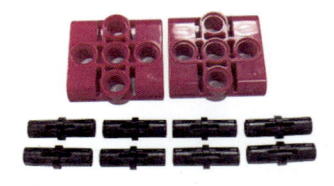

step 85

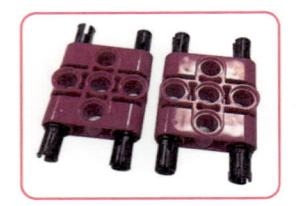

step 86

step 87

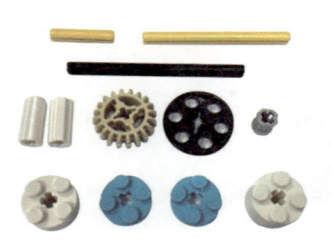

step 88

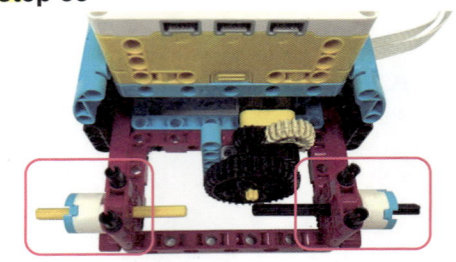

step 89

step 90

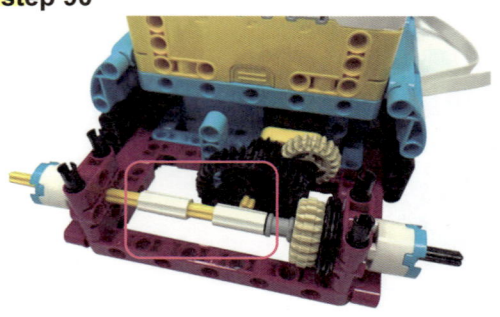

step 91

step 92

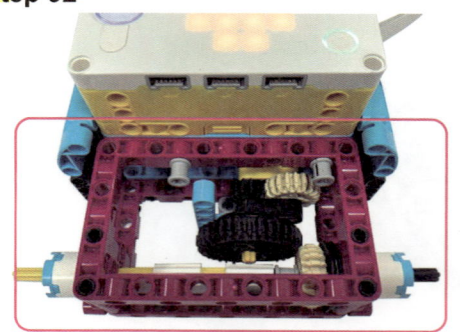

Chapter 10 超跑機器人 223

step 93

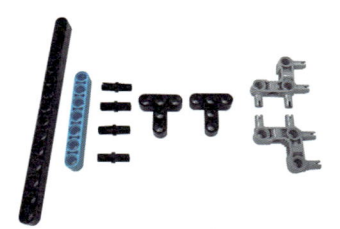

step 94

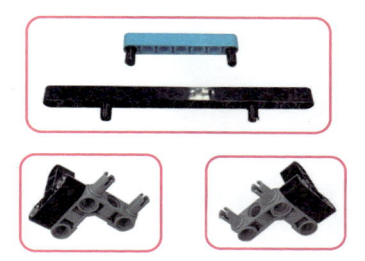

step 95

step 96

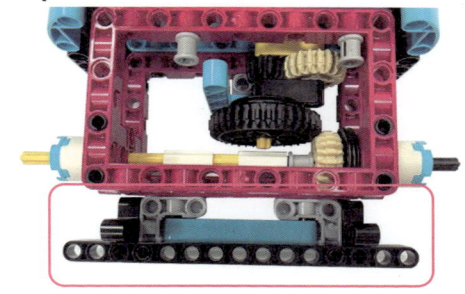

step 97

step 98

step 99

step 100

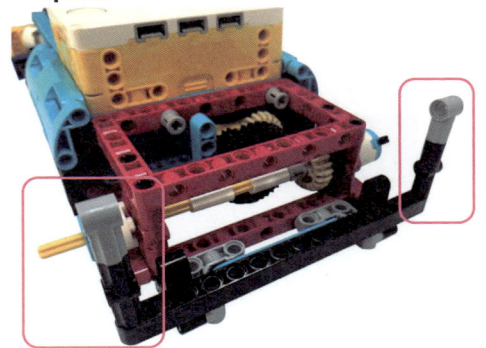

step 101

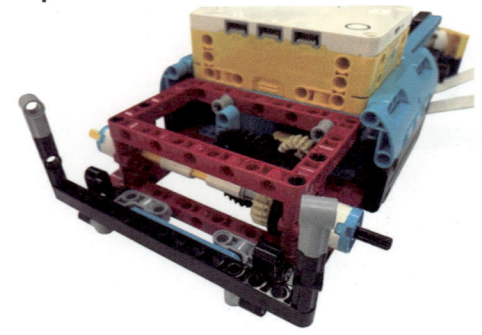

step 102

step 103

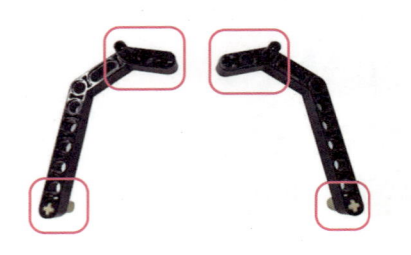

step 104

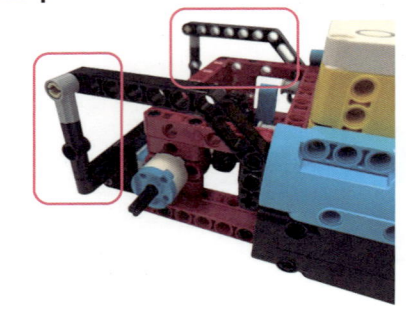

step 105

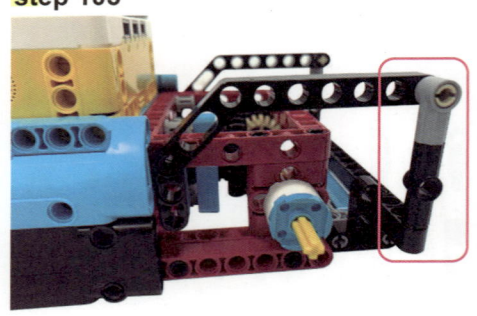

step 106

step 107

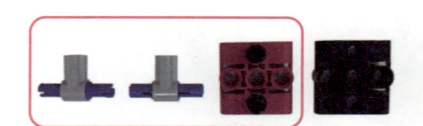

step 108

Chapter 10　超跑機器人　225

step 109

step 110

step 111

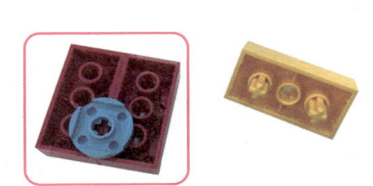

step 112

step 113

step 114

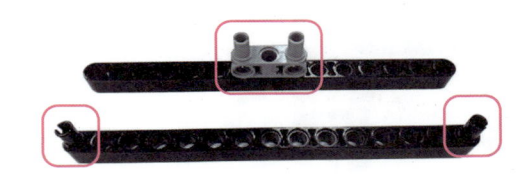

step 115

step 116

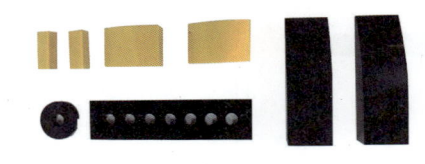

step 117

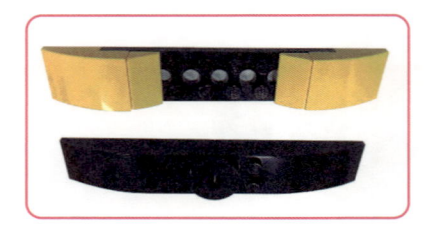

step 118

step 119

step 120

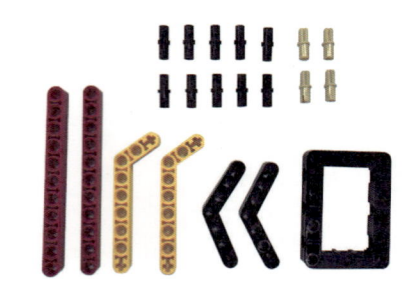

step 121

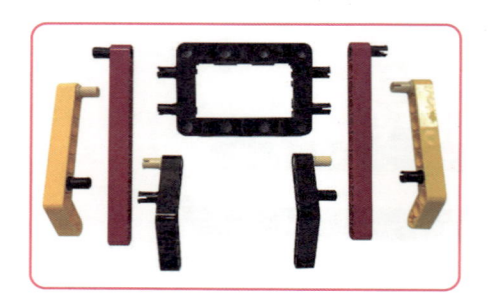

step 122

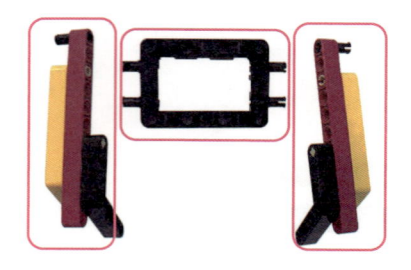

step 123

step 124

Chapter 10 超跑機器人 227

step 125

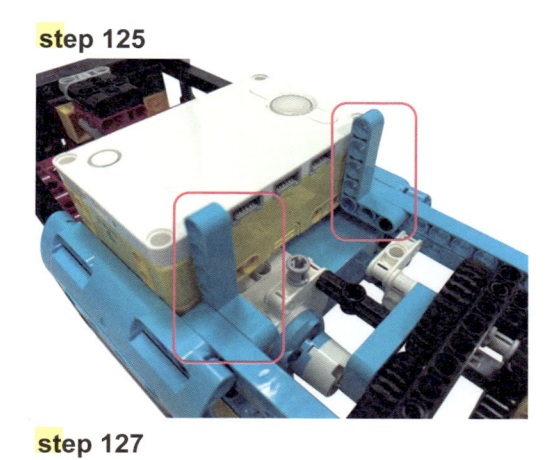

step 126

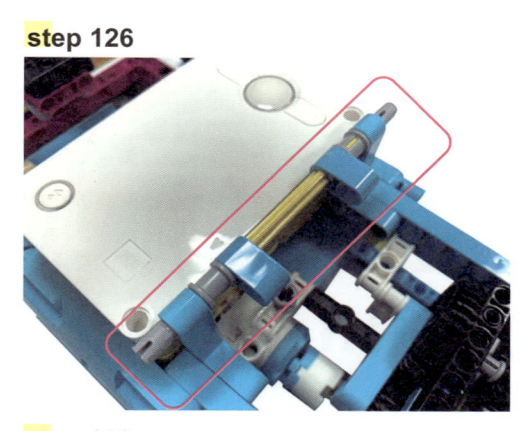

step 127

step 128

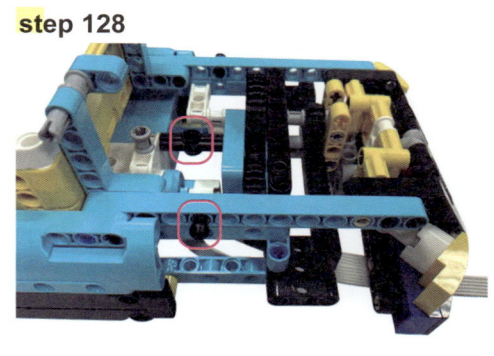

step 129

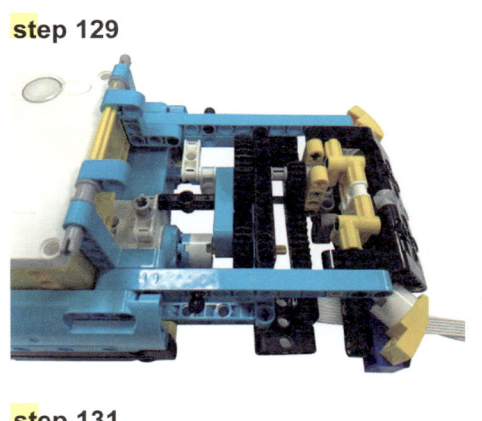

step 130

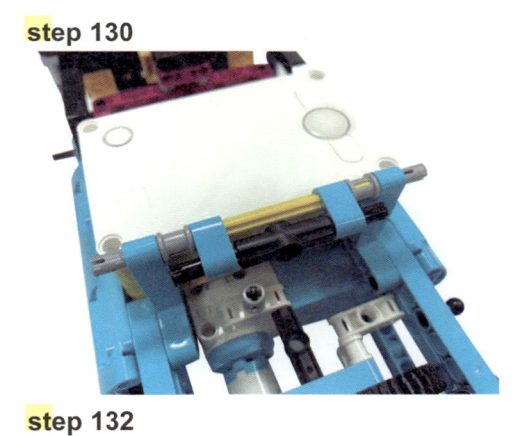

step 131

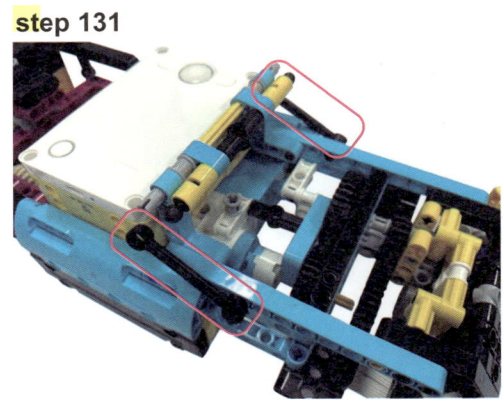

step 132

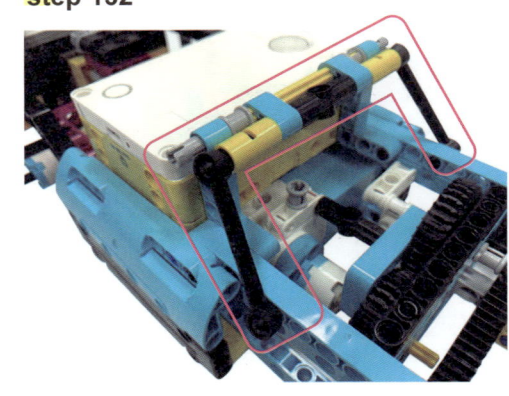

step 133

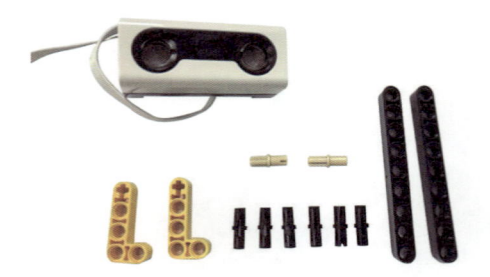

step 134

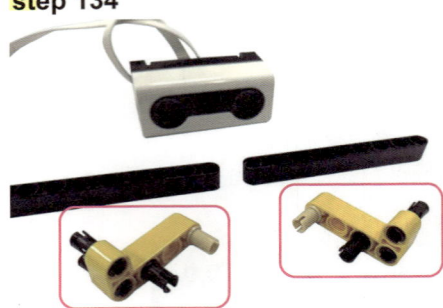

step 135

step 136

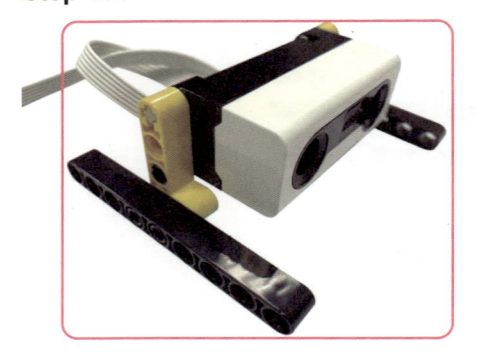

step 137

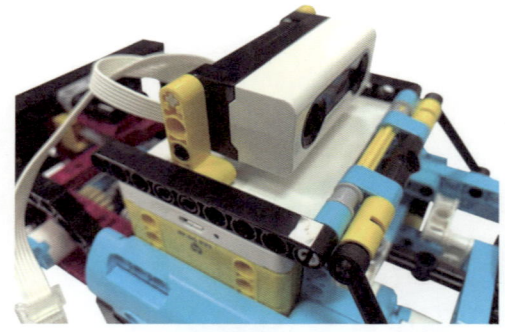

step 138

step 139

step 140

10-3　撰寫「SPIKE 超跑機器人」之指引程式

由於設計「超跑機器人」程式，必須要先學會伺服馬達的控制方法：
1. 大型伺服馬達的「角度控制」模式：①方向盤往左、②方向盤往右。
2. 中型伺服馬達的「3 種控制」模式：①圈數、②角度、③秒數。

電控元件　大型伺服馬達

大型伺服馬達	說明
	1. 設計機器手臂之用（例如：堆高機、夾娃娃機） 2. 設計方向盤轉向之用（例如：車子的轉向器） 3. 設計仿生機器人（例如：嘴巴張開） 4. 設計停車場（例如：閘門開關） 5. 設計智慧型垃圾筒（例如：蓋子自動開關）

主題 ①　超跑機器人「方向盤往左」。

流程圖　　　　　**程式**

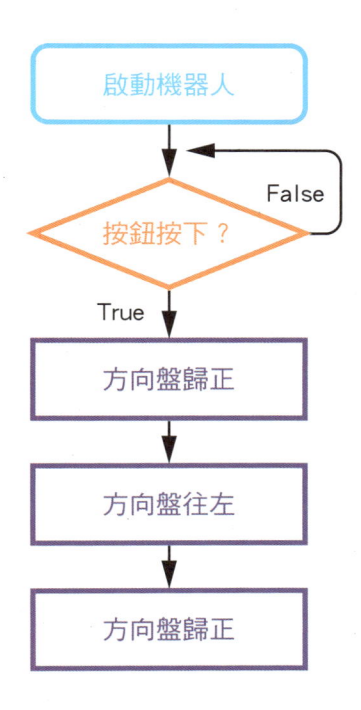

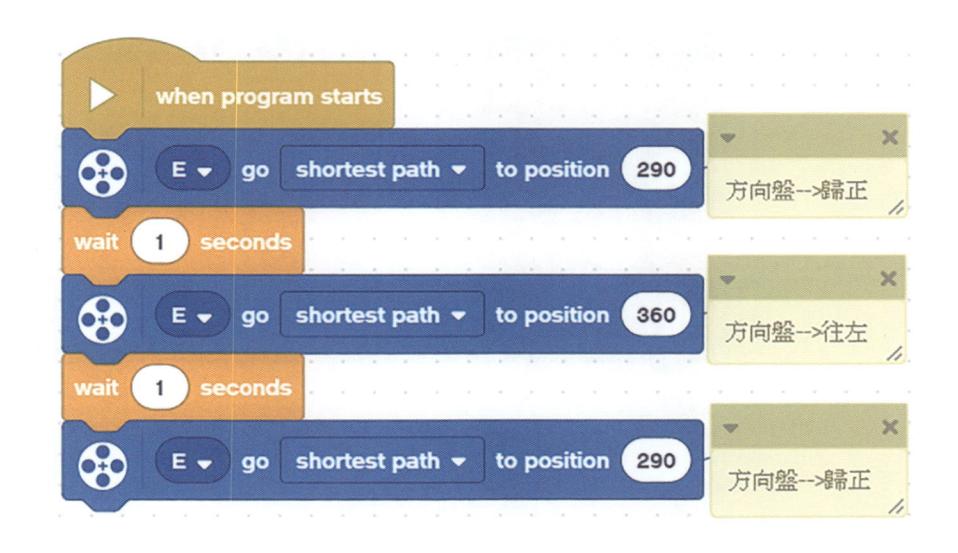

啟動機器人 → 按鈕按下？(False 迴圈) → True → 方向盤歸正 → 方向盤往左 → 方向盤歸正

when program starts
E go shortest path to position 290　方向盤-->歸正
wait 1 seconds
E go shortest path to position 360　方向盤-->往左
wait 1 seconds
E go shortest path to position 290　方向盤-->歸正

主題 ❷ 超跑機器人「方向盤往右」。

流程圖

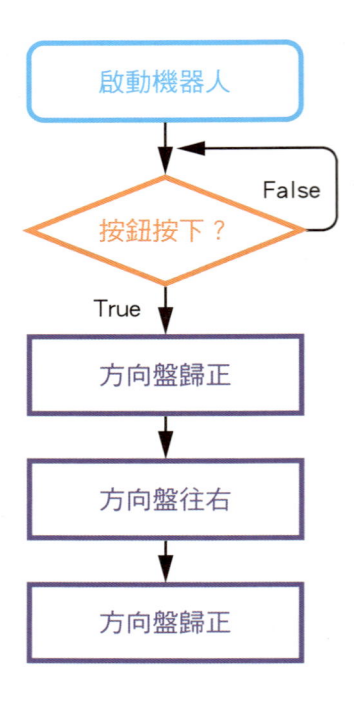

```
啟動機器人
   ↓
 按鈕按下？ ──False──┐
   │ True         ←─┘
   ↓
 方向盤歸正
   ↓
 方向盤往右
   ↓
 方向盤歸正
```

程式

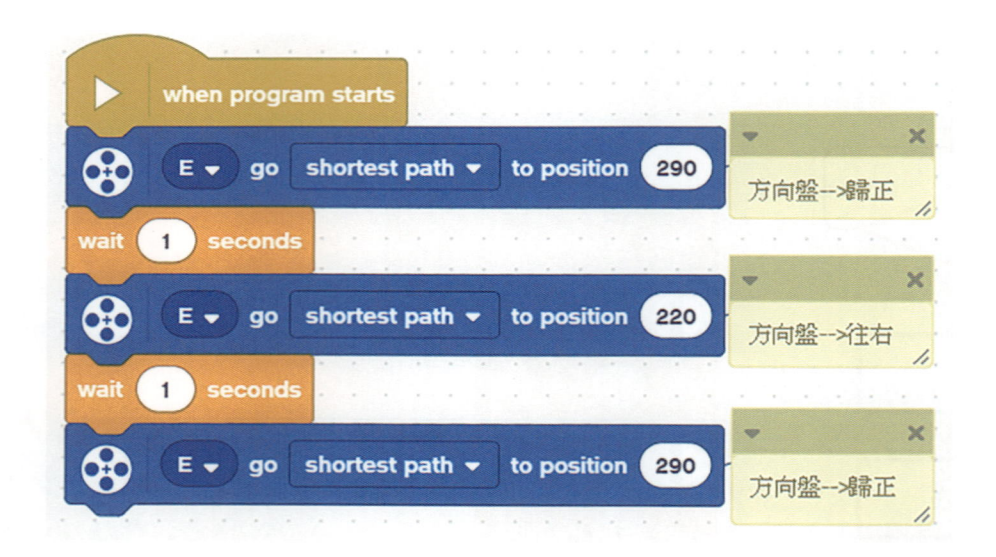

when program starts
- E go shortest path to position 290　　方向盤-->歸正
- wait 1 seconds
- E go shortest path to position 220　　方向盤-->往右
- wait 1 seconds
- E go shortest path to position 290　　方向盤-->歸正

主題 ❸ 超跑機器人「方向盤往左及往右」來回二次，最後再歸正。

流程圖

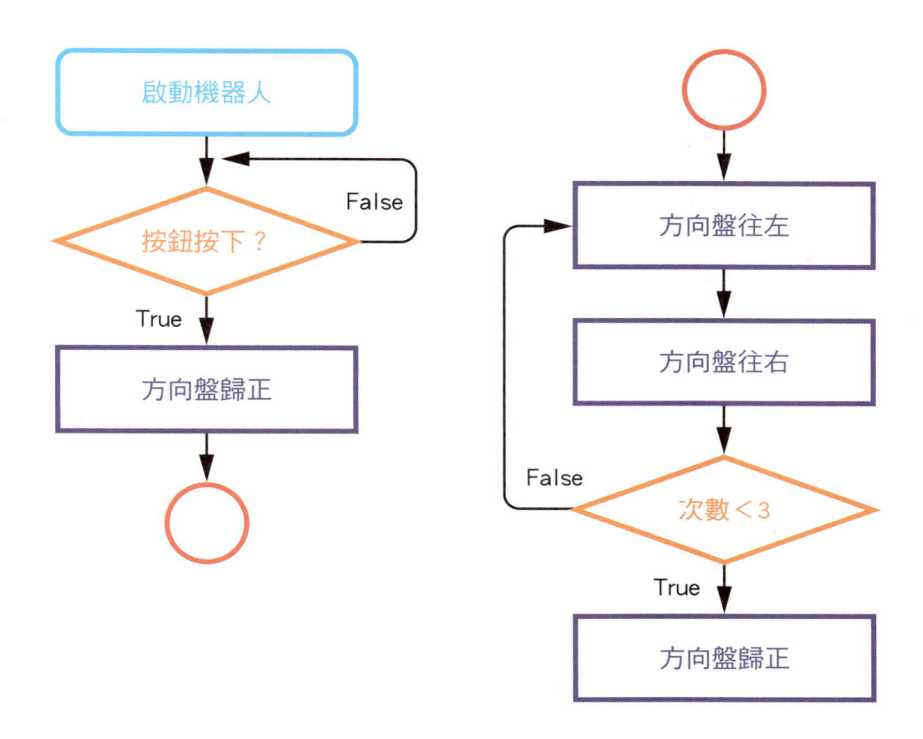

```
啟動機器人
    ↓
  按鈕按下？ ──False──┐
    │ True         │
    ↓              │
  方向盤歸正 ───────┘
    ↓
   ○
```

```
    ○
    ↓
 ┌─ 方向盤往左
 │   ↓
 │  方向盤往右
 │   ↓
 └False 次數＜3
        │ True
        ↓
      方向盤歸正
```

程式

```
▶ when program starts
  E go shortest path to position 290      方向盤-->歸正
  repeat 2
    E go shortest path to position 360    方向盤-->往左
    E go shortest path to position 220    方向盤-->往右
    wait 1 seconds
  E go shortest path to position 290      方向盤-->歸正
```

主題 ❹ 搭配「觸碰感測器」，當「按下」時，方向盤可能往左或往右；當「放開」時，方向盤歸正。

流程圖

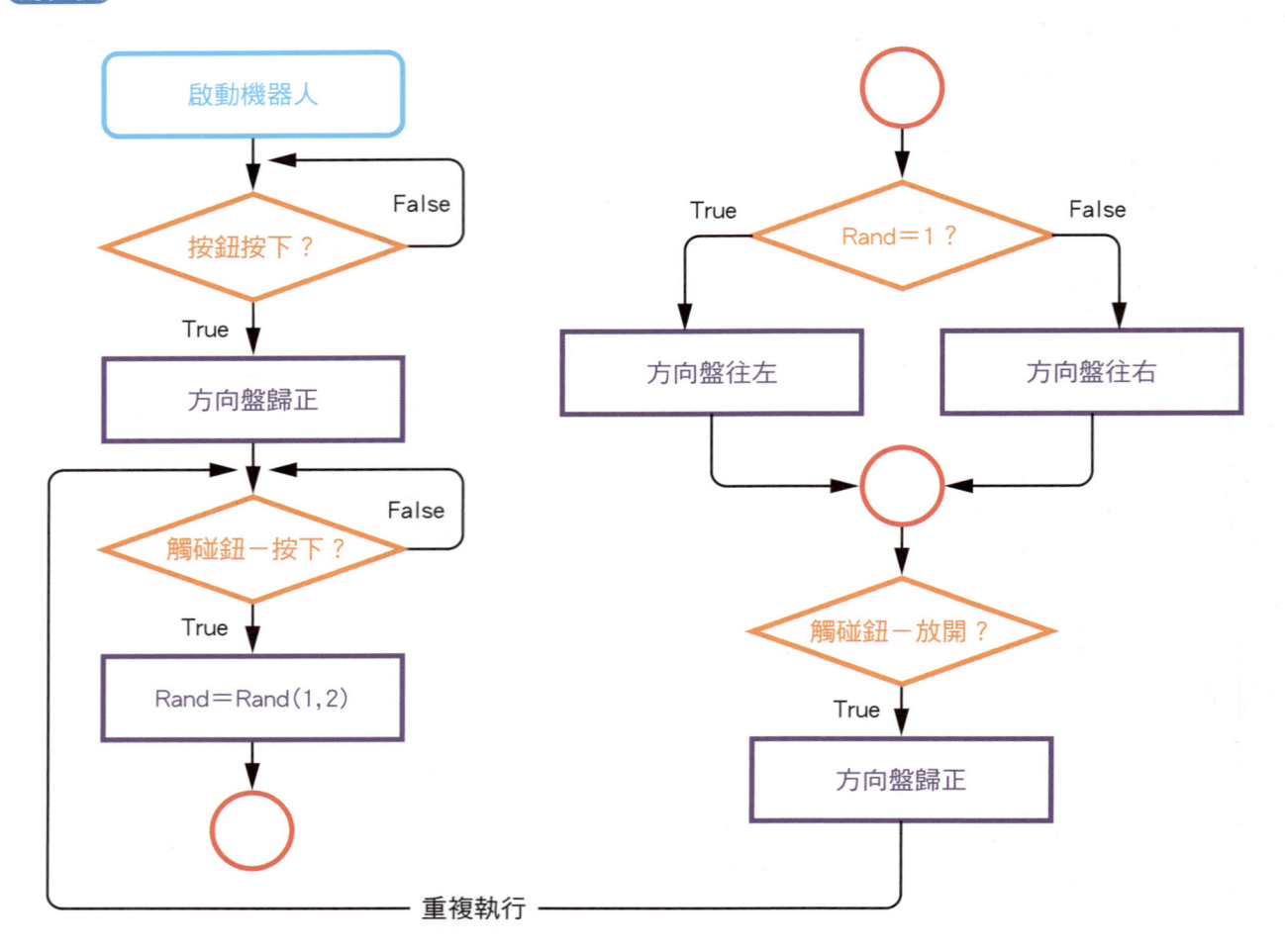

```
啟動機器人
    ↓
┌─────────────┐ False
│ 按鈕按下？  │────┐
└─────────────┘    │
    │ True         │
    ↓              │
┌─────────────┐    │
│ 方向盤歸正  │    │
└─────────────┘    │
    ↓              │
┌─────────────┐ False
│ 觸碰鈕－按下？│──┐
└─────────────┘    │
    │ True         │
    ↓              │
┌─────────────────┐│
│ Rand＝Rand(1,2) ││
└─────────────────┘│
    ↓              │
    ○              │

         ○
         ↓
  True ┌─────────┐ False
  ┌────│ Rand＝1？│────┐
  │    └─────────┘    │
  ↓                   ↓
┌──────────┐    ┌──────────┐
│方向盤往左│    │方向盤往右│
└──────────┘    └──────────┘
    │               │
    └───→ ○ ←──────┘
          ↓
   ┌─────────────┐ 
   │觸碰鈕－放開？│
   └─────────────┘
          ↓ True
   ┌─────────────┐
   │ 方向盤歸正  │
   └─────────────┘

────── 重複執行 ──────
```

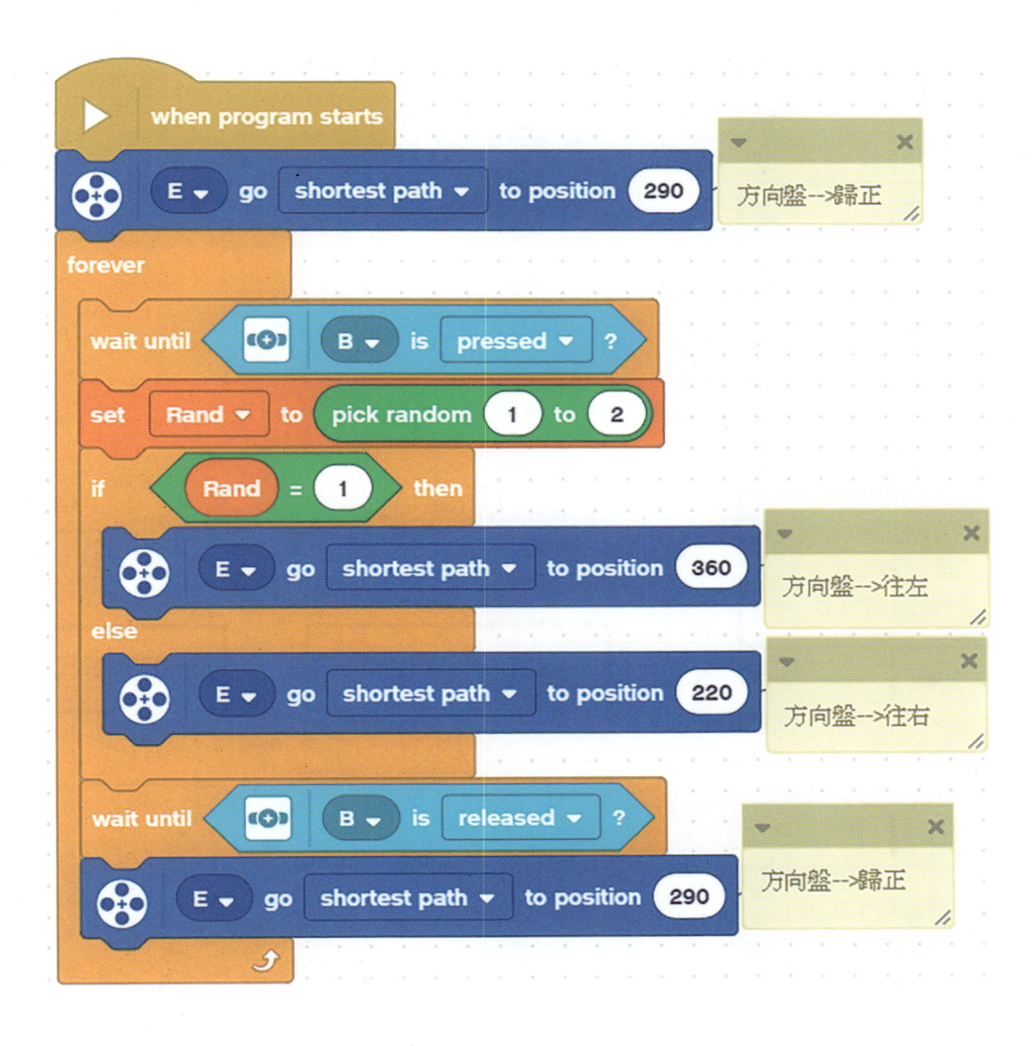

程式

```
when program starts
E go shortest path to position 290        // 方向盤-->歸正

forever
    wait until  B is pressed ?
    set Rand to pick random 1 to 2
    if  Rand = 1  then
        E go shortest path to position 360    // 方向盤-->往左
    else
        E go shortest path to position 220    // 方向盤-->往右
    wait until  B is released ?
    E go shortest path to position 290        // 方向盤-->歸正
```

主題 ❺ 搭配「觸碰感測器」，當「按下」奇數次時，「超音波感測器」亮兩顆燈；偶數次時，則關燈。

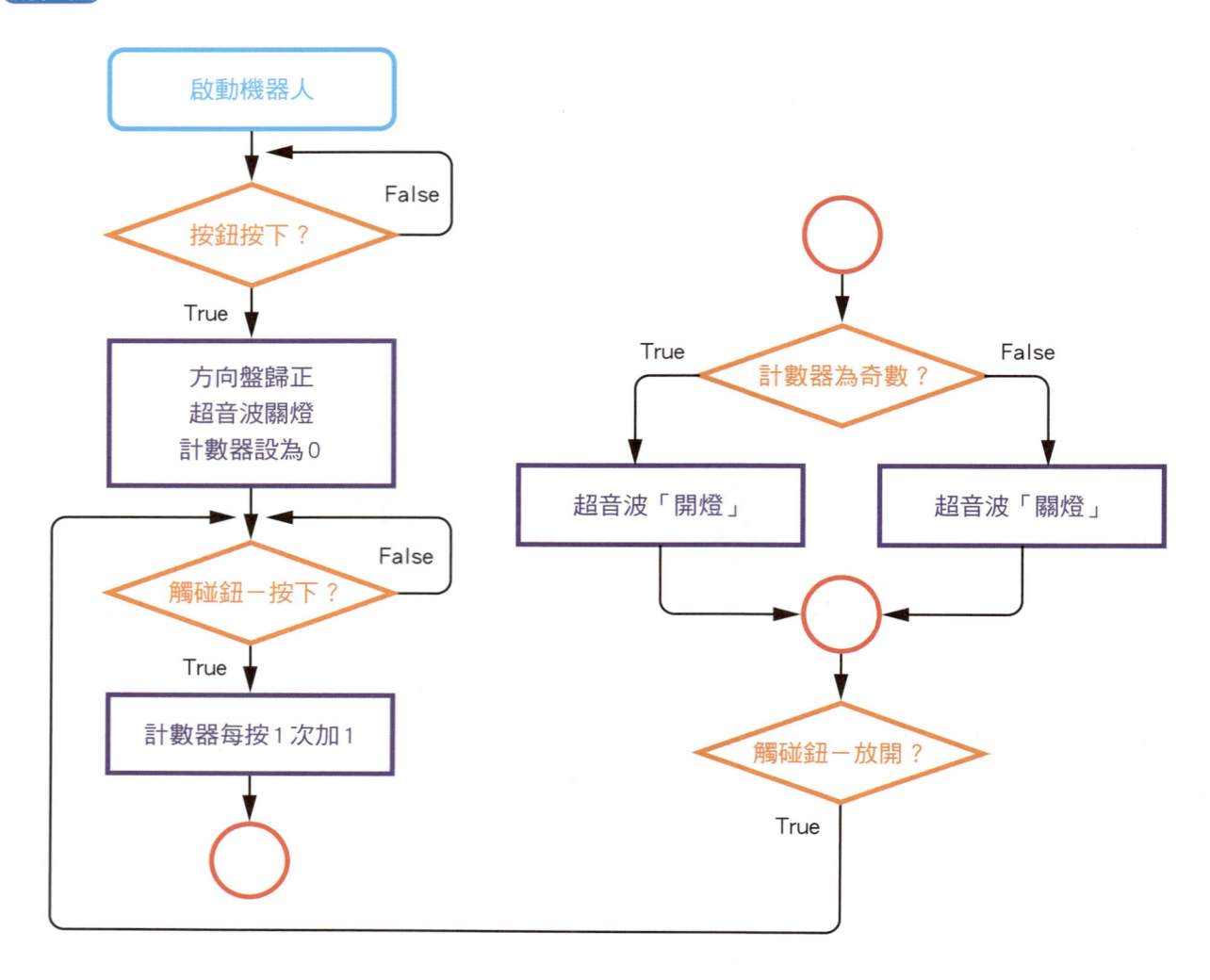

流程圖

```
啟動機器人
    ↓
按鈕按下？ ──False──┐
    │ True         │
    ↓ ←───────────┘
方向盤歸正
超音波關燈
計數器設為 0
    ↓
觸碰鈕一按下？ ──False──┐
    │ True             │
    ↓ ←───────────────┘
計數器每按 1 次加 1
    ↓
    ○
```

```
    ○
    ↓
計數器為奇數？
True ↙      ↘ False
超音波「開燈」   超音波「關燈」
    ↘      ↙
      ○
      ↓
觸碰鈕一放開？
      ↓ True
```

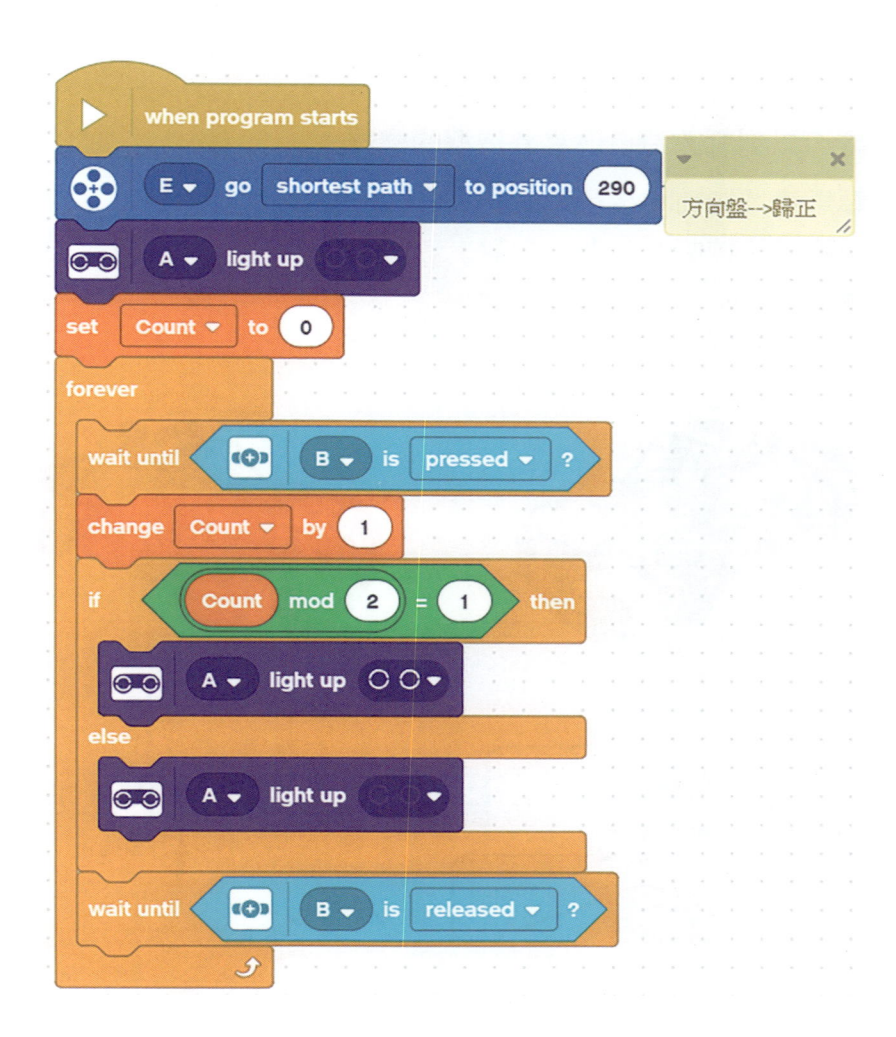

程式

```
when program starts
E go shortest path to position 290    方向盤-->歸正
A light up
set Count to 0
forever
    wait until B is pressed ?
    change Count by 1
    if  Count mod 2 = 1  then
        A light up ◐◐
    else
        A light up
    wait until B is released ?
```

10-4　專題製作：樂高超跑機器人

主題發想　讓讀者可以創意改造自己喜歡造型的機器人。

主題目的　1. 一顆馬達控制前、後行走。
　　　　　　2. 另一顆馬達控制左、右方向盤。
　　　　　　3. 超跑機器人可以自動障礙行駛。

完成圖

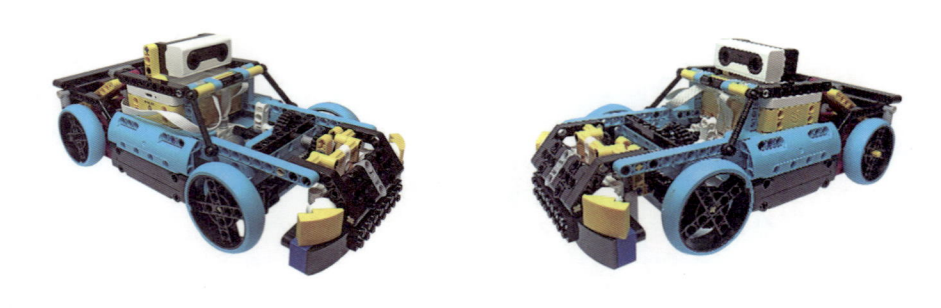

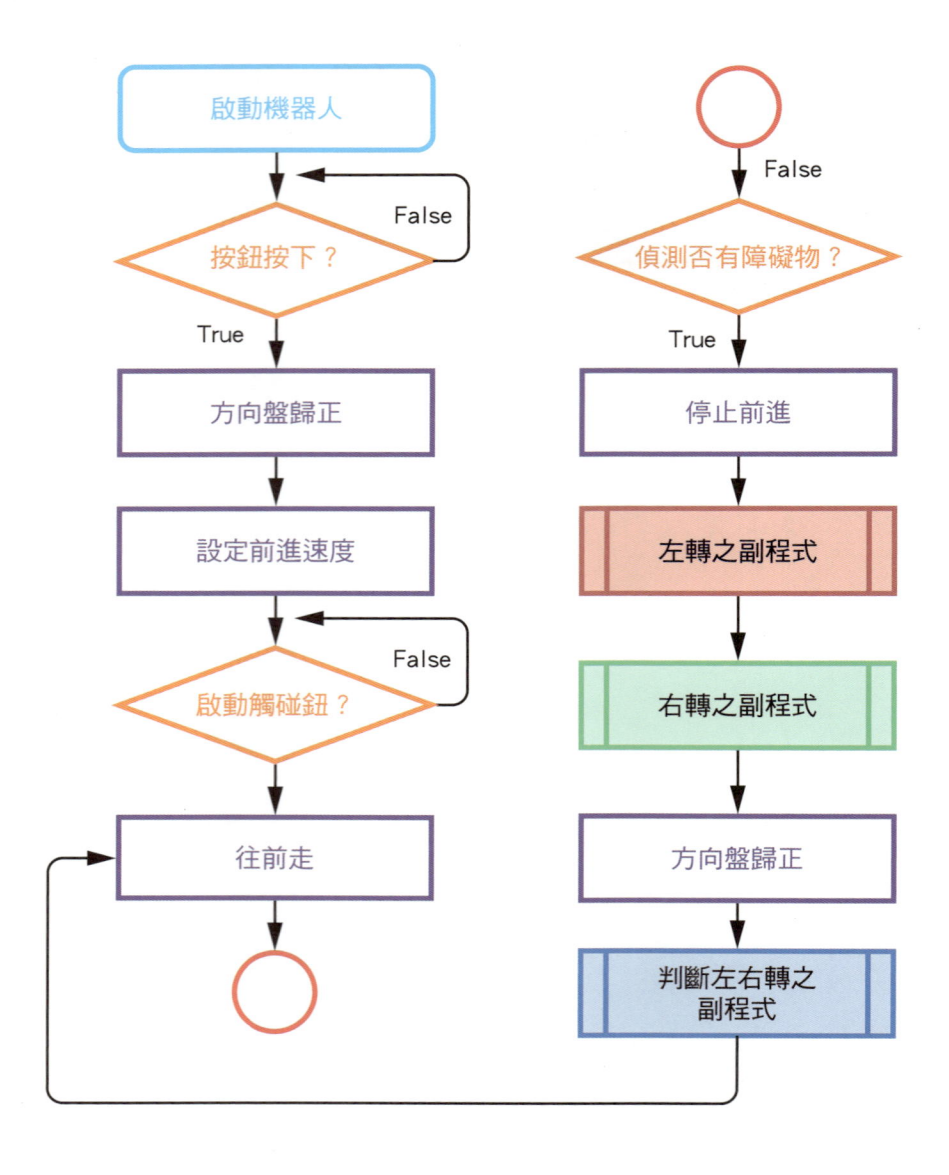

流程圖

```
啟動機器人
    ↓
  ┌─────────┐
  │ 按鈕按下？│──False──┐
  └─────────┘         │
    │True             │
    ↓                 │
  方向盤歸正           │
    ↓                 │
  設定前進速度         │
    ↓                 │
  ┌─────────┐         │
  │啟動觸碰鈕？│─False─┐│
  └─────────┘        ││
    │                ││
    ↓                ││
   往前走 ←──────────┘│
    ↓
   ○
```

```
    ○
    ↓
  ┌─────────────┐
  │偵測否有障礙物？│──False──┐
  └─────────────┘          │
    │True                  │
    ↓                      │
  停止前進                  │
    ↓                      │
  左轉之副程式              │
    ↓                      │
  右轉之副程式              │
    ↓                      │
  方向盤歸正                │
    ↓                      │
  判斷左右轉之副程式         │
```

撰寫程式

1. 主程式

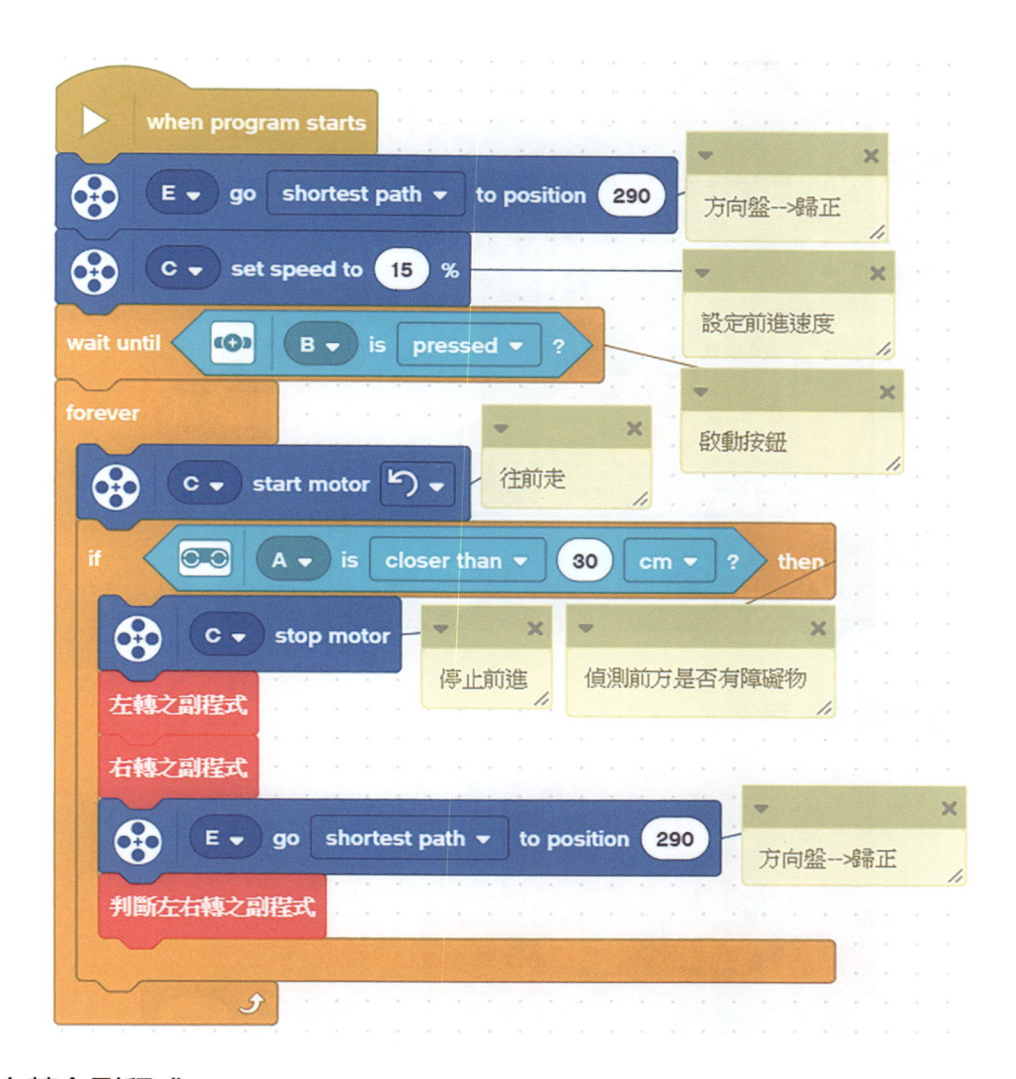

```
when program starts
E go shortest path to position 290    // 方向盤-->歸正
C set speed to 15 %                   // 設定前進速度
wait until B is pressed ?             // 啟動按鈕
forever
    C start motor                     // 往前走
    if A is closer than 30 cm ? then
        C stop motor                  // 停止前進   偵測前方是否有障礙物
        左轉之副程式
        右轉之副程式
        E go shortest path to position 290  // 方向盤-->歸正
        判斷左右轉之副程式
```

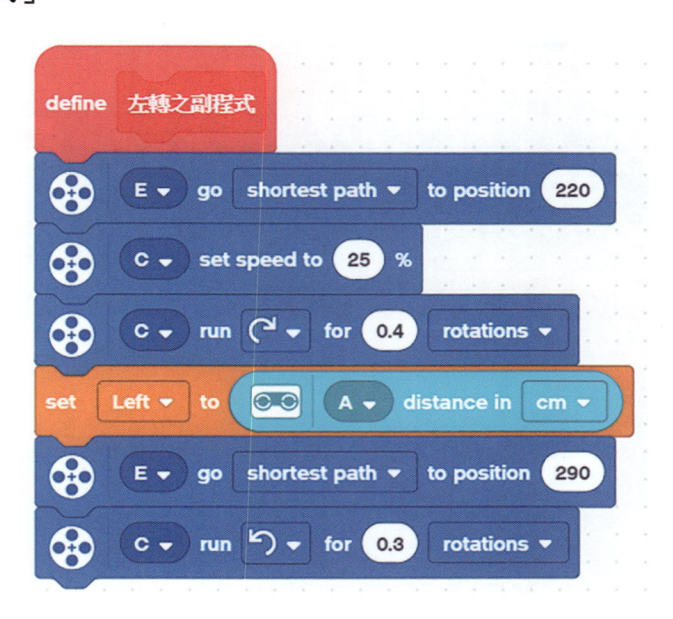

2. 定義「左轉之副程式」

```
define 左轉之副程式
E go shortest path to position 220
C set speed to 25 %
C run ↻ for 0.4 rotations
set Left to A distance in cm
E go shortest path to position 290
C run ↺ for 0.3 rotations
```

3. 定義「右轉之副程式」

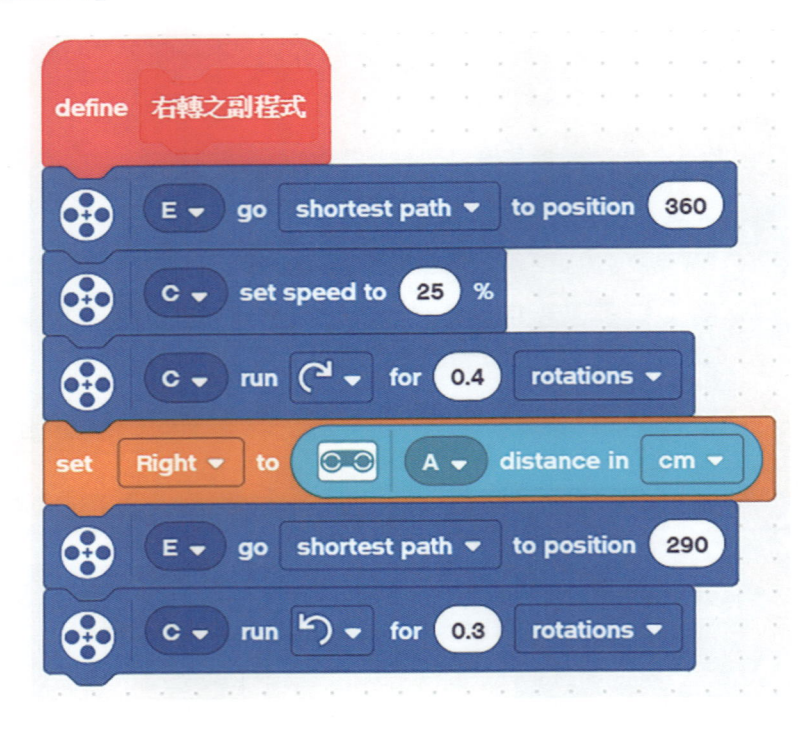

- define 右轉之副程式
- E go shortest path to position 360
- C set speed to 25 %
- C run ↻ for 0.4 rotations
- set Right to [sensor] A distance in cm
- E go shortest path to position 290
- C run ↺ for 0.3 rotations

4. 定義「判斷左右轉之副程式」

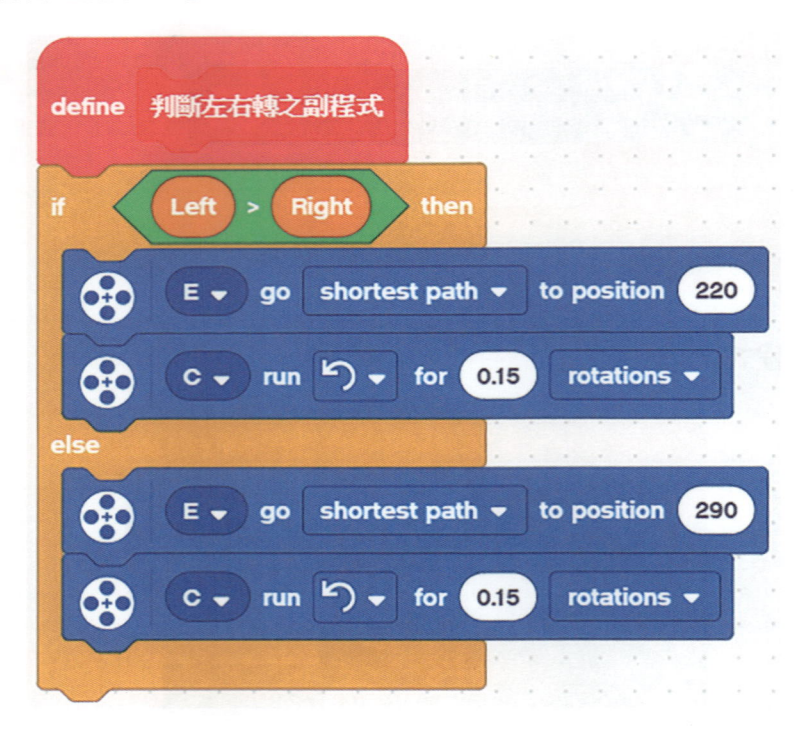

- define 判斷左右轉之副程式
- if Left > Right then
  - E go shortest path to position 220
  - C run ↺ for 0.15 rotations
- else
  - E go shortest path to position 290
  - C run ↺ for 0.15 rotations

習題

題目名稱 機器人「分段直線加速」與「行走 S 型」

題目說明

1. 請利用本章節設計的「超跑機器人」，其可以執行「分段直線加速」。

   作法參考 開始時，速度設定 20，每 1 秒自動加速 20，直到速度 100 時，就會停止行走。

   開始 → 速度 20 → 速度 40 → 速度 60 → 速度 80 → 速度 100 → 停止

2. 請利用本章節設計的「超跑機器人」，其可以執行「行走 S 型路徑」。

   作法參考 超跑機器人摸擬考駕照一樣，可以行走 S 型。

   行走 S 型路徑

新一代樂高 SPIKE Prime 機器人

創客題目編號：A038019

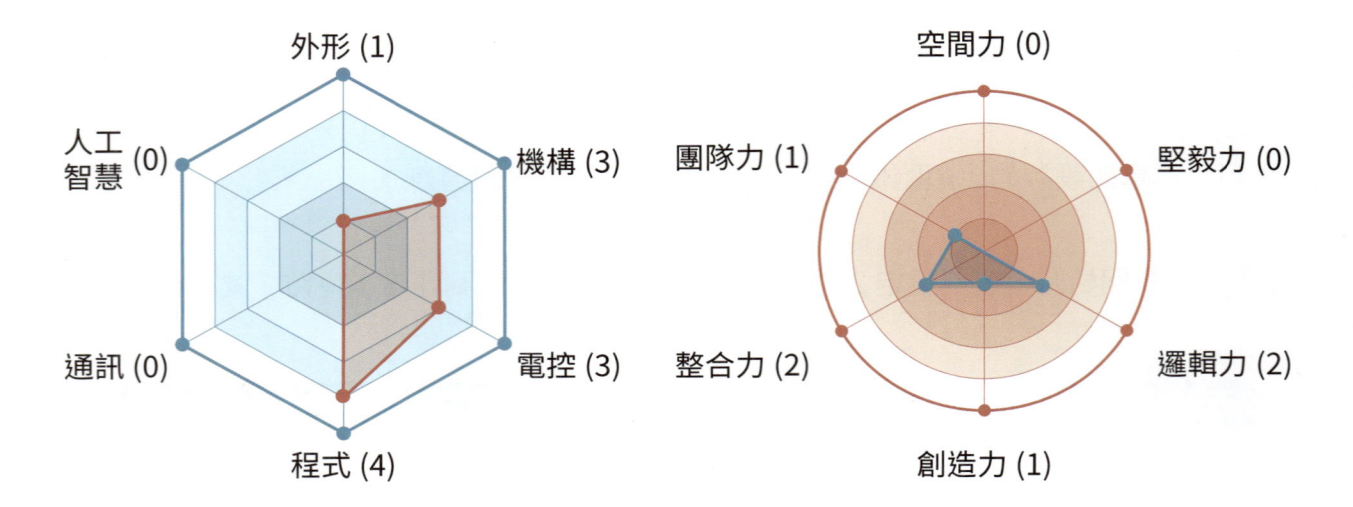

外形 (1)
機構 (3)
電控 (3)
程式 (4)
通訊 (0)
人工智慧 (0)

空間力 (0)
堅毅力 (0)
邏輯力 (2)
創造力 (1)
整合力 (2)
團隊力 (1)

創客學習力

外形	1
機構	3
電控	3
程式	4
通訊	0
人工智慧	0
創客總數	11

實作時間 60 分

創客素養力

空間力	0
堅毅力	0
邏輯力	2
創造力	1
整合力	2
團隊力	1
素養總數	6

Chapter 11

無人重機車

本章學習目標

1. 瞭解組裝無人重機車進行環島及瞭解如何透過無人重機車來進行環島活動。
2. 瞭解如何利用 SPIKE 程式來撰寫無人重機車進行環島的程式。

本章內容

11-1　無人重機車

11-2　SPIKE 無人重機車組裝

11-3　撰寫「SPIKE 無人重機車環島」之指引程式

11-4　專題製作：樂高無人重機車進行環島

11-1　無人重機車

在本章節中，介紹各位利用 SPIKE 套件來設計一台教學用的無人重機車；因此，它要有控制器（主機）、馬達、感測器及相關的樂高零件，來設計一個「SPIKE 無人重機車」。

設計的三部曲

step 1 創意組裝

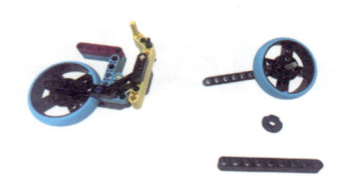

step 2 寫程式

step 3 測試

說明
1. 創意組裝：依照指定「功能及造型」以「感應器及相關配件」結合「主機」。
2. 寫程式：依照指定任務來撰寫處理程序的動作與順序（程式）。
3. 測試：利用 SPIKE 拼圖程式：將程式上傳到「主機」內，並依照指定功能先進行測試。

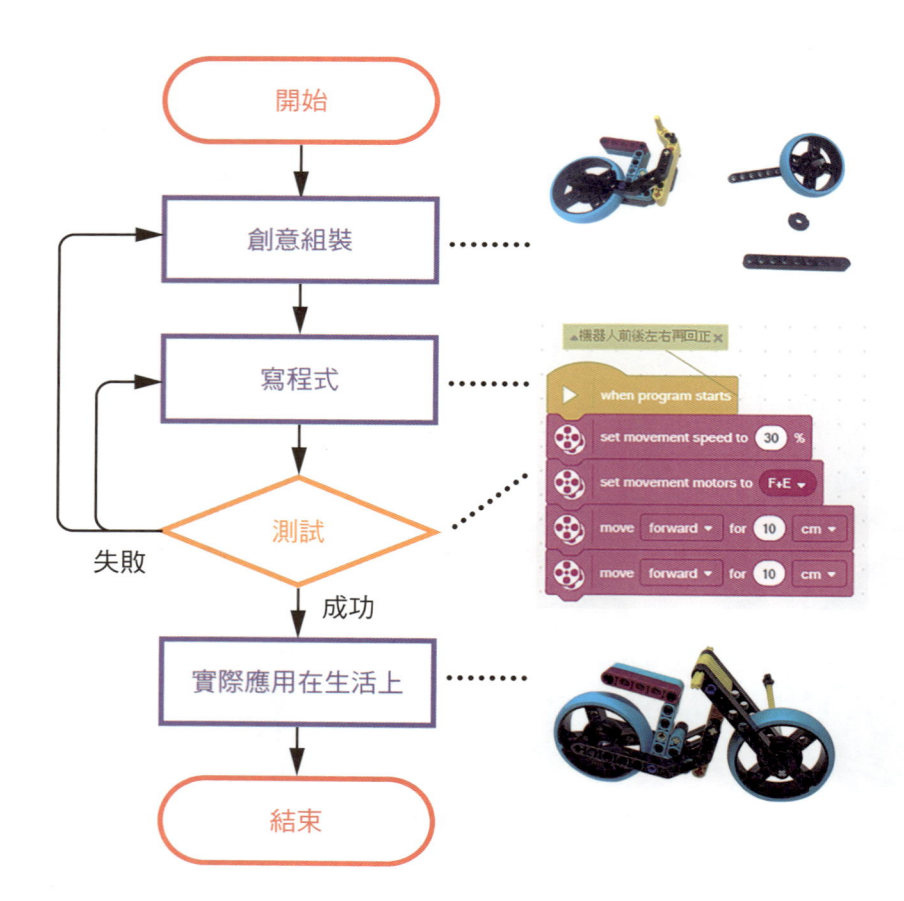

流程圖

Chapter 11 無人重機車　243

> **說明**

　　從上面的流程圖中，可以清楚瞭解「設計機器人程式」必須要經過三大步驟；在進行第三步驟時，如果無法測試成功，除了要修改程式之外，也要檢查組裝是否正確，並且要反覆地進行測試，直到完全成功為止；最後，就可以將創作的智能裝置，應用在日常生活中。

11-2　SPIKE 無人重機車組裝

　　想要製作一台「SPIKE 無人重機車」環島時，必須要先準備相關的「主機」、「馬達」、「感測器」及「相關的零件材料」。

11-2.1　零件清單

　　要製作一台「SPIKE 無人重機車」時，零件清單如下圖所示：

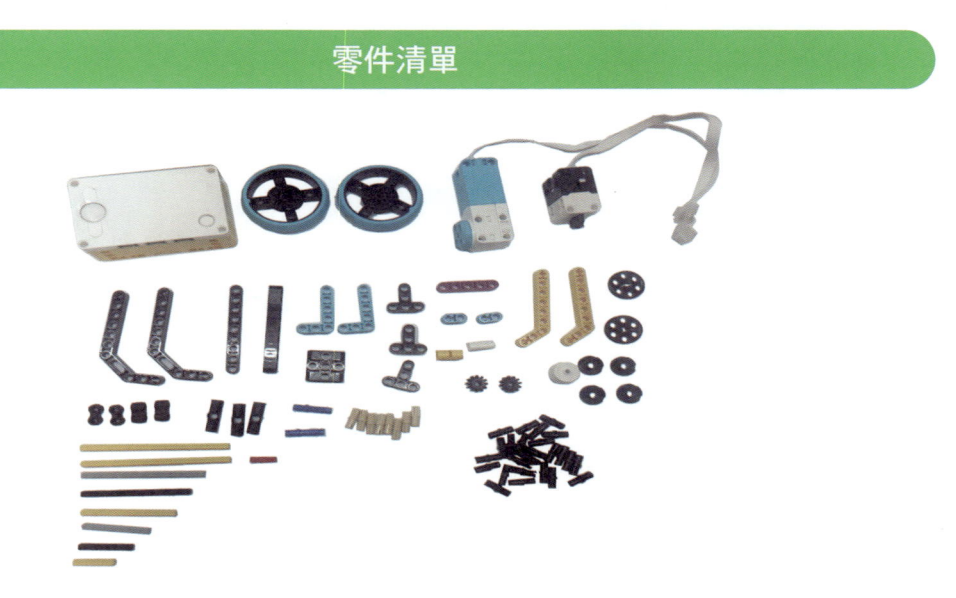

零件清單

11-2.2　組裝指引

　　在準備好所需要的「主機」、「感測器」及「相關的材料」之後，接下來，請各位依照以下的步驟，就可以完成：

step 1

step 2

244 新一代樂高 SPIKE Prime 機器人

step 3

step 4

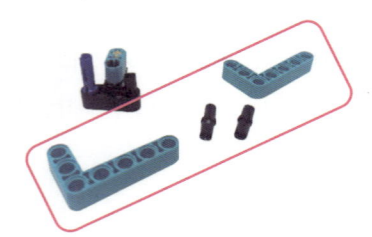

step 5

step 6

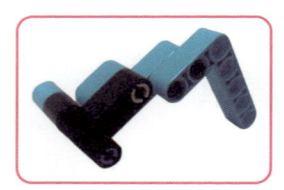

step 7

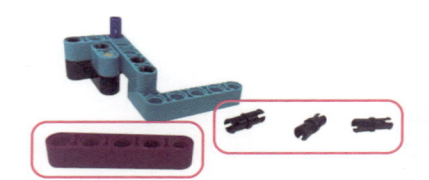

step 8

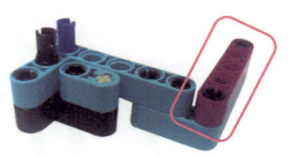

step 9

step 10

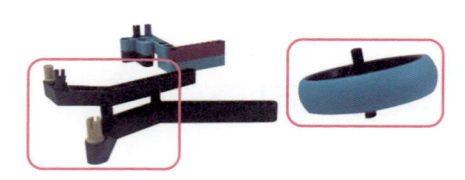

step 11

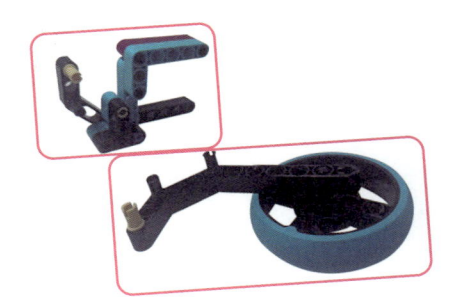

step 12

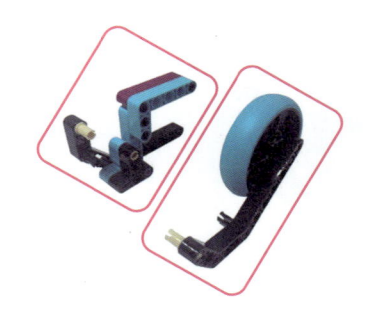

step 13

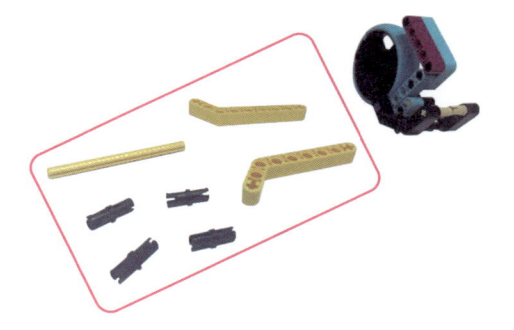

step 14

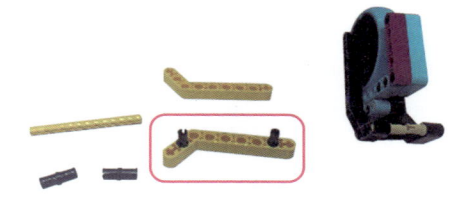

step 15

step 16

step 17

step 18

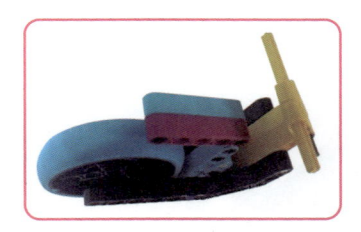

Chapter 11　無人重機車　245

246　新一代樂高 SPIKE Prime 機器人

step 19

step 20

step 21

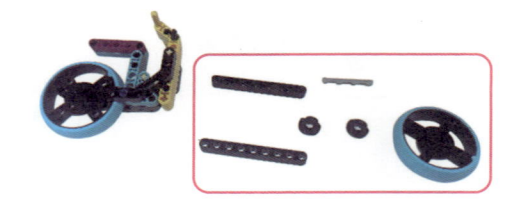

step 22

step 23

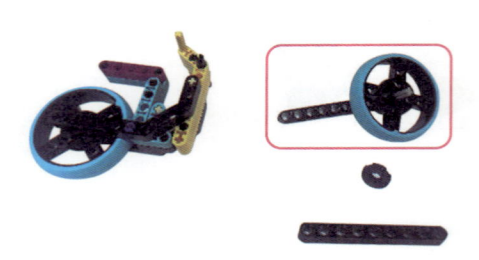

step 24

step 25

step 26

step 27

step 28

step 29

step 30

step 31

step 32

step 33

step 34

Chapter 11　無人重機車　247

step 35

step 36

step 37

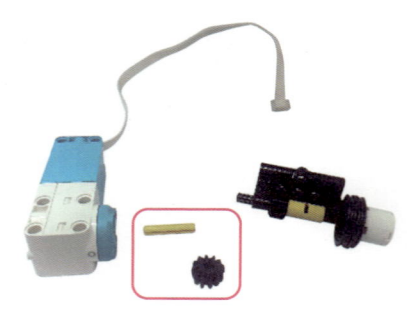

step 38

step 39

step 40

step 41

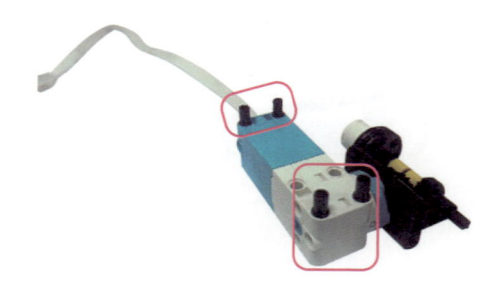

step 42

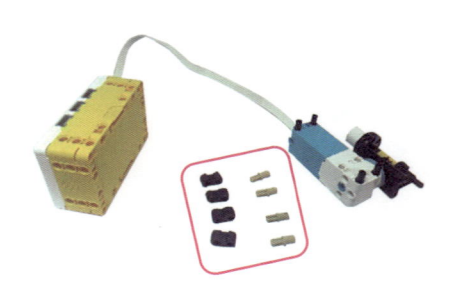

Chapter 11　無人重機車　249

step 43

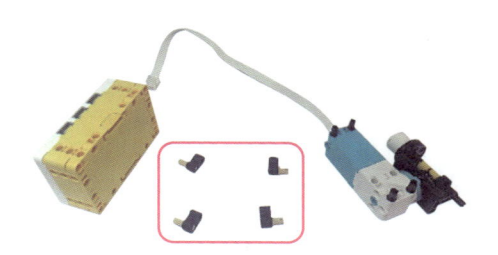

step 44

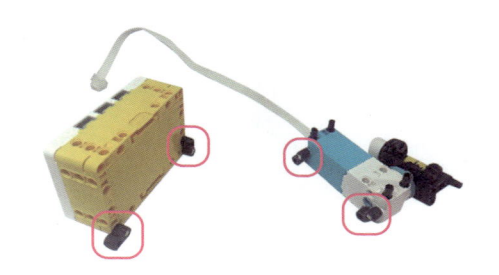

step 45

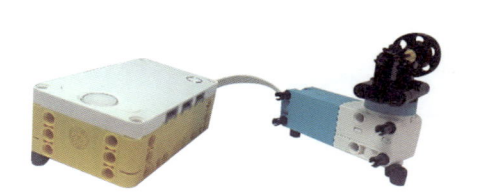

step 46

step 47

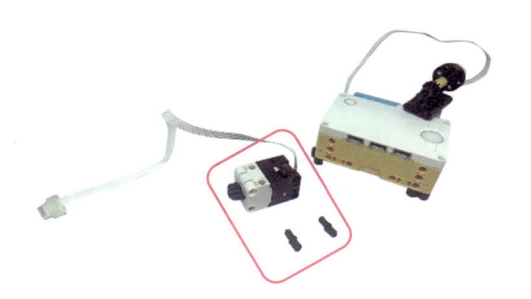

step 48

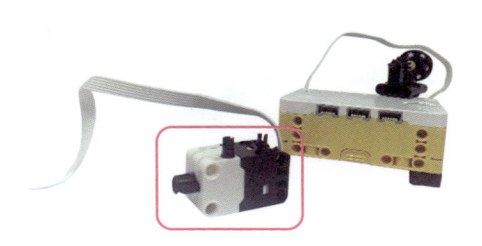

step 49

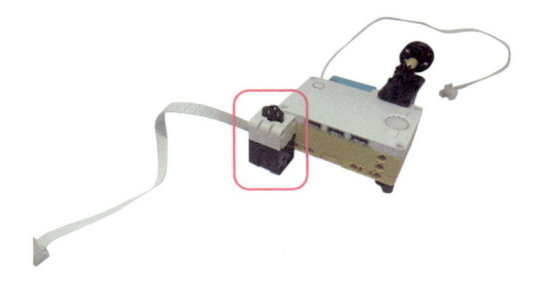

step 50

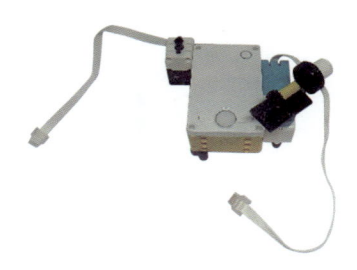

新一代樂高 SPIKE Prime 機器人

step 51

step 52

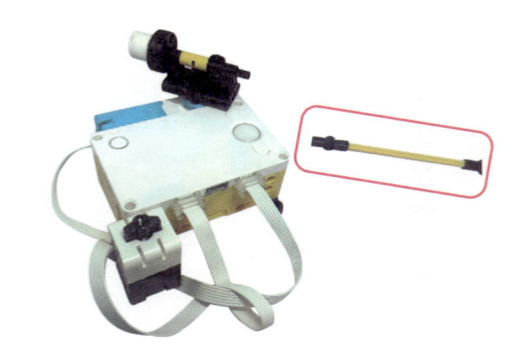

step 53

step 54

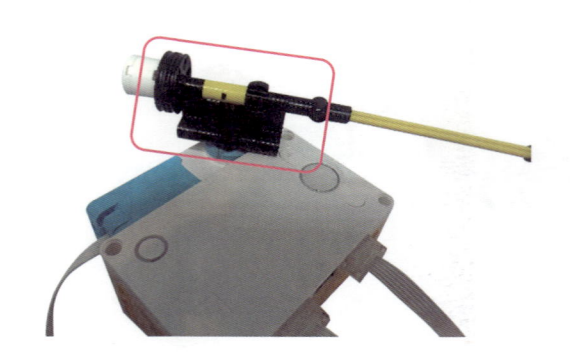

step 55

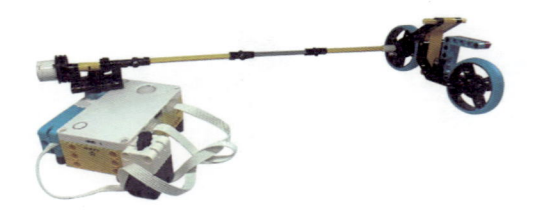

step 56

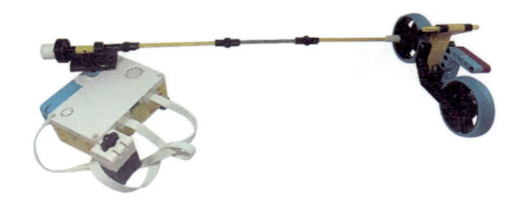

step 57

11-3　撰寫「SPIKE 無人重機車環島」之指引程式

主題 ①　利用「觸碰感測器」來控制重機車的速度，每按一下，速度自動＋1。

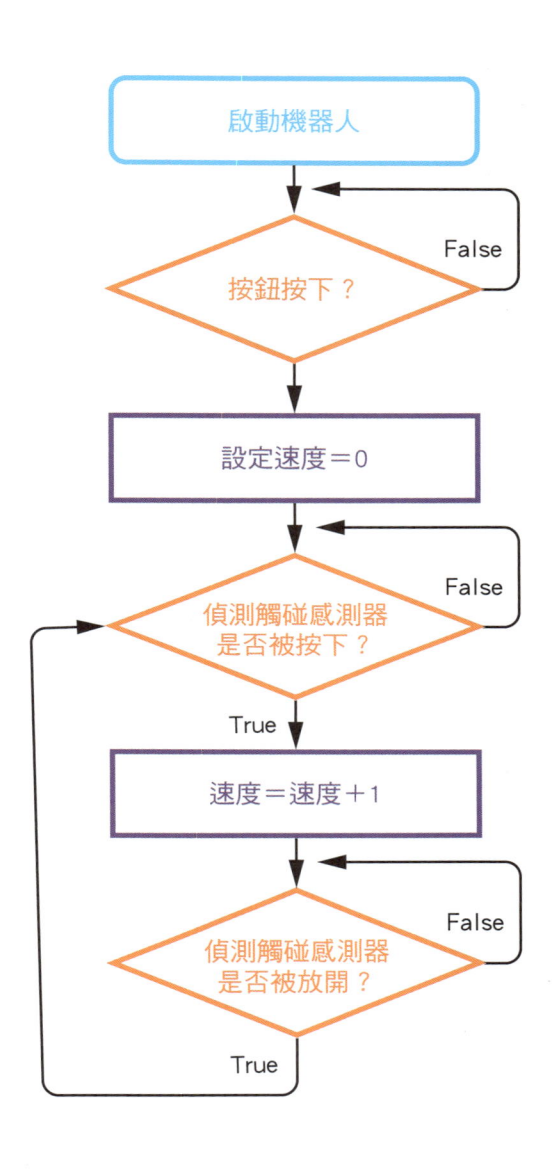

流程圖

```
          啟動機器人
               ↓
         ┌─────────┐
    ┌──▶│ 按鈕按下？│── False ──┐
    │    └─────────┘            │
    │         ↓ (回圈)           │
    └────────────────────────────┘
               ↓
          設定速度＝0
               ↓
    ┌────────────────────┐
    │ 偵測觸碰感測器      │── False ──┐
    │ 是否被按下？        │           │
    └────────────────────┘           │
               ↓ True                │
          速度＝速度＋1               │
               ↓                     │
    ┌────────────────────┐           │
    │ 偵測觸碰感測器      │── False ──┤
    │ 是否被放開？        │           │
    └────────────────────┘           │
               ↓ True                │
               └─────────────────────┘
```

程式

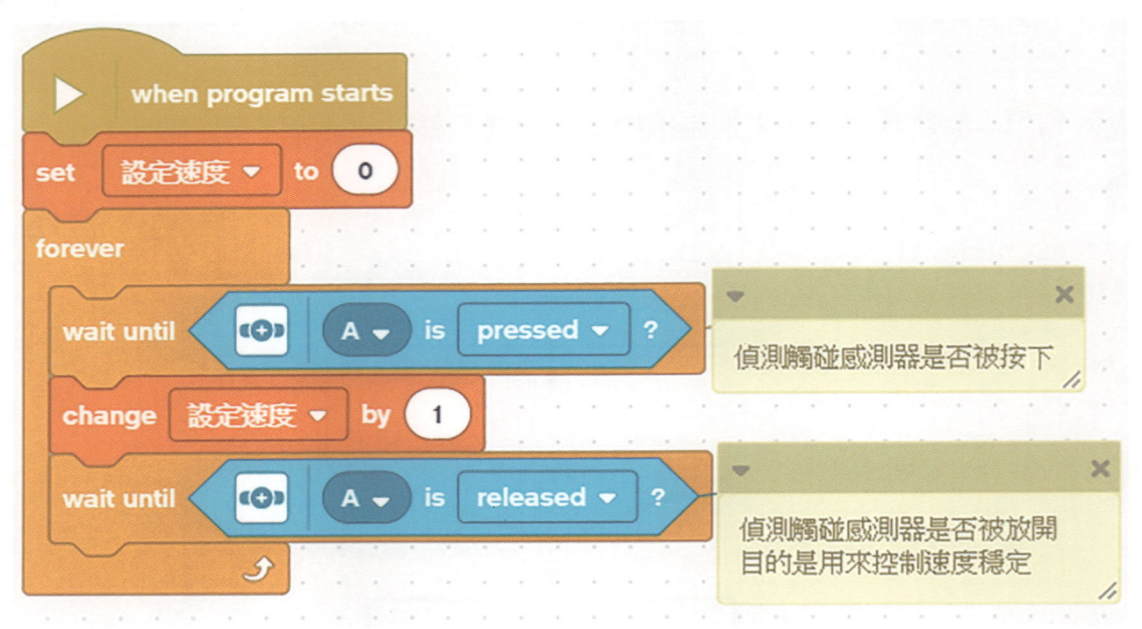

（程式積木）

- when program starts
- set 設定速度 to 0
- forever
  - wait until [A] is pressed ?　　偵測觸碰感測器是否被按下
  - change 設定速度 by 1
  - wait until [A] is released ?　　偵測觸碰感測器是否被放開
  　　　　　　　　　　　　　　　　目的是用來控制速度穩定

主題 ❷ 利用「觸碰感測器」來控制重機車的速度，並將目前的速度值顯示於主機的「表情面板」上。

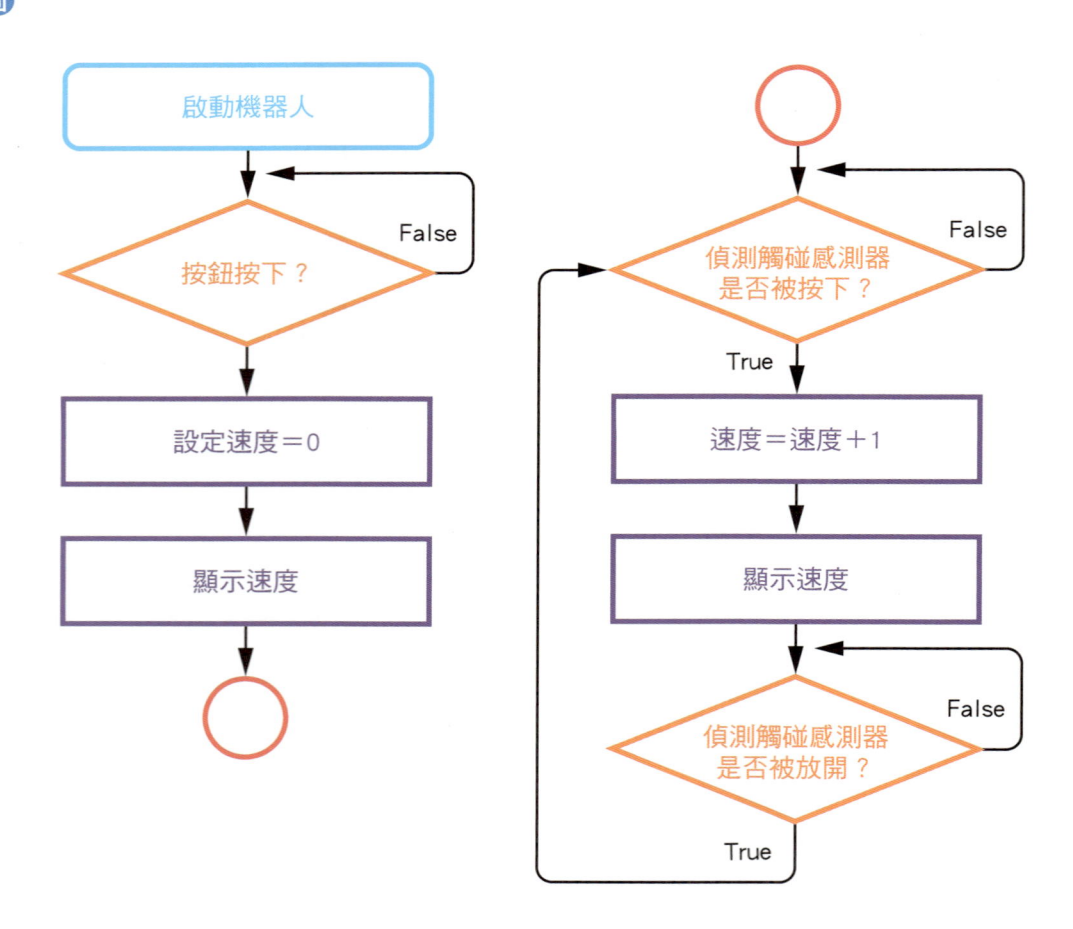

流程圖

啟動機器人
↓
按鈕按下？ — False（迴圈）
↓ True
設定速度＝0
↓
顯示速度
↓
○

○
↓
偵測觸碰感測器是否被按下？ — False（迴圈）
↓ True
速度＝速度＋1
↓
顯示速度
↓
偵測觸碰感測器是否被放開？ — False（迴圈）
↓ True

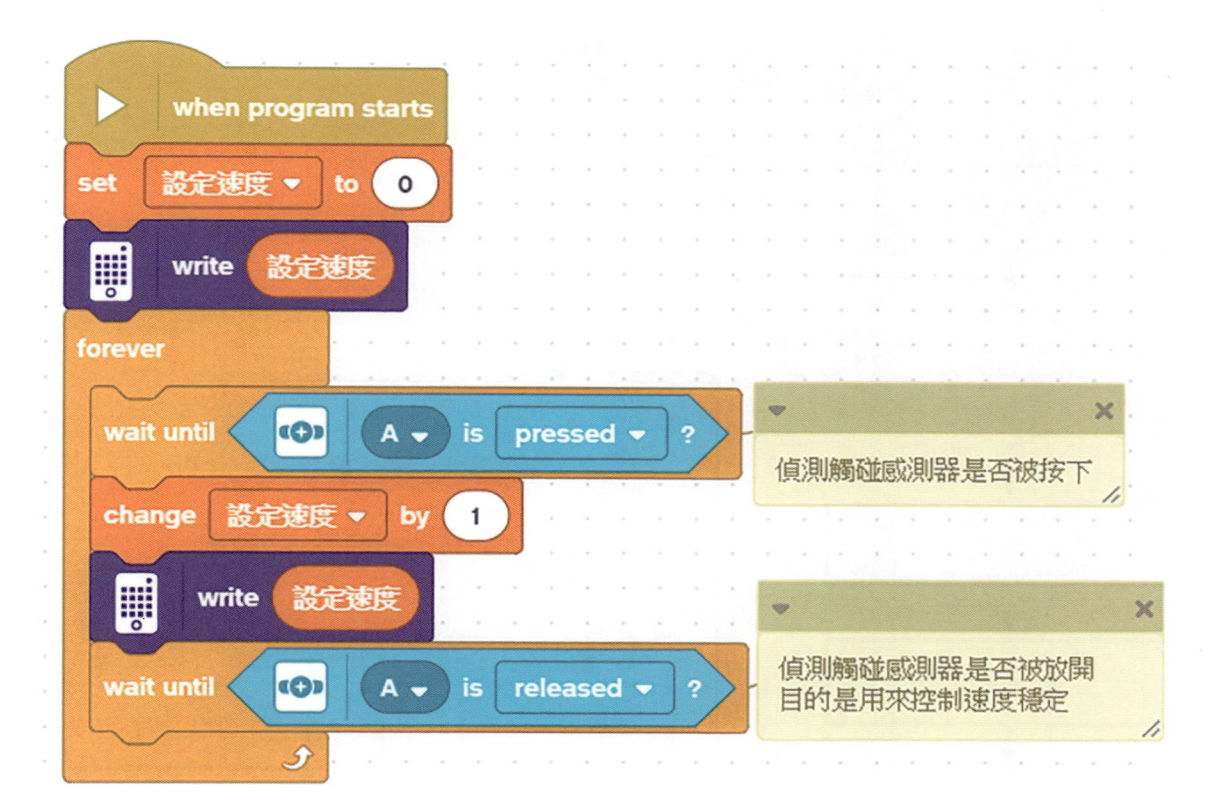

程式

```
when program starts
set 設定速度 to 0
write 設定速度
forever
    wait until  A is pressed ?     // 偵測觸碰感測器是否被按下
    change 設定速度 by 1
    write 設定速度
    wait until  A is released ?    // 偵測觸碰感測器是否被放開
                                   // 目的是用來控制速度穩定
```

主題 ❸ 利用「觸碰感測器」來控制重機車的速度，並將目前的速度值顯示於主機的「表情面板」上，且設定速度的上限為 10，如果超過 10，就會設定為初始值 0。

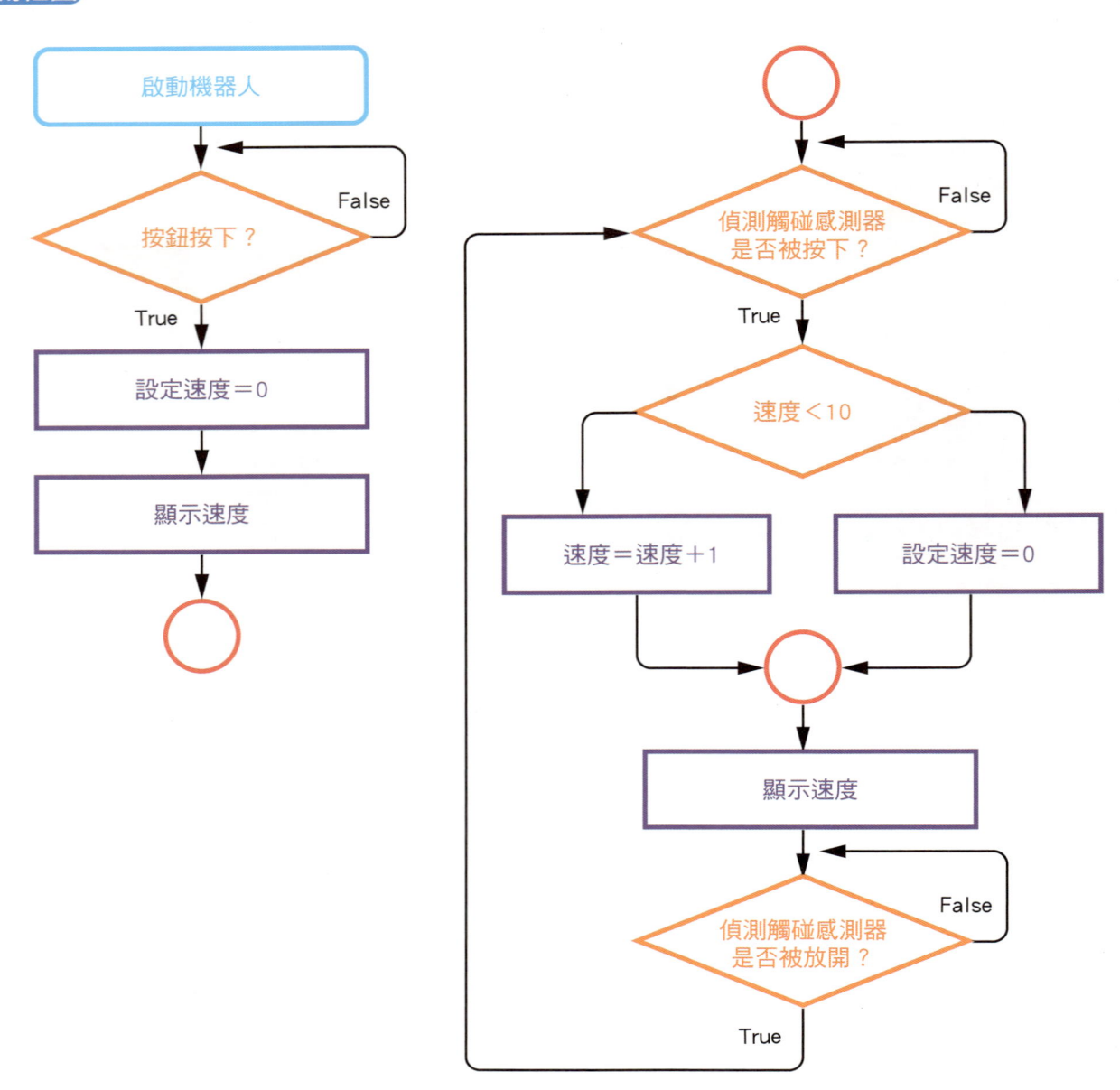

流程圖

```
啟動機器人
    ↓
按鈕按下？ ──False──┐
    │ True         │
    ↓              │
設定速度＝0         │
    ↓              │
顯示速度            │
    ↓              │
   ○ ──────────────┘
```

```
   ○
    ↓
偵測觸碰感測器
是否被按下？ ──False──┐
    │ True           │
    ↓                │
速度＜10              │
  ┌──True  False──┐  │
  ↓               ↓  │
速度＝速度＋1   設定速度＝0
  └───────┬───────┘  │
          ↓          │
          ○          │
          ↓          │
       顯示速度       │
          ↓          │
偵測觸碰感測器          │
是否被放開？ ──False──┘
    │ True
    ↓
 (回到上方)
```

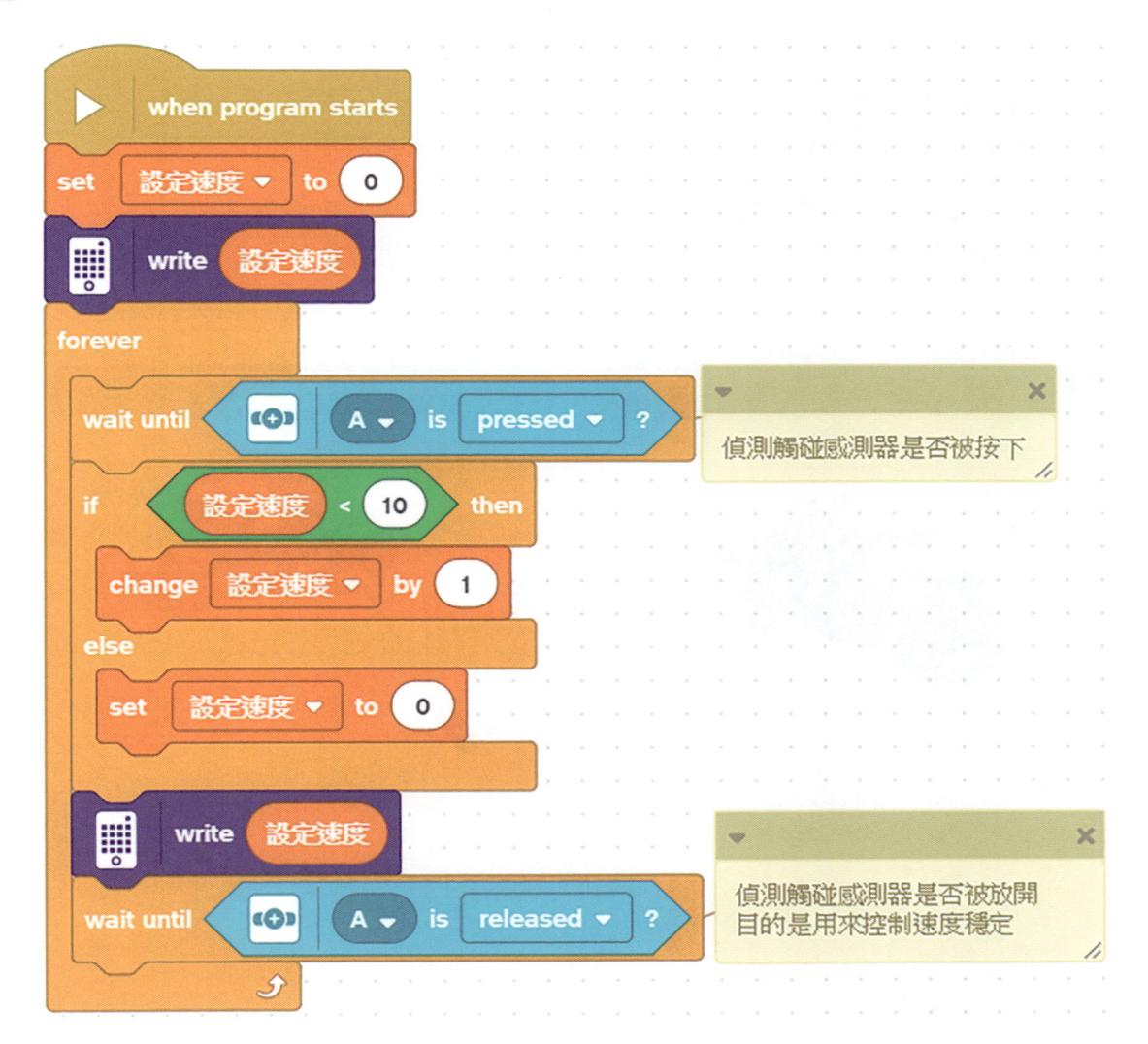

程式

```
when program starts
set 設定速度 to 0
write 設定速度
forever
    wait until [A is pressed?]   ← 偵測觸碰感測器是否被按下
    if 設定速度 < 10 then
        change 設定速度 by 1
    else
        set 設定速度 to 0
    write 設定速度
    wait until [A is released?]  ← 偵測觸碰感測器是否被放開
                                    目的是用來控制速度穩定
```

11-4　專題製作：樂高無人重機車進行環島

主題發想　設計重機造型，透過機構設計及程式設計來控制重機不停的繞行，並且透過觸碰感測器來控制重機不同的速度，以達到學習與興趣並行的成效。

主題目的　1. 透過觸碰感測器來控制重機速度。
　　　　　　2. 利用雙邊齒輪，垂直帶動水平物件移動，亦即帶動重機行駛繞行。

完成圖

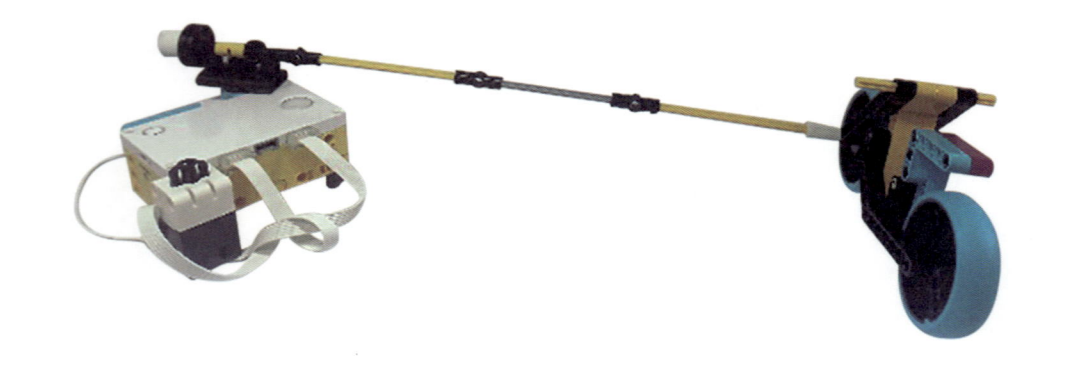

重機車　　　　　　　　　　　環島

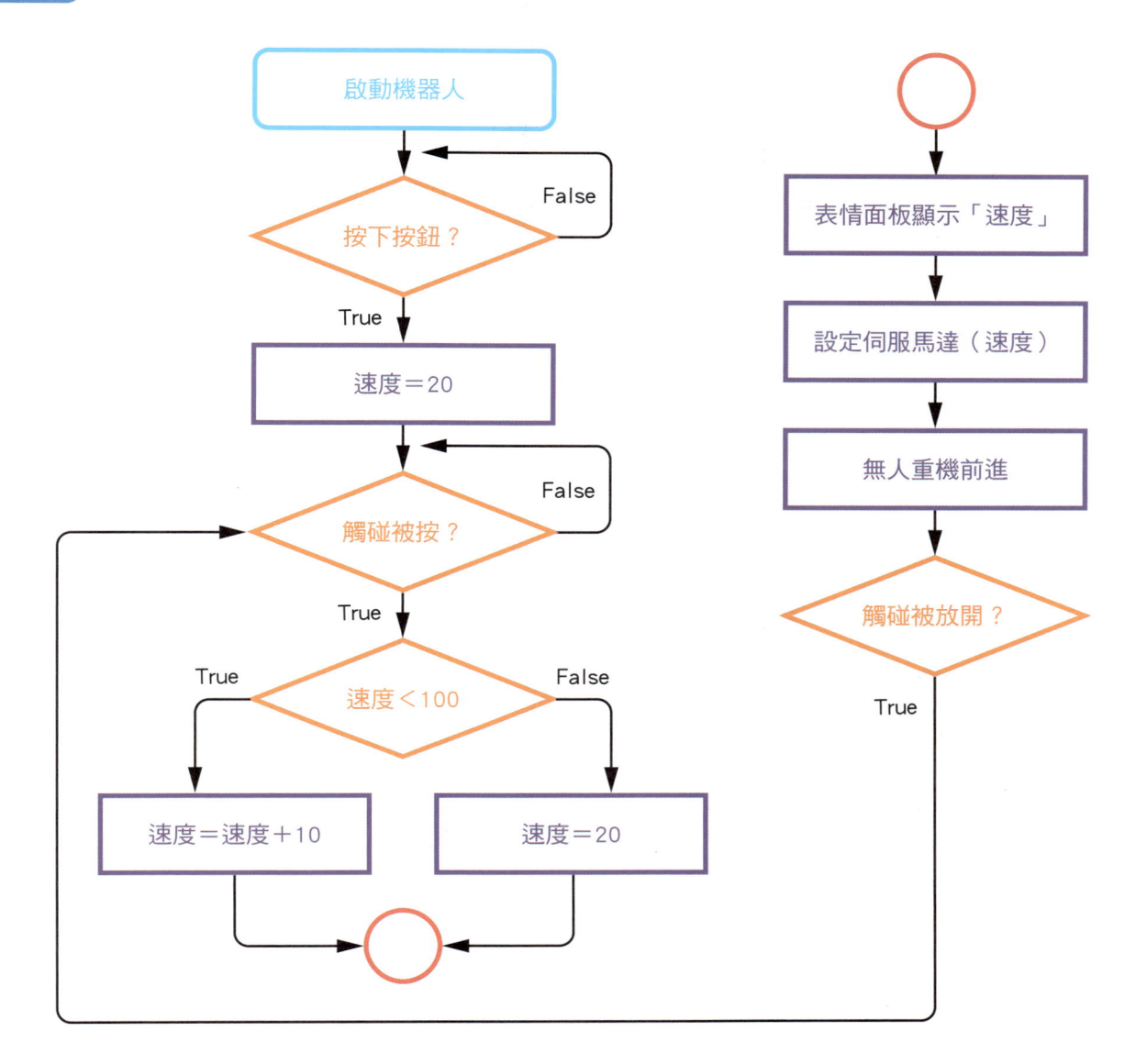

流程圖

```
啟動機器人
    ↓
[按下按鈕？] --False--↺
    ↓ True
速度＝20
    ↓
[觸碰被按？] --False--↺
    ↓ True
[速度＜100]
  True ↓        ↓ False
速度＝速度＋10   速度＝20
    ↓           ↓
    ○←──────────
    ↓
表情面板顯示「速度」
    ↓
設定伺服馬達（速度）
    ↓
無人重機前進
    ↓
[觸碰被放開？]
    ↓ True
（回到「觸碰被按？」）
```

撰寫程式

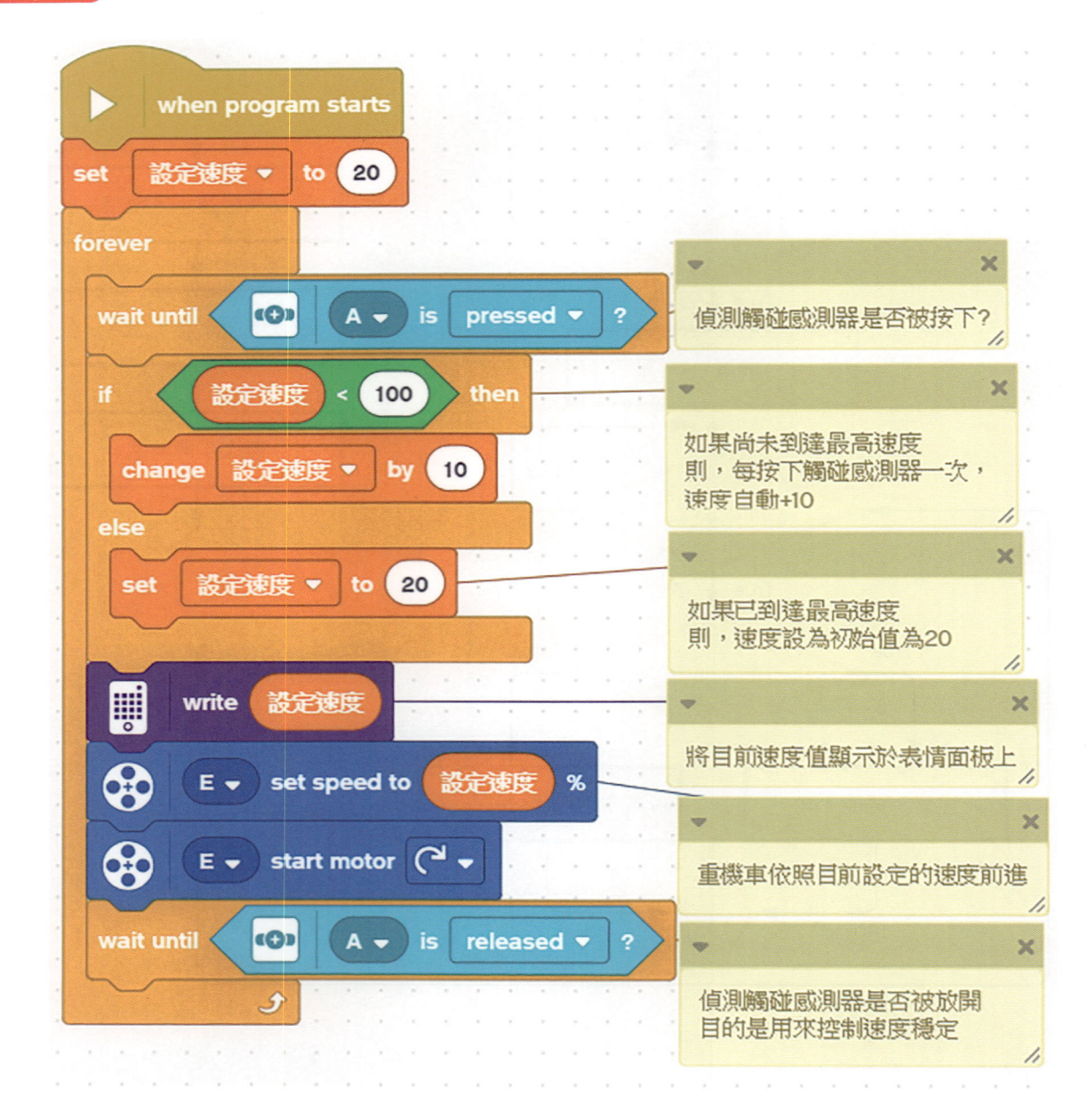

```
when program starts
set 設定速度 to 20
forever
    wait until [A] is pressed?    // 偵測觸碰感測器是否被按下？
    if 設定速度 < 100 then
        change 設定速度 by 10      // 如果尚未到達最高速度則，每按下觸碰感測器一次，速度自動+10
    else
        set 設定速度 to 20         // 如果已到達最高速度則，速度設為初始值為20
    write 設定速度                 // 將目前速度值顯示於表情面板上
    E set speed to 設定速度 %
    E start motor ↻              // 重機車依照目前設定的速度前進
    wait until [A] is released?   // 偵測觸碰感測器是否被放開 目的是用來控制速度穩定
```

習題

題目名稱 無人重機車環島的計圈與計時

題目說明

1. 請利用本章節設計的「無人重機車」,執行「環島計圈數賽」。

    作法參考 計時器設定 30 秒,速度設定 50、75 及 100,並記錄環島的圈數。

    速度 50　　　速度 75　　　速度 100

2. 請利用本章節設計的「無人重機車」,執行「環島計時賽」。

    作法參考 速度設定 50、75 及 100,請記錄每一種速度環島 1 圈時,要花多少秒數。

新一代樂高 SPIKE Prime 機器人

創客題目編號：A038020

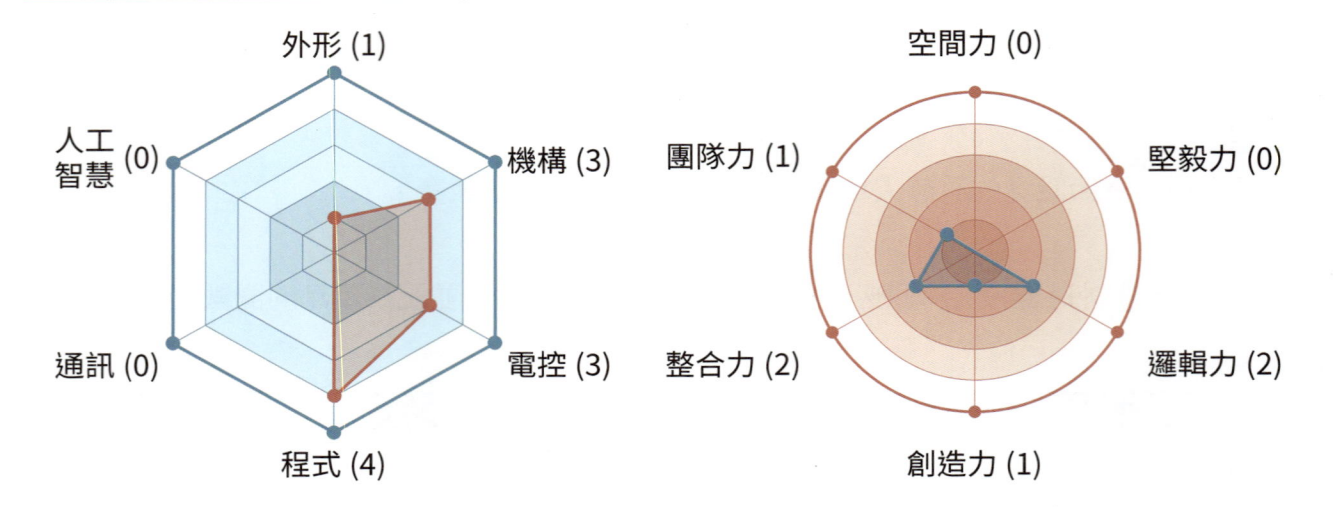

創客學習力

外形	1
機構	3
電控	3
程式	4
通訊	0
人工智慧	0
創客總數	11

實作時間 **60 分**

創客素養力

空間力	0
堅毅力	0
邏輯力	2
創造力	1
整合力	2
團隊力	1
素養總數	6

Chapter 12

仿生機器人

本章學習目標

1. 瞭解組裝仿生機器人及如何透過仿生機器人來進行活動。
2. 瞭解如何利用 SPIKE 程式來撰寫仿生機器人程式。

本章內容

12-1　仿生機器人
12-2　SPIKE 仿生機器人組裝
12-3　撰寫「SPIKE 仿生機器人」之指引程式
12-4　專題製作：樂高仿生機器人

12-1　仿生機器人

　　目前為止，本書介紹的單元大部分都是「輪型」或「二足」樣式，似乎沒有看過「仿生」機器人，亦即模仿「爬行類生物」的機器人；因此，也可以將 SPIKE 基本車改造成仿生機器人。

主題　設計「四足仿生機器人」機構。
目的　讓學生學習機構的槓桿原理。
優點　可以模仿「爬行類生物」行走。
缺點　行走的速度比較慢、並且機構較複雜。

　　各位先學會用創意組裝一台「四足仿生機器人」，再撰寫機器人程式，讓機器人模仿「爬行類生物」，增加學習程式的樂趣。

　　在本章節中，會利用 SPIKE 套件來設計一台教學用的進階基本車，因此，它要有控制器（主機）、馬達、感測器及相關的樂高零件，來設計一個「SPIKE 仿生機器人」。

設計的三部曲

step 1 創意組裝　　**step 2 寫程式**　　**step 3 測試**

說明
1. 創意組裝：依照指定「功能及造型」以「感應器及相關配件」結合「主機」。
2. 寫程式：依照指定任務來撰寫處理程序的動作與順序（程式）。
3. 測試：利用 SPIKE 拼圖程式：將程式上傳到「主機」內，並依照指定功能先進行測試。

流程圖

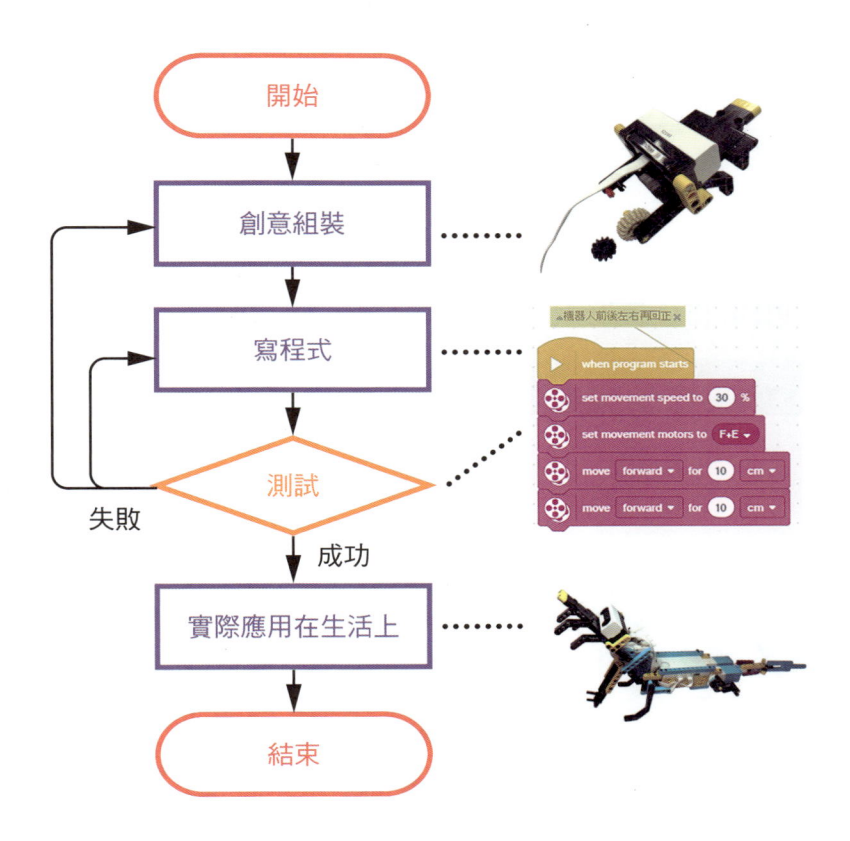

```
開始
 ↓
創意組裝  ……
 ↓
寫程式  ……
 ↓
測試 ──成功→ 實際應用在生活上 …… → 結束
 │失敗
 └→（回到 創意組裝 / 寫程式）
```

說明

　　從上面的流程圖中，可以清楚瞭解「設計機器人程式」必須要經過三大步驟；在進行第三步驟時，如果無法測試成功，除了要修改程式之外，也要檢查組裝是否正確，並且要反覆地進行測試，直到完全成功為止；最後，就可以將創作的智能裝置，應用在日常生活中。

12-2　SPIKE 仿生機器人組裝

想要製作一台「SPIKE 仿生機器人」時,必須要先準備相關的「主機」、「馬達」、「感測器」及「相關的零件材料」。

12-2.1　零件清單

要製作一台「SPIKE 仿生機器人」時,零件清單如下圖所示:

零件清單

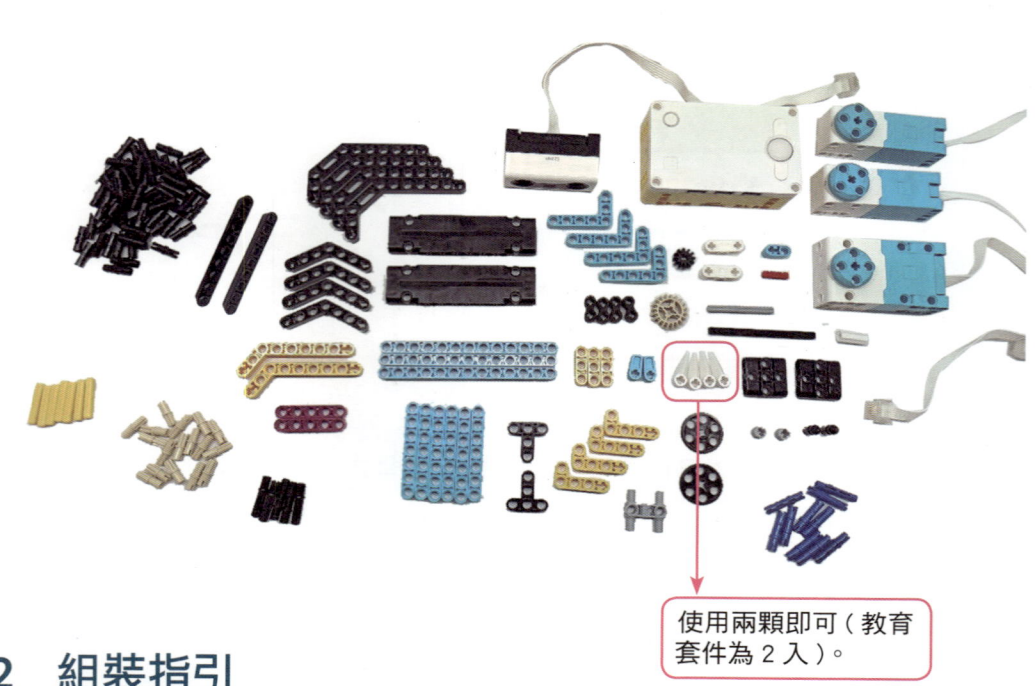

使用兩顆即可(教育套件為 2 入)。

12-2.2　組裝指引

在準備好所需要的「主機」、「感測器」、「鋁合金構件」及「相關的材料」之後,接下來,請各位依照以下的步驟,就可以完成:

step 1

step 2

step 3

step 4

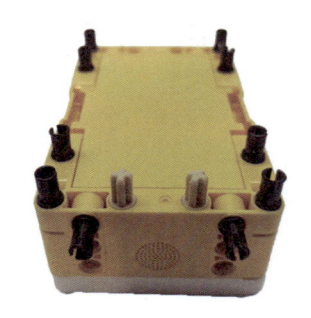

step 5

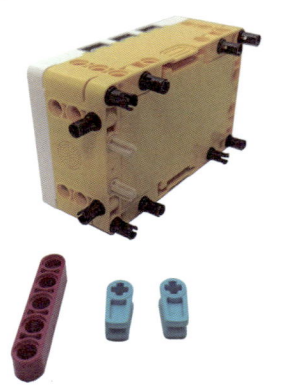

step 6

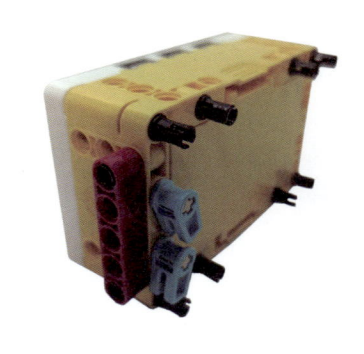

step 7

step 8

step 9

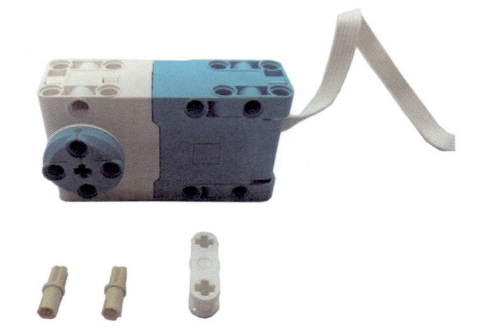

step 10

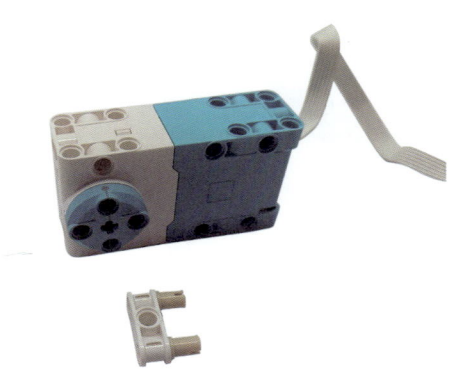

Chapter 12　仿生機器人　265

266　新一代樂高 SPIKE Prime 機器人

step 11

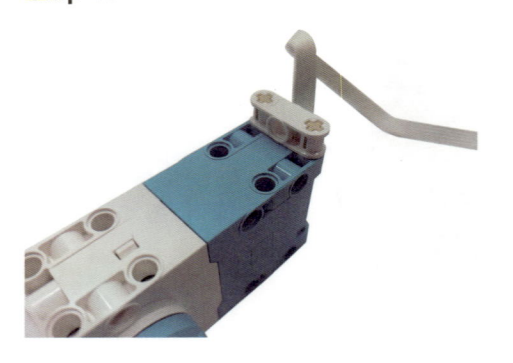

step 12

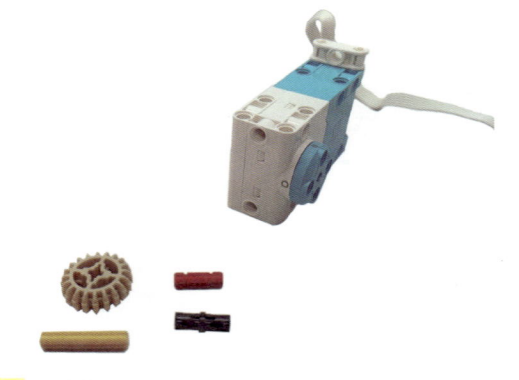

step 13

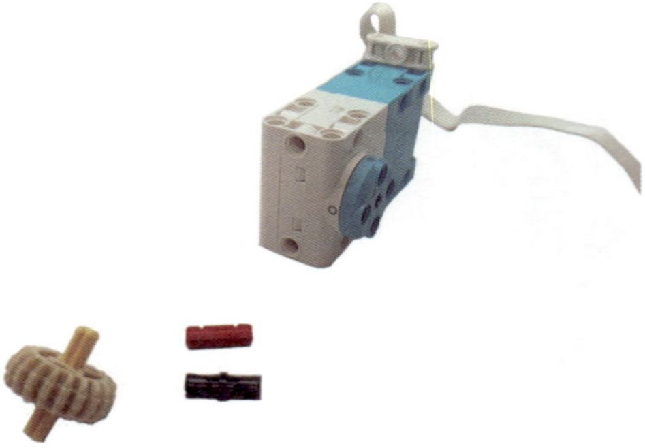

step 14

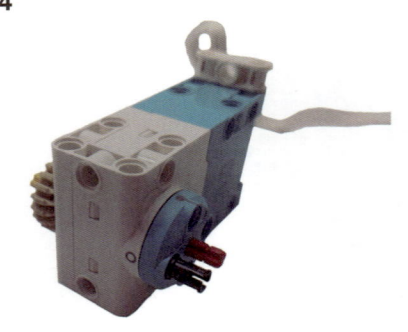

step 15

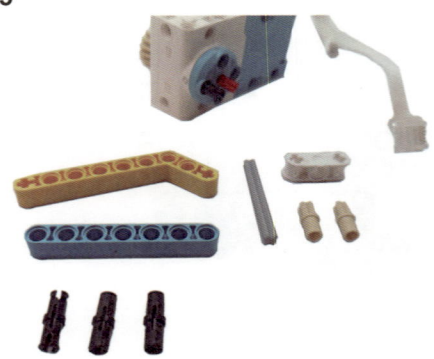

step 16

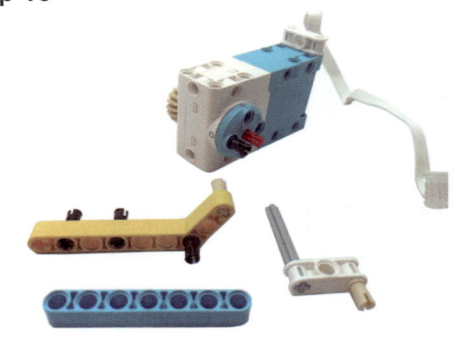

step 17

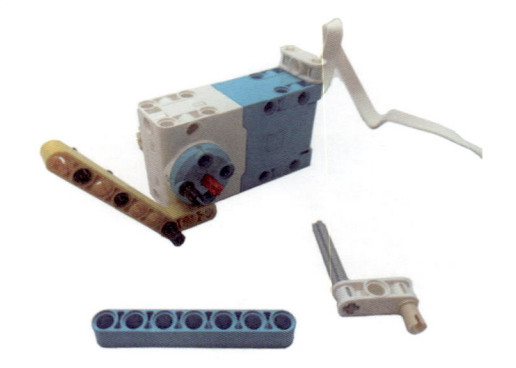

step 18

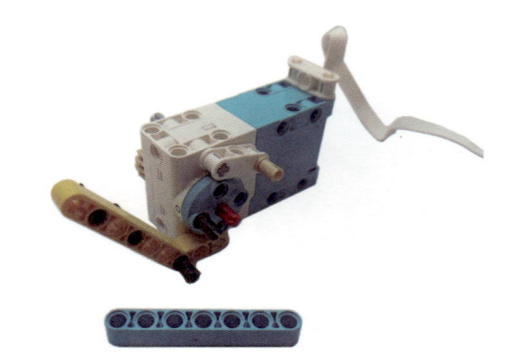

Chapter 12 仿生機器人 267

step 19

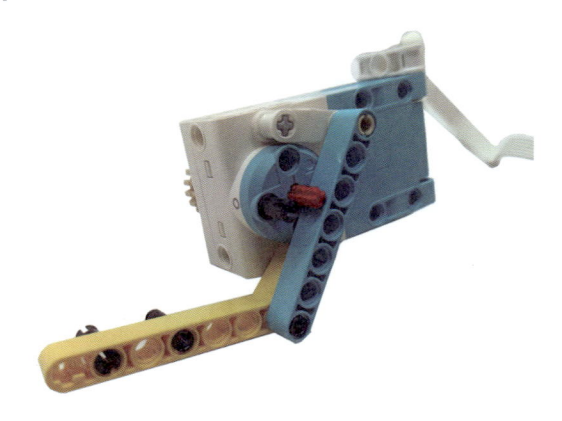

step 20

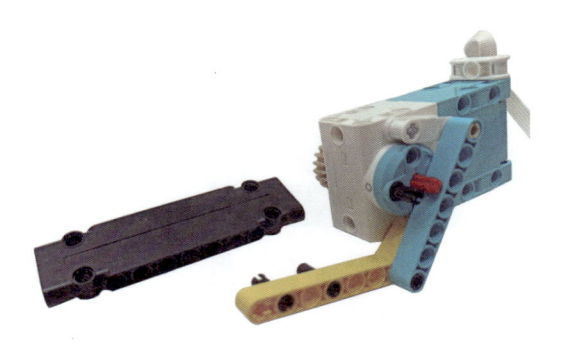

step 21

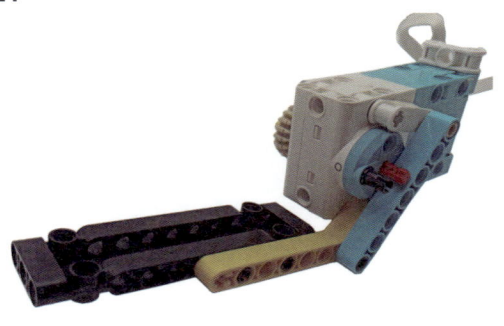

step 22

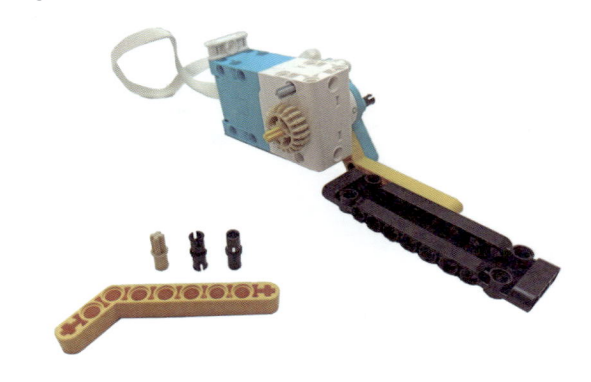

step 23

step 24

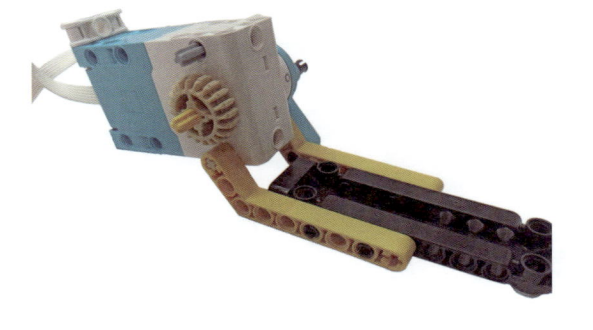

step 25

step 26

step 27

step 28

step 29

step 30

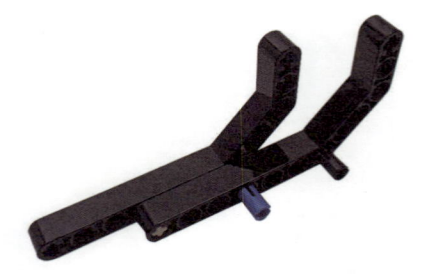

step 31

step 32

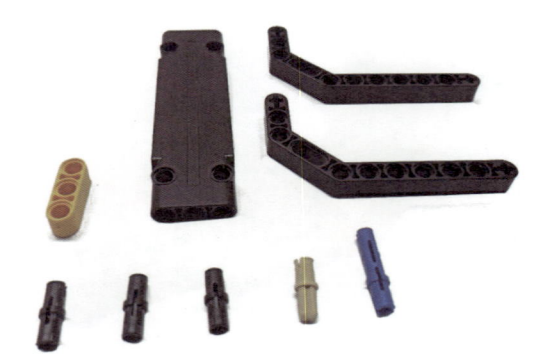

step 33

step 34

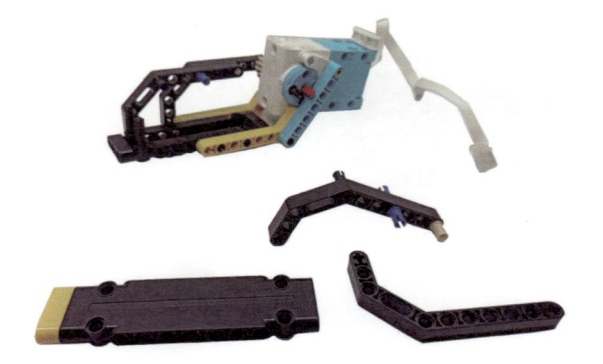

step 35

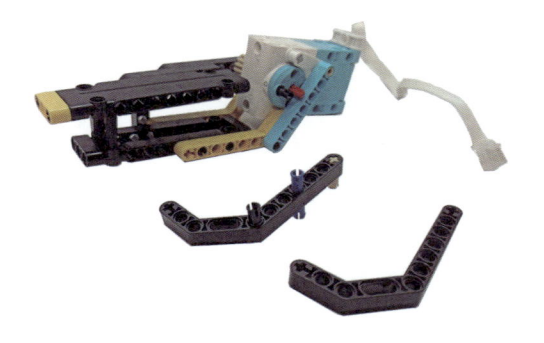

step 36

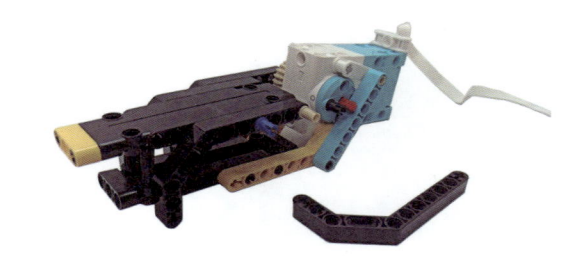

step 37

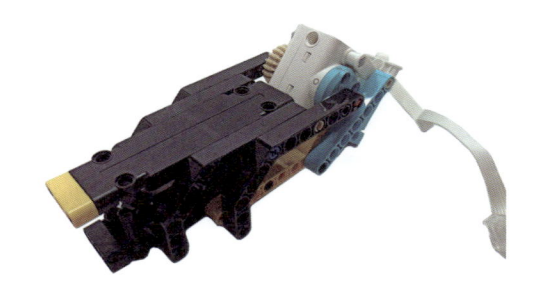

step 38

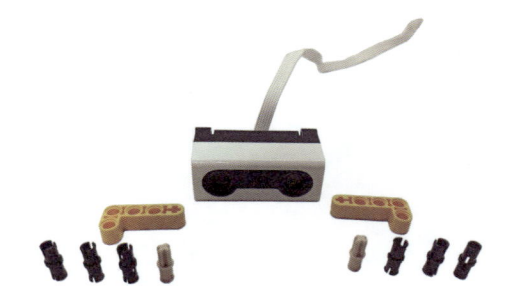

step 39

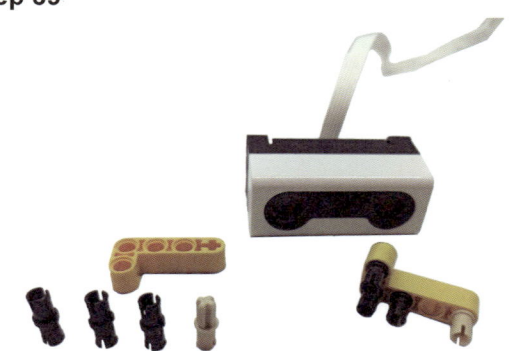

step 40

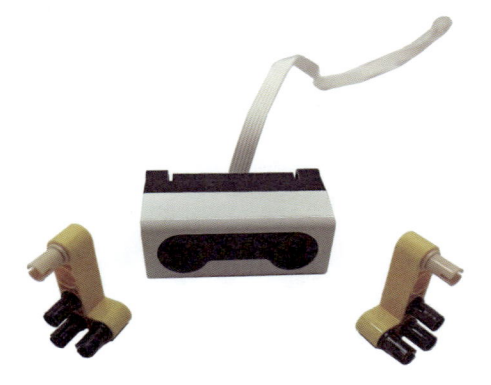

step 41

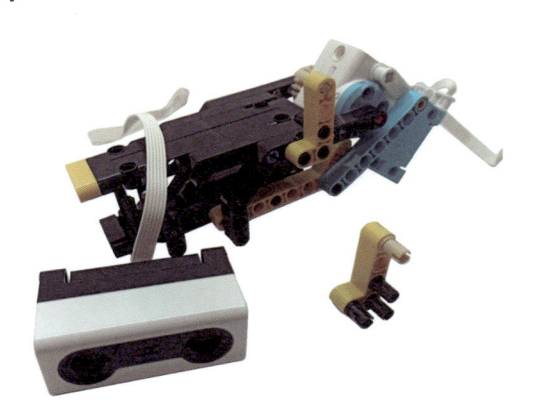

step 42

Chapter 12 仿生機器人 269

step 43

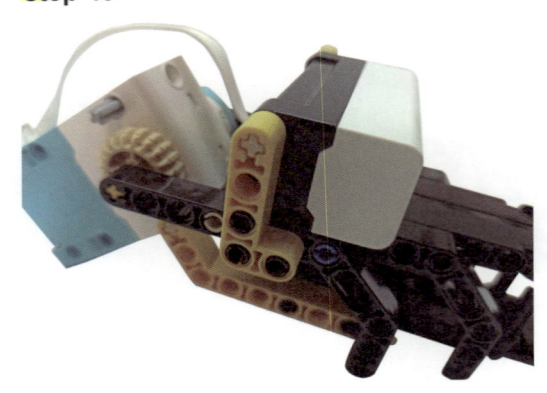

step 44

step 45

step 46

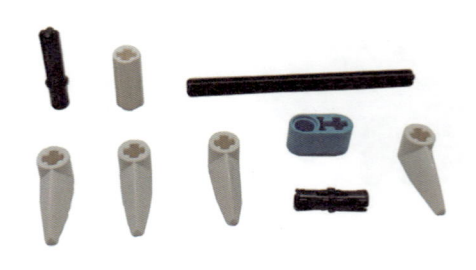

step 47

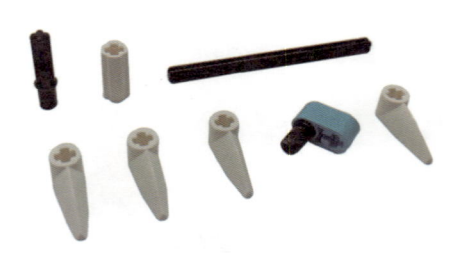

step 48

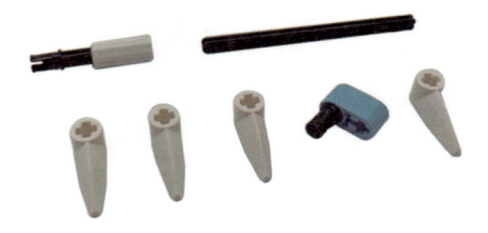

step 49

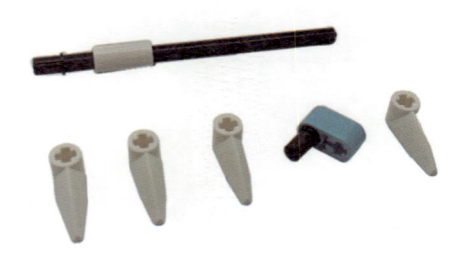

step 50

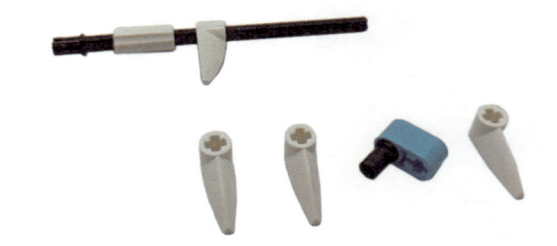

Chapter 12　仿生機器人　271

step 51

step 52

可不使用這 2 個套件（教育套件為 2 入）。

step 53

step 54

step 55

step 56

step 57

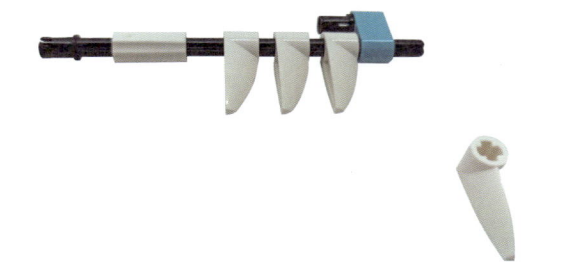

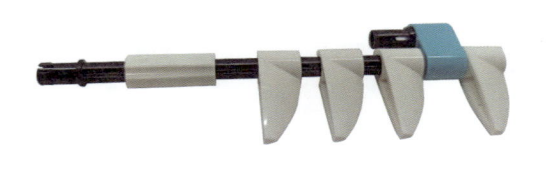

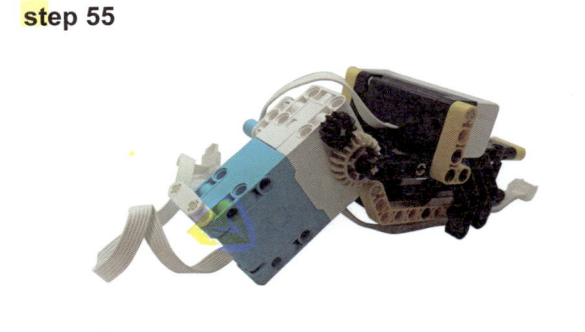

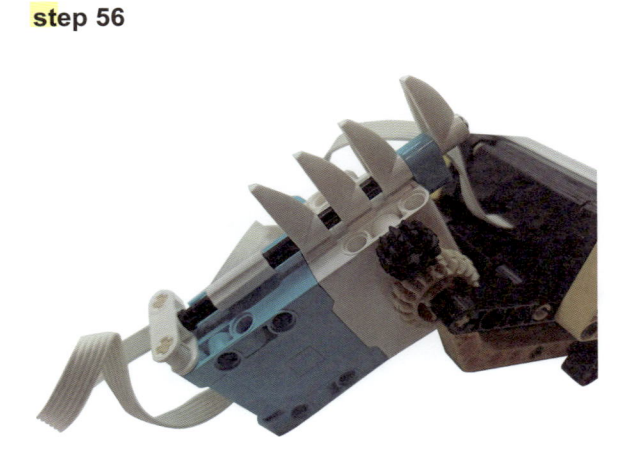

step 58

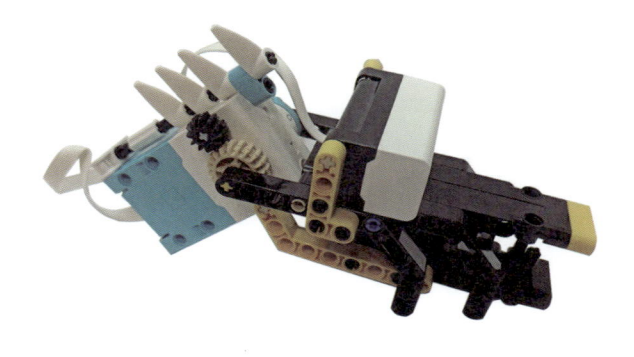

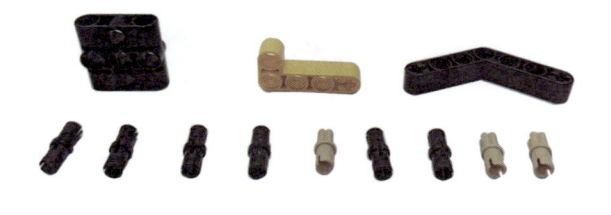

step 59

step 60

step 61

step 62

step 63

step 64

step 65

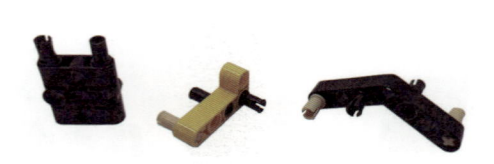

step 66

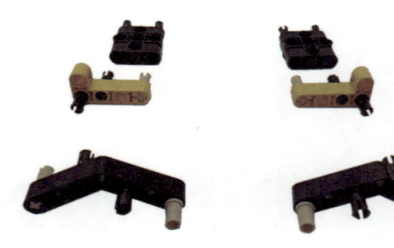

Chapter 12　仿生機器人　273

step 67

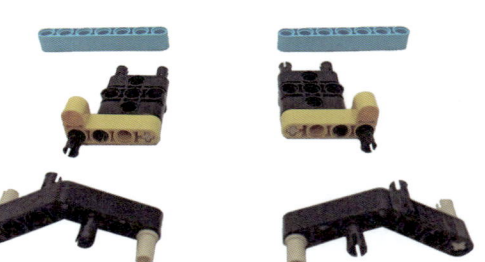

step 68

step 69

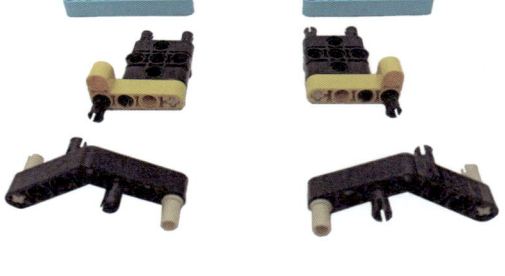

step 70

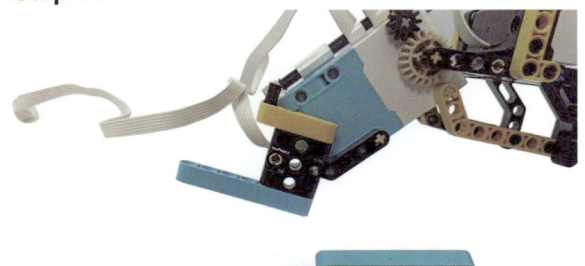

step 71

step 72

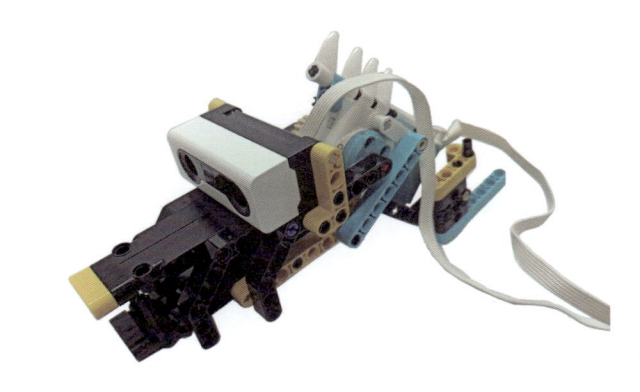

step 73

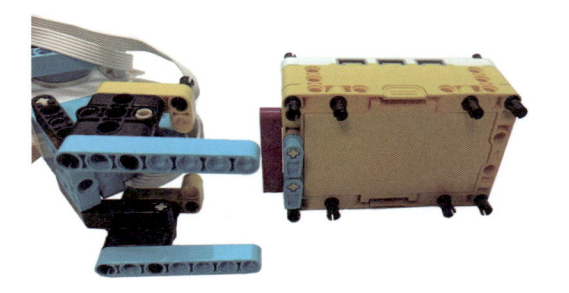

step 74

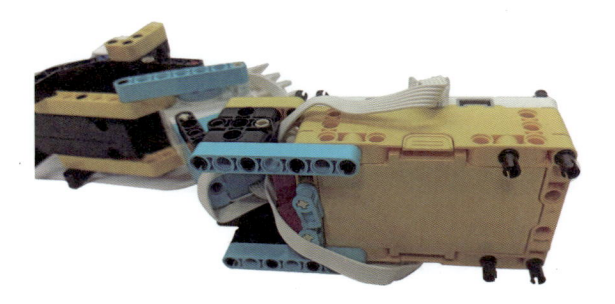

step 75

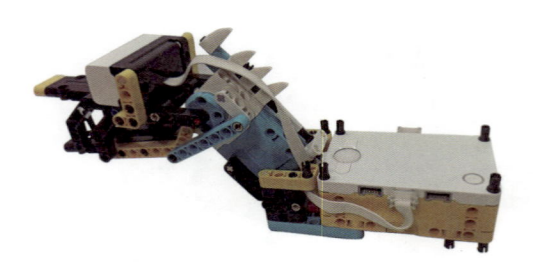

step 76

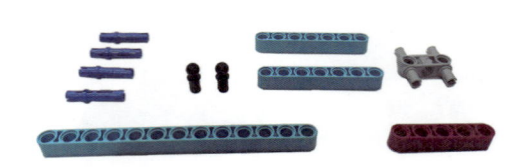

step 77

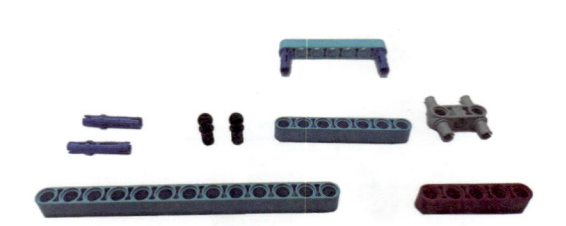

step 78

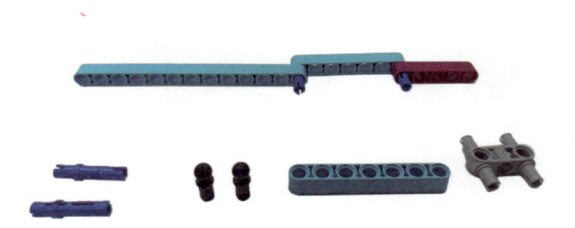

step 79

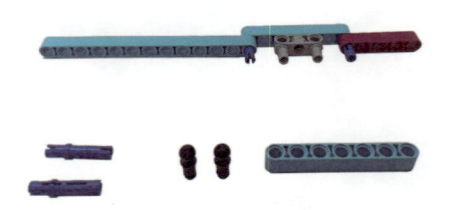

step 80

step 81

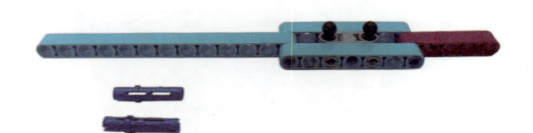

step 82

Chapter 12　仿生機器人　275

step 83

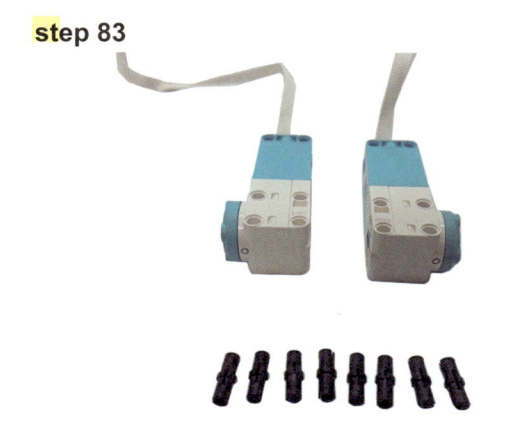

step 84

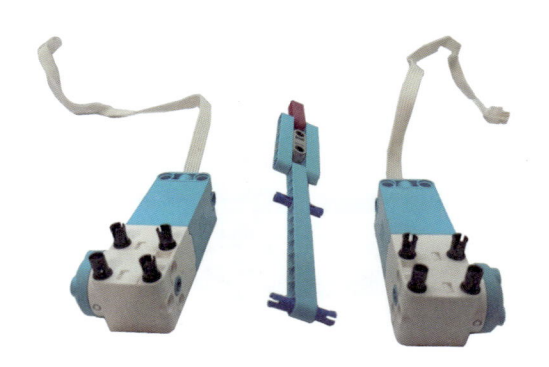

step 85

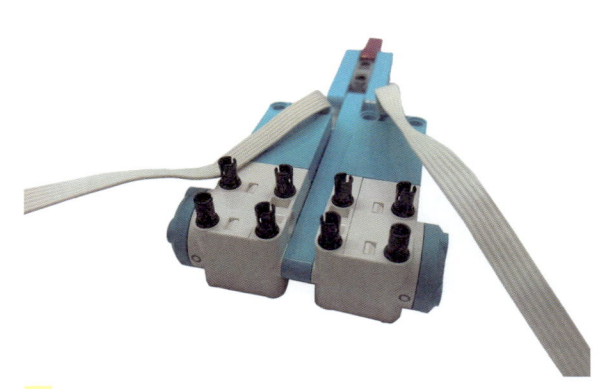

step 86

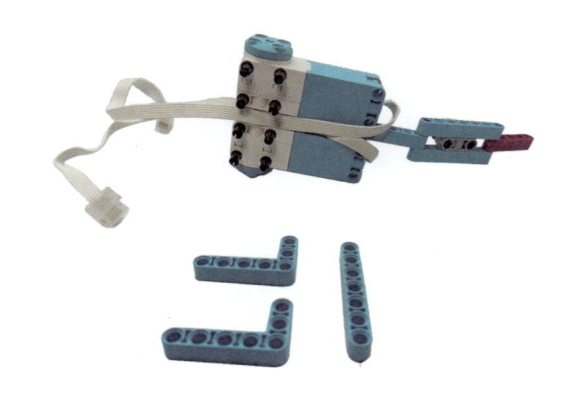

step 87

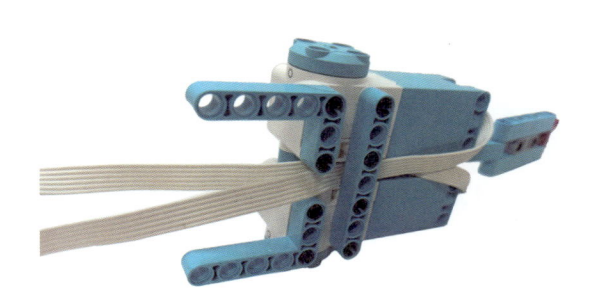

step 88

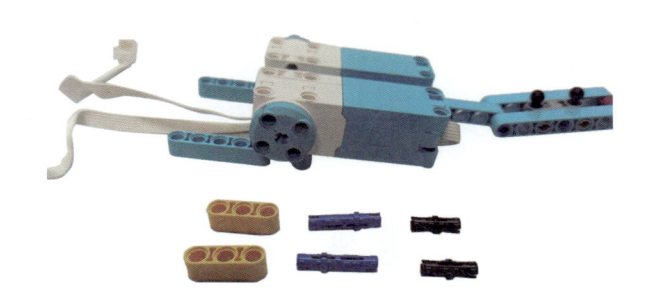

step 89

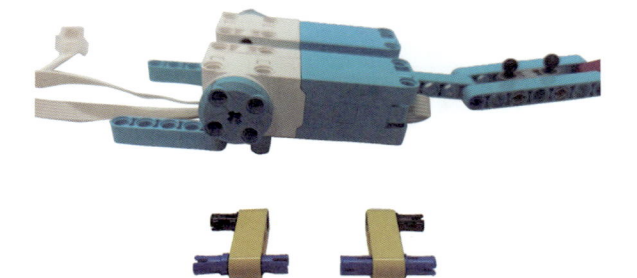

step 90

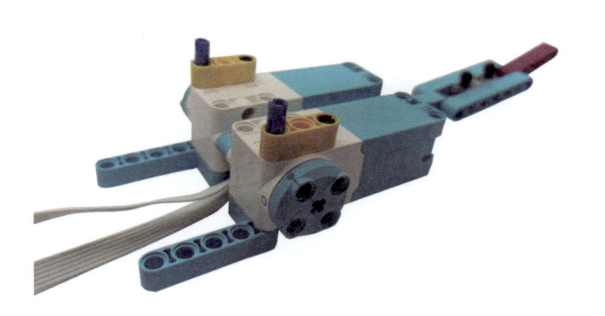

step 91

step 92

step 93

step 94

step 95

step 96

step 97

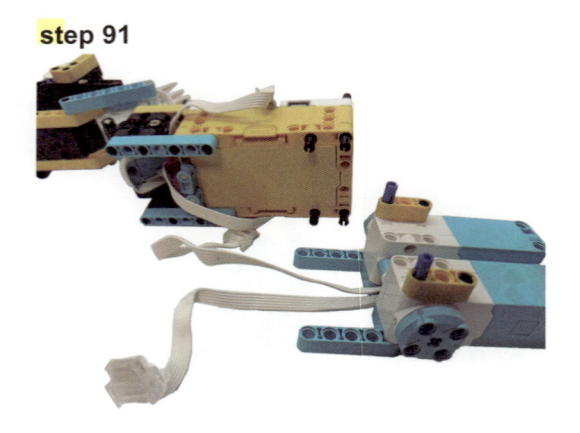

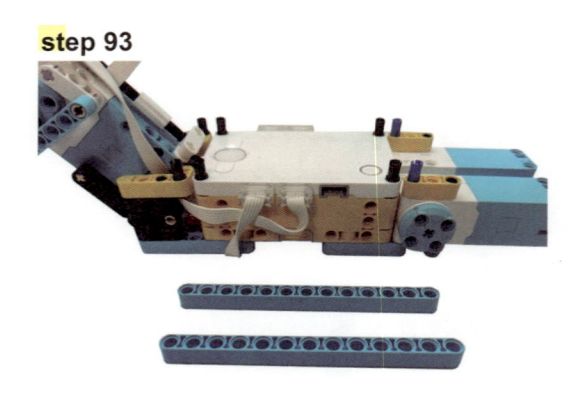

step 98

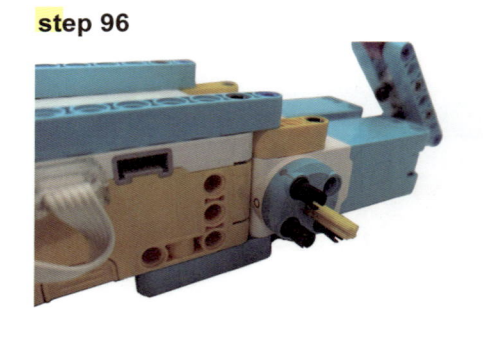

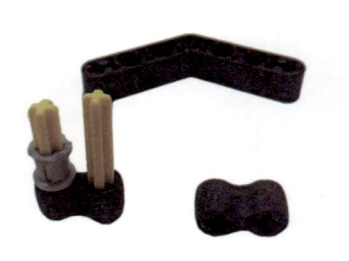

Chapter 12 仿生機器人 277

step 99

step 100

step 101

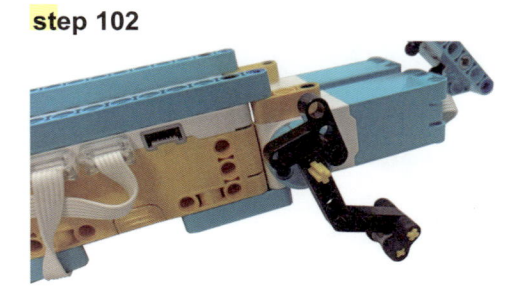

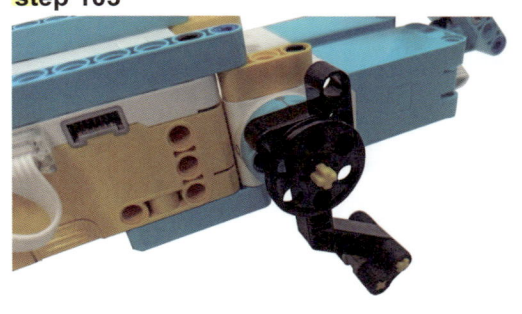

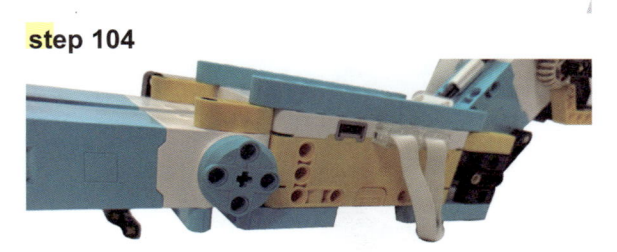

step 102

step 103

step 104

step 105

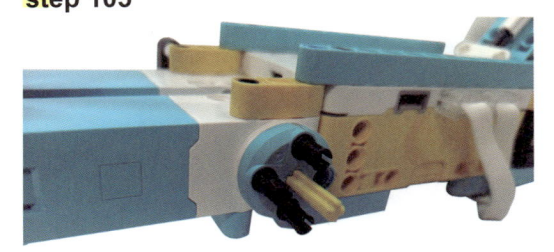

step 106

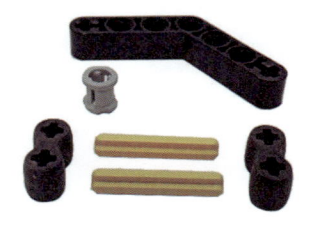

278　新一代樂高 SPIKE Prime 機器人

step 107

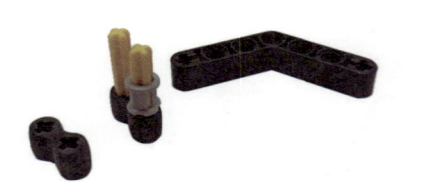

step 108

step 109

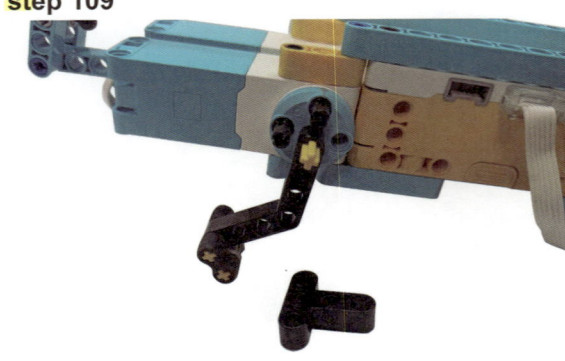

step 110

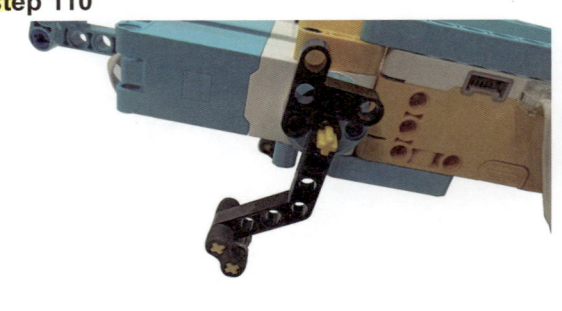

step 111

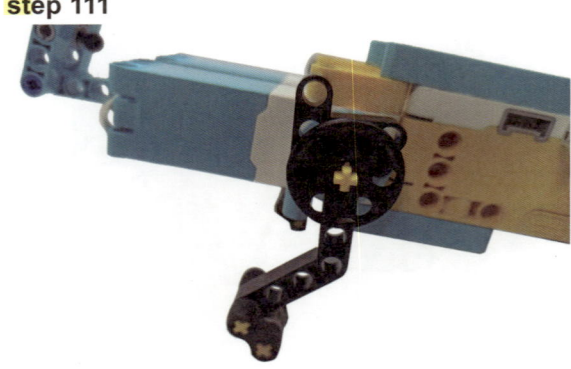

step 112

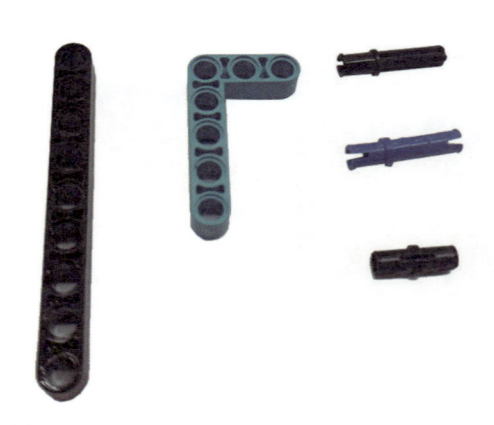

step 113

step 114

Chapter 12 仿生機器人 279

step 115

step 116

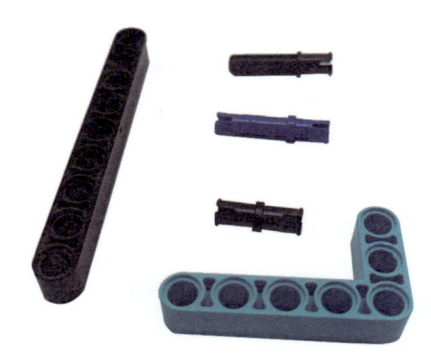

step 117

step 118

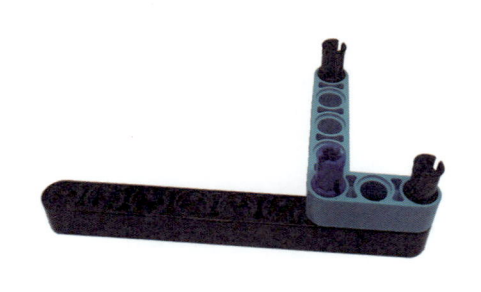

step 119

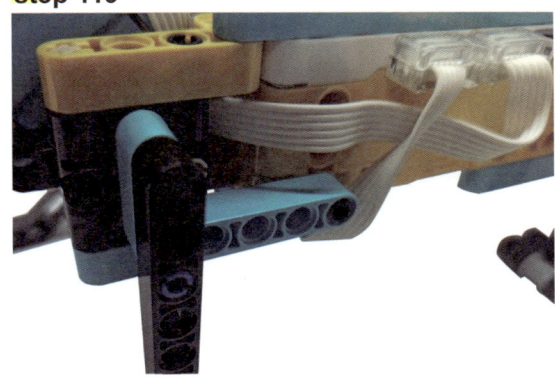

step 120

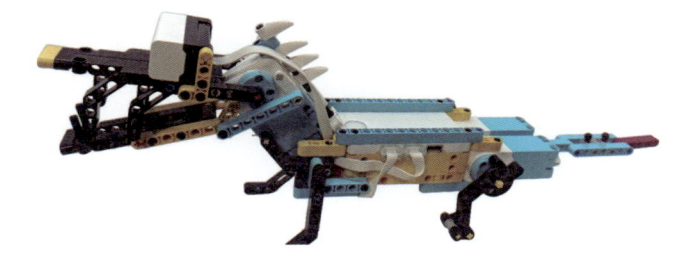

12-3　撰寫「SPIKE 仿生機器人」之指引程式

由於設計「仿生機器人」程式，必須要先學會大型伺服馬達的角度控制方法：
1. 仿生機器人「嘴巴張開」。
2. 仿生機器人「嘴巴閉上」。

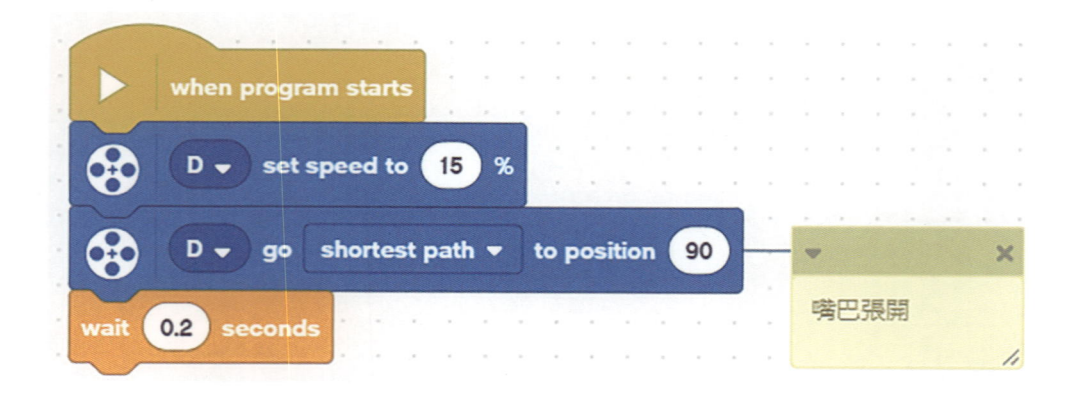

電控元件　大型伺服馬達

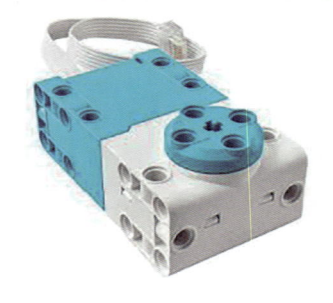

大型伺服馬達	說明
	用來設計仿生機器人嘴巴

主題 ❶ 仿生機器人「嘴巴張開」。

流程圖

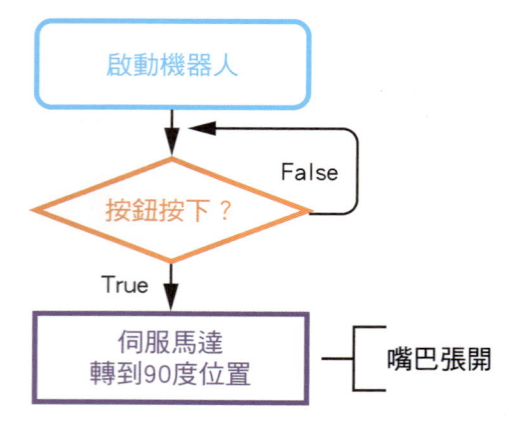

啟動機器人 → 按鈕按下？(False 迴圈) → True → 伺服馬達轉到90度位置 ── 嘴巴張開

程式

```
when program starts
D ▸ set speed to 15 %
D ▸ go shortest path to position 90    ← 嘴巴張開
wait 0.2 seconds
```

主題 ❷ 仿生機器人「嘴巴閉上」。

流程圖

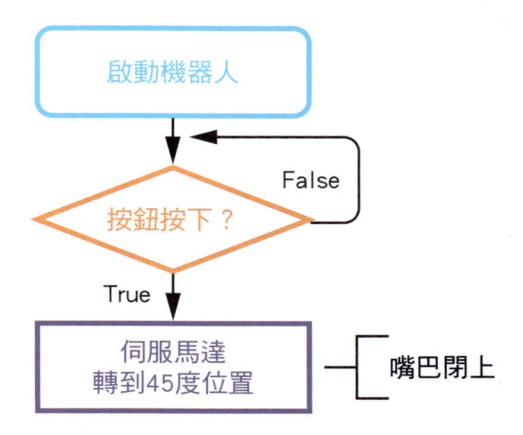

```
啟動機器人
    ↓
  ┌─────┐ False
→ │按鈕按下？│ →┐
  └─────┘   │
    ↓ True   │
  ┌─────┐   │
  │伺服馬達  │──┤ 嘴巴閉上
  │轉到45度位置│
  └─────┘
```

程式

when program starts
D ▼ set speed to 15 %
D ▼ go shortest path ▼ to position 45 ── 嘴巴閉上
wait 0.2 seconds

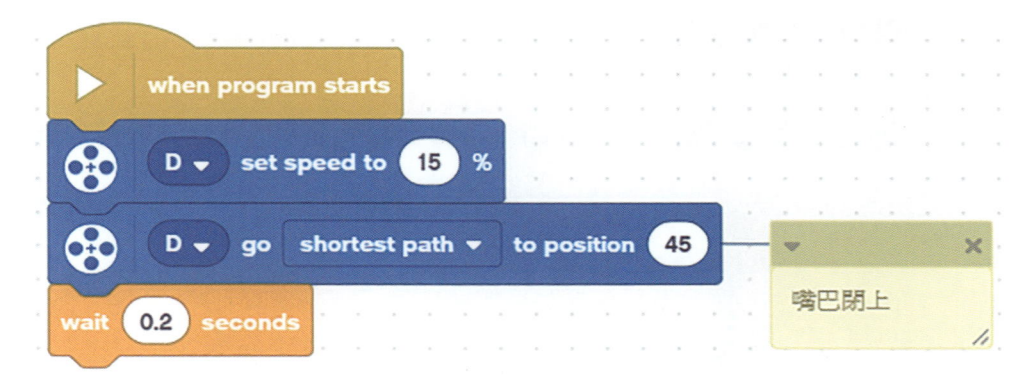

主題 ❸ 仿生機器人「嘴巴張開及閉上」來回二次。

流程圖

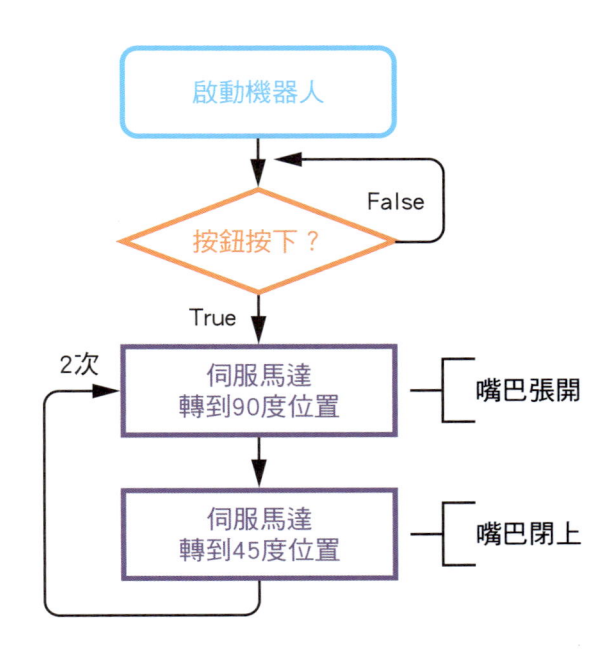

```
       啟動機器人
           ↓
        ┌─────┐ False
       →│按鈕按下？│→┐
        └─────┘  │
           ↓ True │
  2次 ┌──┐ ┌─────┐
      │  │ │伺服馬達 │── 嘴巴張開
      │  │ │轉到90度位置│
      │  │ └─────┘
      │  │    ↓
      │  │ ┌─────┐
      │  │ │伺服馬達 │── 嘴巴閉上
      │  │ │轉到45度位置│
      │  └─└─────┘
      └───────┘
```

程式

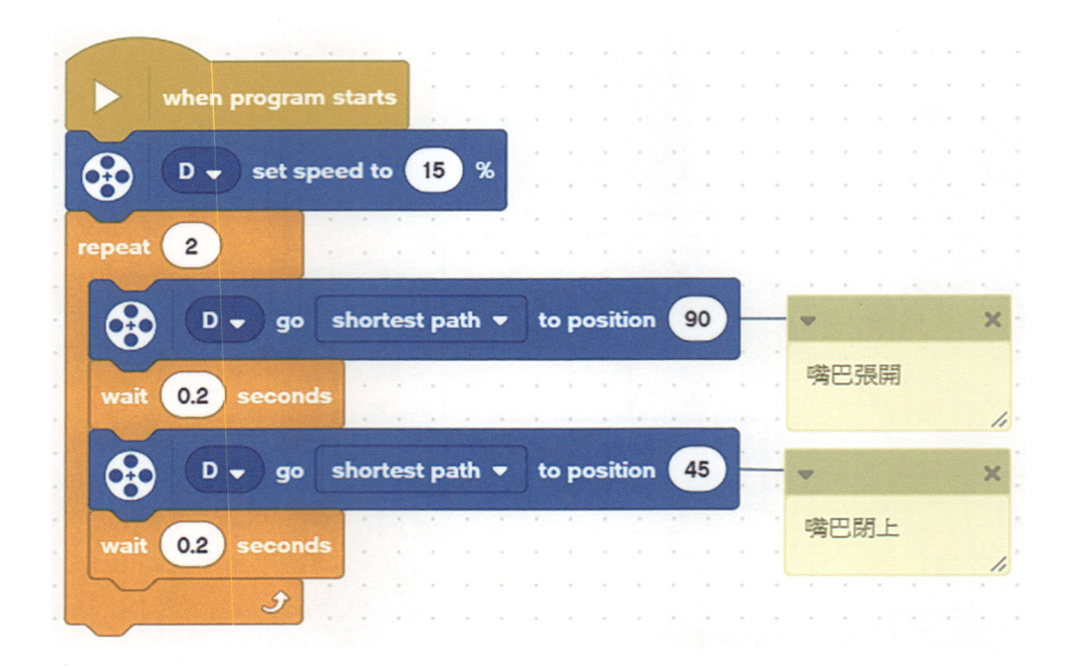

```
when program starts
D ▼ set speed to 15 %
repeat 2
    D ▼ go shortest path ▼ to position 90    嘴巴張開
    wait 0.2 seconds
    D ▼ go shortest path ▼ to position 45    嘴巴閉上
    wait 0.2 seconds
```

主題 ④ 搭配「觸碰感測器」，當「按下」時，手臂「嘴巴張開」；當「放開」時，手臂「嘴巴閉上」。

流程圖

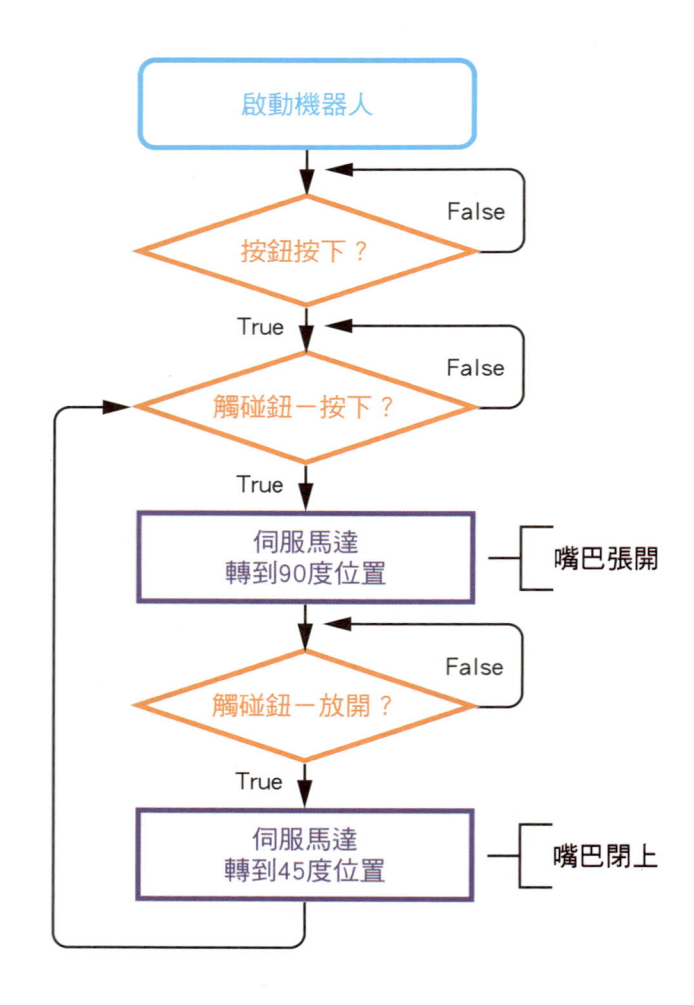

```
啟動機器人
   ↓
按鈕按下？ ──False──┐
   │True          │
   ↓←─────────────┘
觸碰鈕一按下？ ──False──┐
   │True              │
   ↓                  │
伺服馬達           ── 嘴巴張開
轉到90度位置
   ↓
觸碰鈕一放開？ ──False──┐
   │True              │
   ↓                  │
伺服馬達           ── 嘴巴閉上
轉到45度位置
   │
   └──────────────────┘
```

程式

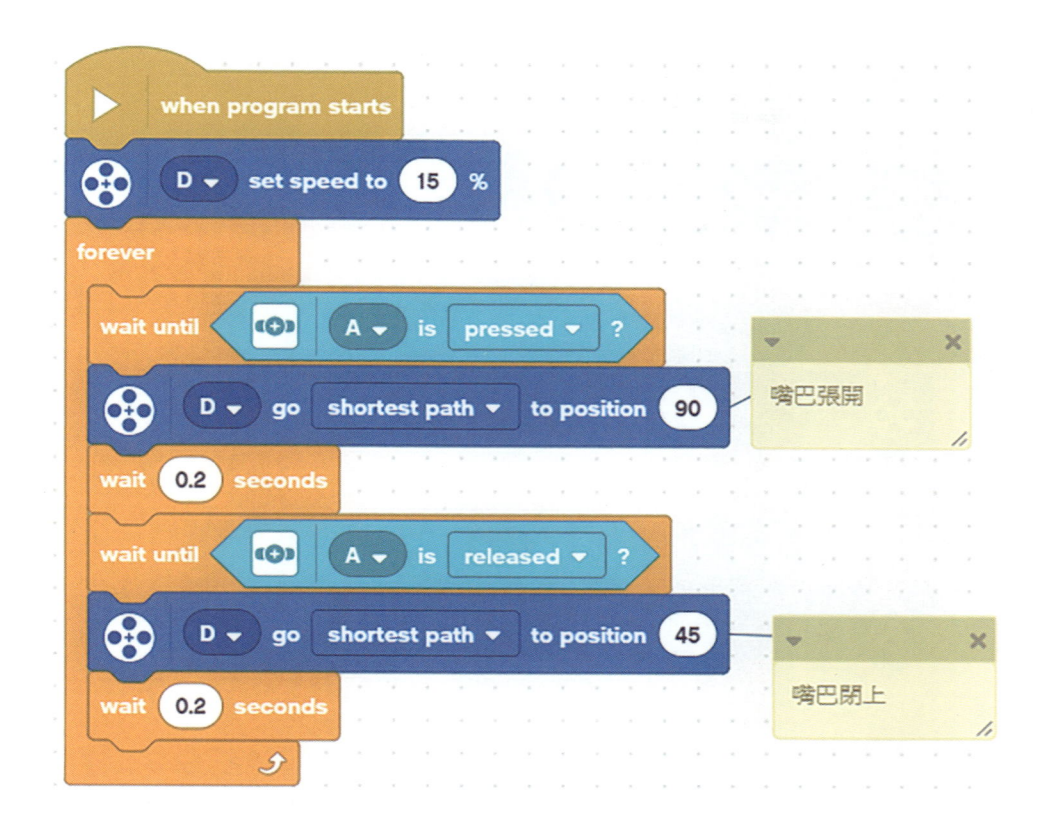

```
when program starts
D ▼ set speed to 15 %
forever
    wait until  A ▼ is pressed ▼ ?
    D ▼ go shortest path ▼ to position 90     嘴巴張開
    wait 0.2 seconds
    wait until  A ▼ is released ▼ ?
    D ▼ go shortest path ▼ to position 45     嘴巴閉上
    wait 0.2 seconds
```

主題 ❺ 搭配「顏色感測器」，當偵測到「白色」時，手臂「嘴巴張開」；偵測到「黑色」時，手臂「嘴巴閉上」。

流程圖

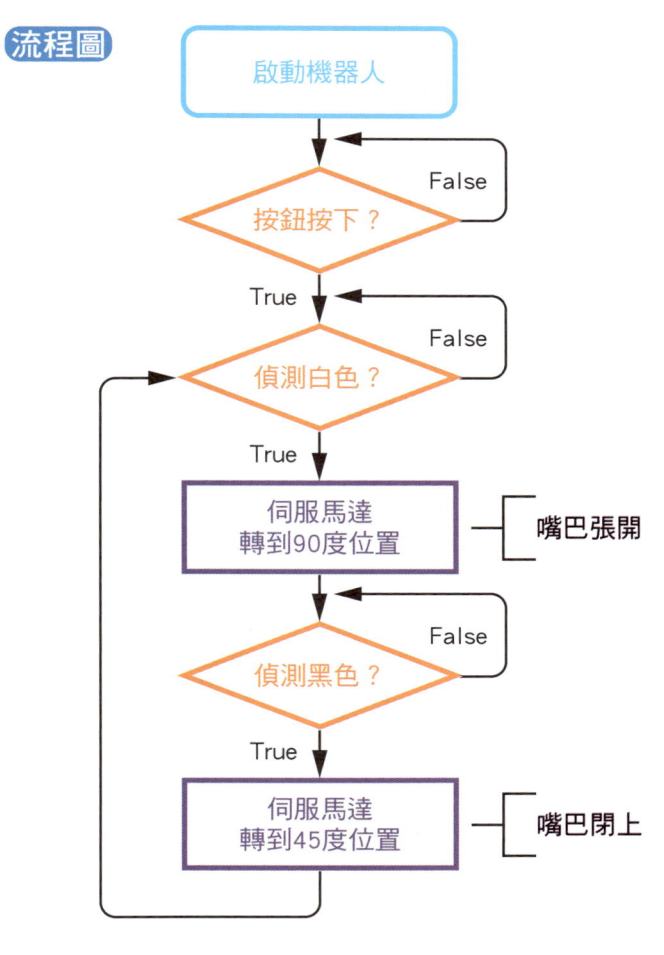

```
啟動機器人
    ↓
按鈕按下？ ──False──┐
    │True          │
    ↓              │
偵測白色？ ──False──┤
    │True          │
    ↓              │
伺服馬達          │   嘴巴張開
轉到90度位置      │
    ↓              │
偵測黑色？ ──False──┤
    │True          │
    ↓              │
伺服馬達          │   嘴巴閉上
轉到45度位置      │
    └──────────────┘
```

程式

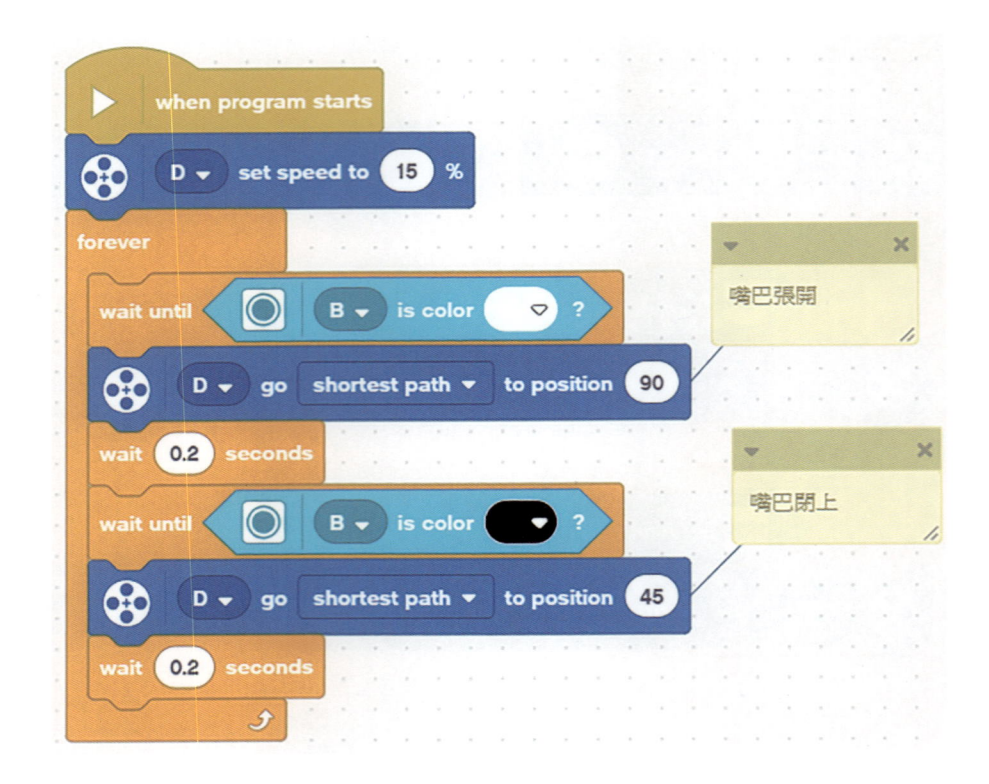

主題 ❻ 搭配「超音波感測器」，當偵測到有人靠近時，手臂「嘴巴張開」；否則，手臂「嘴巴閉上」。

流程圖

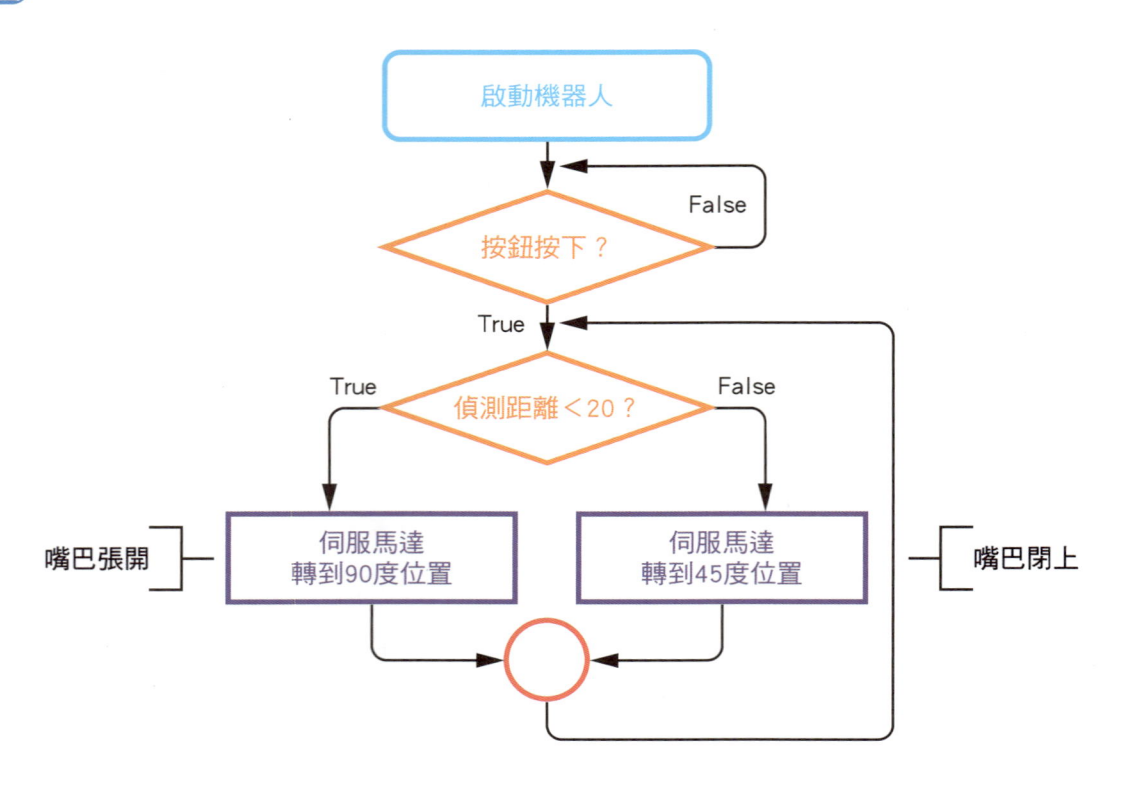

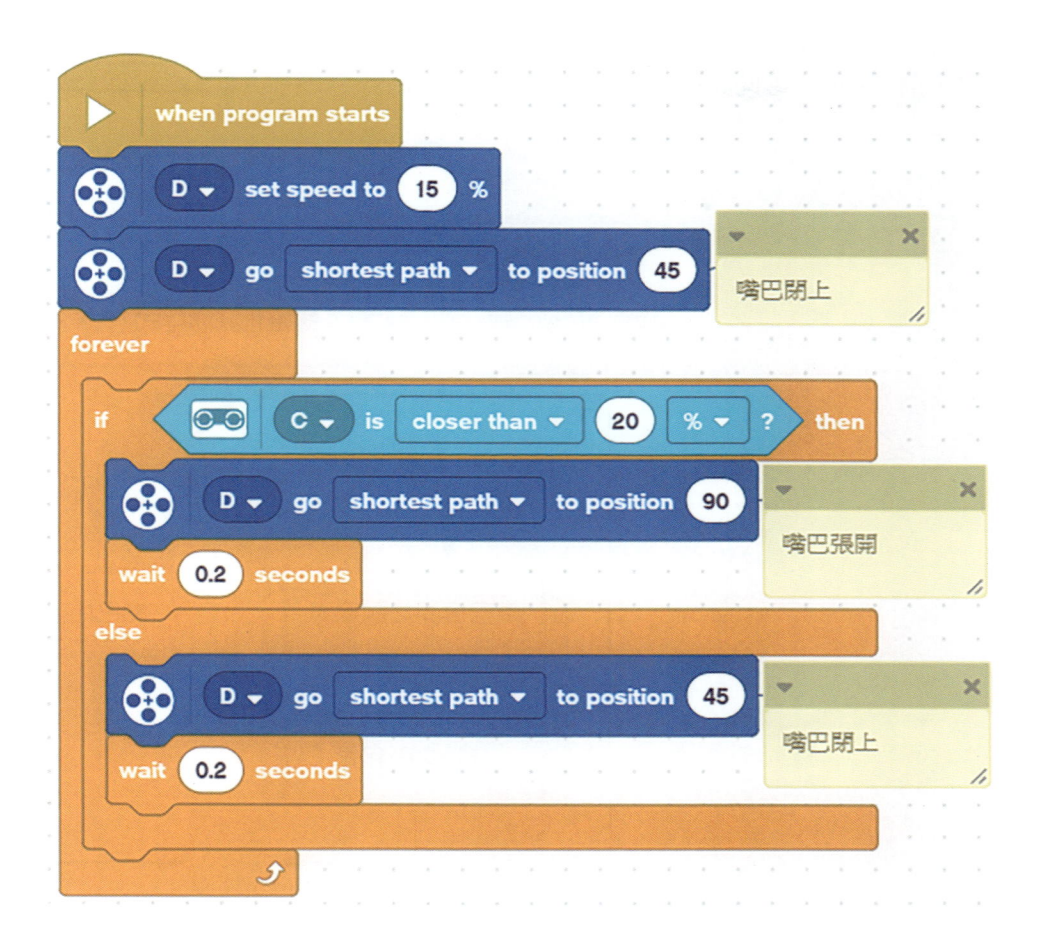

程式

```
when program starts
D ▾ set speed to 15 %
D ▾ go shortest path ▾ to position 45    // 嘴巴閉上
forever
    if  C ▾ is closer than 20 % ▾ ? then
        D ▾ go shortest path ▾ to position 90    // 嘴巴張開
        wait 0.2 seconds
    else
        D ▾ go shortest path ▾ to position 45    // 嘴巴閉上
        wait 0.2 seconds
```

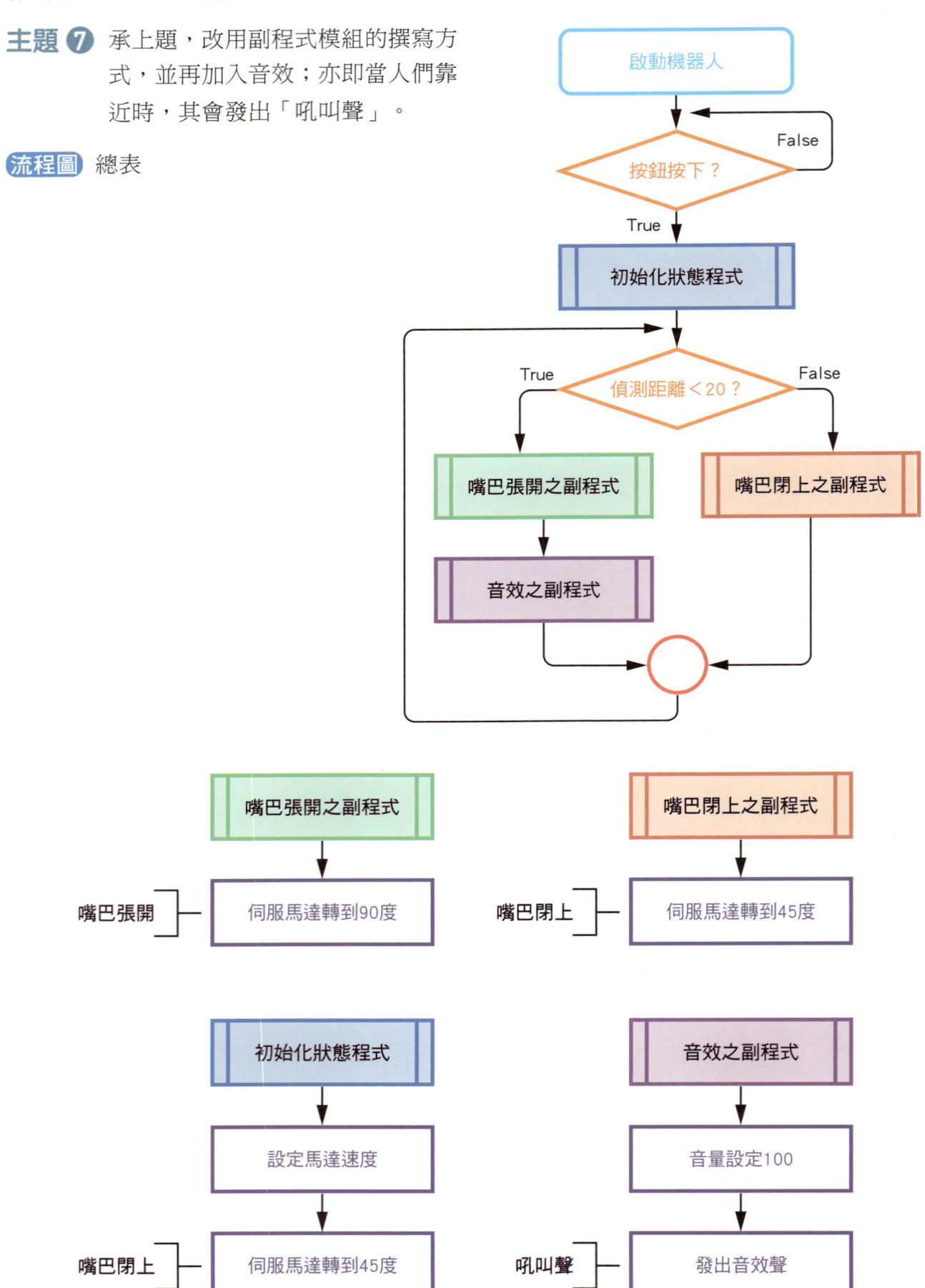

主題 ❼ 承上題，改用副程式模組的撰寫方式，並再加入音效；亦即當人們靠近時，其會發出「吼叫聲」。

流程圖 總表

```
啟動機器人
    ↓
按鈕按下？ ──False──┐
    │ True         │
    ↓              │
初始化狀態程式      │
    ↓              │
    ←──────────────┘
偵測距離＜20？
  True ↓      ↓ False
嘴巴張開之副程式   嘴巴閉上之副程式
    ↓              ↓
音效之副程式        │
    ↓              ↓
    ○──────────────┘
    ↑
    └──────回圈
```

嘴巴張開之副程式
嘴巴張開 — 伺服馬達轉到90度

嘴巴閉上之副程式
嘴巴閉上 — 伺服馬達轉到45度

初始化狀態程式
設定馬達速度
↓
嘴巴閉上 — 伺服馬達轉到45度

音效之副程式
音量設定100
↓
吼叫聲 — 發出音效聲

細部分解說明：

1. 主程式

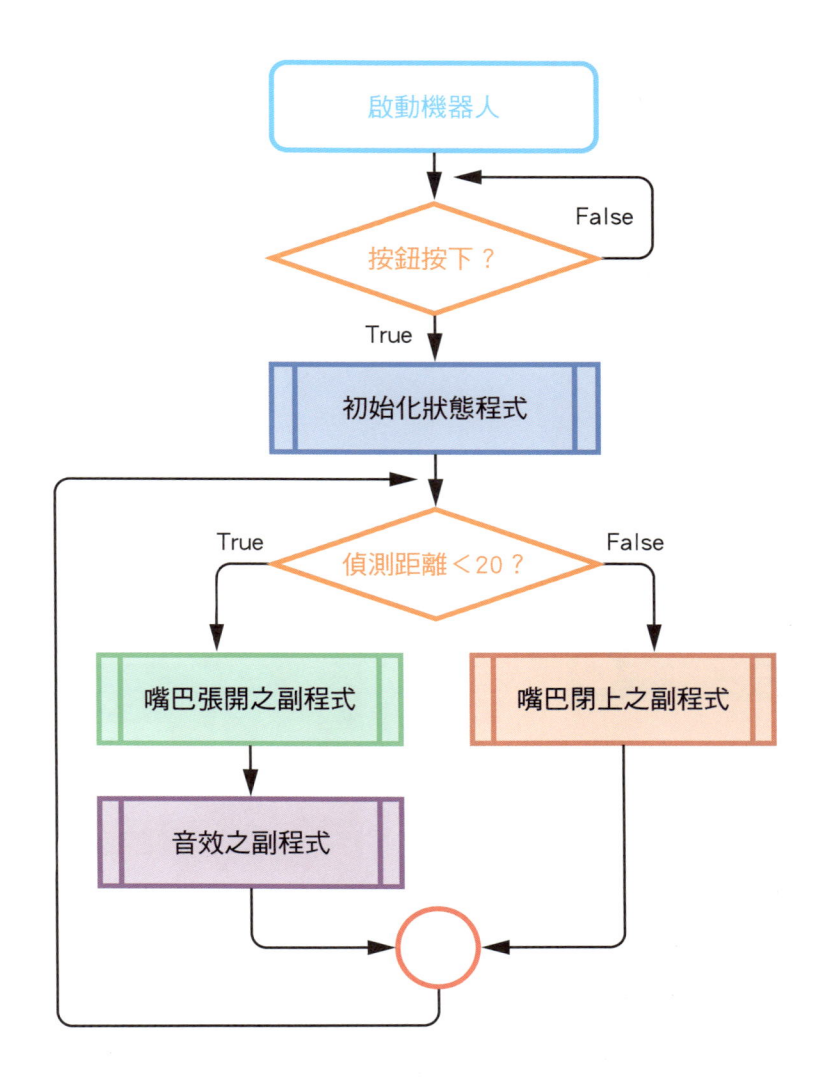

```
啟動機器人
   ↓
按鈕按下？ —False→ (迴圈回到判斷)
   ↓True
初始化狀態程式
   ↓
偵測距離＜20？
   True↓           False↓
嘴巴張開之副程式    嘴巴閉上之副程式
   ↓
音效之副程式
   ↓
   ○←──────────────┘
   ↑ (迴圈回到偵測距離判斷)
```

2. 初始化狀態程式

```
初始化狀態程式
   ↓
設定馬達速度
   ↓
伺服馬達轉到45度  ─ 嘴巴閉上
```

3. 嘴巴張開之副程式

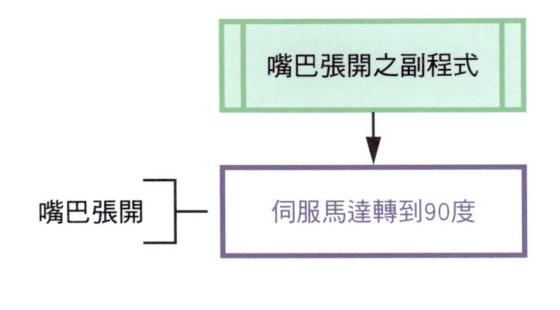

```
嘴巴張開之副程式
   ↓
伺服馬達轉到90度  ─ 嘴巴張開
```

4. 嘴巴閉上之副程式

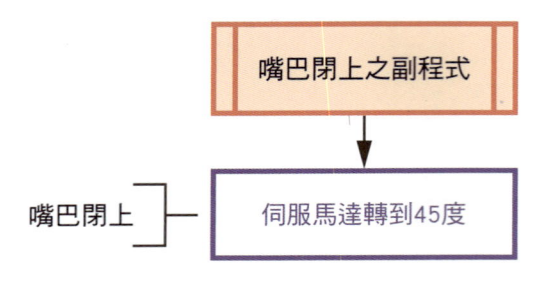

```
嘴巴閉上之副程式
        ↓
嘴巴閉上 ─┤ 伺服馬達轉到45度
```

5. 音效之副程式

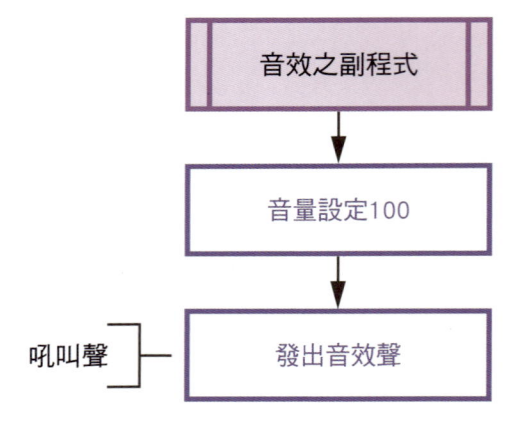

```
音效之副程式
      ↓
   音量設定100
      ↓
吼叫聲 ─┤ 發出音效聲
```

程式

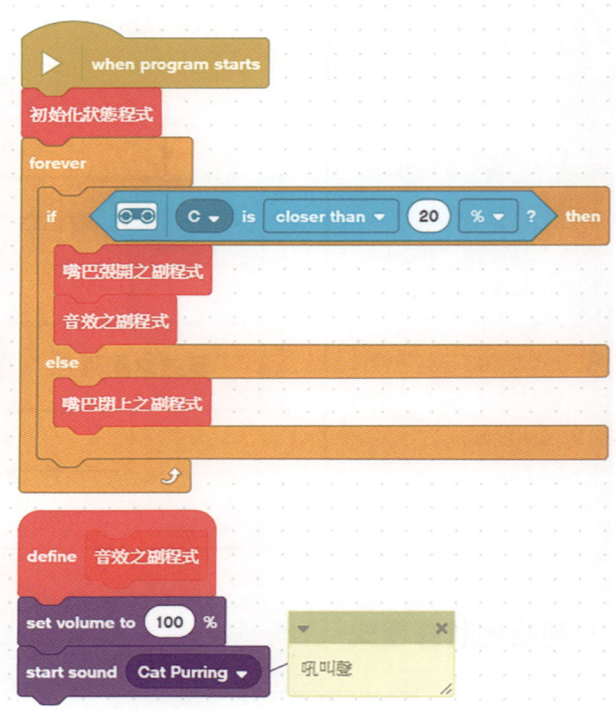

主題 ❽ 承上題,再加入「燈光效果」;亦即當人們靠近時,會透過「超音波感測器」,來模擬眼睛閃爍。

流程圖

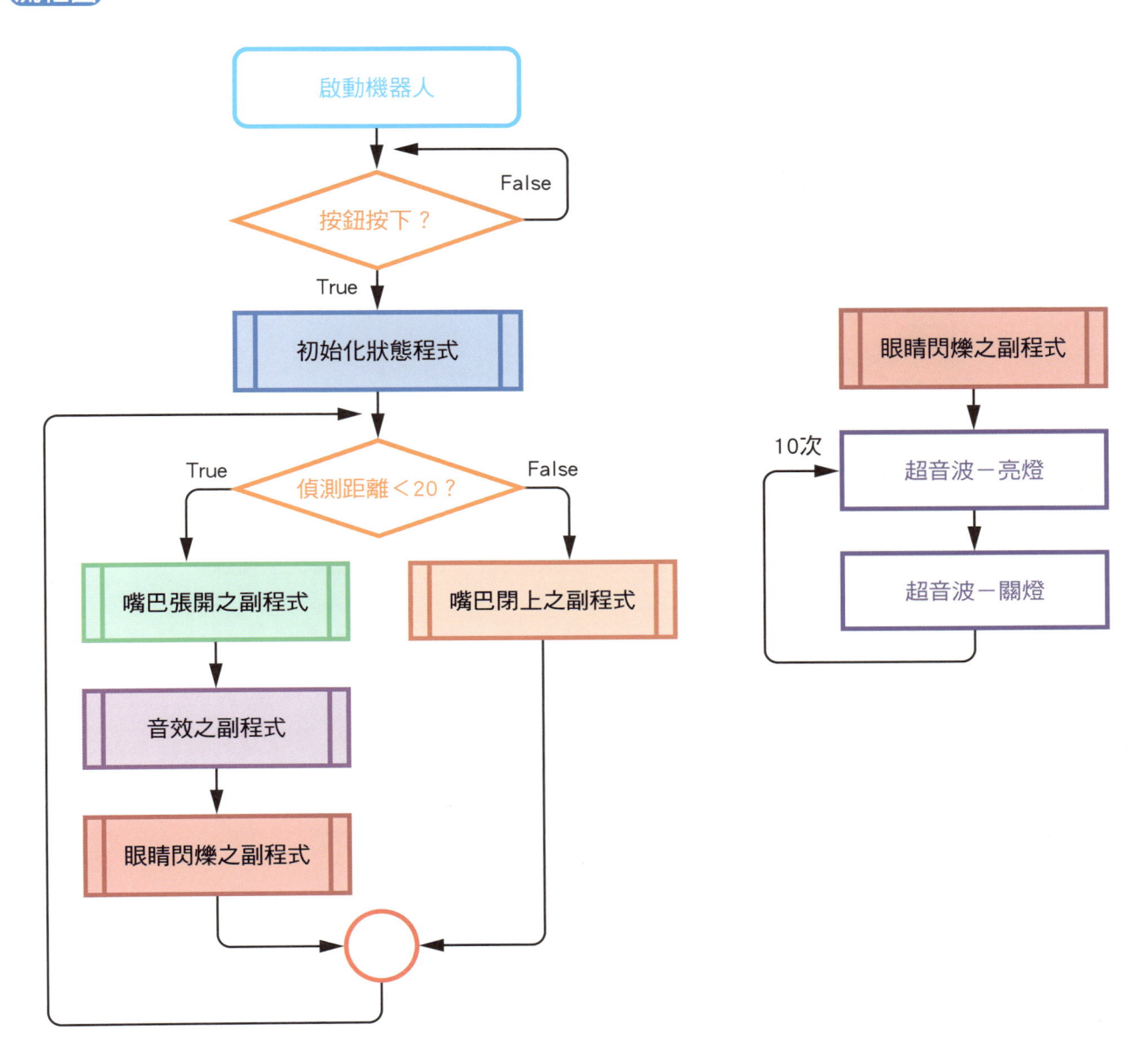

```
              啟動機器人
                  ↓
              ┌───────┐  False
              │按鈕按下?│──────┐
              └───────┘      │
                  │ True     │
                  ↓          │
              初始化狀態程式 ──┘
                  ↓
        True  ┌───────────┐  False
        ┌────│偵測距離<20?│────┐
        │    └───────────┘    │
        ↓                     ↓
   嘴巴張開之副程式        嘴巴閉上之副程式
        ↓                     │
   音效之副程式                │
        ↓                     │
   眼睛閃爍之副程式             │
        ↓                     ↓
        └────────→ ○ ←────────┘


   眼睛閃爍之副程式
        ↓
   ┌→ 超音波─亮燈     10次
   │    ↓
   │  超音波─關燈
   └────┘
```

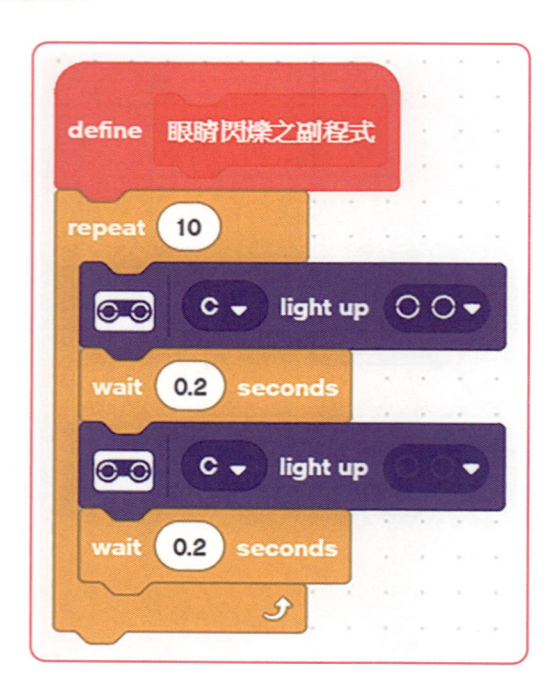

程式

主題 9 承上題,再加入「燈光效果」;亦即當人們靠近時,會透過「啟動按鈕」,來讓按鈕閃爍紅燈。

流程圖

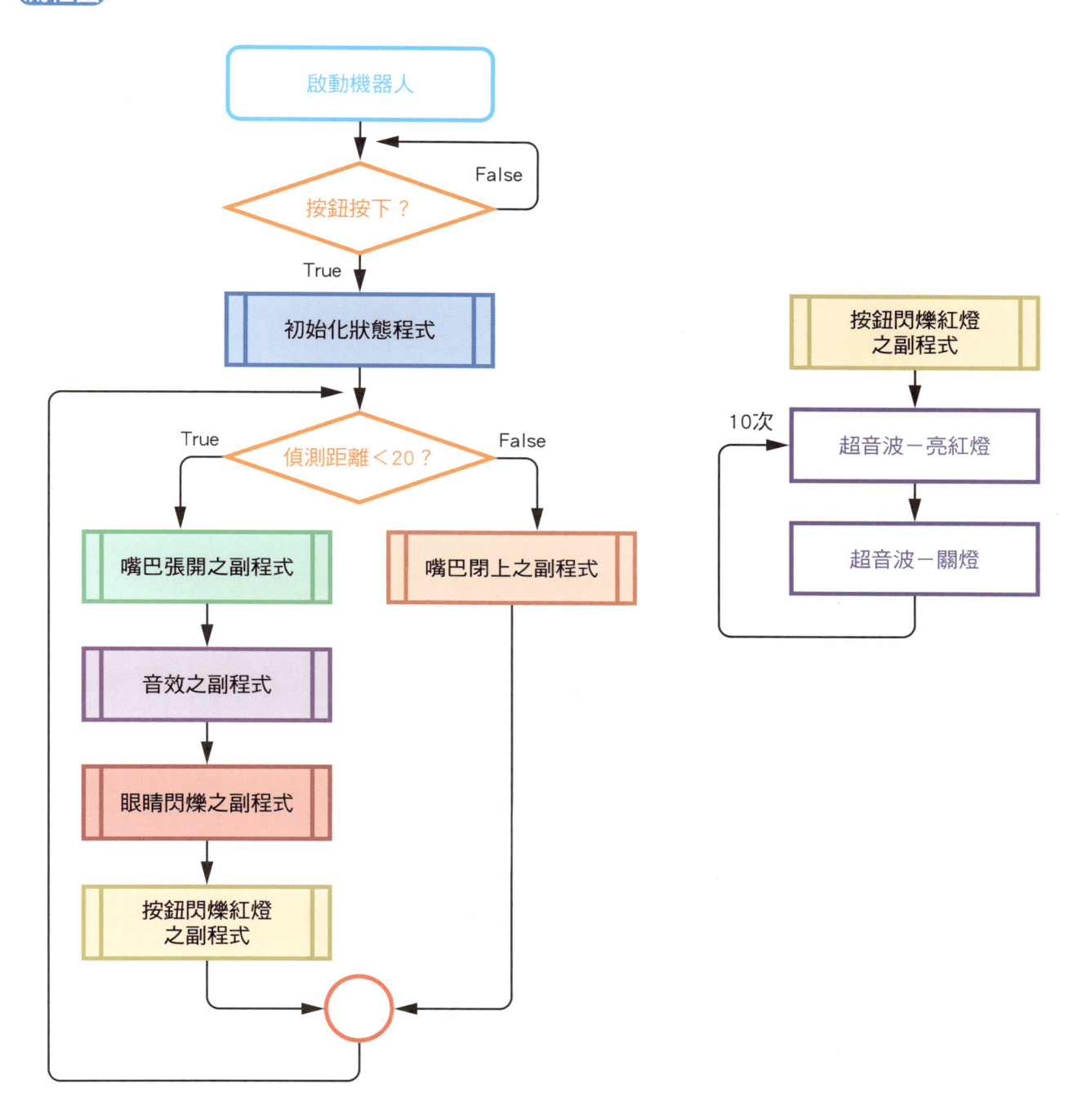

```
           啟動機器人
                ↓
         ┌─────────────┐
         │   按鈕按下?  │──False──┐
         └─────────────┘         │
                │ True           │
                ↓                │
         初始化狀態程式           │
                ↓                │
         ┌─────────────┐         │
    True │ 偵測距離<20? │ False   │
    ┌────└─────────────┘────┐    │
    ↓                       ↓    │
  嘴巴張開之副程式      嘴巴閉上之副程式
    ↓                       │
  音效之副程式               │
    ↓                       │
  眼睛閃爍之副程式           │
    ↓                       │
  按鈕閃爍紅燈               │
  之副程式                   │
    └──────────○────────────┘
```

```
  按鈕閃爍紅燈
  之副程式
      ↓
  ┌─→ 超音波-亮紅燈
  │       ↓   10次
  │   超音波-關燈
  └───────┘
```

程式

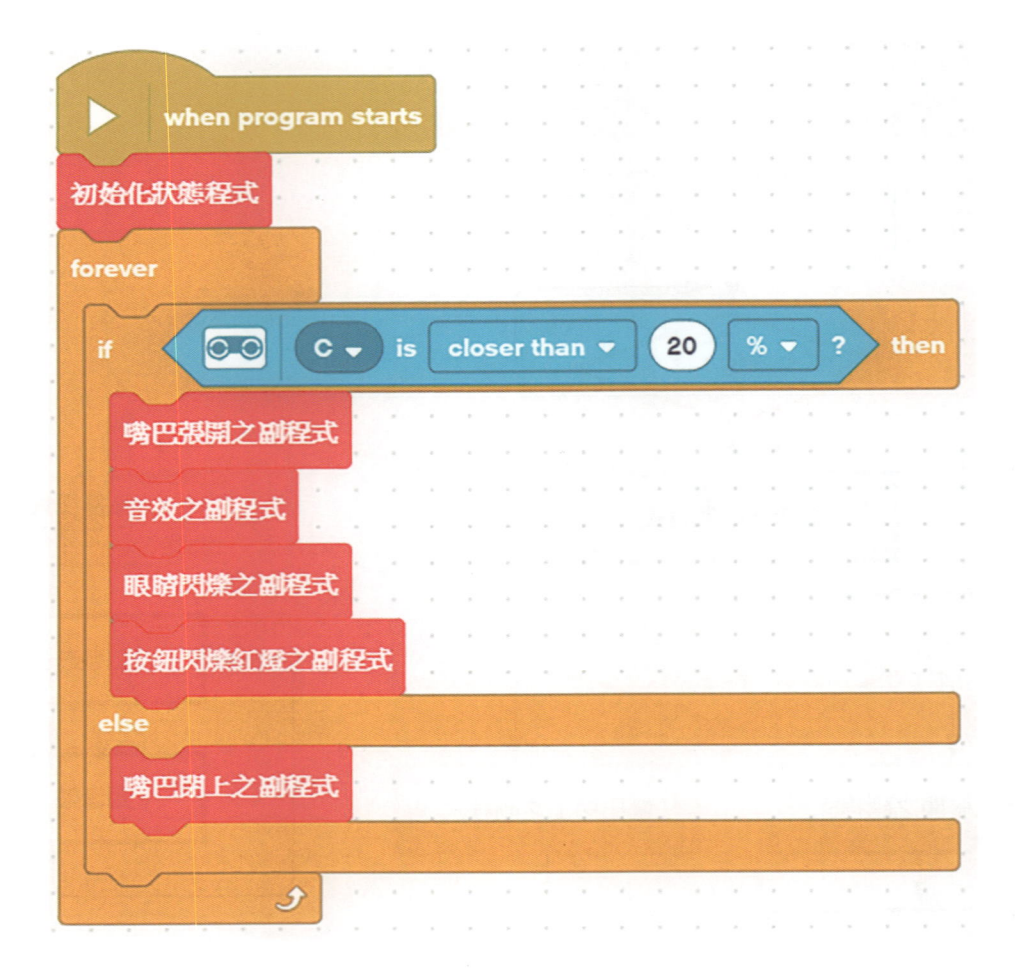

```
when program starts
初始化狀態程式
forever
  if  [C is closer than 20 %?] then
    嘴巴張開之副程式
    音效之副程式
    眼睛閃爍之副程式
    按鈕閃爍紅燈之副程式
  else
    嘴巴閉上之副程式
```

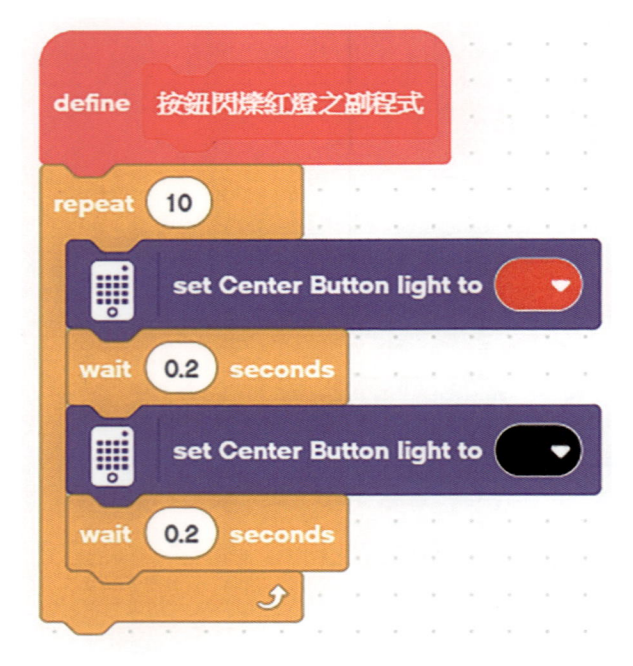

```
define 按鈕閃爍紅燈之副程式
repeat 10
  set Center Button light to (紅)
  wait 0.2 seconds
  set Center Button light to (黑)
  wait 0.2 seconds
```

主題 ⑩ 承上題，再加入「燈光效果」；亦即當人們靠近時透過「主機 LED 面板」，來顯示不同的情況狀態。

流程圖

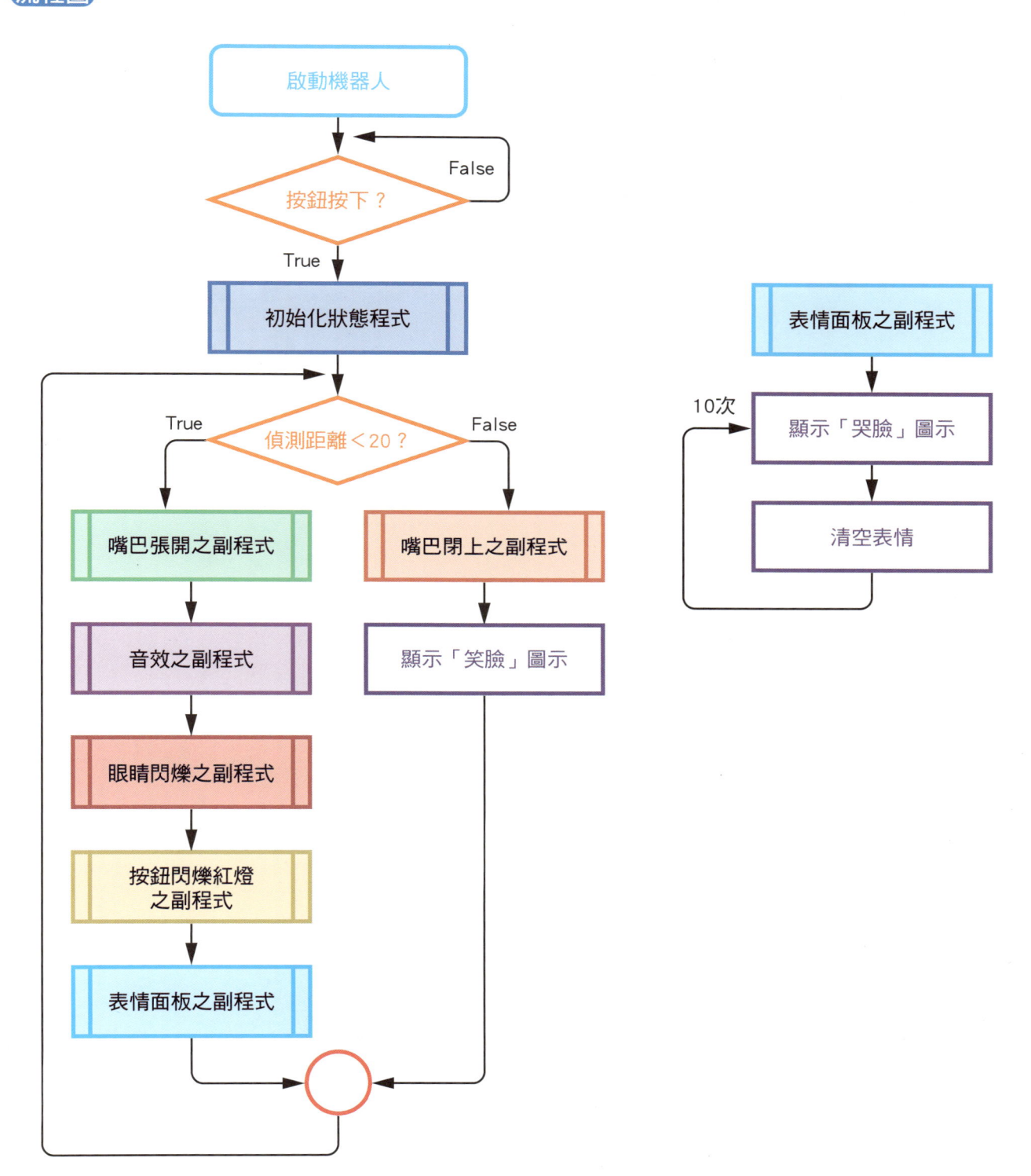

```
                    啟動機器人
                        │
                        ▼
                   ┌─────────┐  False
              ┌───▶│ 按鈕按下？├───┐
              │    └─────────┘   │
              │         │ True   │
              │         │        │
              │         └────────┘
              │         ▼
              │   初始化狀態程式
              │         │
              │         ▼
              │    ┌─────────┐
              │ True│偵測距離 │ False
              │  ┌──│ ＜20？  │──┐
              │  │  └─────────┘  │
              │  ▼               ▼
              │ 嘴巴張開之副程式   嘴巴閉上之副程式
              │  │               │
              │  ▼               ▼
              │ 音效之副程式      顯示「笑臉」圖示
              │  │               │
              │  ▼               │
              │ 眼睛閃爍之副程式   │
              │  │               │
              │  ▼               │
              │ 按鈕閃爍紅燈       │
              │ 之副程式           │
              │  │               │
              │  ▼               │
              │ 表情面板之副程式   │
              │  │               │
              │  ▼               │
              └─○◀──────────────┘


                表情面板之副程式
                      │
                      ▼
              ┌─ 顯示「哭臉」圖示  10次
              │       │
              │       ▼
              └── 清空表情
```

程式

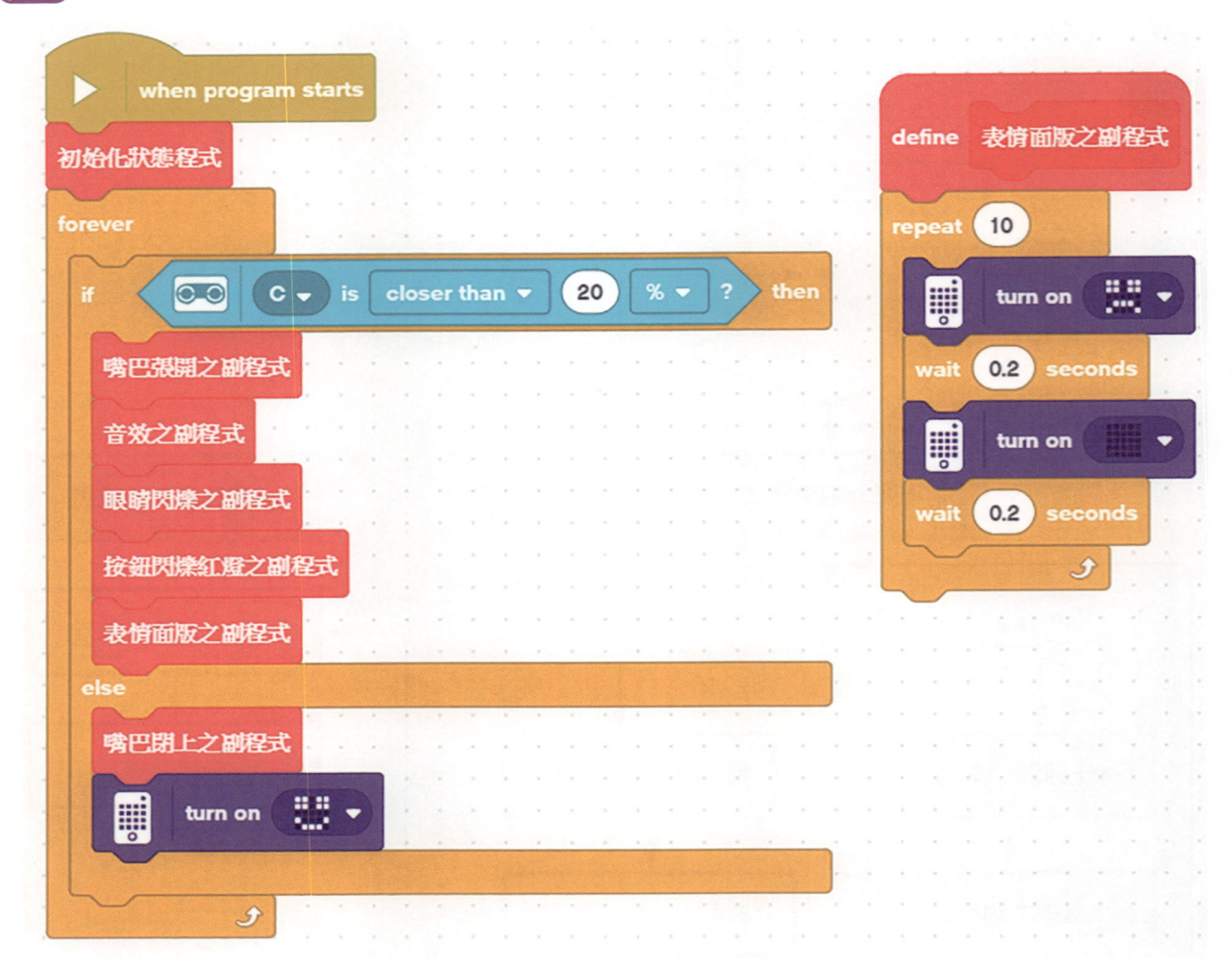

12-4　專題製作：樂高仿生機器人

主題發想　在前面各單元中，雖然我們已經學會各種基本車及工程車的設計，但是，在真實世界中，機器人可以應用的範圍非常的廣。

　　因此，在單元中，筆者利用 SPIKE 教育組套件來模仿生物的仿生機器人。

主題目的　讓學生學習機構的槓桿原理。

優點　可以模仿「爬行類生物」行走。

缺點　行走的速度比較慢、並且機構較複雜。

Chapter 12　仿生機器人　295

完成圖

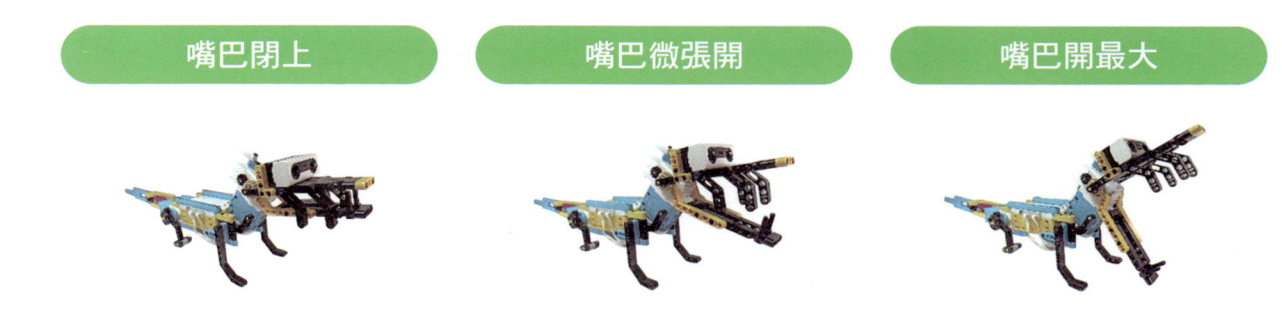

| 嘴巴閉上 | 嘴巴微張開 | 嘴巴開最大 |

流程圖

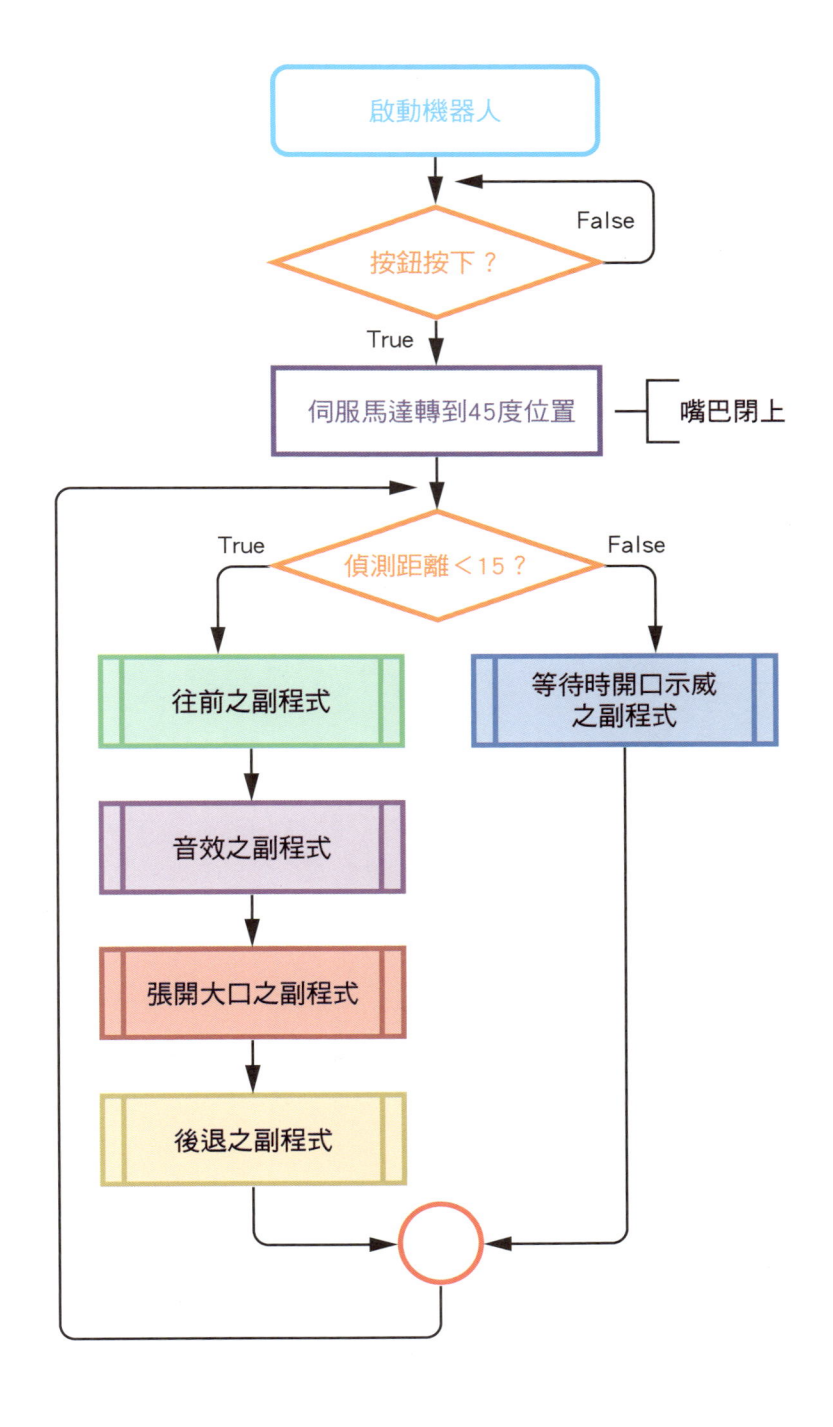

```
啟動機器人
   ↓
按鈕按下？ ──False──┐
   │ True          │
   ↓               │
伺服馬達轉到45度位置 ── 嘴巴閉上
   ↓
偵測距離＜15？
 True ↙       ↘ False
往前之副程式     等待時開口示威之副程式
   ↓
音效之副程式
   ↓
張開大口之副程式
   ↓
後退之副程式
   ↓
   ○ （迴圈）
```

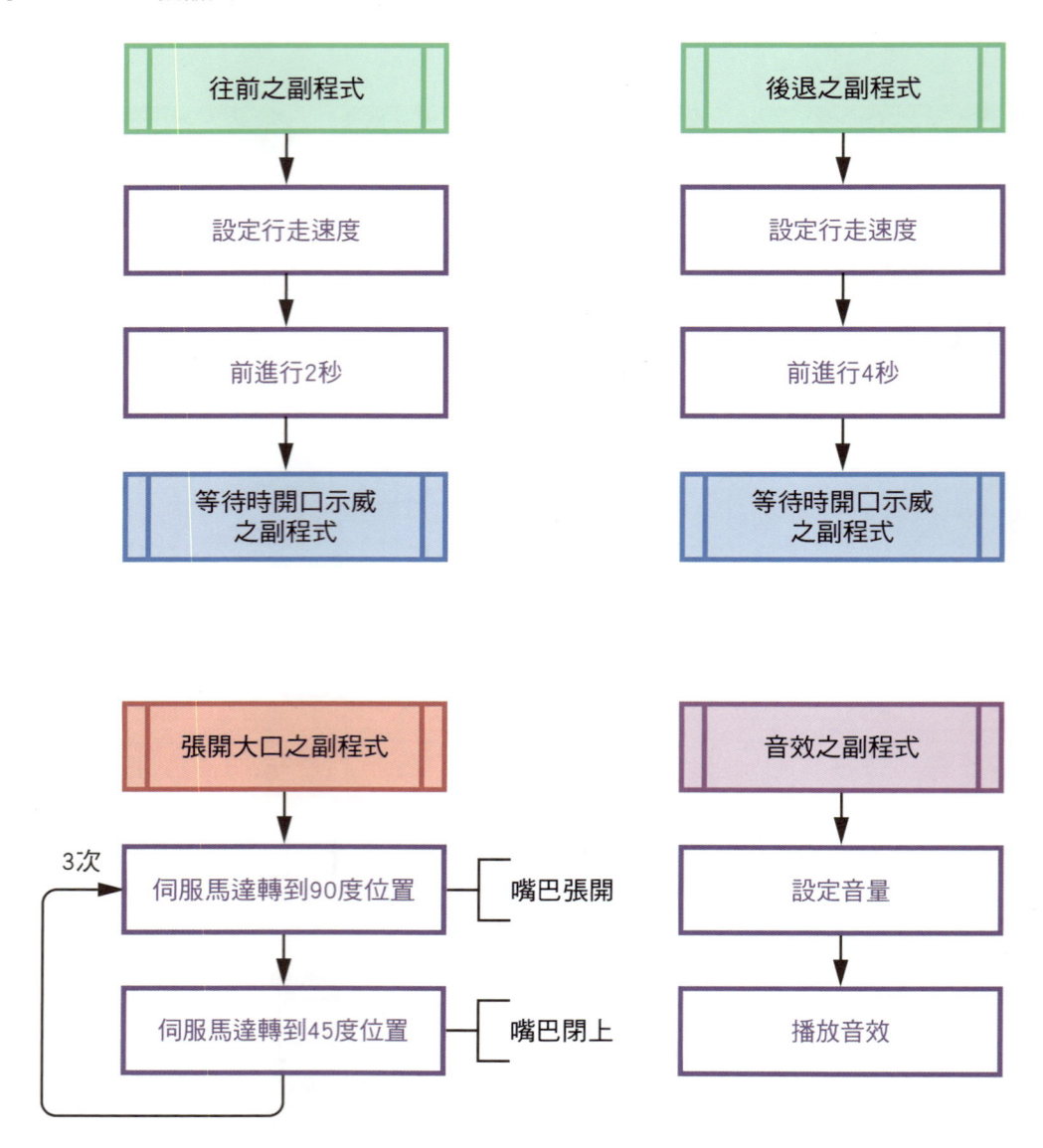

```
┌─────────────────┐                    ┌─────────────────┐
│  往前之副程式    │                    │  後退之副程式    │
└────────┬────────┘                    └────────┬────────┘
         ↓                                      ↓
┌─────────────────┐                    ┌─────────────────┐
│   設定行走速度   │                    │   設定行走速度   │
└────────┬────────┘                    └────────┬────────┘
         ↓                                      ↓
┌─────────────────┐                    ┌─────────────────┐
│    前進行2秒     │                    │    前進行4秒     │
└────────┬────────┘                    └────────┬────────┘
         ↓                                      ↓
┌─────────────────┐                    ┌─────────────────┐
│ 等待時開口示威   │                    │ 等待時開口示威   │
│    之副程式      │                    │    之副程式      │
└─────────────────┘                    └─────────────────┘


┌─────────────────┐                    ┌─────────────────┐
│  張開大口之副程式 │                    │   音效之副程式   │
└────────┬────────┘                    └────────┬────────┘
         ↓                                      ↓
   ┌─→┌─────────────────┐─── 嘴巴張開    ┌─────────────────┐
3次│  │ 伺服馬達轉到90度位置│               │    設定音量     │
   │  └────────┬────────┘               └────────┬────────┘
   │           ↓                                 ↓
   │  ┌─────────────────┐─── 嘴巴閉上    ┌─────────────────┐
   └──│ 伺服馬達轉到45度位置│               │    播放音效     │
      └─────────────────┘                └─────────────────┘
```

撰寫程式

1. 主程式

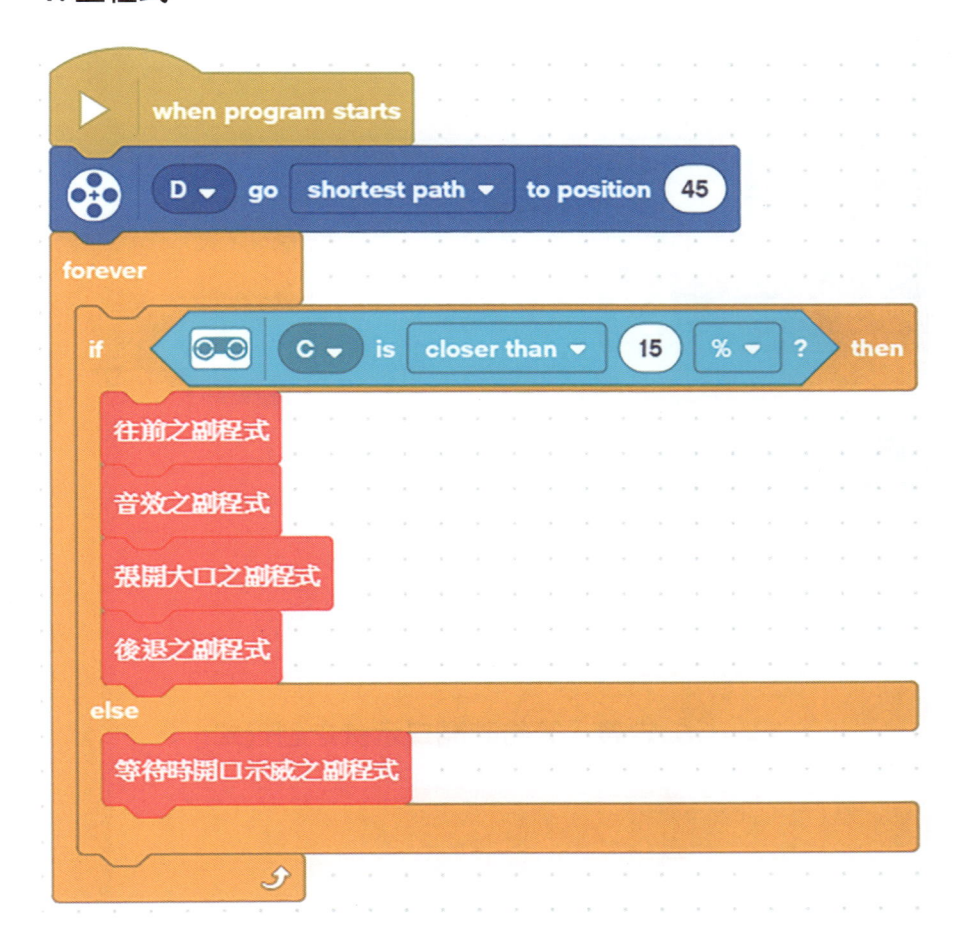

```
when program starts
D go shortest path to position 45
forever
    if  C is closer than 15 % ? then
        往前之副程式
        音效之副程式
        張開大口之副程式
        後退之副程式
    else
        等待時開口示威之副程式
```

2. 定義「往前之副程式」

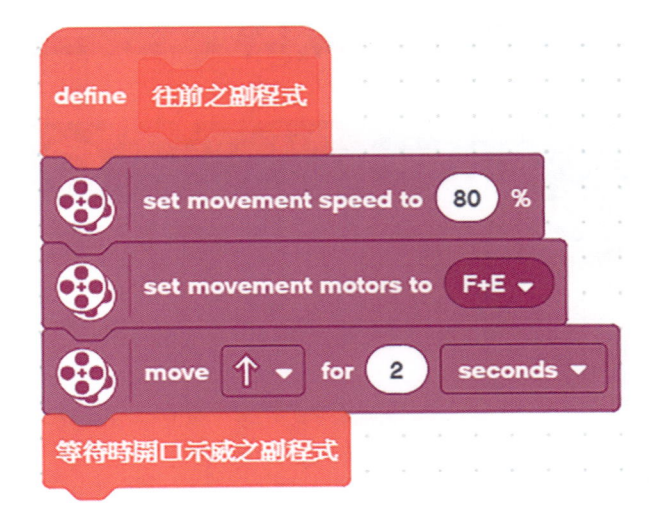

```
define 往前之副程式
set movement speed to 80 %
set movement motors to F+E
move ↑ for 2 seconds
等待時開口示威之副程式
```

3. 定義「音效之副程式」

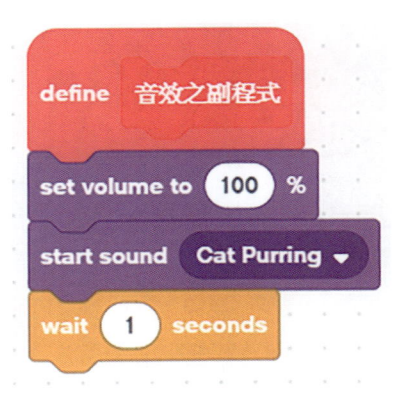

```
define 音效之副程式
set volume to 100 %
start sound Cat Purring
wait 1 seconds
```

4. 定義「張開大口之副程式」

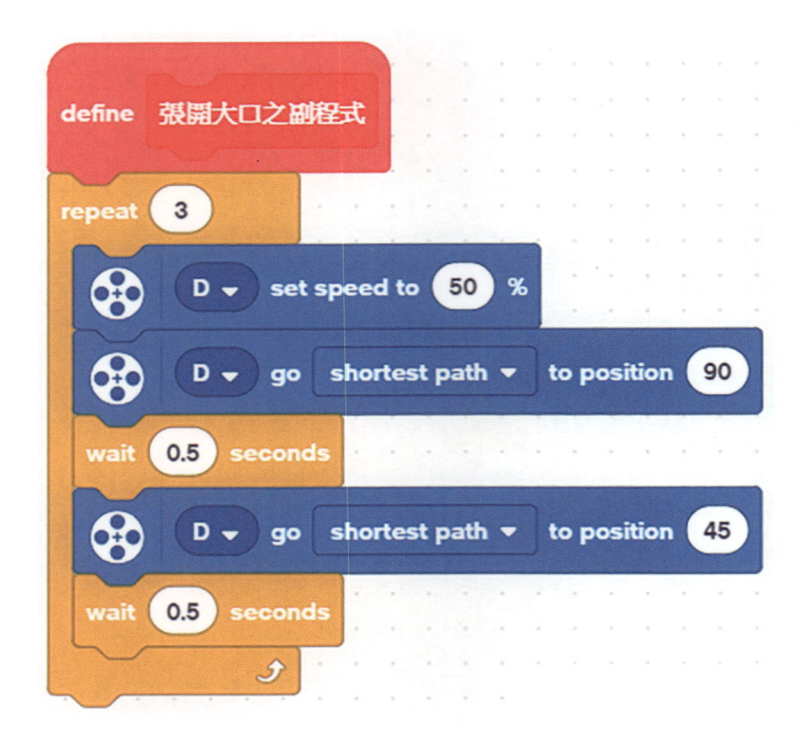

```
define 張開大口之副程式
repeat 3
    D ▼ set speed to 50 %
    D ▼ go shortest path ▼ to position 90
    wait 0.5 seconds
    D ▼ go shortest path ▼ to position 45
    wait 0.5 seconds
```

5. 定義「後退之副程式」

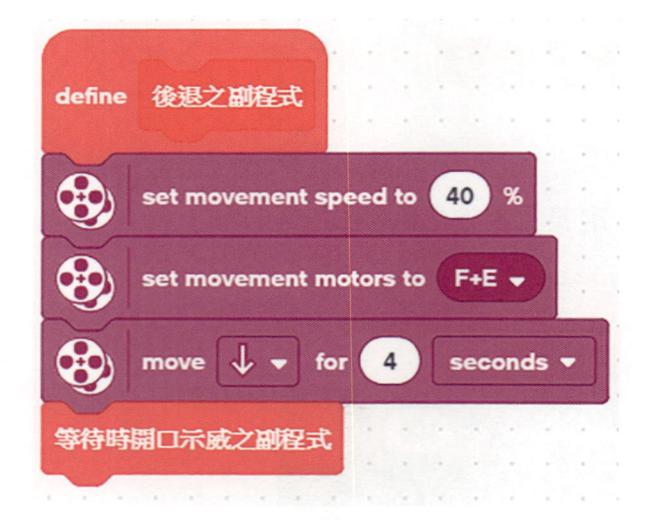

```
define 後退之副程式
set movement speed to 40 %
set movement motors to F+E ▼
move ↓ ▼ for 4 seconds ▼
等待時開口示威之副程式
```

6. 定義「等待時開口示威之副程式」

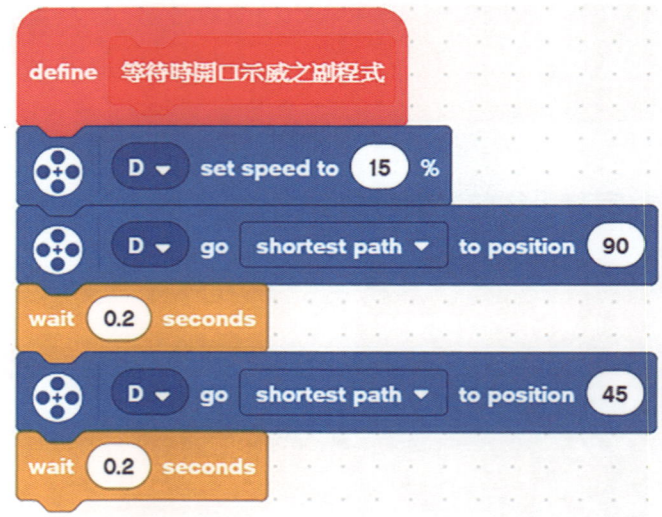

```
define 等待時開口示威之副程式
D ▼ set speed to 15 %
D ▼ go shortest path ▼ to position 90
wait 0.2 seconds
D ▼ go shortest path ▼ to position 45
wait 0.2 seconds
```

Chapter 12　仿生機器人　299

習題

題目名稱　1. 避障仿生機器人

題目說明　請利用本章節設計的「仿生機器人」，其可以執行「避障仿生機器人」。

作法參考　利用超音波感測器，偵測前方有障礙物時，可以自由選擇左轉或右轉後，再往前行走。

偵測前方有障礙物 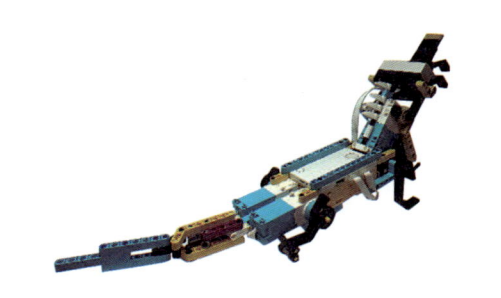	右轉後，再往前行走 

創客題目編號：A038017

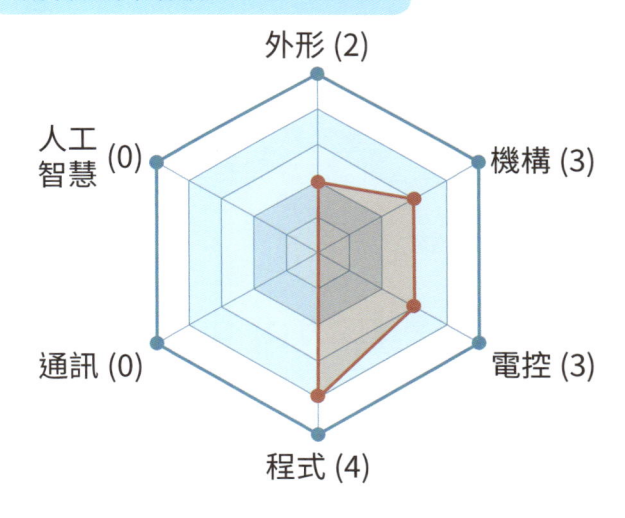

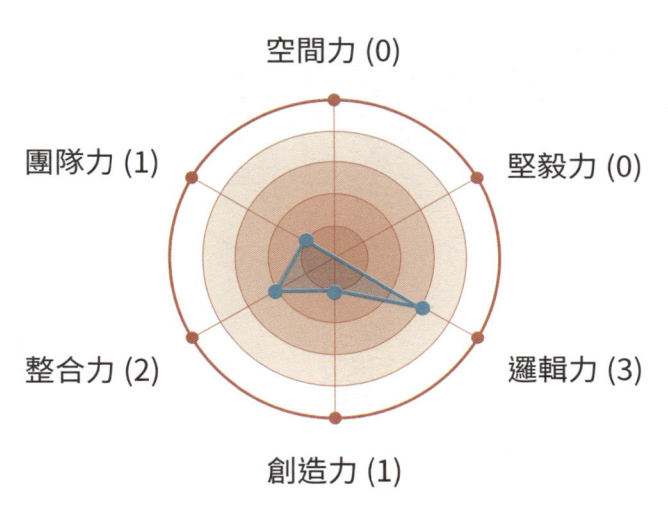

外形 (2)、機構 (3)、電控 (3)、程式 (4)、通訊 (0)、人工智慧 (0)

空間力 (0)、堅毅力 (0)、邏輯力 (3)、創造力 (1)、整合力 (2)、團隊力 (1)

創客學習力

外形	2
機構	3
電控	3
程式	4
通訊	0
人工智慧	0
創客總數	12

實作時間 **60** 分

創客素養力

空間力	0
堅毅力	0
邏輯力	3
創造力	1
整合力	2
團隊力	1
素養總數	7

題目名稱：2. 居家機器狗

題目說明：請利用本章節設計的「仿生機器人」，其可以執行「居家機器狗」。

作法參考：利用超音波感測器，偵測前方有人們靠近時，嘴巴張開 2 次，再發出狗叫聲。

偵測前方有人們靠近時	嘴巴張開 2 次，再發出狗叫聲

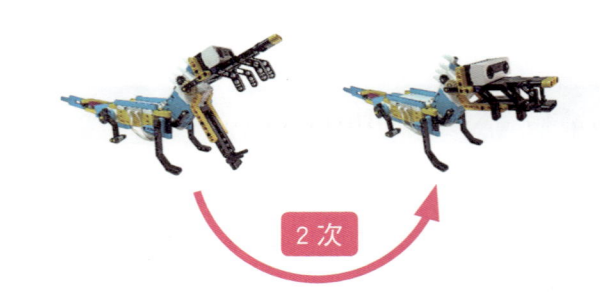

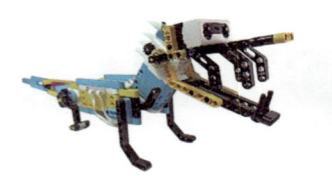

創客題目編號：A038018

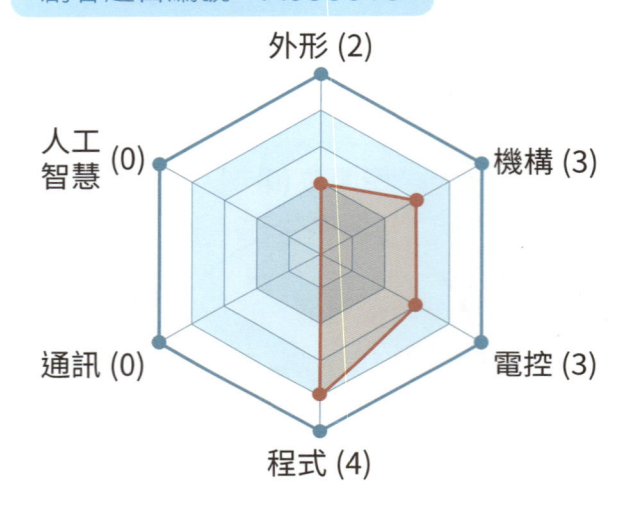

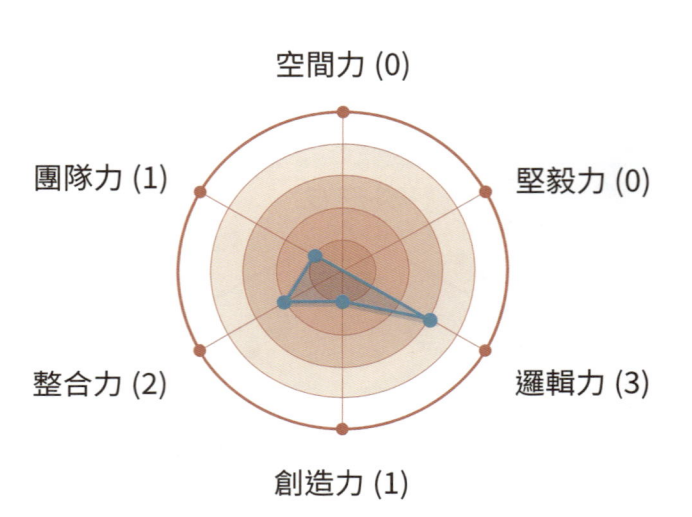

外形 (2)、機構 (3)、電控 (3)、程式 (4)、通訊 (0)、人工智慧 (0)

空間力 (0)、堅毅力 (0)、邏輯力 (3)、創造力 (1)、整合力 (2)、團隊力 (1)

創客學習力

外形	2
機構	3
電控	3
程式	4
通訊	0
人工智慧	0
創客總數	12

實作時間 60 分

創客素養力

空間力	0
堅毅力	0
邏輯力	3
創造力	1
整合力	2
團隊力	1
素養總數	7

附錄 _ 使用手機搖控 SPIKE 機器人　SPIKE 教育版及家用版皆可使用

1. 樂高機器人 SPIKE「手機版」軟體取得及連線

當瞭解機器人的輸入端、處理端及輸出端的硬體結構之外，各位一定會迫不及待想寫一支程式來玩玩看。那麼既然想要寫程式，就不得不先了解樂高機器人的程式開發環境。

1.1　下載及安裝 SPIKE 軟體

基本上，控制樂高機器人的程式，本書是利用 Lego Mindstorms Robot Inventor App（本書簡稱為：ROBOT Inventor App）的 Lego SPIKE 開發環境：圖塊拼圖式的開發介面，軟體由樂高官方下載及安裝。

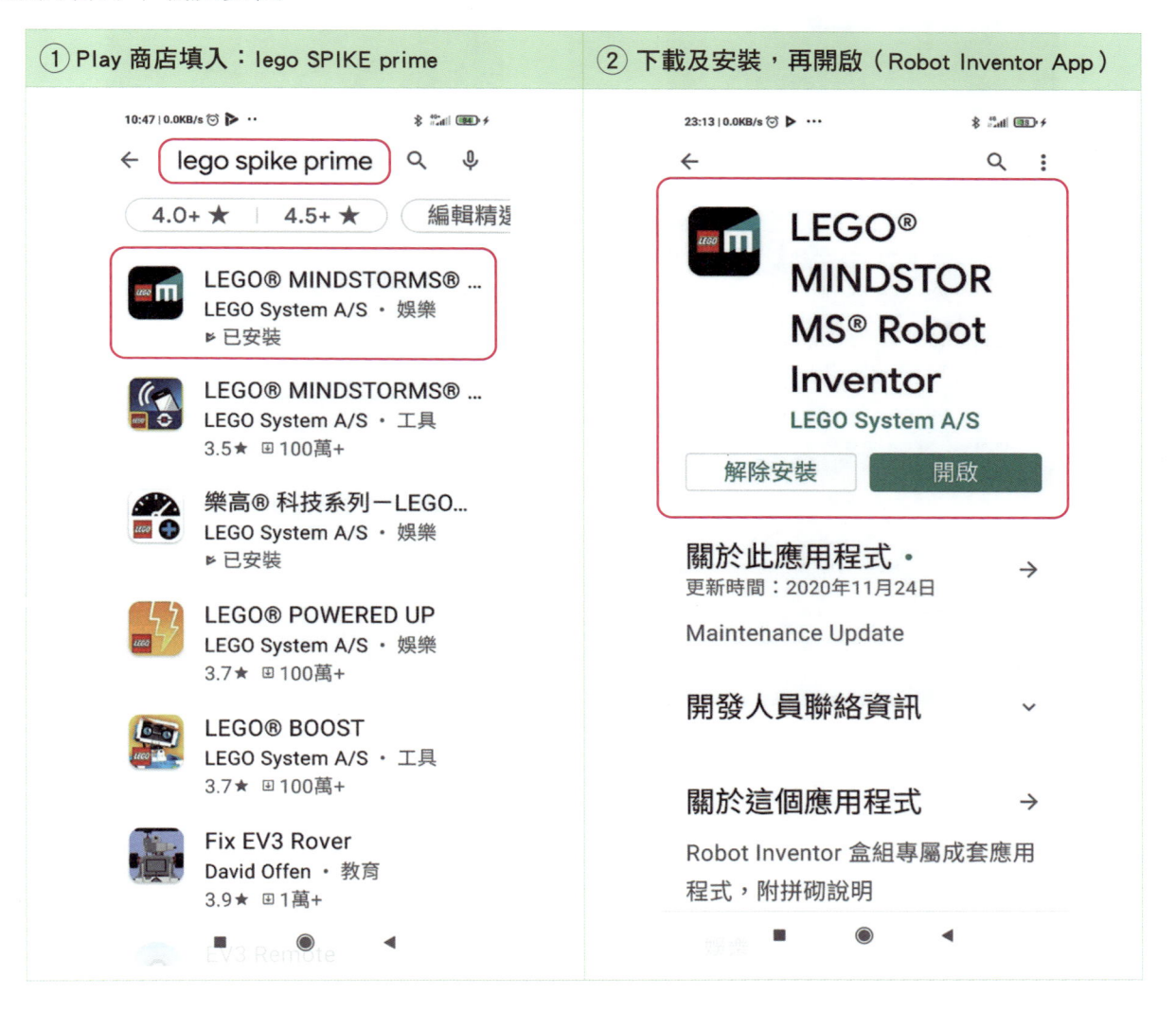

① Play 商店填入：lego SPIKE prime

② 下載及安裝，再開啟（Robot Inventor App）

1.2 主機作業系統更新及藍牙連線

順利下載及安裝 Robot Inventor App 程式之後，接下來，再完成以下步驟：

步驟一 主機作業系統更新

第一次使用時，主機會要求您作業系統更新。此時，您的主機務必要連接電源，才能順利更新。如下所示：

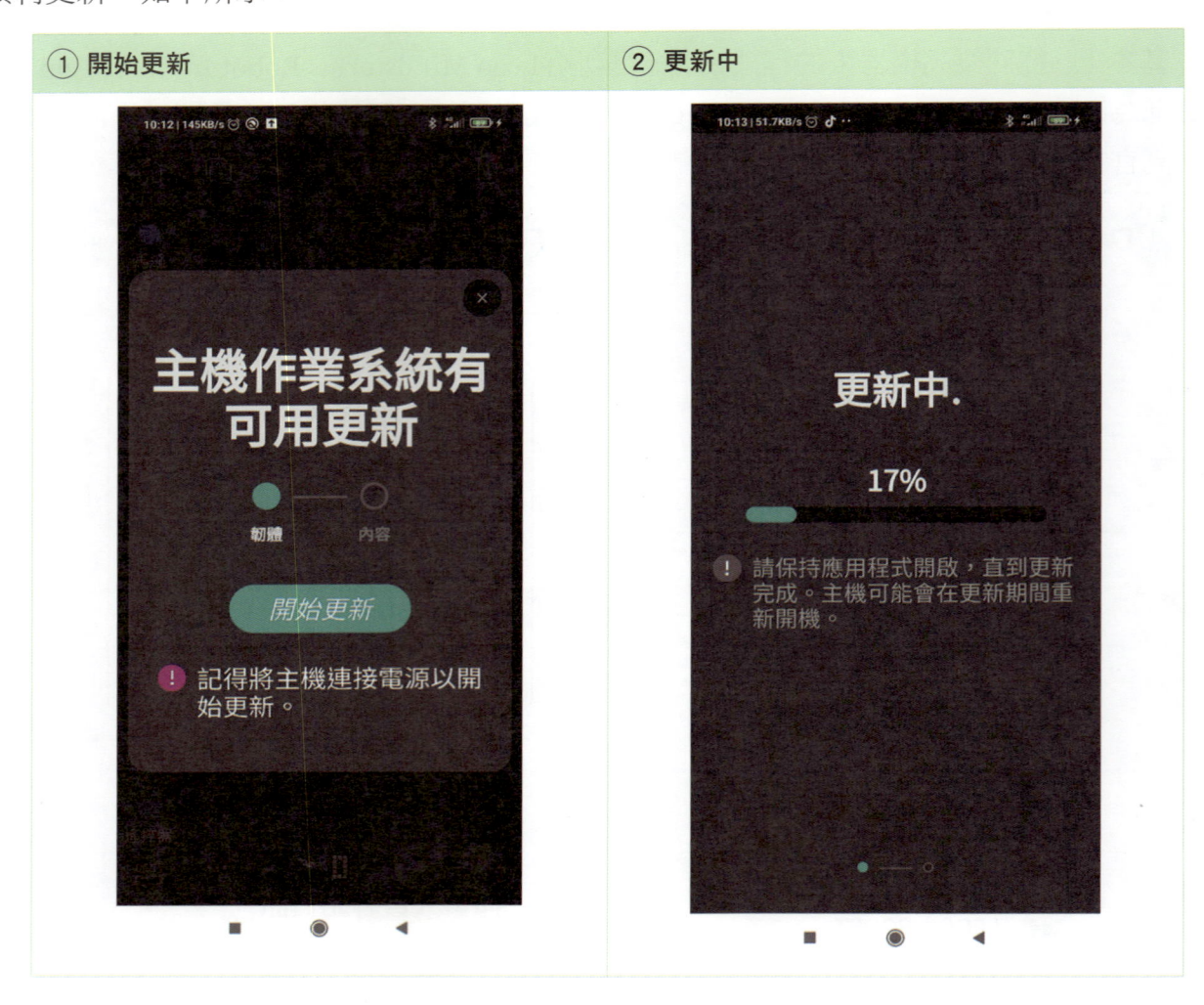

① 開始更新　　　　　　　　② 更新中

附錄　303

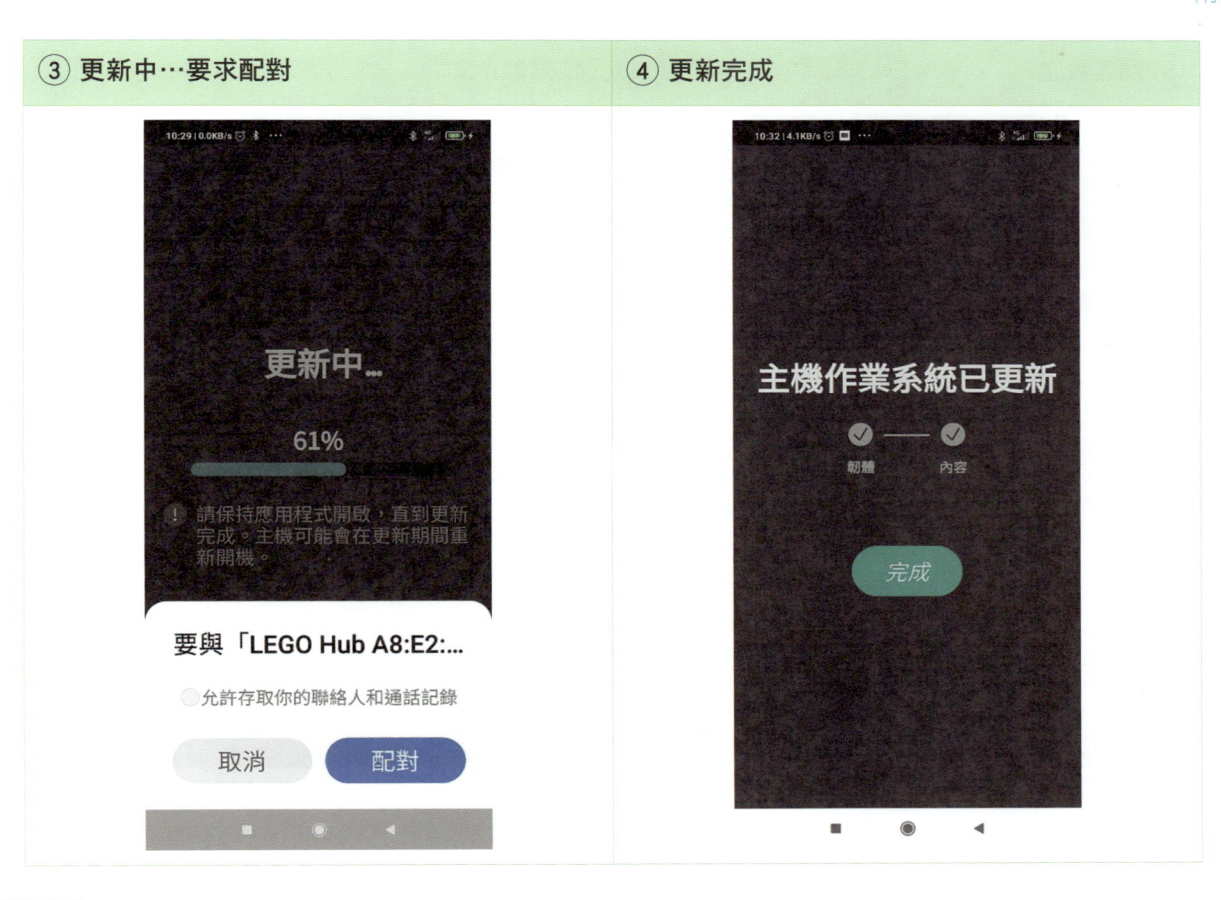

③ 更新中⋯要求配對　　　　　　　④ 更新完成

步驟二　語言設定

① 開啟 SPIKEApp 歡迎畫面　　　　② 開發環境：主畫面

附錄

③ 語言設定　　　　　　　　　　　④ 繁體中文

步驟三 建立專案

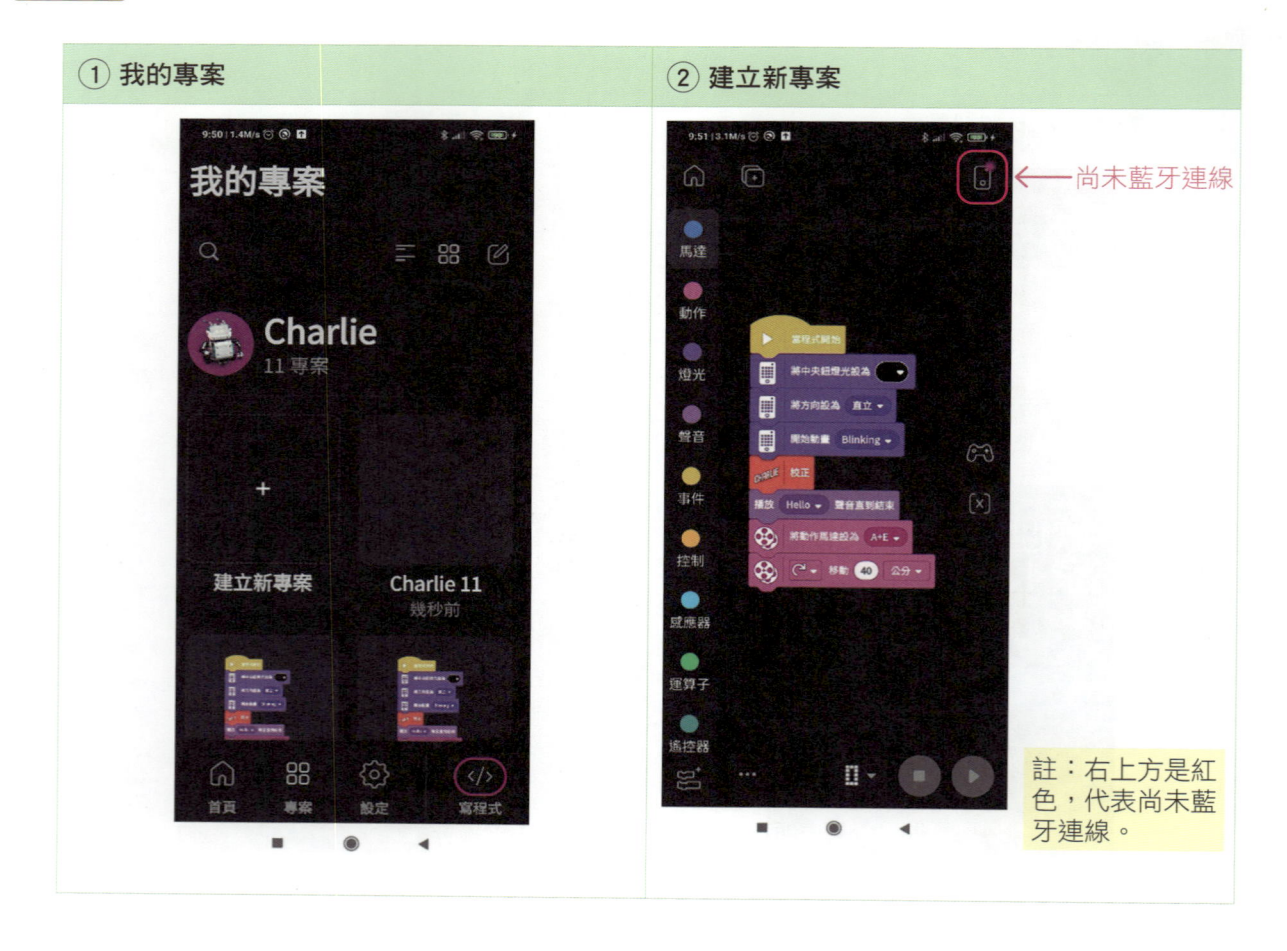

① 我的專案　　　　　　　　　　　② 建立新專案

←── 尚未藍牙連線

註：右上方是紅色，代表尚未藍牙連線。

步驟四 藍芽連線

　　在前一步驟中，因為尚未藍牙連線，因此，按下「右上主機圖示」，即可開始設定行動載具與 SPIKE 主機藍牙連線，詳細步驟如下：

① 主機藍牙連線：等待中	② 主機藍牙連線：搜尋到主機
③ 按下連線等待配對	④ 配對成功（主機已成功連線）

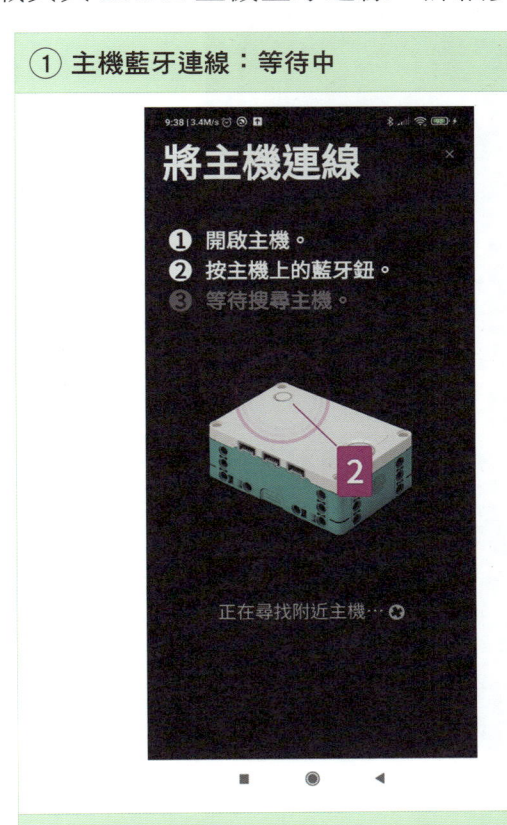

註：主機右上方藍燈恆亮（按右上方的 X）此時主機會嗶二聲。

步驟五 測試

① 出現測試程式碼

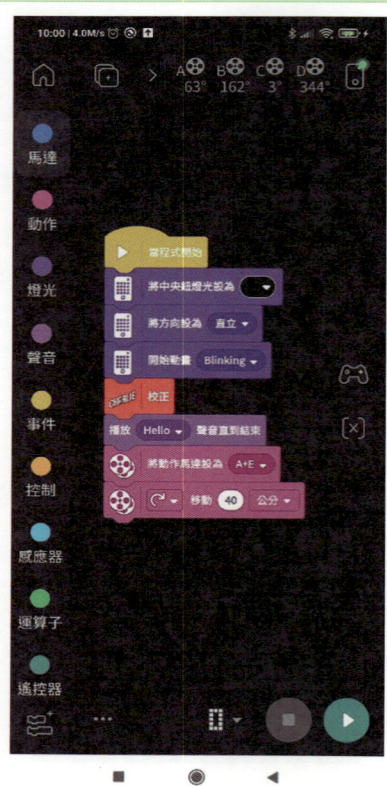

② 測試（按右下方的執行鈕）

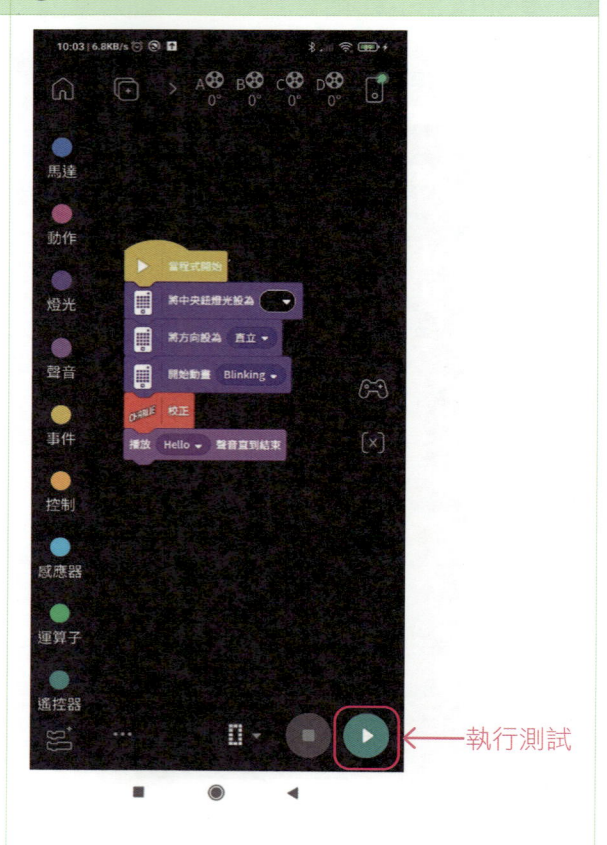

← 執行測試

註：由於每一個作品馬達功能不同，因此先刪除程式碼最後兩個指令圖塊。

2. 樂高機器人 SPIKE「手機版」程式開發環境

如果想利用「SPIKE 圖控程式」來開發樂高機器人程式時，必須要先熟悉 SPIKE 的整合開發環境的介面。

① 新增專案

② 程式開發環境

一、SPIKE 啟動畫面（主畫面）

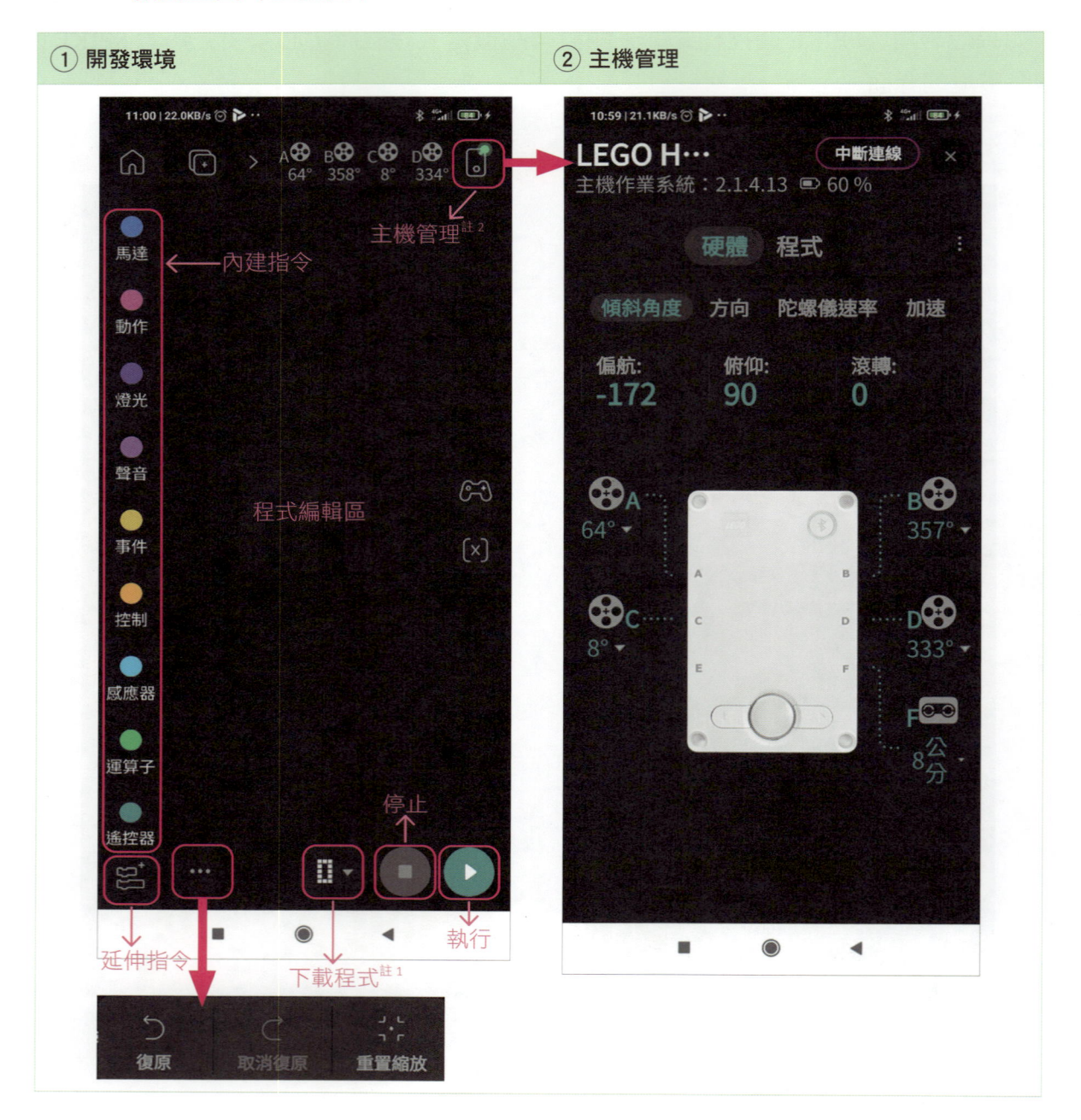

① 開發環境

內建指令：馬達、動作、燈光、聲音、事件、控制、感應器、運算子、遙控器

程式編輯區

主機管理[註2]

停止

執行

下載程式[註1]

延伸指令

復原　取消復原　重置縮放

② 主機管理

LEGO H…　中斷連線

主機作業系統：2.1.4.13　60 %

硬體　程式

傾斜角度　方向　陀螺儀速率　加速

偏航：-172　俯仰：90　滾轉：0

A 64°　B 357°
C 8°　D 333°
F 8 公分

註 1：下載程式介紹

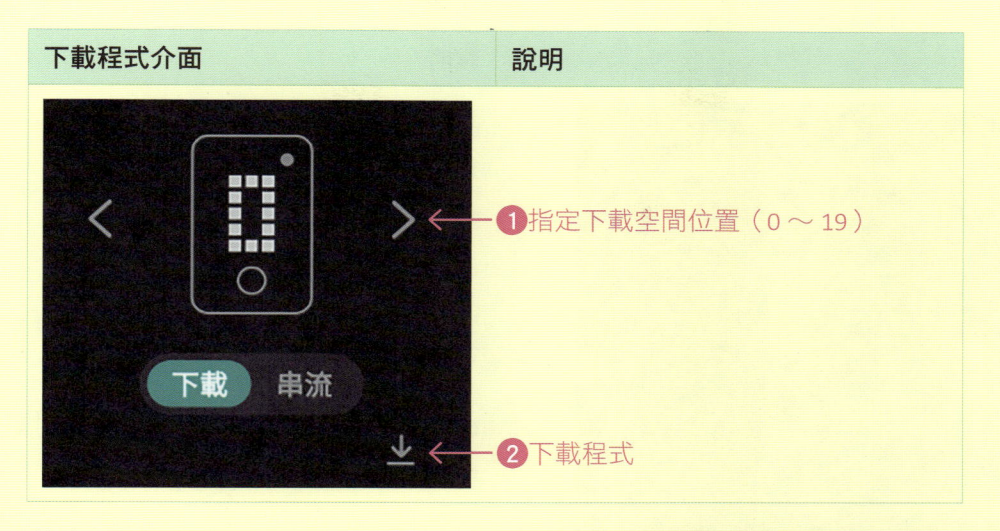

下載程式介面	說明
	❶ 指定下載空間位置（0 ～ 19） ❷ 下載程式

指定下載空間位置（0 ～ 19）因此，每一個 SPIKE 主機可以儲存 20 個程式。

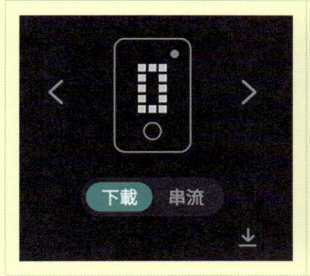

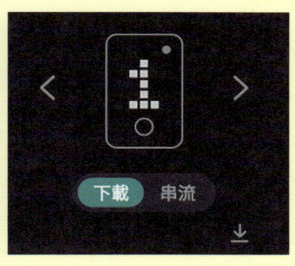

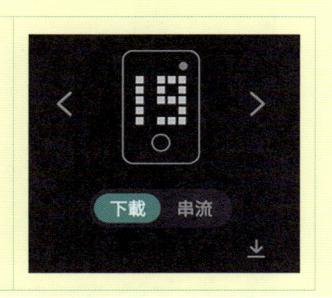

註 2：主機管理

主機	說明
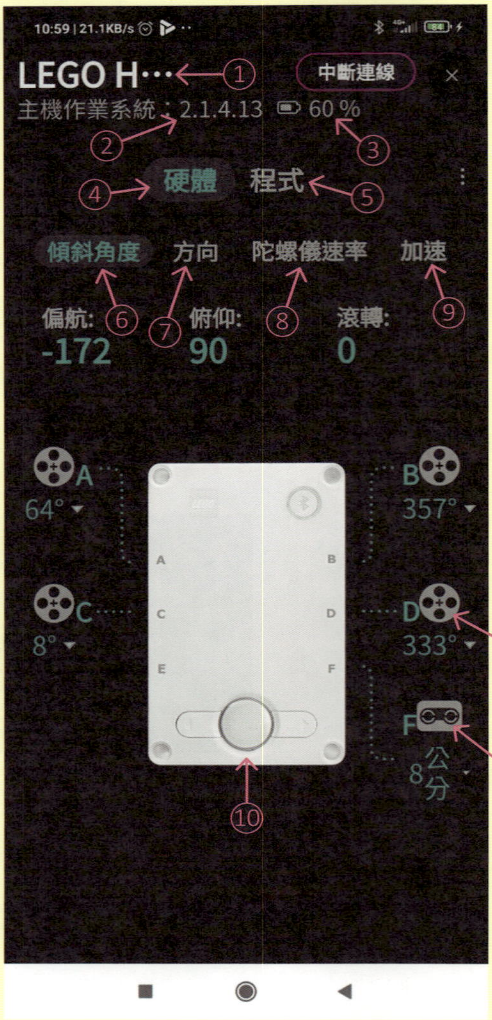	1. 主機名稱。 2. 主機作業系統版本。 3. 主機鋰電池剩餘電力。 4. 硬體（主機及感測器及馬達）。 5. 程式（查詢 0 ～ 19 個不同程式的名稱）。 6. 主機內建的「傾斜角度」感測器。 7. 主機內建的「方向」感測器。 8. 主機內建的「陀螺儀速率」感測器。 9. 主機內建的「加速」感測器。 10. 主機外型。 11. 主機與目前連接的伺服馬達（A、B、C、D）。 12. 主機與目前連接的距離感測器（F）。

附錄

① 查詢 0 ～ 19 個不同程式的名稱

② 主機內建的「傾斜角度」感測器

③ 主機內建的「方向」感測器

④ 主機內建的「陀螺儀速率」感測器

⑤ 主機內建的「加速」感測器

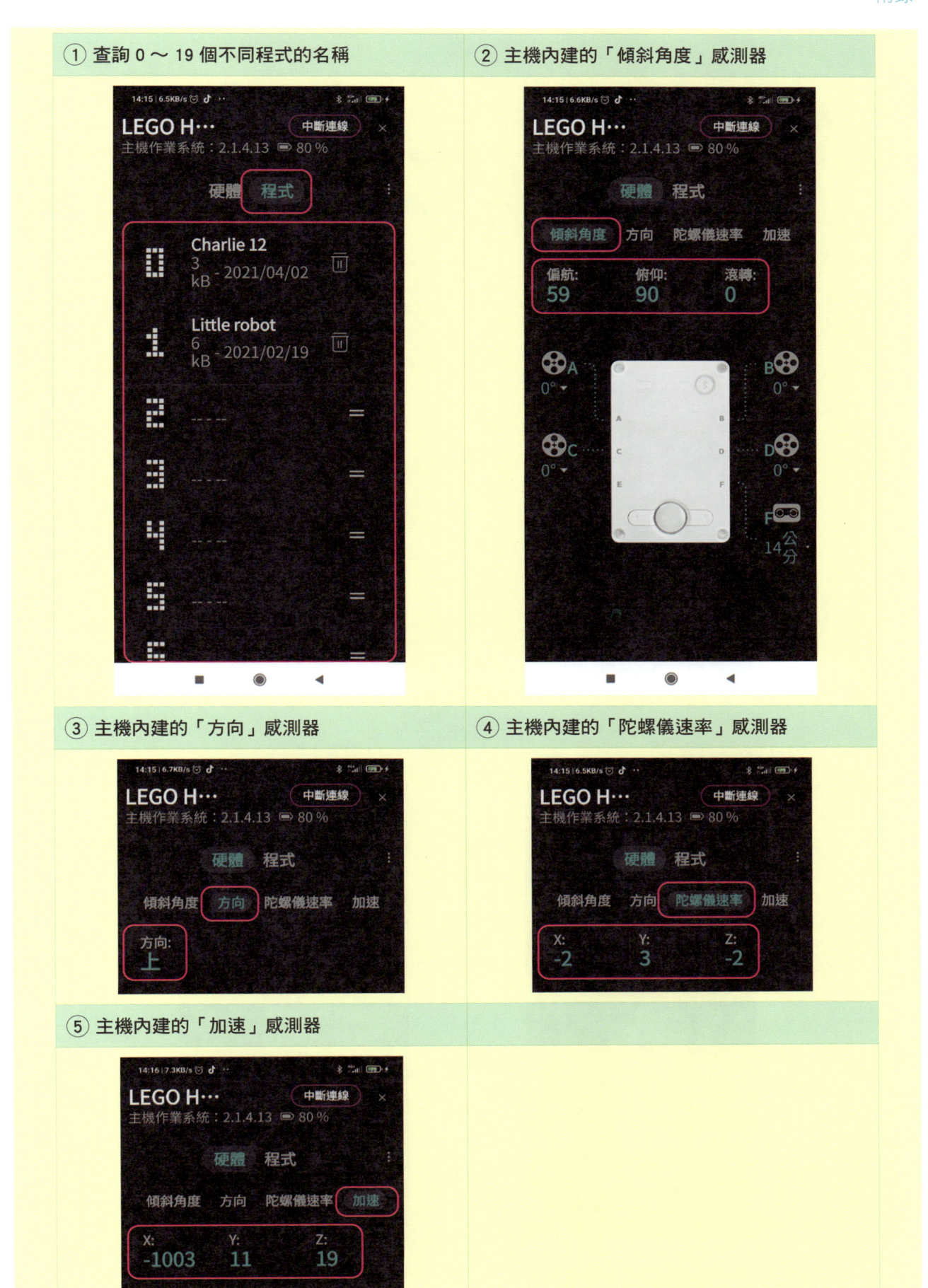

註3：SPIKE 提供的功能

　　(1) 提供「完全免費」的「整合開發環境」來開發專案，至 Play 商店下載即可。

　　(2) 提供「群組化」的「元件庫」來快速設計使用者介面。

　　(3) 全部指令元件皆分門別類，提供學習者更容易及輕鬆撰寫程式。

① Motors（馬達控制指令）

② Movement（運動）

③ Light（燈光）

④ Sound（聲音）

⑤ Events（事件）

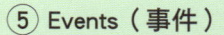

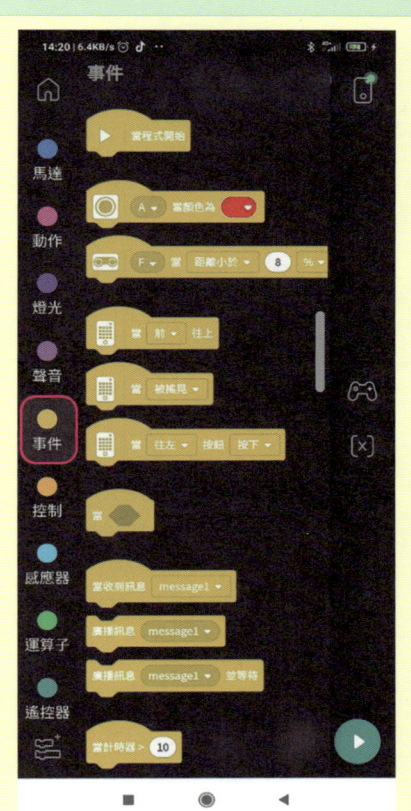

⑥ Control（控制流程）

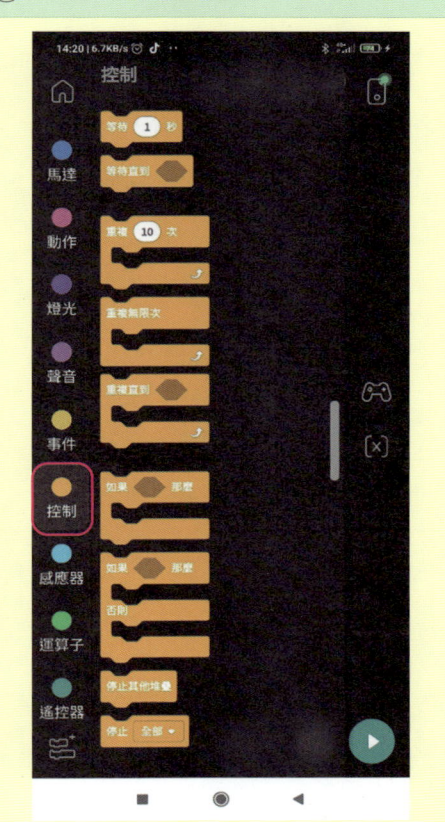

⑦ Sensors（各種感測器）

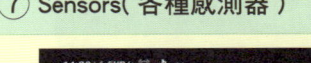

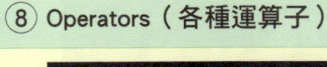

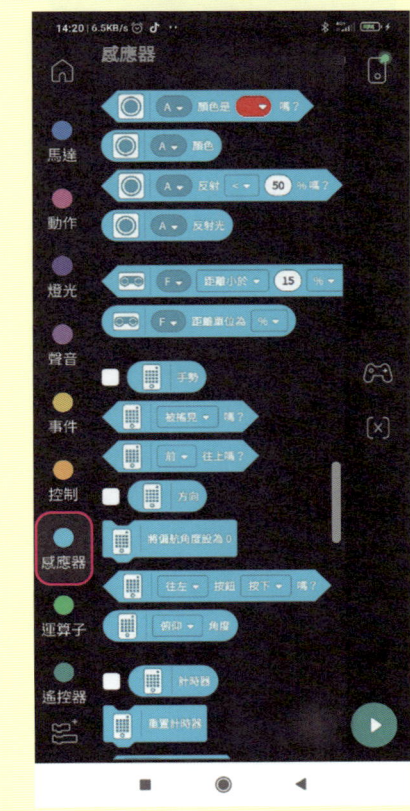

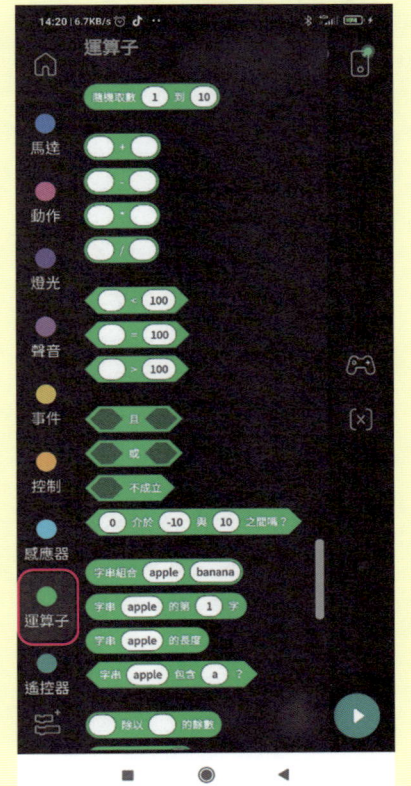

⑧ Operators（各種運算子）

附錄

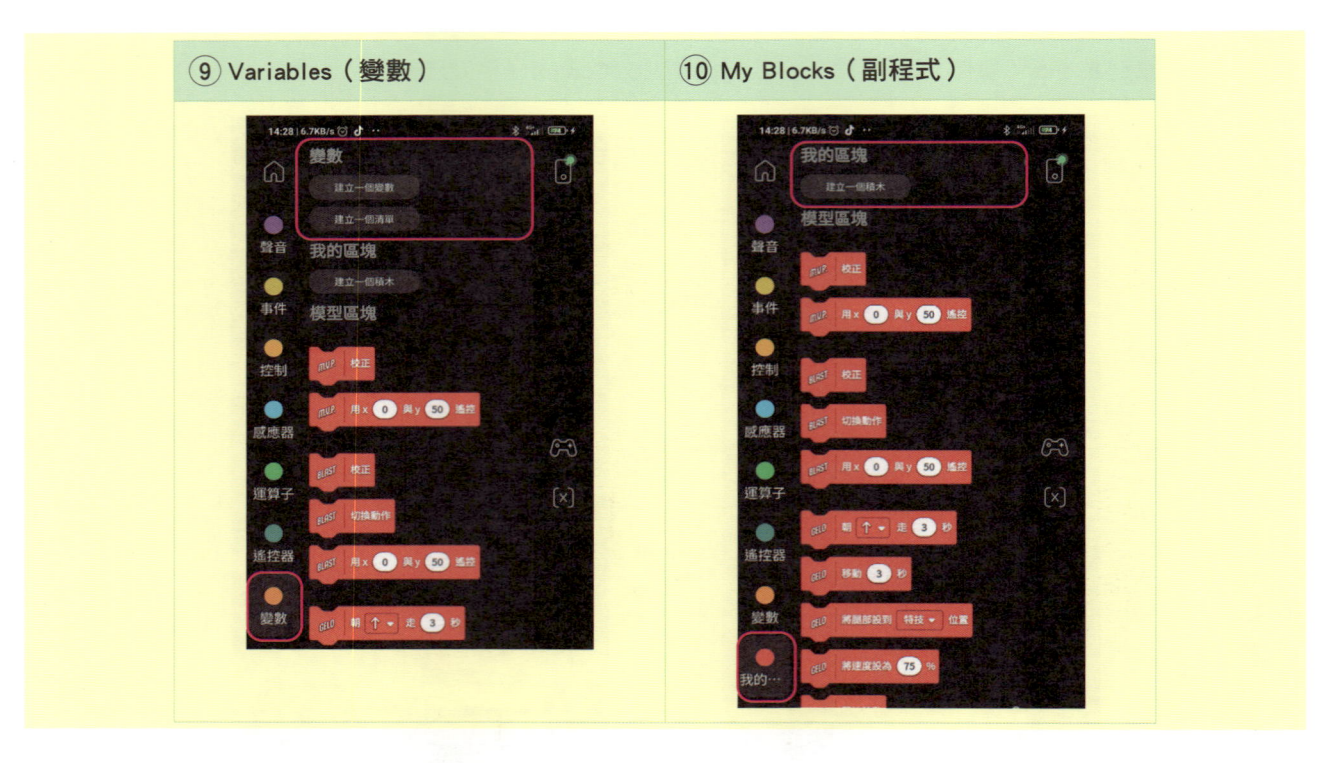

⑨ Variables（變數）	⑩ My Blocks（副程式）

註 4：擴充功能

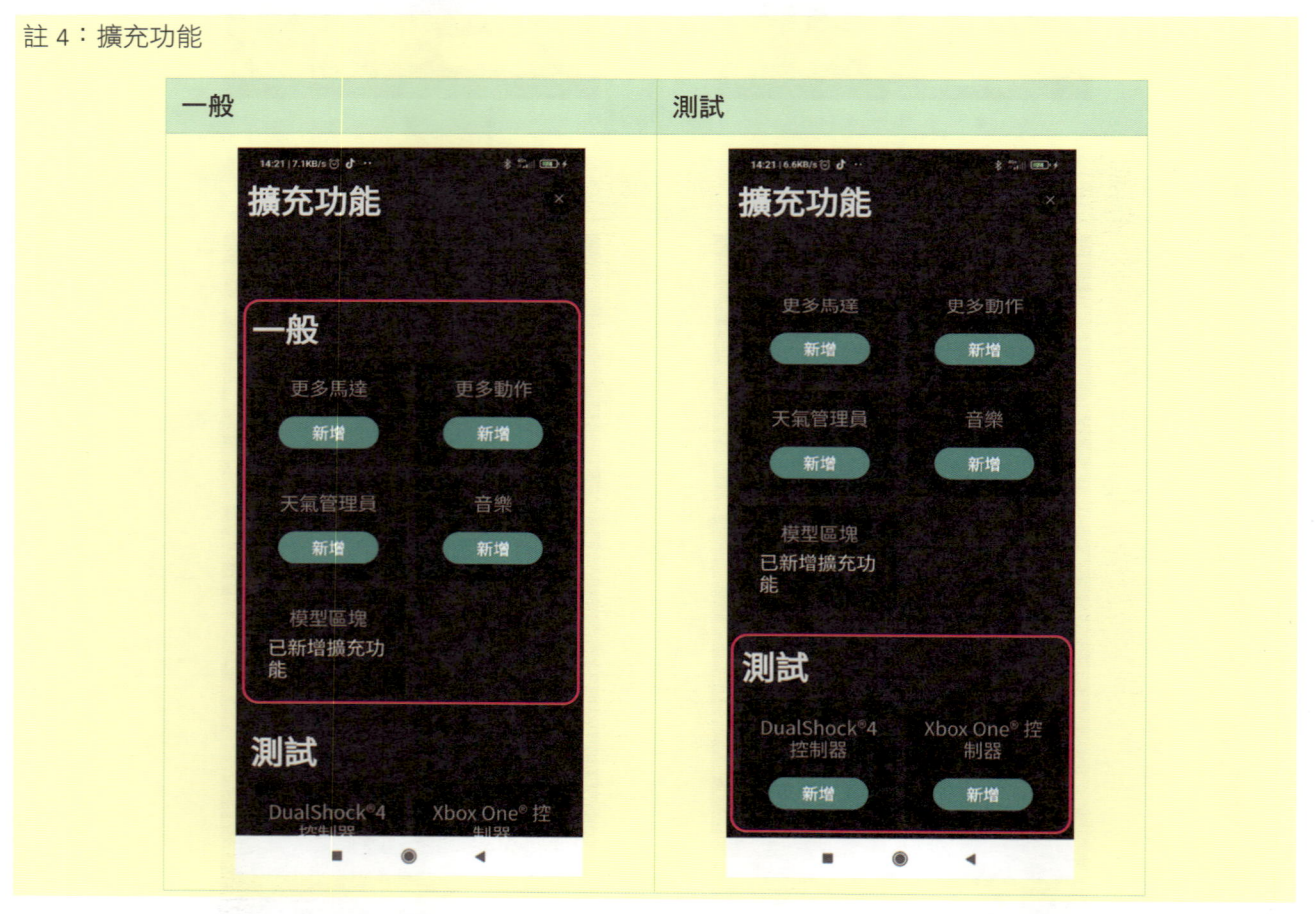

一般	測試

一般：更多馬達

一般：更多動作

一般：天氣管理員

一般：音樂

測試：DualShock 控制器	測試：Xbox One 控制器

1. 用「視覺化」的「拼圖程式」來撰寫程式邏輯
   開發環境中各群組中的元件都是利用拼圖方式來撰寫程式，學習者可以輕易地將問題的邏輯程序，透過視覺化的拼圖程式來實踐。
2. 支援「娛樂化」的「樂高機器人」製作的控制元件
   SPIKE 程式除了可以訓練學習者的邏輯能力之外，並透過控制樂高機器人來引發學習者對於程式的動機與興趣。
3. 提供「多媒體化」的「聲光互動效果」
   將顯示圖像，設置狀態指示燈和播放聲音。

3. 撰寫第一支 SPIKE 程式

在瞭解 SPIKE 開發環境之後，接下來，就可以開始撰寫第一支 SPIKE 程式，其完整的步驟如下所示：

步驟一 撰寫「拼圖積木程式」Hello!

3.1 新增專案

要開始撰寫程式時，第一個動作就是要先建立新專案，其目的用來記錄所撰寫程式碼，其下所示：

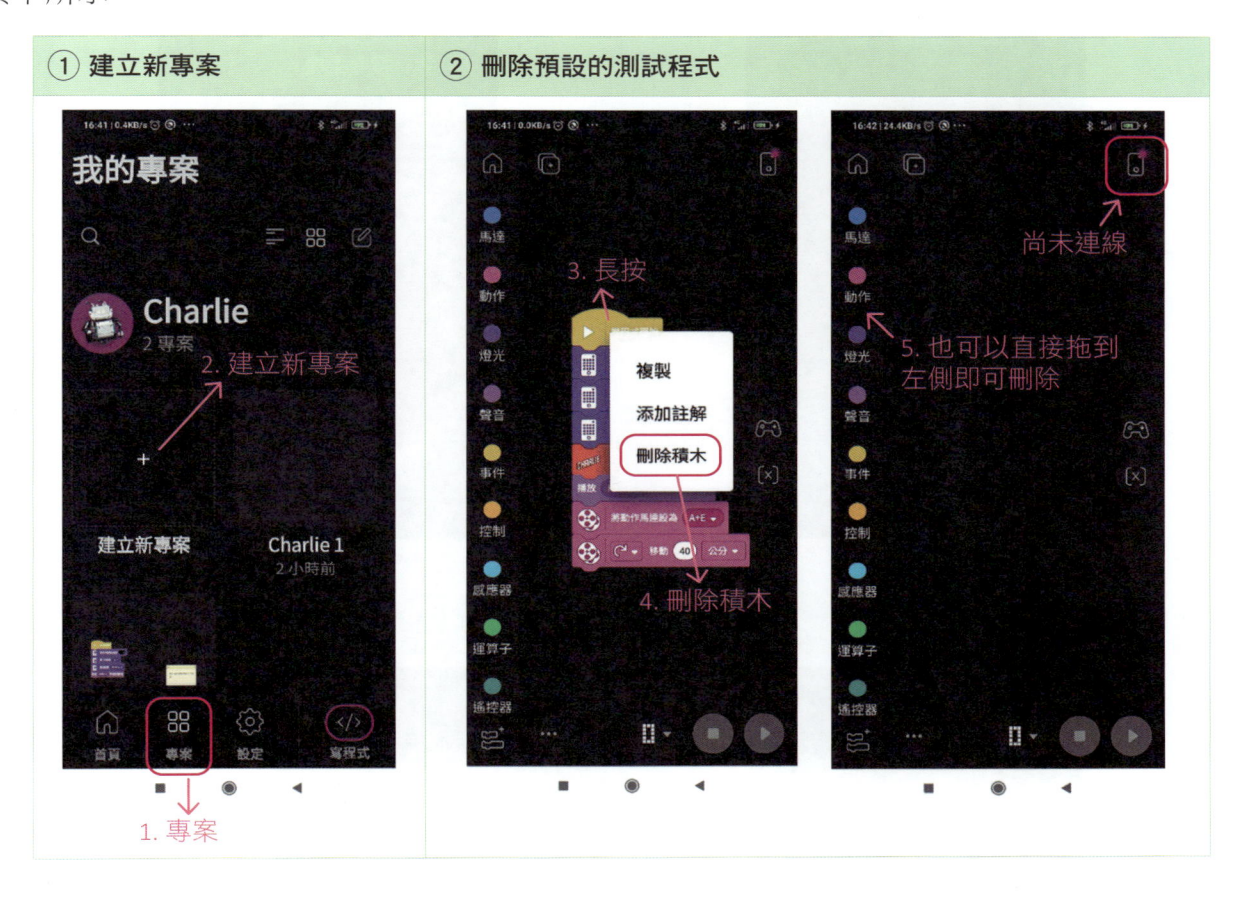

① 建立新專案	② 刪除預設的測試程式

3.2 藍芽連線

在前一步驟中，因為藍牙尚未連線，因此，按下「右上主機圖示」，即可開始設定行動載具與 SPIKE 主機藍牙連線，詳細步驟如下：

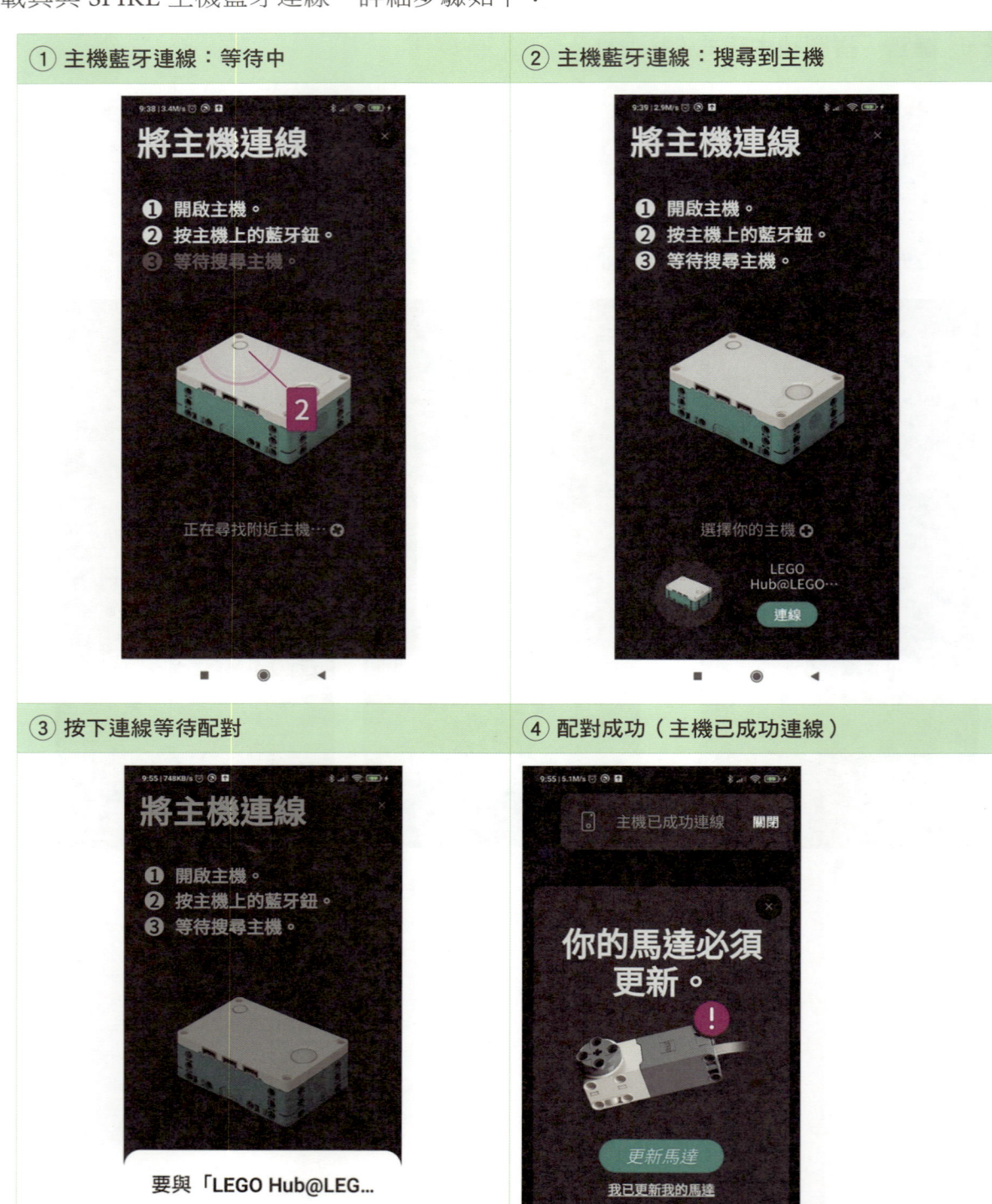

① 主機藍牙連線：等待中	② 主機藍牙連線：搜尋到主機
③ 按下連線等待配對	④ 配對成功（主機已成功連線）

註：主機右上方藍燈恆亮（按右上方的 X）此時主機會嗶二聲。

此時，如果尚未成功藍牙連線時，可能的原因如下：

(1) SPIKE 機器人主機的電源開關尚未啟動。

(2) SPIKE 機器人主機的鋰電池可能沒有電。

(3) 在行動載具與 SPIKE 機器人主機連線時，忘了按主機上的藍牙鈕。

3.3 撰寫程式碼

由於 ROBOT Inventor App 的 SPIKE 開發環境內，左側有非常多的元件群組指令可以使用，因此，我們就可以輕易的撰寫一個讓 SPIKE 主機上的 5×5LED 顯示「Hello」跑馬燈。

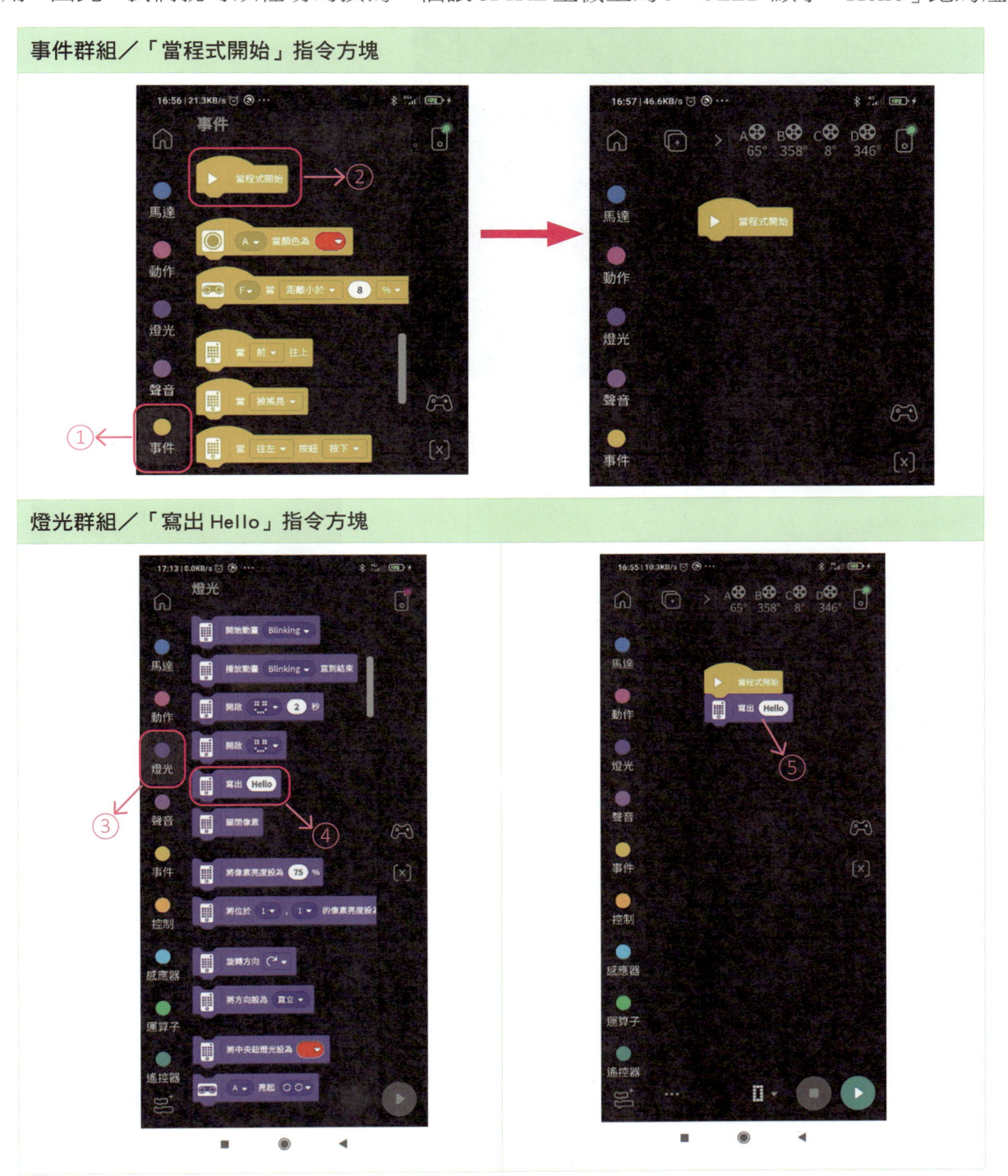

3.4 連線測試

在撰寫完成以下的程式之後，再按下執行鈕，就會在主機的螢幕上顯示「Hello」英文字跑馬燈。

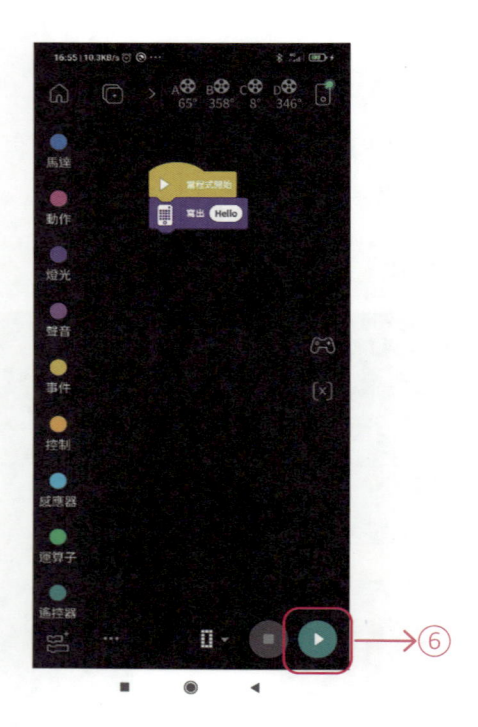

⑥

在順利完成第一支 SPIKE 程式之後，各位是否發現 SPIKE 的開發環境中，還有非常多的元件群組，讓學習者設計各種有趣又好玩的程式。

3.5 下載程式到主機

當連線測試成功之後，就可以下載程式到主機上。

首先，必須要「主機程式管理圖示」，再選擇儲放程式的空間位置（0 ～ 19），最後，再按下「下載」鈕，此時會自動將程式嵌入到主機上，就可以透過主機上的「左右方向箭」來選擇程式儲放位置編號，再

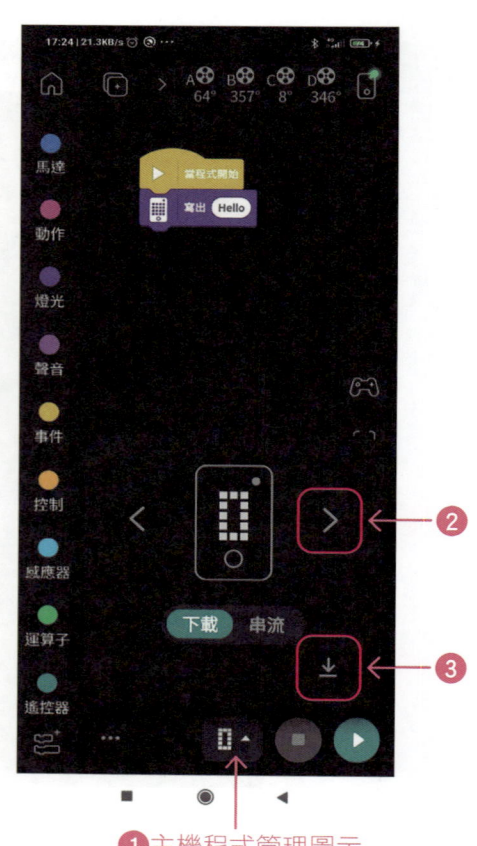

❷

❸

❶ 主機程式管理圖示

按下「啟動鈕」即可執行。

4. 如何開啟學習檔案中的「教育版」範例程式

步驟一 打開 MOSME 網站上的學習檔案，將某一支範例程式寄 mail 到自己的信箱。

步驟二 再從 mail 收信，並開啟此範例程式，如下畫面：

步驟三 此時，系統可能會再要求更新。

步驟四 開啟此範例程式，請再藍牙連線。

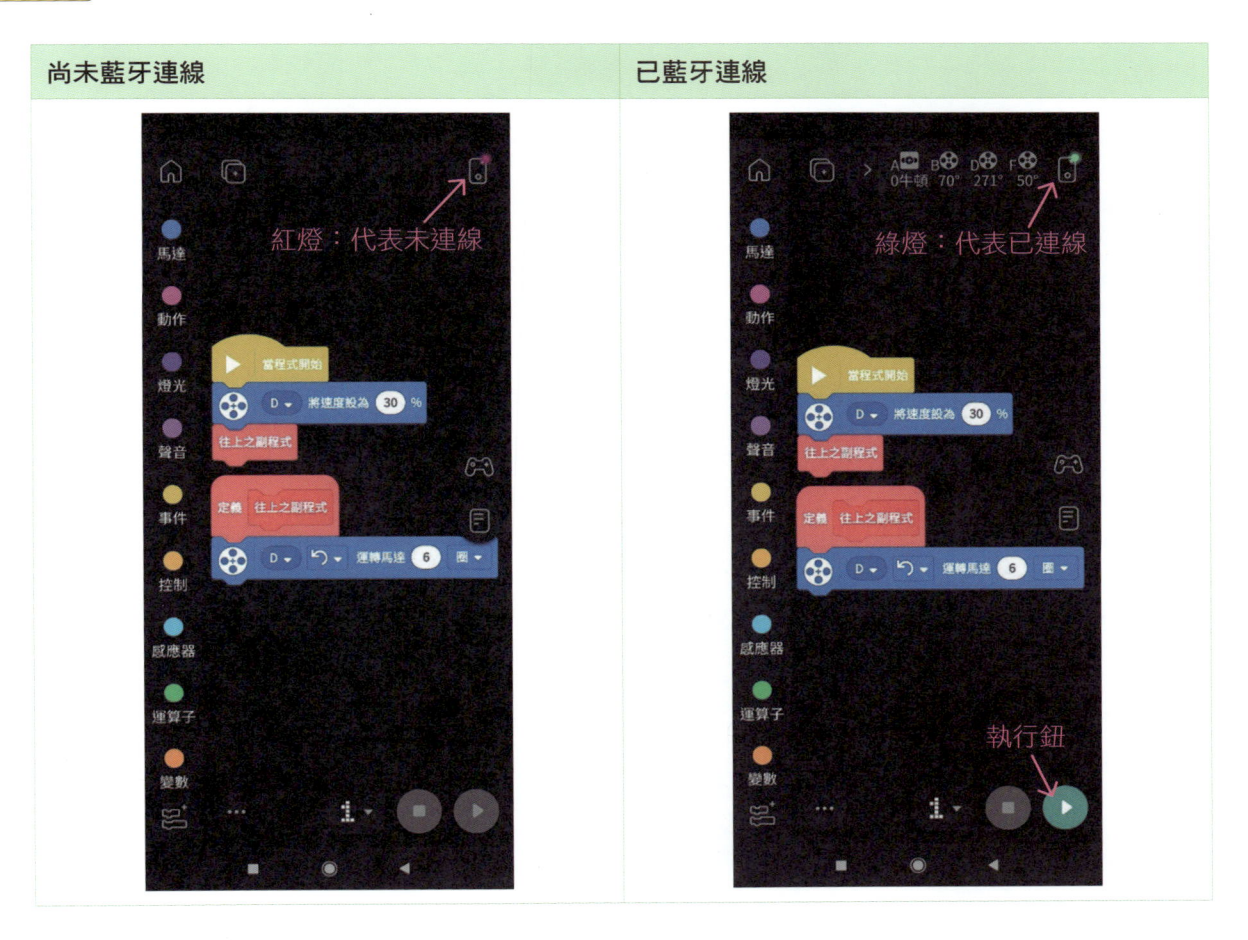

尚未藍牙連線	已藍牙連線
紅燈：代表未連線	綠燈：代表已連線 / 執行鈕

NOTE

NOTE

NOTE

NOTE

NOTE

MLC 創客學習力認證
Maker Learning Credential Certification

創客學習力認證精神

以創客指標 6 向度：外形（專業）、機構、電控、程式、通訊、AI 難易度變化進行命題，以培養學生邏輯思考與動手做的學習能力，認證強調有沒有實際動手做的精神。

MLC 創客學習力證書，累積學習歷程

學員每次實作，經由創客師核可，可獲得單張證書，多次實作可以累積成歷程證書。
藉由證書可以展現學習歷程，並能透過雷達圖及數據值呈現學習成果。

創客師 → 核發 **創客學習力認證** → **學員**

學員收穫：
1. 讓學習有目標
2. 診斷學習成果
3. 累積學習歷程

單張證書

歷程證書
正面 / 反面

雷達圖診斷
1. 興趣所在與職探方向
2. 不足之處

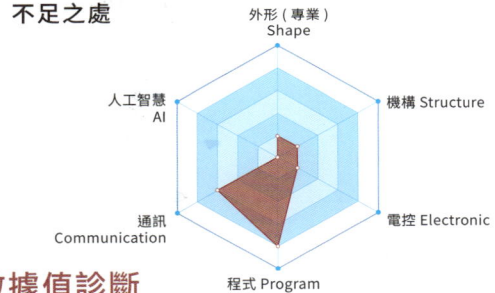

雷達圖向度：外形（專業）Shape、機構 Structure、電控 Electronic、程式 Program、通訊 Communication、人工智慧 AI

數據值診斷
1. 學習能量累積
2. 多元性（廣度）學習或專注性（深度）學習

100 — 10 — 10
創客指標總數 — 創客項目數 — 實作次數

100 — 1 — 10
創客指標總數 — 創客項目數 — 實作次數

平台售價

專案平台

產品編號	產品名稱	細項	年限	建議售價	備註
PS351	MLC 創客學習力歷程平台 高中職與中小學版	含創客師管理系統、開課管理系統、發證管理系統	一年	$100,000	須提供創客學習力歷程系統申購書
PS352	MLC 創客學習力歷程平台 大專院校版	含創客師管理系統、開課管理系統、發證管理系統	一年	$200,000	
PS350	MLC 創客學習力歷程平台 建置費用	建置費與監評訓練費用（首次購買須加購）	一次	$50,000	

諮詢專線：02-2908-5945 # 132　　聯絡信箱：oscerti@jyic.net

Lego SPIKE 機器人

　　SPIKE Prime 樂高史派克機器人結合豐富多彩的樂高積木元素，易於使用的硬體以及基於 Scratch 的直觀拖放式編碼程式語言，通過有趣的學習活動思考和解決複雜問題。 從容易進入的項目到無限的創意設計可能性，SPIKE Prime 可以幫助學生學習必要的 STEAM 和 21 世紀技能，這些知識將成為明天的創新思維，同時獲得樂趣！

核心學習價值

- 將工程設計技能應用於設計過程的各個環節。
- 通過拆解問題和邏輯思維來培養高效的問題解決能力和程式設計能力。
- 設計將軟硬體結合起來的項目，以收集和交換數據。
- 處理變數、數組和雲端數據。
- 運用批判式思維，並培養未來職業發展所需的核心技能和素養。

產品清單

比較	SPIKE Prime 史派克機器人教育版 #45678 產品編號：3015024 建議售價：$12,800	SPIKE 機器人家用版 (Robot Inventor)#51515 產品編號：3015028 建議售價：$ 12,800
主機	1 個	1 個
大型馬達	1 個	-
中型馬達	2 個	4 個
壓力感應器	1 個	-
距離感應器	1 個	1 個
顏色感應器	1 個	1 個
鋰電池	1 個	1 個
零件數	523 個	949 個
搭配書籍教材	新一代樂高 SPIKE Prime 機器人 - 使用 LEGO Education SPIKE App- 最新版 書號：PN011 作者：李春雄 ‧ 李碩安 建議售價：550	創意無限樂高 SPIKE 機器人 - 使用 LEGO MINDSTORMS Robot Inventor- 最新版 書號：PN012 作者：李春雄 ‧ 李碩安 建議售價：550

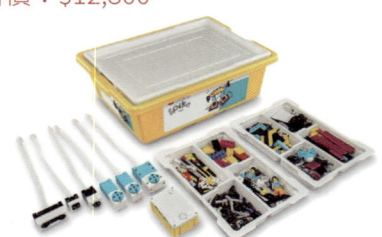

※ 價格 ‧ 規格僅供參考　依實際報價為準

JYiC.net 勁園國際股份有限公司 www.jyic.net　諮詢專線：02-2908-5945 或洽轄區業務
歡迎辦理師資研習課程

書　　　名	新一代樂高SPIKE Prime機器人 -使用LEGO Education SPIKE App
書　　　號	PN011
版　　　次	2022年3月初版
編　著　者	李春雄・李碩安
責 任 編 輯	九玨文化　周玉娟
校 對 次 數	8次
版 面 構 成	楊蕙慈
封 面 設 計	楊蕙慈
出　版　者	台科大圖書股份有限公司
門 市 地 址	24257新北市新莊區中正路649-8號8樓
電　　　話	02-2908-0313
傳　　　真	02-2908-0112
網　　　址	tkdbooks.com
電 子 郵 件	service@jyic.net
版 權 宣 告	**有著作權　侵害必究** 本書受著作權法保護。未經本公司事前書面授權，不得以任何方式（包括儲存於資料庫或任何存取系統內）作全部或局部之翻印、仿製或轉載。 書內圖片、資料的來源已盡查明之責，若有疏漏致著作權遭侵犯，我們在此致歉，並請有關人士致函本公司，我們將作出適當的修訂和安排。
郵 購 帳 號	19133960
戶　　　名	台科大圖書股份有限公司 ※郵撥訂購未滿1500元者，請付郵資，本島地區100元 / 外島地區200元
客 服 專 線	0800-000-599

國家圖書館出版品預行編目資料

新一代樂高SPIKE Prime機器人-使用LEGO Education SPIKE App ／李春雄・李碩安 -- 初版. -- 新北市：台科大圖書, 2022.03
336 面；21×28.1 公分
ISBN 978-986-523-397-6（平裝）
1.CST: 電腦教育 2.CST: 機器人 3.CST: 電腦程式設計 4.CST: 中等教育
524.375　　　　　　　　　110022118

網路購書
- PChome商店街　JY國際學院
- 博客來網路書店　台科大圖書專區

各服務中心
總　公　司　02-2908-5945　　台中服務中心　04-2263-5882
台北服務中心　02-2908-5945　　高雄服務中心　07-555-7947

線上讀者回函
歡迎給予鼓勵及建議
tkdbooks.com/PN011